LabVIEW

LabVIEW의 정석 응용편

LabVIEW

LabVIEW의 정석 응용편

- 실전에서 많이 사용하는 기능들을 구현함으로써 바로 응용 할 수 있습니다.
- 본서는 LabVIEW 버전에 상관없이 학습할 수 있습니다.
- LabVIEW의 정석 블로그(blog.naver.com/wowlabview) '자료실'에서 실습에 필요한 파일들을 다운로드 받으세요.
- LabVIEW의 정석 시리즈 '저자 직강 교육'이 개설 되었습니다. 관련 정보는 블로그를 방문하세요.

INFINITYBOOKS
인 피 니 티 북 스

손혜영 저

머리말

우선 "LabVIEW의 정석(기본편)"에 많은 성원을 보내주신 분들과 "LabVIEW의 정석(응용편)"을 오랜 시간 기다려주신 분들께 감사의 말씀드립니다.

LabVIEW 전문 강사로 일하면서 많은 분들의 피드백 중 하나는 기존 출간된 LabVIEW 서적들은 기본적인 내용들로만 다뤄져서 실제로 LabVIEW를 내 실무에 어떻게 적용을 해야 하는지, 또한 어떤 과정을 거쳐 프로젝트를 완성해야 하는지 등의 현실적인 문제에 부딪치게 된다는 것이었습니다.

저 역시 이러한 부분을 공감하여 이 책에서는 "LabVIEW의 정석(기본편)"에서 다룬 내용을 기반으로 실무에 바로 적용해 볼만한 기능들로 구성된 프로젝트 개발 과정을 수록하였습니다. 따라서 "LabVIEW의 정석(응용편)"이 여러분의 프로젝트에 많은 도움이 되길 바라고 또한 여러분의 LabVIEW 실력이 한 단계 더 향상되기를 바랍니다.

이 책의 특징은 다음과 같습니다.

- LabVIEW 버전에 상관없이 참조할 수 있는 응용서
- 국내 유일의 실전 프로젝트 개발 과정 기술
- "LabVIEW의 정석(기본편)"에서 배운 내용들이 실제 프로젝트에서는 어떻게 응용되는지를 볼 수 있는 응용서
- CLD 및 CLA 준비하시는 분들을 위해 CLD 관련 내용 부록 제공
- 프로젝트 기능을 업데이트할 수 있는 도전 과제 제공

이 책을 출판하는 데 많은 도움을 주신 한국내쇼날인스트루먼트와 인피니티북스 관계자 여러분들께 감사드리고, 마지막으로 바쁜 일정에도 불구하고 이 책에 수록된 프로젝트에 도움을 주신 유엔아이솔루션즈(www.unisolutions.co.kr) 관계자 여러분께 다시 한 번 감사드립니다.

감사합니다.

저자 손혜영

차례

CHAPTER 01

프로젝트 개발 프로세스

CHAPTER 01 프로젝트 개발 프로세스

프로젝트는 여러 단계를 거쳐 완성됩니다. 이 장에서 프로젝트 개발 프로세스를 살펴봅니다.

1.1 프로젝트 개발 프로세스

프로젝트를 개발할 때 여러 단계를 거쳐 완성됩니다. 물론 모든 프로젝트가 같은 프로세스를 거쳐 완성되는 것은 아닙니다. 프로젝트 특성에 따라 프로세스는 수정 및 보완될 수 있습니다.

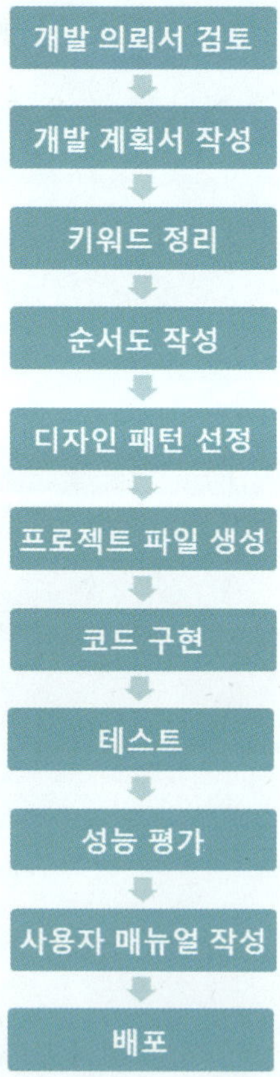

[그림 1-1-1] 프로젝트 개발 프로세스

[그림1-1-1]은 일반적으로 프로젝트를 개발할 때 적용해 볼 수 있는 프로세스입니다.

1.2 개발 의뢰서 검토

고객(프로젝트 개발을 의뢰하는 역할)은 프로젝트를 의뢰할 때 개발 의뢰서를 개발자(프로젝트 개발을 수행하는 역할)에게 제공하게 됩니다. **개발 의뢰서**에는 어떤 기능을 하는 프로젝트를 만들 것인지에 대한 내용 즉, 의뢰할 모든 내용을 포함한 문서입니다. 개발자는 이 문서를 검토한 후 개발에 필요한 내용이 빠져있거나 모호한 부분이 있으면 고객과 대화를 통해 보완하여 구체화해야 합니다.

1.3 개발 계획서 작성

개발 의뢰서 검토가 끝났으면 개발자는 **개발 계획서**를 작성해야 합니다. 프로젝트를 집 짓는데 비유하면, 개발 계획서는 설계도에 해당합니다. 즉, 개발 계획서는 개발자가 어떻게 개발하겠다는 계획에서부터 프로젝트에 구현되는 기능 설명, 사용자 인터페이스의 모습, 개발 일정 등의 정보가 들어가 있는 문서입니다. 이 문서 작성이 완성이 되면 고객과 함께 보완 또는 수정할 부분이 있는지 검토하고 이를 반영을 하여 최종 완성하게 됩니다.

1.4 키워드 정리

개발 계획서는 고객에게 보여주기 위한 목적도 가지고 있기 때문에 최대한 상세히 설명되어 있어서 개발 할 때 바로 참조하기는 다소 불편함이 있습니다. 따라서 개발 계획서에서 중요하다고 생각하는 키워드를 뽑아 정리하여 개발할 때 편리하게 참조할 수 있도록 합니다.

1.5 순서도 작성

키워드 정리가 끝나면 순서도를 작성합니다. 특히, LabVIEW는 데이터 흐름에 의해 실행되는 프로그램이라서 순서도를 작성해 놓으면 코딩할 때 시간을 절약할 수 있습니다. 참고로 데이터 흐름에 대한 자세한 내용은 **LabVIEW의 정석(기본편) 1.12장**을 참조하세요

1.6 디자인 패턴 선정

프로그램에서 가장 중요하고도 가장 어려운 것이 전체적인 구조 즉, 디자인 패턴을 선정하는 것입니다. 전체적인 구조를 잘못 선정을 하게되면 프로그램을 다시 해야 하는

일이 생길 수도 있습니다. 프로젝트를 집 짓는데 비유하면, 디자인 패턴을 선정하는 것은 집의 뼈대 즉, 프레임을 만드는 것에 해당합니다.

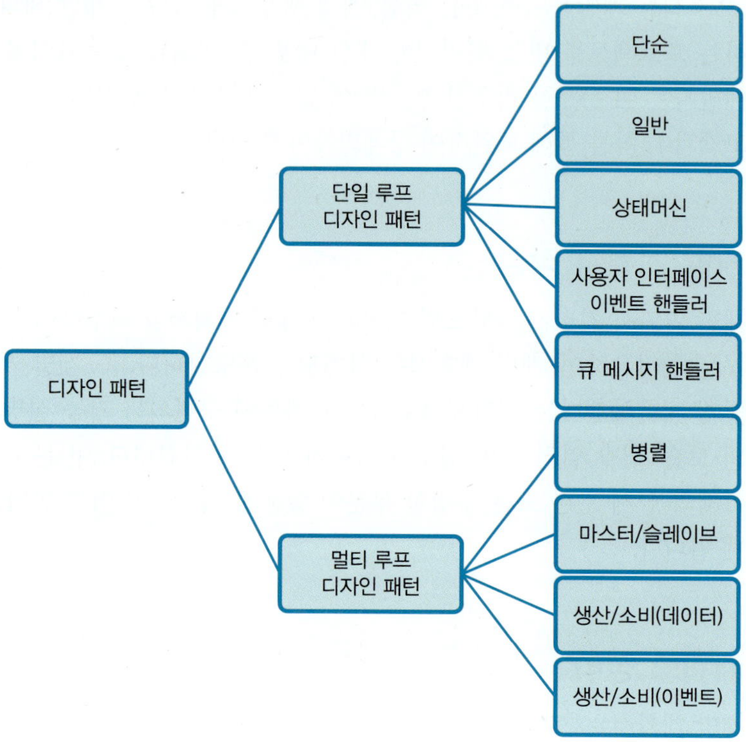

[그림 1-6-1] 디자인 패턴

참고로 각 디자인 패턴에 대한 자세한 내용은 **LabVIEW의 정석(기본편) 8장**을 참조하세요.

1.7 프로젝트 파일 생성

다음으로 프로젝트 파일을 생성합니다. 하나의 프로젝트를 수행하는데 있어 관련된 산출물들이 하나 이상인 경우가 많습니다. 그리고 프로젝트 완성 후에 실행 파일과 설치 파일을 만들어야 하기 때문에 반드시 프로젝트 파일을 생성해야 합니다.

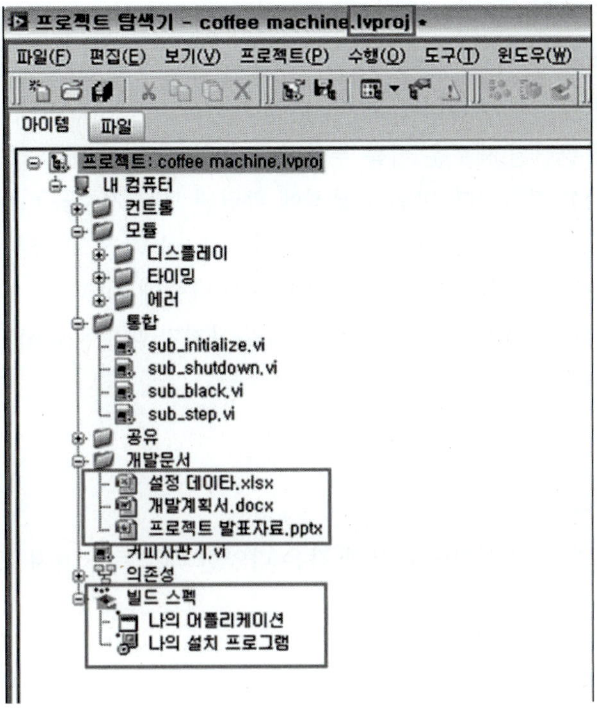

[그림 1-7-1] 프로젝트 파일

프로젝트 파일에 대한 자세한 설명은 **LabVIEW의 정석(기본편) 1.5장**을 참조하세요.

지금까지 플랜(Plan) 단계였습니다. 특히, LabVIEW를 이용하여 프로젝트를 수행할 때 플랜 단계를 거치지 않고 바로 블록다이어그램을 열어서 코드를 만드는 경우가 많습니다. 이는 간단한 프로젝트에서는 문제가 되지 않지만 규모가 큰 복잡한 프로젝트를 수행할 때는 플래 단계 없이 진행하는 것은 어렵습니다. 복잡하고 규모가 큰 프로젝트와 같은 경우에는 플랜 단계에 시간과 노력을 많이 투자하면 할수록 코딩할 땐 시간이 줄어듭니다. 따라서 플랜 단계에서 드는 시간과 노력을 아깝다고 생각하지 말고 꼼꼼하게 플랜 단계를 수행하시길 바랍니다.

1.8 코드 구현

subVI, 메인 VI 등 완성된 플랜(Plan)을 참조하여 코드 구현을 합니다.

코드 구현 할 때 유의점 몇 가지 소개하겠습니다. 프로그램은 쓰다보면 기능을 추가하거나 수정할 일이 많습니다. 따라서 VI는 이해하기 쉽고, 유지 관리하기 편하게 만들어야 합니다.

그리고 subVI를 만들 때, 하나의 subVI가 하나의 기능을 완벽하게 수행하도록 구현합니다. 예를 들어 '분석 subVI'를 만들 때 분석에 관련된 모든 기능은 이 '분석 subVI'에 구현하는 것이 좋습니다. 만약, 분석 기능을 여러 subVI에 조금씩 구현을 한다면 추후 분석과 관련된 새로운 기능 추가하고자 할 때 어떤 subVI를 수정해야할지 결정하기가 쉽지 않을 것입니다. 반면에 분석에 관련된 모든 기능을 하나의 subVI에 구현했다면 기능 업데이트하기가 쉽습니다. 마지막으로 subVI가 또 다른 subVI를 불러오는 식의 체인 구조는 지양하는 것이 좋습니다. 역시 나중에 subVI를 수정하고자 할 때, subVI가 불러온 다른 subVI도 수정할 가능성이 높아지기 때문에 subVI의 체인 구조는 바람직하지 않습니다.

1.9 테스트

코드 구현이 완성되면 다음과 같은 다양한 테스트를 거쳐 프로젝트 완성도를 검증해야 합니다.

- 기능 테스트

프로젝트에 구현한 기능들이 잘 동작하는지를 확인하는 테스트입니다.

- 에러 테스트

의도적으로 에러를 발생 시켜 구현해 놓은 에러 핸들링 코드가 잘 동작하는지 확인하는 테스트입니다.

- 설정 테스트

개발 컴퓨터와 사양이 다른(OS, 메모리, 모니터 해상도 등) 다양한 컴퓨터에서도 잘 동작하는지 확인하는 테스트입니다.

- 스트레스 테스트

무리한 조건에서 동작시켰을 때 문제가 없는지 등을 확인하는 테스트입니다. 예를 들어 핸드폰을 테스트할 때, 아주 추운 또는 아주 뜨거운 온도에서도 잘 동작하는지 또는 과도한 물리적 충격을 주었을 때도 잘 동작하는지 등을 확인하게 되는데 프로그램도 이와 비슷하게 입력을 과도하게 준다던지 또는 장시간 동작시키는 등 무리한 조건에서 동작시켜 보고 문제가 없는지 확인합니다.

1.10 성능 평가

개발한 프로젝트의 성능 평가를 합니다. 주로 속도와 메모리 상태를 점검하게 됩니다.

1.11 사용자 매뉴얼 작성

사용자 매뉴얼을 작성해야 합니다. 사용자가 불편함 없이 사용할 수 있도록 프로그램에 대한 충분한 정보를 사용자 매뉴얼에 담아야 합니다. 사용자 매뉴얼 만드는 방법은 **LabVIEW의 정석(기본편) 11.6장**을 참조하세요.

1.12 배포

프로젝트가 완성이 되면 고객에게 전달을 하게 됩니다. 이 때, 주로 실행 파일을 만들게 되는데 이것은 LabVIEW가 없는 컴퓨터에서도 실행 가능하고 또한 블록다이어그램이 보이지 않으므로 소스 보안도 가능합니다. 실행 파일은 LabVIEW는 없어도 되지만 LabVIEW 런타임 엔진은 있어야 하므로 런타임 엔진이 포함된 설치 파일을 만들면 편리하고 NI 하드웨어와 같이 사용하는 경우 해당 NI 드라이버도 포함시켜 배포합니다. 실행 파일과 설치 파일에 대한 설명은 **LabVIEW의 정석(기본편) 11.8장**과 **11.9장**을 참조하세요.

CHAPTER 02

프로젝트 소개

CHAPTER 02 프로젝트 소개

이 책에서 만들게 될 프로젝트에 대해 소개합니다.

2.1 시나리오

본 프로젝트는 EduVIEW사(이하 고객)에서 UNI Solutions(이하 개발자)에 데이터 수집 및 데이터 뷰어 프로젝트의 개발을 의뢰하였습니다.

2.2 개발 의뢰서

메인 화면에 LOG IN(로그인), DAQ & SAVE(데이터 수집 및 저장), DATA VIEWER(데이터 뷰어), EXIT(종료) 메뉴 버튼이 있으며, 시작하면 LOG IN과 EXIT만 활성화가 됩니다. 사용자 인증이 되면 모든 메뉴를 활성화합니다.

DAQ & SAVE 메뉴를 선택하면 새 창이 뜹니다. 채널, 타이밍 등을 설정하고 시작 버튼을 클릭하면 데이터 수집을 시작하고 그래프에 데이터가 표현되고, 저장 버튼을 클릭하면 데이터가 파일로 저장됩니다. 그리고 정지 버튼을 클릭하면 데이터 수집을 정지합니다. 전원 버튼을 클릭하면 다시 메인 메뉴 화면으로 돌아갑니다.

DATA VIEWER메뉴를 선택하면 새 창이 뜹니다. 파일을 선택해서 로딩한 다음 재생을 클릭하면 재생 속도에서 설정한 속도로 데이터가 보여지고 일시 정지를 클릭하면 일시 정지됩니다. 그리고 포워드와 백워드 버튼을 클릭할 때마다 데이터가 앞으로 또는 뒤로 한번씩 재생됩니다. 정지 버튼을 클릭하면 파일을 다시 로딩할 수 있도록 합니다. 전원 버튼을 클릭하면 다시 메인 메뉴 화면으로 돌아갑니다.

2.3 개발 계획서

2.2장의 개발 의뢰서를 바탕으로 부족한 부분을 고객과 상담 후 보완을 하여 개발자는 개발 계획서를 작성합니다.

메인 메뉴 프로그램

[그림 2-3-1]은 메인 화면입니다. 4가지 메인 메뉴를 제공하게 됩니다.

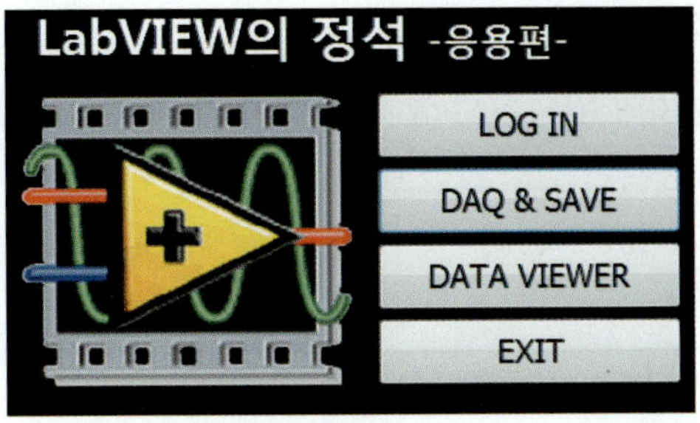

[그림 2-3-1] 메인 화면

- 일반적 동작

프로그램을 시작하면 LOG IN과 EXIT 버튼만 활성화가 됩니다. 사용자 인증을 받은 후 모든 메뉴들이 활성화되고 DAQ & SAVE와 DATA VIEWER 버튼을 클릭하면 각각 새로운 창이 뜨게 되고 동작을 종료하면 다시 메인 메뉴 프로그램으로 돌아갑니다. EXIT 버튼을 클릭하면 프로그램이 종료됩니다.

- 컨트롤 설명

LOG IN(로그인)	등록된 사람만 사용할 수 있도록 로그인 과정을 거쳐 프로그램 일부 기능을 활성화한다.
DAQ & SAVE(데이터 수집 및 저장)	데이터 측정 및 저장 할 수 있는 화면이 팝업된다.
DATA VIEWER(데이터 뷰어)	저장된 데이터를 볼 수 있는 화면이 팝업된다.
EXIT(종료)	프로그램이 종료된다.

LOG IN(로그인)

[그림 2-3-1]에서 LOG IN 버튼을 클릭하면 [그림 2-3-2]가 나타납니다. 등록된 ID와 Password인지 확인합니다.

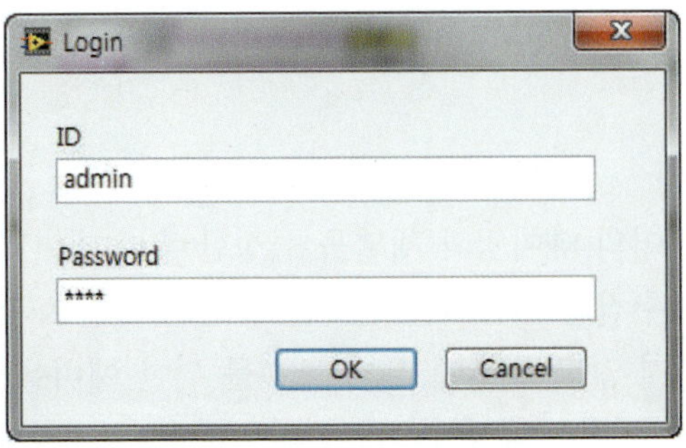

[그림 2-3-2] LOG IN 화면

• 일반적 동작

ID와 Password를 입력하면 등록된 ID와 Password인지 확인한 후 결과를 불리언으로 알려줍니다. 사용자가 인증되면 데이터 수집이나 데이터 뷰어 기능을 사용할 수 있습니다.

• 컨트롤 설명

ID	ID를 입력한다.
Password	Password를 입력한다.
OK	[그림2-3-1]로 돌아간다.
Cancel	로그인 과정을 실행하지 않고 [그림2-3-1]로 돌아간다.

DAQ & SAVE(데이터 수집 및 저장)

[그림 2-3-3]은 [그림 2-3-1]의 DAQ & SAVE 버튼을 클릭하면 나타나는 화면입니다.

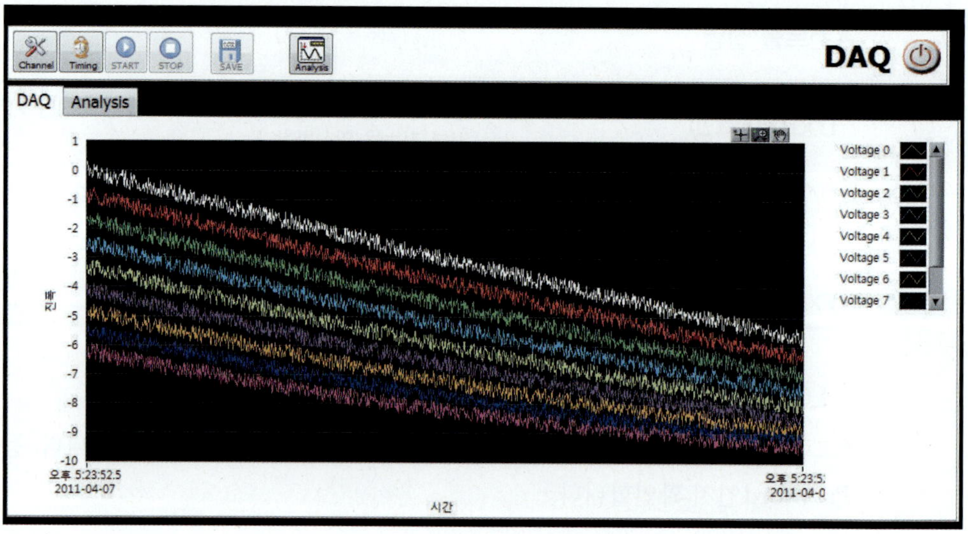

[그림 2-3-3] DAQ & SAVE 화면

• 일반적 동작

DAQ 하드웨어의 타이밍과 채널을 설정한 후에 데이터를 수집해서 웨이브폼 그래프에 표현합니다. 수집한 데이터를 원하는 동안만 파일로 저장할 수 있습니다. 현재 분석 기능은 구현하지 않고 추후에 유지 보수를 위한 예비용으로 분석 버튼도 만들어 놓습니다. 종료를 하면 메인 메뉴 화면 [그림 2-3-1]으로 돌아갑니다.

• 컨트롤 설명([그림 2-3-4] 참조)

컨트롤	설명
Channel	하드웨어 채널 설정 창을 팝업한다.
Timing	하드웨어 타이밍 설정 창을 팝업한다.
START	데이터 수집을 시작한다.
STOP	데이터 수집을 멈춘다.
SAVE	이 버튼이 눌려져 있는 동안 데이터가 TDMS 포맷 파일로 저장된다.
Analysys	분석 기능을 구현을 위한 예비용이다.
Exit	[그림 2-3-1]로 돌아간다.

[그림 2-3-4] DAQ & SAVE 메뉴

[그림 2-3-5]는 [그림 2-3-4]의 Channel 버튼을 클릭하면 나타나는 채널 설정 화면입니다.

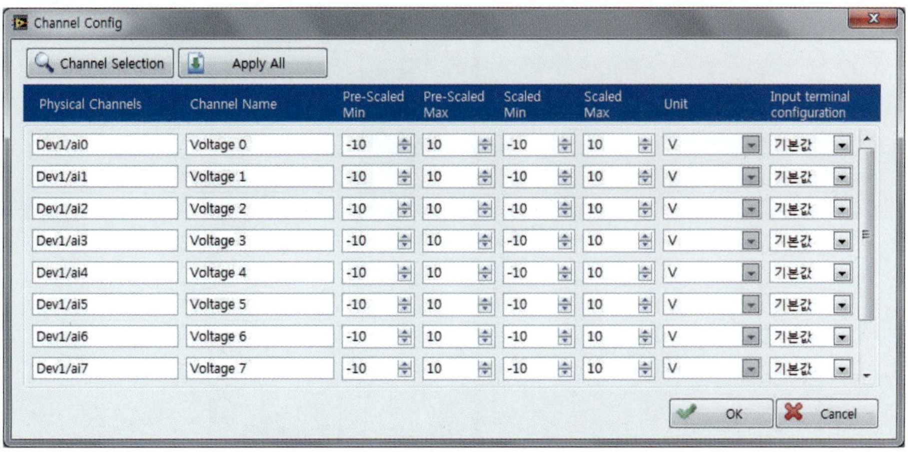

[그림 2-3-5] 채널 설정 화면

- 일반적 동작(Channel config)

선택된 물리적 채널의 스케일링 및 단위를 설정합니다.

- 컨트롤 설명

Physical Channel	DAQ 하드웨어가 가지고 있는 물리적 채널 이름
Channel Name	웨이브폼 그래프의 범례에 보여지는 이름
Pre-Scaled Min, Max	하드웨어에서 측정된 원래 신호의 최대/최소값
Scaled Min, Max	측정된 원래 신호를 가공한 신호의 최대/최소값(ex : 온도를 측정하는데 0 ~ 1v 사이의 전압이 측정되고 여기에 100을 곱하면 섭씨로 환산이 된다고 가정했을 때, 0 ~ 1v가 Pre-Scaled Min/Max이고, 여기에 100을 곱한 0 ~ 100℃가 Scaled Min/Max)
Unit	값의 단위(ex : V, ℃, A 등)
Input terminal configuration	접지 모드(**LabVIEW의 정석(기본편) 9.3장**을 참조)
Channel Selection	[그림 2-3-6] 화면이 팝업되어 사용할 채널을 선택한다.
Apply All	첫 번째 채널에서 설정한 스케일 전후 최대/최소값, 단위, 접지 모드를 선택한 전체 채널에 적용한다.
OK	[그림 2-3-3]으로 돌아간다.
Cancel	채널 설정을 취소하고 [그림 2-3-3]으로 돌아간다.

[그림 2-3-6]은 [그림 2-3-5]의 Channel Selection 버튼을 클릭하면 나타나는 채널 선택 화면입니다.

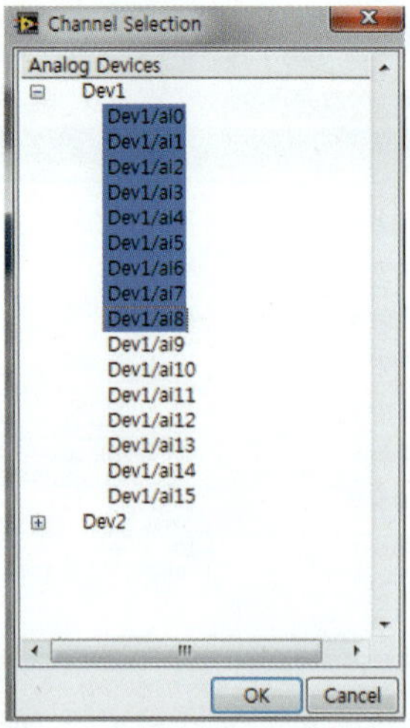

[그림 2-3-6] 채널 선택 화면

• 일반적 동작(Channel Selection)

전압을 측정할 때 사용할 물리적 채널을 선택합니다. 본 프로젝트에서는 한 개의 DAQ 보드에서만 물리적 채널을 선택하도록 합니다. 예를 들어 [그림 2-3-6]에서 Dev1과 Dev2가 있지만 채널을 선택할 때는 Dev1 또는 Dev2 중 하나에서만 물리적 채널을 선택해야 합니다.

• 컨트롤 설명

OK	채널 설정을 완료하고 [그림 2-3-5]로 돌아간다.
Cancel	채널 설정을 취소하고 [그림 2-3-5]로 돌아간다.

[그림 2-3-7]은 [그림 2-3-4]의 Timing 버튼을 클릭하면 나타나는 타이밍 설정 화면입니다.

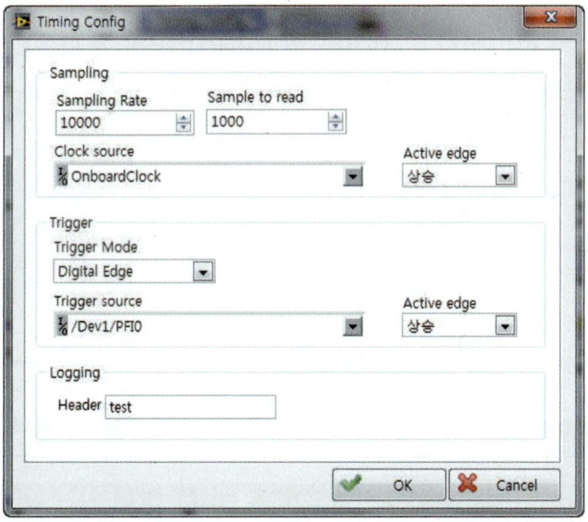

[그림 2-3-7] 타이밍 설정 화면

• 일반적 동작(Timming config)

하드웨어의 타이밍, 트리거 및 저장될 파일의 헤더를 설정합니다.

● 컨트롤 설명

Sampling Rate	초당 A/D 변환하는 데이터 개수 입력
Sample to read	한 번에 읽어 올 데이터 개수 입력
Clock source	샘플 클럭 소스 입력
Active edge	샘플 클럭 소스 에지 설정
Trigger Mode	디지털 에지 트리거를 사용할지를 결정
Trigger Source	트리거 신호 입력 핀 설정
Active edge	트리거 소스 에지 설정
Header	저장할 때 사용될 파일 이름의 헤더를 설정
OK	[그림 2-3-3]으로 돌아간다.
Cancel	타이밍 설정을 취소하고 [그림 2-3-3]으로 돌아간다.

참고로 상기 파라미터를 설정할 때 **LabVIEW의 정석(기본편) 9.6장**의 **DAQmx 트리거** 부분과 **9.7장**을 참조하세요.

DATA VIEWER(데이터 뷰어)

[그림 2-3-8]은 [그림 2-3-1]의 DATA VIEWER 버튼을 클릭했을 때 나타나는 화면입니다.

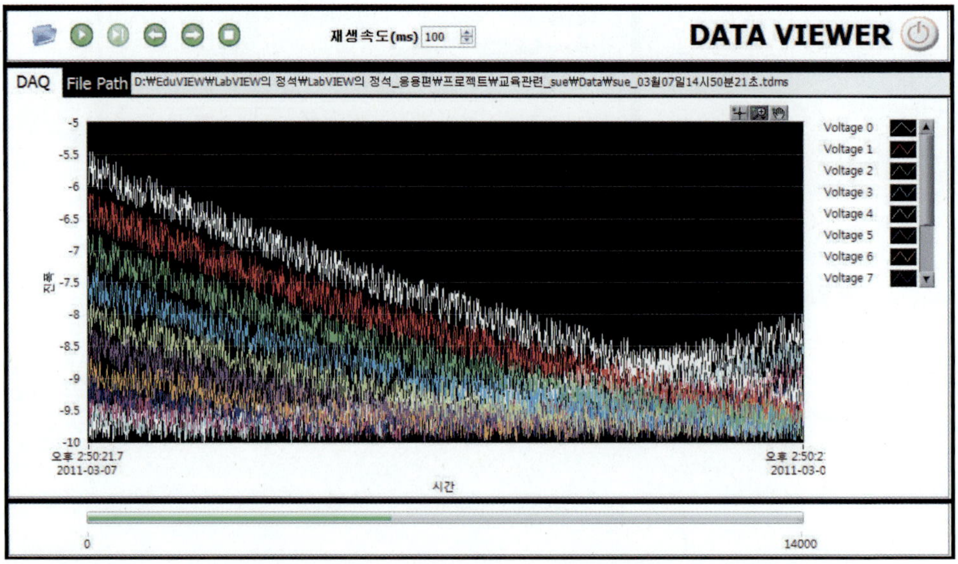

[그림 2-3-8] DATA VIEWER 화면

- 일반적 동작

저장된 데이터 파일을 불러서 설정한 재생 속도(ms)로 데이터를 보여줍니다. 일시 정지, 앞으로 또는 뒤로 재생하여 데이터를 보여주기도 합니다.

- 컨트롤 설명

컨트롤	설명
(파일 열기)	저장된 데이터 파일 불러오기
(재생)	재생 속도에 맞춰 데이터 재생
(일시 정지)	재생 일시 정지
(백워드)	클릭할 때 마다 뒤로 재생
(포워드)	클릭할 때 마다 앞으로 재생
(정지)	재생 정지
재생 속도(ms)	데이터 재생 속도를 설정한다(msec)
(Exit)	[그림 2-3-1]로 돌아간다.

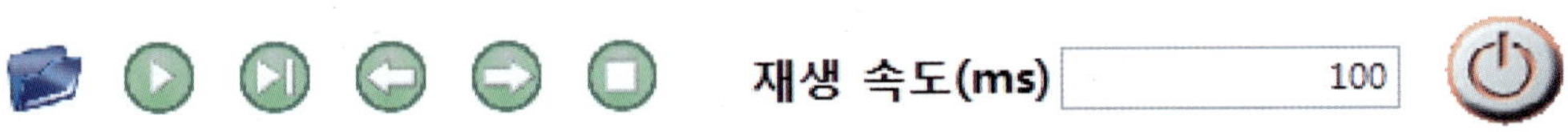

[그림 2-3-9] DAQ & SAVE 메뉴

프로젝트 일정

프로젝트는 다음과 같은 일정으로 진행됩니다.

- 1일 – 사용자 화면 구성 완성
- 2일 – subVI 모듈 완성
- 3일 – 프로젝트 통합 완성
- 4일 – 테스트, 성능 평가 및 사용자 매뉴얼 작성
- 5일 – 배포

결과물

프로젝트 완성 후 다음 결과물들을 전달합니다.

- 주석 처리된 소스코드
- 사용자 매뉴얼
- 실행 및 설치파일

확장성

데이터 측정하는 프로그램에 추후에 분석 기능을 구현할 수 있도록 기능 확장에 용이하게 제작합니다.

[실습 2-3-1] 이 책을 통해 만들게 될 프로젝트의 완성된 동작을 미리 확인해봅니다.

1. blog.naver.com/wowlabview → 자료실에서 Project 폴더를 다운받아 PC에 저장합니다.
2. 유튜브(www.youtube.com)에서 'Labview의 정석 응용편' 을 검색해서 해당 비디오를 실행합니다.
3. 여러분만의 개발 계획서를 작성해 봅니다.

2.4 키워드 정리

2.3장에 기술된 개발 계획서에서 중요하다고 생각되는 키워드를 정리하여 프로그램을 만들 때 참조하기 쉽도록 정리를 합니다. 개발자에 따라서 중요하다고 생각하는 키워드가 다를 수 있습니다.

여기서는 여러분이 만들 프로젝트의 계층구조를 미리 보여 드림으로써 프로그램을 이해하는데 도움이 될 것입니다. [그림 2-4-1]은 프로젝트 전체의 계층구조입니다.

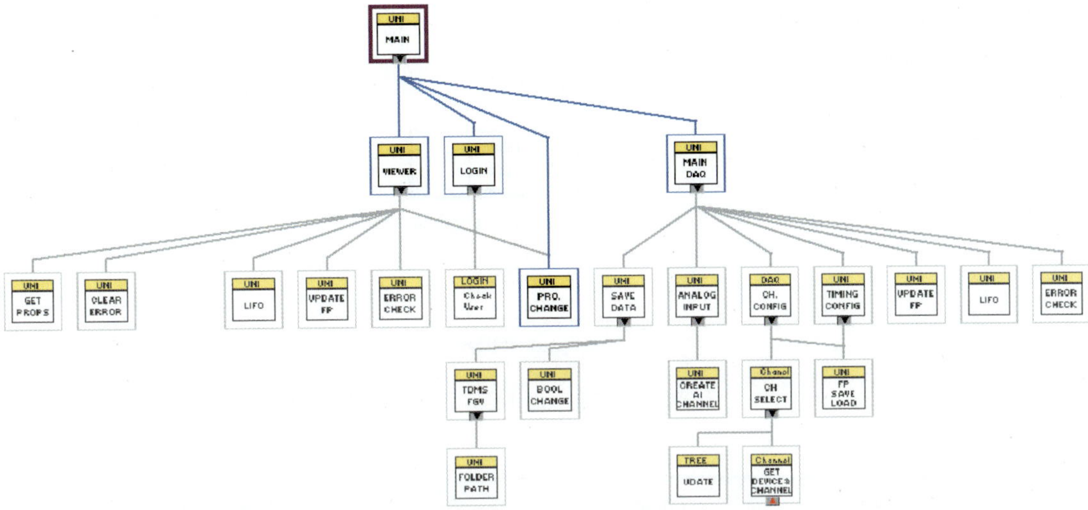

[그림 2-4-1] 프로젝트 계층구조

[그림 2-4-2]는 메인 프로그램에서 불려지는 subVI들만 보여지는 계층구조입니다. 각 vi들의 기능은 아래 [표 2-4-1]을 참조하세요.

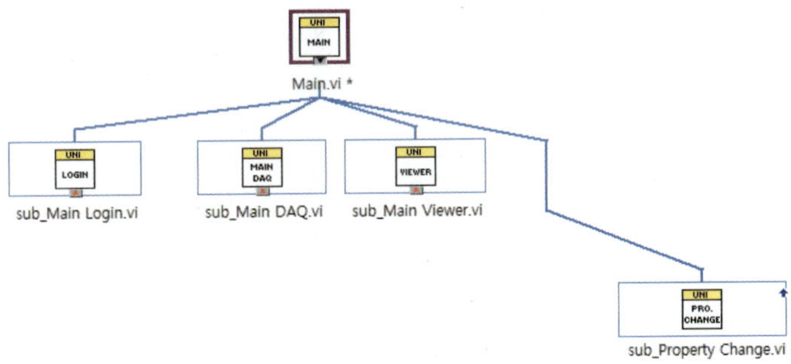

[그림 2-4-2] Mian.vi 계층구조

상위	하위	기능
Main.vi	sub_Main Login.vi	[그림 2-3-1]에서 LOG IN 버튼을 클릭하면 실행할 코드를 구현한 vi로서 사용자 인증을 위한 코드 구현
	sub_Main DAQ.vi	[그림 2-3-1]에서 DAQ & SAVE 버튼을 클릭하면 실행할 코드를 구현한 vi로서 데이터 측정하고 측정된 데이터 파일 저장할 수 있도록 코드 구현
	sub_Main Viewer.vi	[그림 2-3-1]에서 DATA VIEWER 버튼을 클릭하면 실행할 코드를 구현한 vi로서 저장된 데이터 파일을 볼 수 있도록 코드 구현
	sub_Property Change.vi	[그림 2-3-1]의 버튼들의 활성화 또는 비활성화 속성을 변경하는 vi 구현

[표 2-4-1]

[그림 2-4-3]은 sub_Main Login.vi의 계층구조입니다. 각 vi들 기능은 [표 2-4-2]를 참조하세요.

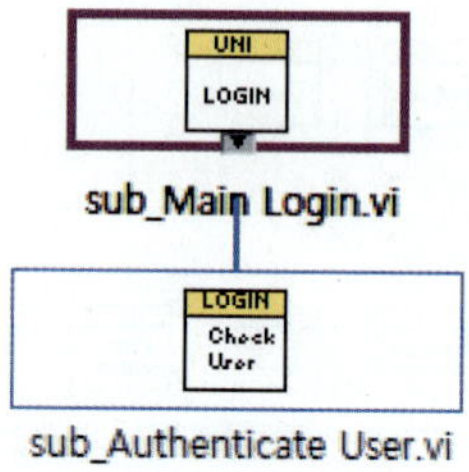

[그림 2-4-3] sub_Main Login.vi 계층구조

상위	하위	기능
sub_Main Login.vi	Sub_Authenticate User.vi	[그림 2-3-2]에서 사용자가 입력한 ID와 Password가 등록된 사용자의 것인지 확인하는 기능 구현

[표 2-4-2]

[그림 2-4-4]은 sub_Main DAQ.vi의 계층구조입니다. 각 vi들 기능은 [표 2-4-3]을 참조하세요.

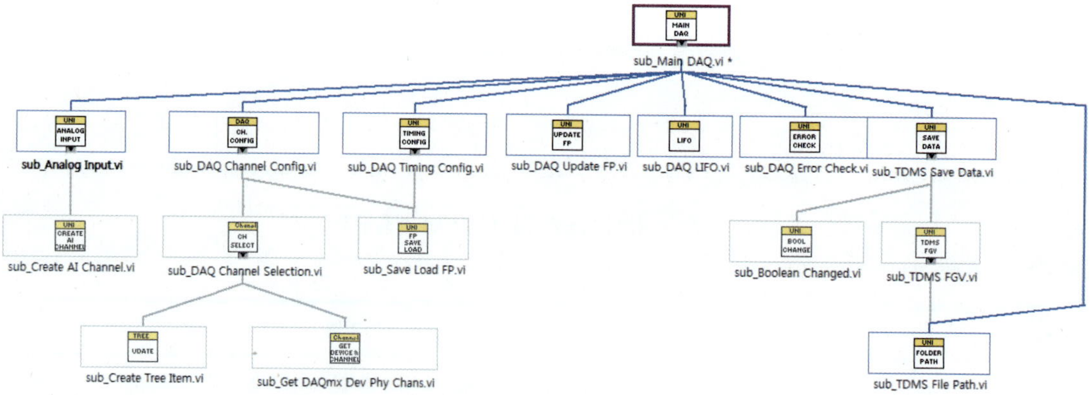

[그림 2-4-4] sub_Main DAQ.vi 계층구조

<table>
<tr><th>상위</th><th>1^{st}하위</th><th>기능</th><th>2^{nd}하위</th><th>기능</th><th>3^{rd}하위</th><th>기능</th></tr>
<tr><td rowspan="10">sub_Main DAQ.vi</td><td rowspan="2">sub_ TDMS Save Data.vi</td><td rowspan="2">[그림 2-3-4]에서 SAVE 버튼을 클릭하면 측정한 데이터를 TDMS 파일 포맷으로 저장하는 기능 구현</td><td>sub_ TDMS FGV.vi</td><td>TDMS 파일 초기화, 저장, 닫기 기능을 모두 구현</td><td>sub_ TDMS File path .vi</td><td>데이터를 저장할 경로를 지정하는 기능 구현</td></tr>
<tr><td>sub_ Boolean Changed. vi</td><td colspan="3">[그림 2-3-4]에서 SAVE 버튼의 참/거짓 유지 및 변경 상태를 모니터링하는 기능 구현</td></tr>
<tr><td>sub_ Analog Input.vi</td><td>[그림 2-3-4]에서 START, STOP 버튼을 클릭하면 동작할 데이터 측정 및 정지 기능을 구현</td><td>sub_ Create AI Channel. vi</td><td colspan="3">아날로그 입력 채널 생성 및 설정하는 기능을 구현</td></tr>
<tr><td rowspan="3">sub_DAQ Channel Config.vi</td><td rowspan="3">[그림 2-3-4]에서 Channel 버튼을 클릭하면 동작할 채널 설정 기능 [그림 2-3-5]을 구현</td><td rowspan="2">sub_DAQ Channel Selection. vi</td><td rowspan="2">[그림 2-3-5]에서 Channel Selection 버튼을 클릭하면 동작할 채널 선택 기능 [그림 2-3-6]을 구현</td><td>sub_ Create Tree Item .vi</td><td>[그림 2-3-6]과 같이 채널들을 트리에 업데이트 하는 기능을 구현</td></tr>
<tr><td>sub_Get DAQmx Dev Phy Chans.vi</td><td>MAX에 설정된 NI 하드웨어 이름 및 이들이 가진 아날로그 입력 채널을 파악하는 기능을 구현</td></tr>
<tr><td>sub_Save Load FP.vi</td><td colspan="3">프런트패널의 컨트롤 값들을 저장하는 기능과 호출하는 기능을 구현</td></tr>
<tr><td>sub_DAQ Timing Config.vi</td><td>[그림 2-3-4]에서 Timing 버튼을 클릭하면 동작할 샘플링 정보, 클럭, 트리거, 파일 헤더 등을 설정하는 기능 [그림 2-3-7]을 구현</td><td>sub_Save Load FP.vi</td><td colspan="3">프런트패널의 컨트롤 값들을 저장하는 기능과 호출하는 기능을 구현</td></tr>
<tr><td>sub_DAQ Update FP.vi</td><td colspan="5">[그림 2-3-3]의 프런트패널을 업데이트(그래프 업데이트, 버튼들 활성화 또는 비활성화 등) 하도록 담당 While 루프에 전달하는 기능을 구현</td></tr>
<tr><td>sub_DAQ LIFO.vi</td><td colspan="5">큐에 늦게 들어온 데이터를 먼저 빠져나가도록 LIFO(Last In First Out) 기능을 구현</td></tr>
<tr><td>sub_DAQ Error Check.vi</td><td colspan="5">한 프로그램이 여러 개의 While 루프로 구성되어 있을 때, 어느 하나의 While 루프에서 발생한 에러를 다른 While 루프들에게도 전달하여 모든 While 루프를 정지하도록 하는 기능을 구현</td></tr>
</table>

[표 2-4-3]

[그림 2-4-5]는 sub_Main Viewer.vi의 계층구조입니다. 각 vi들 기능은 [표 2-4-4]를 참조하세요.

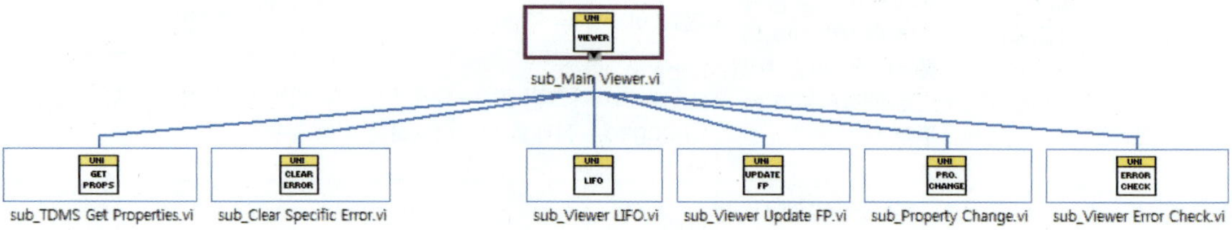

[그림 2-4-5] sub_Main Viewer.vi 계층구조

상위	하위	기능
sub_Main Viewer.vi	sub_TDMS Get Properties.vi	TDMS 파일의 프로퍼티를 얻는 기능을 구현
	sub_Clear Specific Error.vi	특정 에러 발생 시 그 에러를 지워주는 기능을 구현
	sub_Viewer LIFO.vi	큐에 늦게 들어온 데이터를 먼저 빠져나가도록 LIFO(Last In First Out) 기능을 구현
	sub_Viewer Update FP.vi	[그림 2-3-8]의 프런트패널을 업데이트하도록 담당 While 루프에 전달하는 기능을 구현
	sub_Property Change.vi	[그림 2-3-8]의 컨트롤 또는 인디케이터들의 속성을 변경하는 기능을 구현
	sub_Viewer Error Check.vi	한 프로그램이 여러 개의 While 루프로 구성되어 있을 때 어느 하나의 While 루프에서 발생한 에러를 다른 While 루프들에게도 전달하여 모든 While 루프를 정지하도록 하는 기능 구현

[표 2-4-4]

2.5 순서도

LabVIEW로 코드를 만들 때는 프로젝트에 대한 순서도가 있으면 코딩할 때 시간이 많이 단축됩니다. [그림 2-5-1]은 로그인에 대한 순서도를 만든 모습입니다.

[그림 2-5-1] 로그인 동작 순서도

[실습 2-5-1] 프로젝트의 순서도를 만듭니다.

1. 2.3장과 2.4장을 참조하여 이 책에서 만들게 될 프로젝트의 모든 기능에 대한 순서도를 만들어 봅시다.

2.6 디자인 패턴 선정

상기 프로그램은 아래 표와 같이 디자인 패턴을 선정하였습니다. 각 디자인 패턴의 특징은 **LabVIEW의 정석(기본편) 8장 디자인 패턴**을 참조하세요.

Main 프로그램	DAQ & SAVE	DATA VIEWER
사용자 인터페이스 이벤트 핸들러	생산자/소비자 이벤트	생산자/소비자 이벤트

2.7 상세 코드 설명

5장에서 7장을 통해 구현하게 될 코드에 대한 설명을 합니다. 5장에서 7장에서는 프로젝트를 구현하는 방법에 대한 설명하고, 이 장에서는 완성된 코드를 미리 보여주고 왜 그렇게 만드는지에 대한 설명을 함으로써 앞으로 만들게 될 코드에 대한 이해를 도울 것입니다. **이 장은 5장에서 6장의 실습을 따라하기 전에 읽어야 더 효과적으로 이해할 수 있습니다.**

2.7.1 sub_Get DAQmx Dev Phy Chans.vi

지금부터 [그림 2-3-1]에서 DAQ & SAVE 버튼을 클릭했을 때 실행될 sub_Main DAQ .vi([그림 2-3-3] 참조)를 만드는 데 필요한 코드들([그림 2-4-4] 참조)에 대해 설명하겠습니다.

PC에 정상적으로 설치된 NI DAQ 하드웨어는 [그림 5-4-1-1]과 같이 MAX에서 보입니다. MAX에서 부여된 디바이스 이름과 그 DAQ가 가지고 있는 아날로그 입력 채널들의 리스트를 [그림 2-7-1-1]과 같이 알아내기 위한 코드입니다.

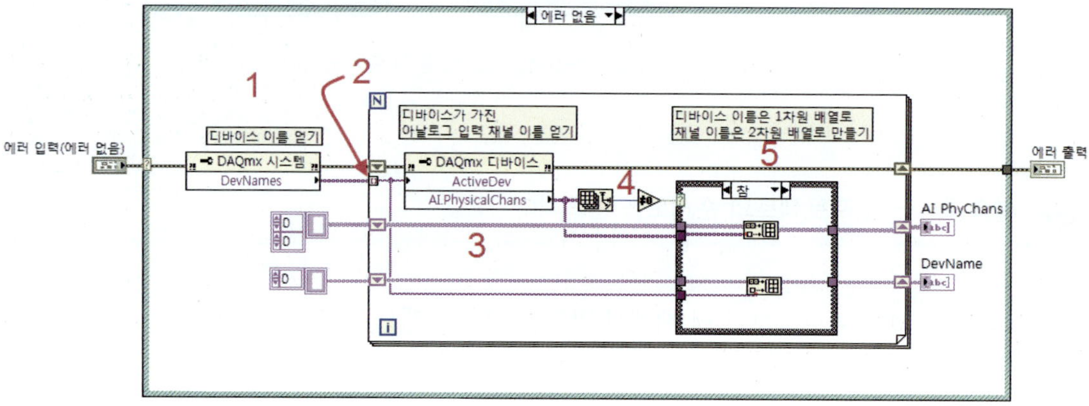

[그림 2-7-1]

1. 사용한 **프로퍼티 노드**에 '디바이스 이름' 프로퍼티를 설정하여 시스템에 설치된 디바이스 이름을 출력으로 내보냅니다.
2. **For 루프**를 사용하여 1번에서 출력된 디바이스 이름을 인덱싱 활성화하여 입력함으로써 디바이스 이름을 차례대로 반복할 때마다 입력하게 됩니다. 예를 들어 [그림 5-4-1-1]과 같이 설치된 상황이라면 **For 루프**는 2번 반복하게 되고, 첫 번째 반복에서는 'Dev1', 두 번째 반복에서는 'Dev2' 가 **For 루프**로 들어가게 됩니다.
3. 여기서 설정한 프로퍼티는 디바이스 이름을 입력하면 그 디바이스가 가지고 있는 아날로그 입력 채널들의 물리적 채널 이름을 출력하도록 하였습니다.
4. 디바이스가 가지고 있는 아날로그 입력 채널의 개수가 '0' 인지 아닌지를 판단합니다.

5. 4번에서 디바이스가 아날로그 입력의 물리적 채널의 개수가 '0'이 아닌 경우에 [그림 2-7-1-1]처럼 디바이스 이름(DevName)은 1차원 배열로, 아날로그 입력 물리적 채널 이름(AI PhyChans)은 2차원 배열로 만들어 출력하도록 합니다.

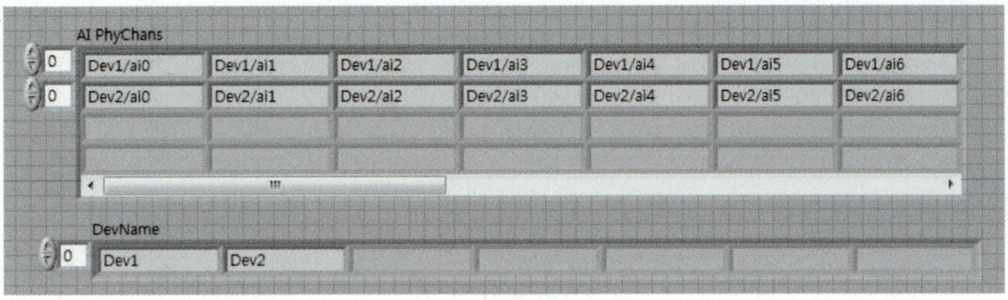

[그림 2-7-1-1]

2.7.2 sub_Create Tree Item.vi

2.7.1장에서 알아낸 DAQ 디바이스 이름과 아날로그 입력 물리적 채널 이름을 [그림 2-3-6]처럼 트리에 업데이트하기 위한 코드입니다.

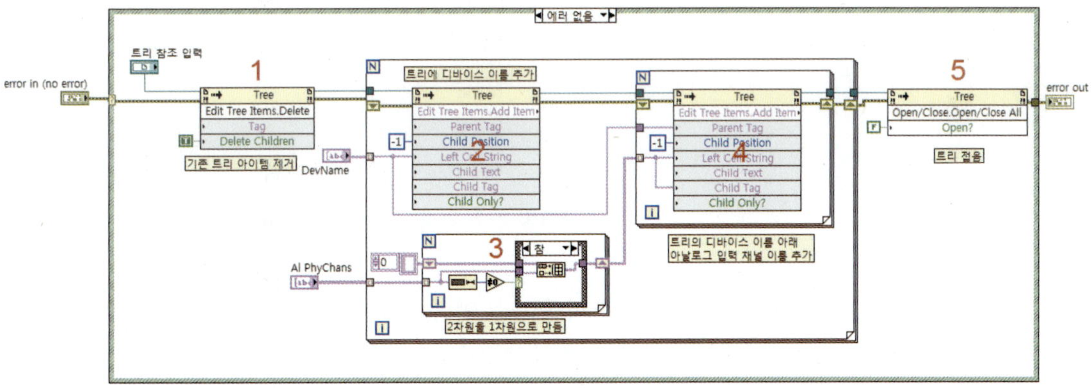

[그림 2-7-2]

1. 트리 참조가 지정하는 트리에서 이전의 실행 때 남아 있었던 항목들을 초기화하기 위해 기존 항목들을 모두 지울 수 있도록 '아이템 삭제' 메소드를 설정합니다.

2. 트리에 디바이스 이름을 추가하기 위해 '아이템 추가' 메소드를 설정합니다. 상세 설정은 LabVIEW 도움말을 참조합니다.

3. 아날로그 입력 물리적 채널 이름의 길이가 '0'이 아닌 경우(즉, 공백의 원소를 제거하기 위함)에 1차원로 만듭니다. [그림 2-7-2-1]의 '결과' 인디케이터는 이해를 돕기

위해 3번의 **For 루프**의 시프트 레지스트에 출력을 만들어 보여드린 것입니다. 공백을 제거하지 않으면 트리에서도 [그림 2-7-2-2]처럼 불필요한 공백이 보이게 됩니다.

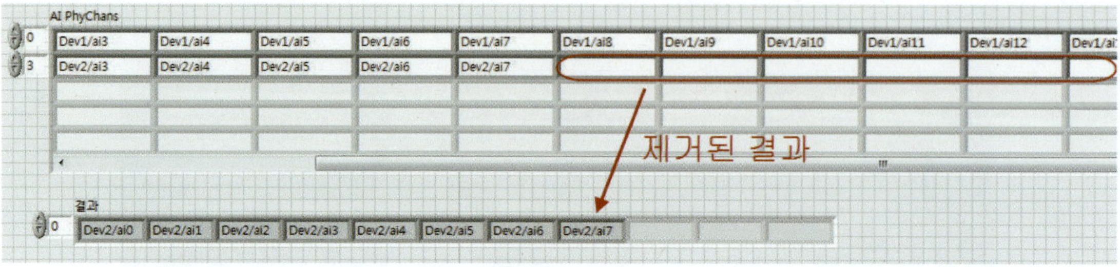

[그림 2-7-2-1]

[그림 2-7-2-2]

4. [그림 2-7-2-3]처럼 트리에서 디바이스 이름보다 한 단계 들어가서 아날로그 입력 채널을 추가하기 위해 '아이템 추가' 메소드를 설정합니다.

[그림 2-7-2-3]

5. 채널 선택창이 열렸을 때 트리가 펼쳐지지 않고 접혀진 상태로 디바이스 이름 아이템만 보이도록 하기 위해 '열기/닫기 모두' 메소드를 설정합니다.

[그림 2-7-2-4]

2.7.3 sub_DAQ Channel Selection.vi

[그림 2-3-5]에서 channel Selection 버튼을 클릭했을 때 실행되는 코드입니다.

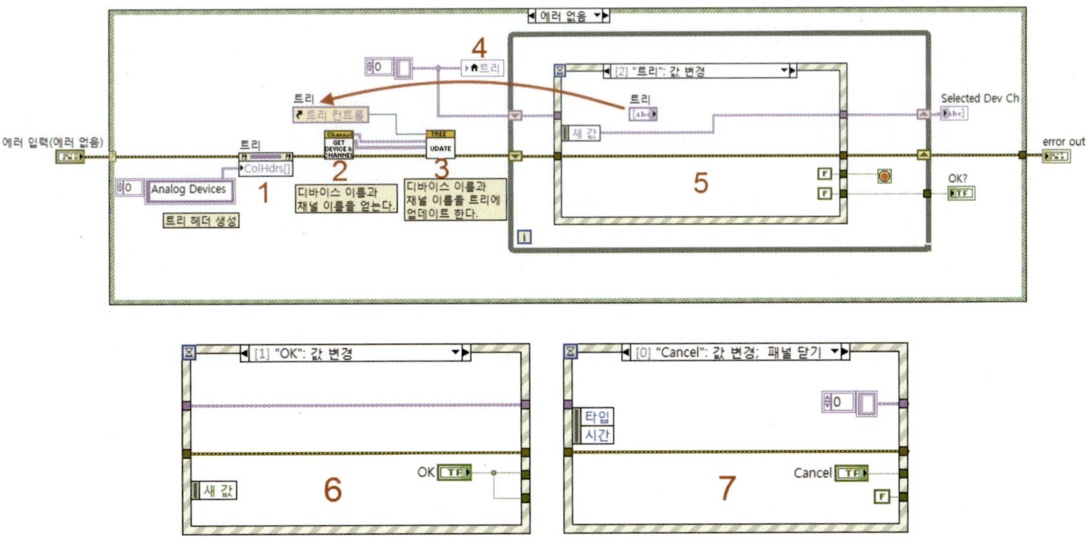

[그림 2-7-3]

1. [그림 2-7-3-1]처럼 트리 헤더를 생성하기 위해 '열 헤더 문자열' 프로퍼티를 설정합니다.

[그림 2-7-3-1]

2. 2.7.1장에서 만든 sub_Get DAQmx Dev Phy Chans.vi로 DAQ 디바이스 이름과 아날로그 입력 물리적 채널 이름을 얻습니다.

3. 2.7.2장에서 만든 sub_Create Tree Item.vi에 2번에서 얻은 DAQ 디바이스 이름, 아날로그 입력 물리적 채널 이름과 '트리' 에서 만든 참조를 입력함으로써 디바이스 이름과 아날로그 입력 물리적 채널 이름이 '트리' 라는 라벨을 가진 컨트롤에 [그림 2-7-3-1]과 같이 업데이트됩니다.

4. 마지막에 선택한 아이템이 선택된 상태로 남아 있지 않도록 하기 위한 초기화입니다.

5. <"트리" : 값 변경>이벤트는 트리에서 선택한 물리적 채널이 바뀌면 실행됩니다. 선택된 물리적 채널을 시프트 레지스터에 저장합니다.

6. <"OK" : 값 변경>은 [그림 2-7-3-1]에서 OK 버튼을 클릭하면 실행되고, 시프트 레지스터에 저장된 선택된 아날로그 물리적 채널들을 'Selected Dev Ch' 에 출력합니다.

7. <"Cancel" : 값 변경, 패널 닫기>는 [그림 2-7-3-1]에서 Cancel 버튼을 클릭하거나 패널 닫기를 클릭하면 실행되고, 'Selected Dev Ch' 에 비어있는 배열을 출력합니다.

2.7.4 sub_Save Load FP.vi

프런트패널에 있는 컨트롤 또는 인디케이터들의 값을 파일로 저장하거나 저장된 데이터들을 불러오기 위한 VI입니다. 이 VI는 [그림 2-3-5]와 [그림 2-3-7]에서 설정한 컨트롤 값들을 파일로 저장해 놓았다가 이를 읽어 와서 다시 설정하는 데 사용될 것입니다.

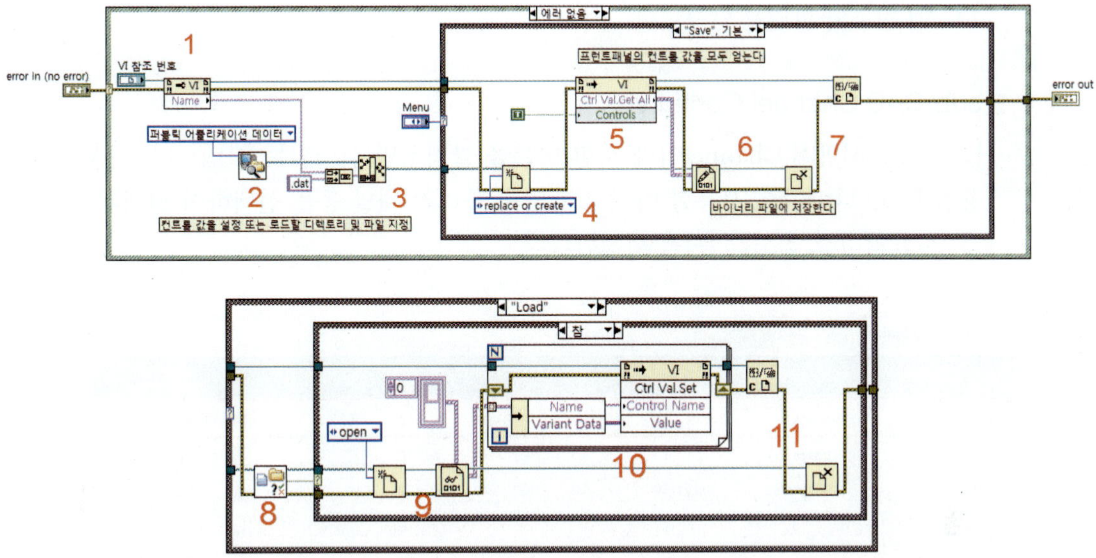

[그림 2-7-4]

1. VI 참조번호가 가르키는 VI의 이름을 알아내기 위하여 'VI 이름' 프로퍼티를 설정합니다. 이것은 프런트패널의 모든 컨트롤 값을 저장할(불러올) 파일 이름으로 사용할 예정입니다.
2. 시스템 폴더는 어떤 OS를 사용하는가에 따라 폴더 위치가 달라질 수 있습니다. 예를 들어 윈도우7인 경우는 C:₩ProgramData폴더를 의미합니다.
3. 저장할 또는 불러올 파일 경로를 완성합니다. 예를 들어 1번에서 VI 이름이 test.vi인 경우 출력되는 경로는 C:₩ProgramData₩test.vi.dat입니다.
4. Save 케이스에서 3번에서 지정한 위치의 파일 이름으로 파일을 생성합니다.
5. 연결된 VI 참조가 가리키는 VI의 모든 컨트롤 값을 얻기 위한 '컨트롤 값 : 모두 얻기' 메소드를 설정합니다.
6. 5번에서 얻은 모든 컨트롤 값들을 바이너리 파일에 쓰고 파일을 닫습니다.
7. VI 참조를 닫습니다.
8. Load 케이스에서 제일 먼저 3번에서 출력한 경로의 파일이 존재하는지를 확인합니다.
9. 존재한다면 특정 VI의 컨트롤 값들이 저장된 바이너리 파일을 열어서 읽어 옵니다.
10. 읽어 온 컨트롤들을 VI참조가 가르키는 VI의 컨트롤들을 설정하기 위한 '컨트롤 값 : 설정' 메소드를 사용합니다.

11. VI 참조와 파일을 닫습니다.

2.7.5 sub_DAQ Channel Config.vi

[그림 2-3-4]에서 Channel이라 적힌 버튼을 클릭하면 실행되는 VI입니다. 이 VI는 사용할 DAQ 디바이스, 사용할 아날로그 입력 물리적 채널 등을 선택하여 선택된 채널들을 속성(최대값, 최소값 등)을 설정합니다.

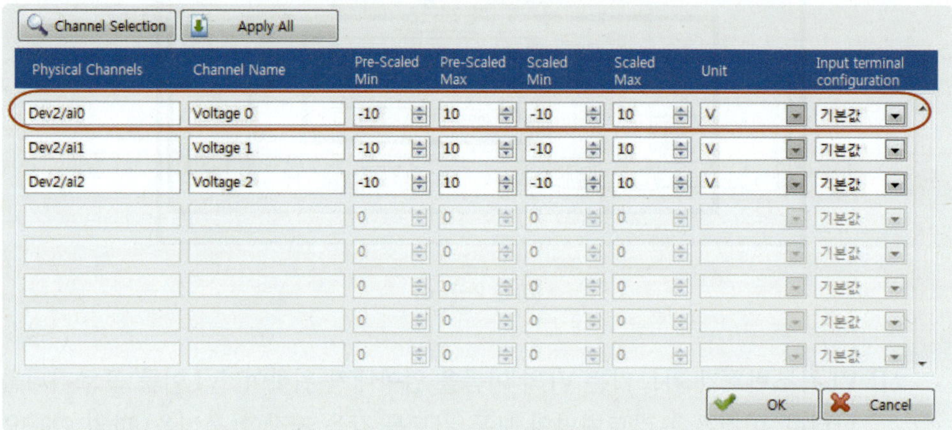

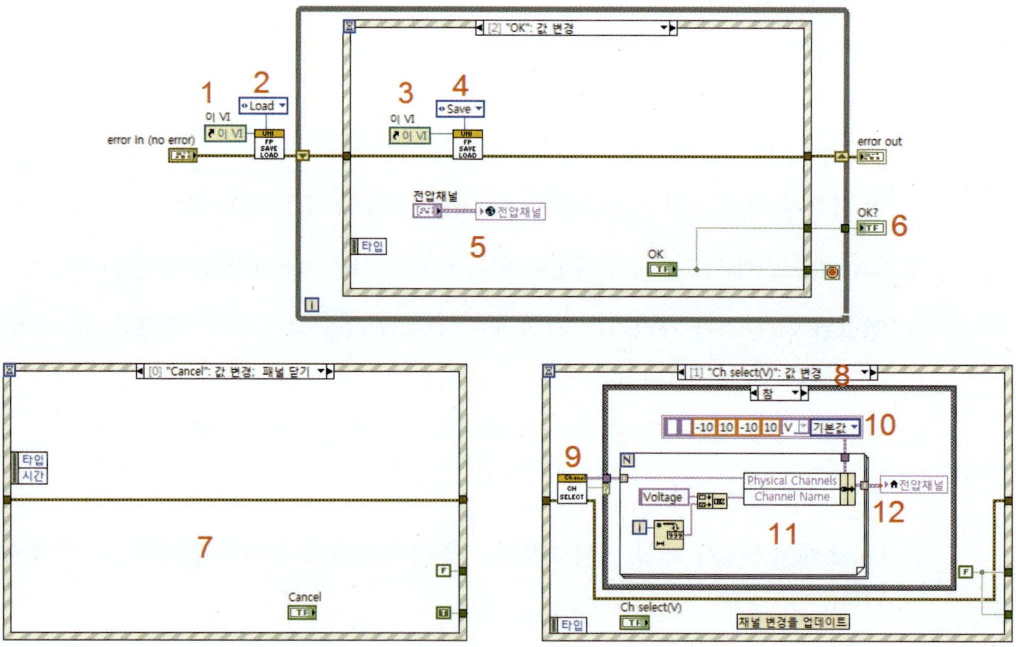

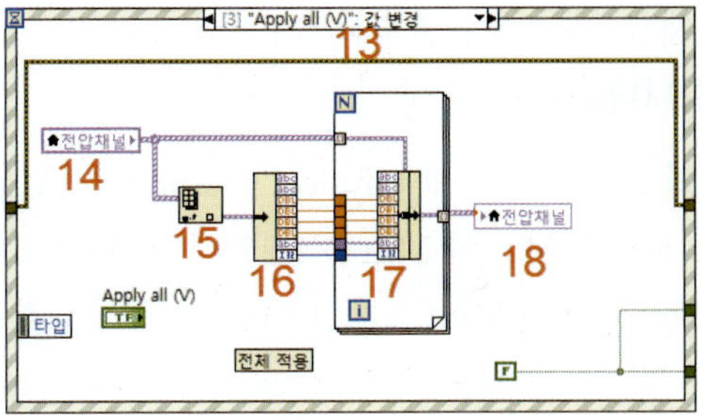

[그림 2-7-5]

1. '이 VI' 참조 번호는 말 그대로 자기 자신을 가리키는 참조입니다. 즉, sub_DAQ Channel Config.vi를 가리킵니다.
2. 2.7.4장에서 설명한 sub_Save Load FP.vi를 Load 기능으로 사용합니다. 즉, 이전 실행 때 저장된 C:₩ProgramData₩sub_DAQ Channel Config.vi.dat 파일이 있으면 열고 저장된 데이터들(sub_DAQ Channel Config.vi의 프런트패널에 있는 컨트롤들의 라벨과 설정값)을 sub_DAQ Channel Config.vi의 프런트패널에 있는 컨트롤들의 값에 설정하라는 의미입니다. 파일이 없으면 아무런 작업 수행도 하지 않고 넘어갑니다.
3. '이 VI' 참조 번호는 말 그대로 자기 자신을 가리키는 참조입니다. 즉, sub_DAQ Channel Config.vi를 가리킵니다.
4. [그림 2-7-5]의 프런트패널에 있는 OK 버튼을 클릭하면 실행되는 코드로서 2.7.4장에서 만든 sub_Save Load FP.vi를 Save 기능으로 사용합니다. 즉 [그림 2-7-5]의 프런트패널에 설정한 컨트롤들의 값을 C:₩ProgramData₩sub_DAQ Channel Config.vi.dat에 저장합니다.
5. [그림 2-7-5]의 프런트패널에 설정한 컨트롤들의 값들을 글로벌 변수(global_Channel Property.vi)에 저장하고 추후에 다른 VI들에서 사용합니다.
6. [그림 2-7-5]에서 OK 버튼을 클릭할 때만 참 값을 출력합니다.
7. <"Cancel" : 값 변경, 패널 닫기>이벤트는 [그림 2-7-5]의 프런트패널에서 Cancel 버튼을 클릭하거나 패널 닫기를 클릭하면 실행되고, 'OK?' 에 거짓 값을 출력하고 실행을 마칩니다.
8. [그림 2-7-5]의 프런트패널의 Channel Selection 버튼을 클릭하면 실행되는 이벤트입니다.
9. 2.7.3장에서 설명한 sub_DAQ Channel Selection.vi를 실행하여 선택한 아날로그

입력 물리적 채널 이름들을 출력하고 [그림 2-7-2-3]에서 OK 버튼을 클릭했는지 여부를 출력합니다.

10. [그림 2-7-5]의 프런트패널에 Physical Channels와 Channel Name은 '공백' 으로 설정하고, Pre-Scaled Max와 Min (스케일하지 않은 최대/최소값)는 '10, -10' 으로 설정하고, Scaled Max와 Min(스케일 이후 최대/최소값)은 '10, -10' 으로 설정하고, Unit(단위)는 'V' 로 설정하고 Input terminal configuration은 '기본값' 으로 설정한다는 의미입니다. 즉, 클러스터의 디폴트 값을 지정하는 것입니다.

11. [그림 2-7-5]의 프런트패널에서 Physicla Channels과 Channel Name은 공백에서 9번에서 출력한 아날로그 입력 물리적 채널 이름과 Voltage 0, 1...로 업데이트합니다. 이때 사용한 **이름으로 묶기.vi**는 클러스터 업데이트할 때 사용하는 노드입니다.

12. '전압채널' 로컬 변수에 값을 씁니다. 즉 [그림 2-7-5]의 프런트패널에 업데이트하는 것입니다. '전압채널' 의 터미널은 [그림 2-7-5]의 5번에 있습니다.

13. [그림 2-7-5]의 프런트패널에서 Apply All 버튼을 클릭하면 실행되는 이벤트입니다.

14. '전압채널' 로컬 변수에서 값을 읽어 옵니다.

15. 아래 [그림 2-7-5-1]에서 첫 번째 라인에서 설정한 값을 **배열 인덱스.vi**를 사용하여 가져옵니다. 배열 인덱스에서 인덱스 파라미터에 값을 주지 않으면 디폴트로 '0' 을 의미합니다. 즉, 배열에서 인덱스 '0' 의 원소를 반환합니다.

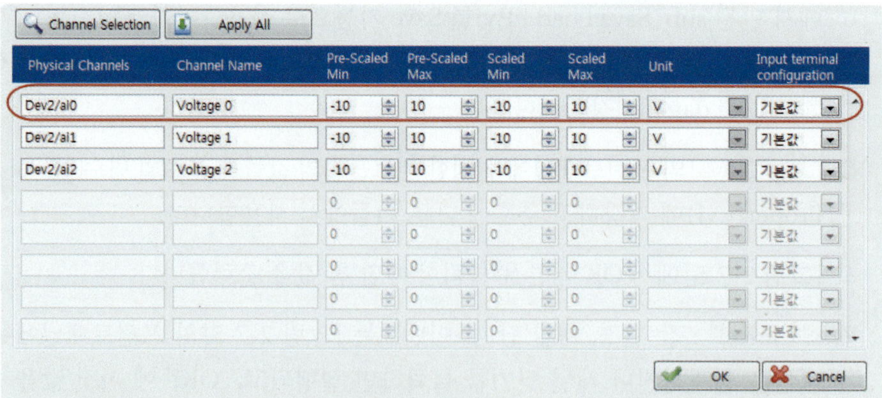

[그림 2-7-5-1]

16. **풀기.vi**를 이용하여 클러스터로 묶인 모든 원소를 풀어냅니다. 여기서는 **풀기.vi**보다 **이름으로 풀기.vi**를 이용하여 일부만 풀어내는 것이 더 적합하지만 블록다이어그램의 공간을 절약하기 위하여([그림 2-7-5-2] 참조) **풀기.vi**를 사용하였습니다.

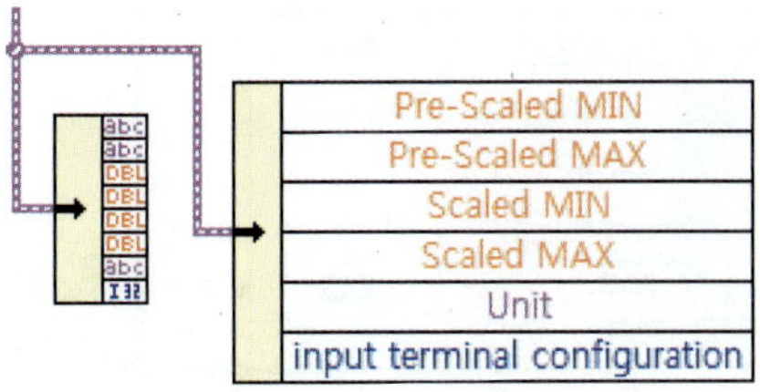

[그림 2-7-5-2]

17. [그림 2-7-5-1]에서 첫 번째 라인에서 Physical Channels과 Channel Name을 제외한 모든 값들은 나머지 채널에 동일하게 업데이트하기 위하여 **묶기.vi**를 이용합니다. 여기서는 **묶기.vi**보다 **이름으로 묶기.vi**를 이용하여 업데이트하는 것이 더 적합하지만 블록다이어그램의 공간을 절약하기 위하여 **묶기.vi**를 사용하였습니다.

18. '전압채널' 로컬 변수에 값을 씁니다. 즉 [그림 2-7-5]의 프런트패널에 업데이트하는 것입니다.

2.7.6 sub_DAQ Timing Config.vi

[그림 2-3-4]에서 Timing이라 적힌 버튼을 클릭하면 실행될 VI입니다. 이 VI는 DAQ 디바이스에서 샘플 클럭, 읽어 올 데이터 개수, 클럭 소스, 트리거, 파일 헤더 등을 설정합니다.

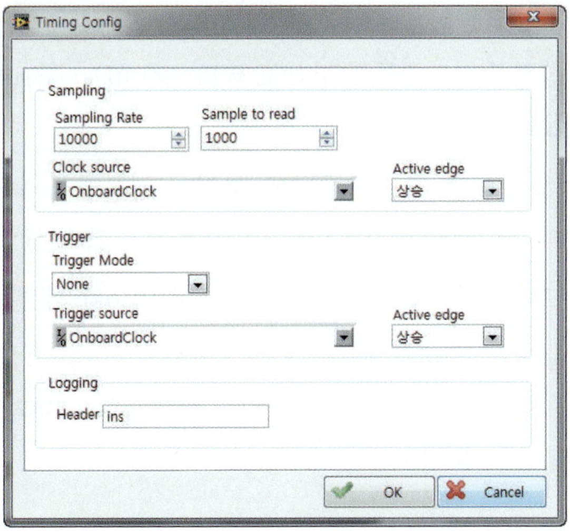

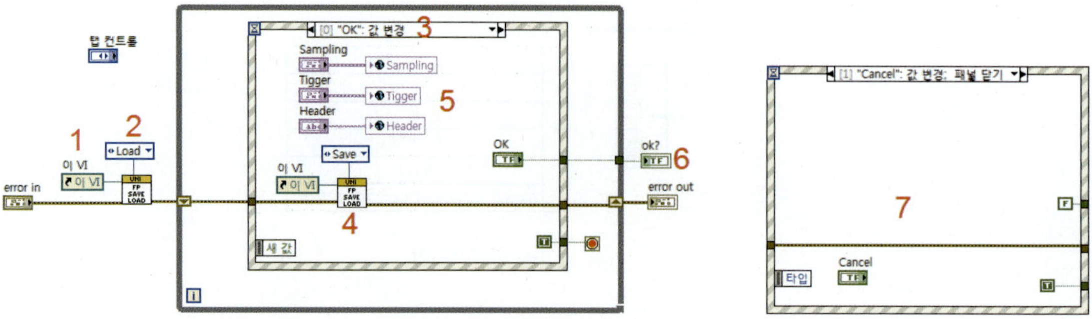

[그림 2-7-6]

1. '이 VI' 참조 번호는 말 그대로 자기 자신을 가리키는 참조입니다. 즉, sub_DAQ Timing Config.vi를 가리킵니다.

2. [그림 2-7-4]에서 설명한 sub_Save Load FP.vi를 Load 기능으로 사용합니다. 즉, 이전 실행 때 저장된 C:₩ProgramData₩sub_DAQ Timing Config vi.dat 파일이 있으면 열고 저장된 데이터들(sub_DAQ Timing Config.vi의 프런트패널에 있는 컨트롤들의 라벨과 설정값) sub_DAQ Timing Config.vi의 프런트패널에 있는 컨트롤들의 값을 설정하라는 의미입니다. 파일이 없으면 아무런 작업 수행도 하지 않고 넘어갑니다.

3. [그림 2-7-6]의 프런트패널에 있는 OK 버튼을 클릭하면 실행하는 이벤트입니다.

4. 만든 sub_Save Load FP.vi를 Save 기능으로 사용합니다. 즉 [그림 2-7-6]의 프런트패널에 설정한 컨트롤들의 값을 C:₩ProgramData₩sub_DAQ Timing Config.vi.dat에 저장합니다.

5. [그림 2-7-6]의 프런트패널에 설정한 컨트롤들의 값들을 글로벌 변수(global_Channel Property.vi)에 저장하고 추후에 다른 VI들에서 사용합니다.

6. [그림 2-7-5]에서 OK 버튼을 클릭할 때만 'ok?' 에 참 값을 출력합니다.

7. <"Cancel" : 값 변경, 패널 닫기>이벤트는 [그림 2-7-6]의 프런트패널에서 Cancel 버튼을 클릭하거나 패널 닫기(**X**)를 클릭하면 실행되고, 'ok?' 에 거짓 값을 출력하고 실행을 마칩니다.

2.7.7 sub_Create AI Channel.vi

DAQmx 프로그램 중 사용자 스케일 생성하고 채널을 생성하는 프로그램입니다.

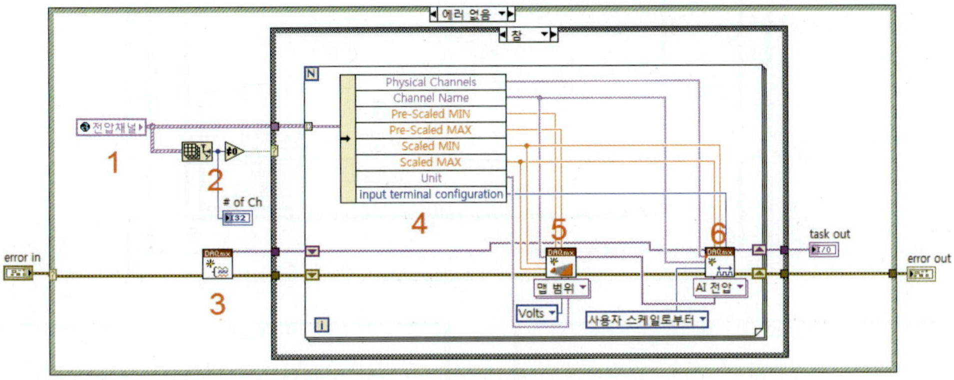

[그림 2-7-7]

1. [그림 2-7-5]의 5번에서 쓴 '전압채널' 글로벌 변수값을 읽어 옵니다.
2. [그림 2-7-5]에서 Channel Selection 버튼을 클릭하여 선택한 채널이 몇 개 있는가를 알아낸 다음 '# of Ch' 에 출력하고 그 값이 '0' 인지 아닌지를 판단합니다.
3. 태스크를 생성합니다.
4. **이름으로 풀기.vi**를 이용하여 [그림 2-7-5]의 프런트패널에서 설정한 모든 값들을 원소 개별로 풀어냅니다. 이때 **이름으로 풀기.vi** 대신 **풀기.vi**를 사용해도 좋습니다.
5. 사용자 정의 스케일을 생성합니다.
6. 아날로그 입력 채널 생성을 합니다.

2.7.8 sub_Analog Input.vi

DAQmx의 아날로그 입력 프로그램입니다. 참고로 아날로그 입력 프로그램 중 트리거와 하드웨어 타이밍을 사용한 연속 측정 프로그램 순서는 **채널 설정 → 트리거 설정 → 타이밍 설정 → 시작 → 데이터 읽기(반복) → 정지 → 지우기 → 에러 핸들**입니다. 참고로 트리거를 사용하지 않으면 위의 순서에서 **트리거 설정** 단계만 생략하면 됩니다. 구조는 기능적 글로벌 변수(**While 루프**의 조건 터미널에 **참 상수**, 초기화하지 않은 시프트 레지스터)를 사용하였습니다. 초기화하지 않은 시프트 레지스터는 최근 실행 값을 저장할 수 있습니다.

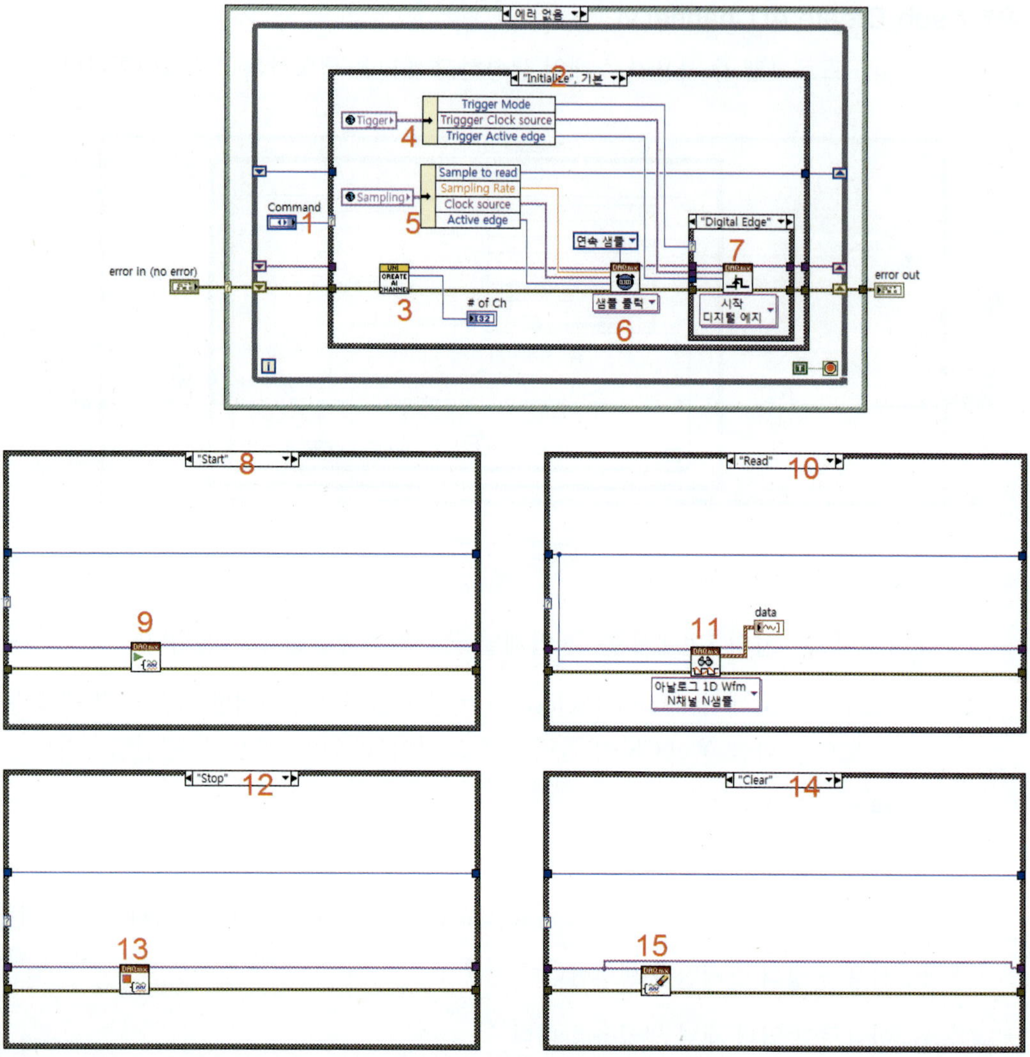

[그림 2-7-8]

1. Command에 입력되는 값에 따라 실행되는 케이스가 달라집니다.

2. Command에서 'Initialize'를 선택한 경우 실행되는 케이스로서 초기화를 위한 것입니다.

3. 2.7.7장에서 만든 sub_Create AI Channel.vi를 사용하여 DAQmx 프로그램 중 사용자 스케일과 채널을 생성하고 사용할 아날로그 입력 채널이 몇 개인지를 출력합니다. 이것은 sub_Main DAQ.vi의 프런트패널의 그래프에서 보여질 범례 개수를 결정할 때 사용합니다.

4. [그림 2-7-6]의 5번에서 사용된 글로벌 변수(global_Channel Property.vi)의 값을 읽어 온 뒤 **이름으로 풀기.vi**를 사용하여 아이템들을 풀어냅니다.
5. [그림 2-7-6]의 5번에서 사용된 글로벌 변수(global_Channel Property.vi)의 값을 읽어 온 뒤 **이름으로 풀기.vi**를 사용하여 아이템들을 풀어냅니다.
6. 하드웨어 타이밍 설정합니다.
7. [그림 2-7-6]의 프런트패널에서 'Trigger Mode' 설정 유무에 따라 트리거 설정을 합니다. 이로써 설정 단계가 끝납니다.
8. Command에 'Start'를 선택한 경우 실행되는 케이스로서 데이터 수집을 시작하기 위한 것입니다.
9. 앞에서 설정한 대로 아날로그 입력을 시작합니다.
10. Command에 'Read'를 선택한 경우 실행되는 케이스로서 측정한 데이터를 읽어 오기 위한 것입니다.
11. [그림 2-7-6]의 프런트패널에서 'Sample to read'에서 설정한 데이터 개수 만큼씩 읽어 옵니다. 이 값은 [그림 2-7-8]의 5번에서 초기화하지 않은 시프트 레지스터에 저장한 것을 가지고 옵니다.
12. Command에 'Stop'을 선택한 경우 실행되는 케이스로서 데이터 수집을 정지하기 위한 것입니다.
13. 아날로그 입력 동작을 정지합니다.
14. Command에 'Clear'를 선택한 경우 실행되는 케이스로서 데이터 수집 태스크를 삭제하기 위한 것입니다.
15. 아날로그 입력 동작의 태스크를 삭제합니다. 13번과 차이는 13번에서 정지한 후 다시 9번 노드를 실행하면 아날로그 입력 기능이 수행되지만, 태스크를 삭제하면 다시 채널 생성 및 각종 설정 등을 거쳐 시작해야지만 아날로그 입력 기능을 수행할 수 있습니다.

2.7.9 sub_TDMS File Path.vi

추후에 데이터 수집하면서 이 데이터를 저장할 TDMS 파일이 생성될 파일 경로를 설정하는 역할을 합니다.

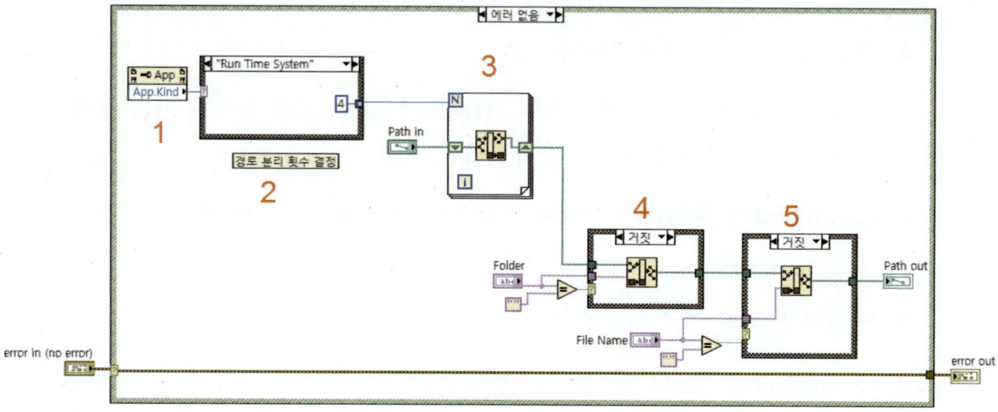

[그림 2-7-9]

1. 설정한 '어플리케이션 : 종류' 프로퍼티는 이 VI가 일반 VI모드에서 실행되는지, 실행 파일(exe)로 만들어서 실행되는지 등을 알려줍니다.

2. Run Time System(exe를 만들어 실행하고 있음을 의미)일 때는 '4', Development System(일반 VI 상태에서의 실행을 의미)일 때는 '3'을 입력합니다. 이 숫자는 경로 분리 횟수입니다. 즉 [그림 2-7-9-1]처럼 TDMS 폴더에 저장된 VI 경로에서 Data 폴더의 경로로 이동하려면 일반 VI상태에서는 파일 이름, TDMS, SubVIs 경로를 분리해야 Data 폴더로 갈 수 있고, exe로 만들어 실행하면 파일 이름 앞에 *.exe가 붙게 됩니다. 따라서 일반 VI 상태에서 실행할 때보다 한 번 더 분리시켜야지만 Data 폴더로 이동할 수 있습니다.

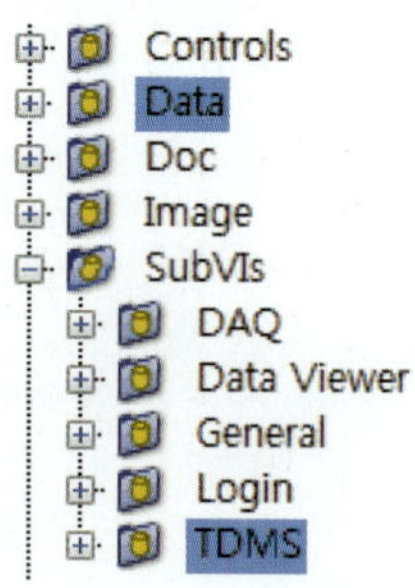

[그림 2-7-9-1]

3. 2번에서 지정한 횟수만큼 경로를 분리합니다. 예를 들어 Path in에 입력된 경로가 C:₩Project₩SubVIs₩TDMS₩test.vi인 경우 3번 분리되면 C:₩Project가 출력됩니다. 만약 이 VI를 실행 파일로 만들면 Path in에 입력되는 경로는 C:₩Project₩SubVIs₩TDMS₩*.exe₩test.vi가 되며 4번 분리되면 C:₩Project가 출력됩니다.

4. Folder에 입력된 값이 공백이 아니면 경로를 추가하여 만듭니다. 예를 들어 Folder에 'Data'가 입력되었다면 만들어진 경로는 C:₩Project₩Data가 될 것입니다.

5. File Name에 입력된 값이 공백이 아니면 경로를 추가하여 만듭니다. 예를 들어 File Name에 'test.tdms'가 입력되었다면 만들어진 경로는 C:₩Project₩Data₩test.tdms가 될 것입니다. 이 출력값이 측정한 데이터가 저장될 파일 경로입니다.

2.7.10 sub_TDMS FGV.vi

수집한 데이터를 TDMS로 저장하는 기능을 기능적 글로벌 변수 구조로 구현한 하위 레벨 VI입니다. [그림 2-3-4]에서 Save 버튼을 클릭하면 측정하고 있는 데이터를 TDMS 파일 포맷으로 저장합니다. 이 때 sub_TDMS FGV.vi를 이용하여 저장 기능을 구현합니다.

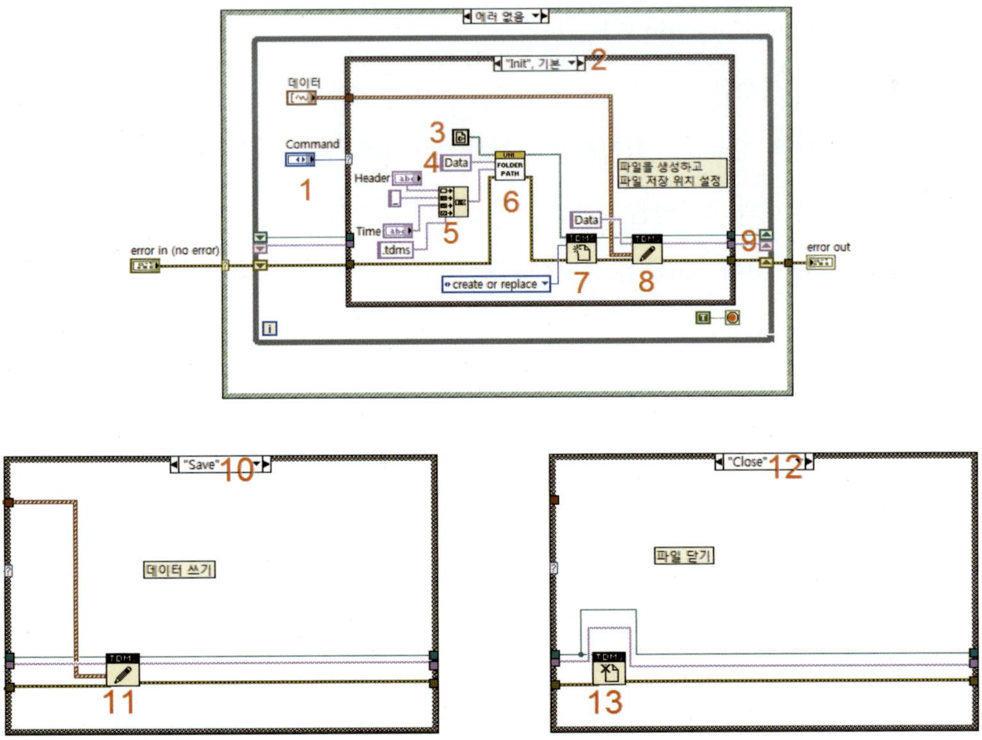

[그림 2-7-10]

1. Command에 입력되는 값에 따라 실행되는 케이스가 달라집니다.
2. Command에 'Init'를 선택한 경우 실행되는 케이스로서 초기화 작업을 합니다
3. 현재 VI의 경로를 출력합니다. 예를 들어 이 VI(sub_TDMS FGV.vi)가 C:₩Project₩SubVIs₩TDMS 폴더에 저장이 되어 있다면 출력되는 값은 C:₩Project₩SubVIs₩TDMS₩sub_TDMS FGV.vi입니다.
4. 폴더 이름을 Data로 설정합니다.
5. 파일 이름 포맷을 Header_Time.tdms로 설정합니다. 프로젝트가 완성 후 실행하면 저장되는 데이터 파일 이름은 [그림 2-7-10-1]과 같습니다.

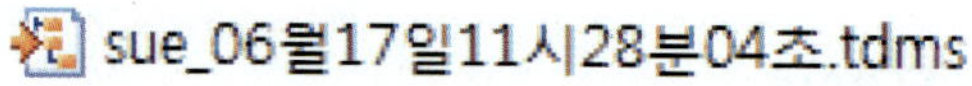

[그림 2-7-10-1]

6. 2.7.9장에서 만든 sub_TDMS File Path.vi를 사용하여 측정한 데이터를 저장할 파일 경로와 이름을 출력하게 됩니다. 예를 들어 sub_TDMS FGV.vi가 C:₩Project₩SubVIs₩TDMS 폴더에 저장되어 있다면 출력된 경로는 C:₩Project₩Data₩header_Time.tdms가 됩니다.
7. 파일을 생성합니다.
8. 그룹명은 'Data'로 설정하고 측정한 데이터를 씁니다.
9. 파일 경로와 그룹명을 시프트 레지스터에 저장합니다.
10. Command에 'Save'를 선택한 경우 실행되는 케이스로서 데이터를 쓰는 작업을 합니다.
11. 시프트 레지스터에 저장된 파일 경로에 시프트 레지스터에 저장된 그룹 이름으로 데이터를 파일에 씁니다.
12. Command에 'Close'를 선택한 경우 실행되는 케이스로서 파일을 닫는 작업을 합니다.
13. 시프트 레지스터에 저장된 파일 경로의 파일을 닫습니다.

2.7.11 sub_Boolean Changed.vi

Boolean 버튼의 상태 변화가 있는지를 알기 위한 VI입니다. 이것은 [그림 2-3-4]에서 Save 버튼이 '거짓→참', '참 상태 유지', '참→거짓', '거짓 상태 유지' 인지를 파악해서 저장을 시작할 것인지(거짓→참), 저장을 계속할 것인지(참 상태 유지), 저장을 멈출 것 인지(참→거짓), 저장을 안할 것인지(거짓 상태 유지)를 결정합니다.

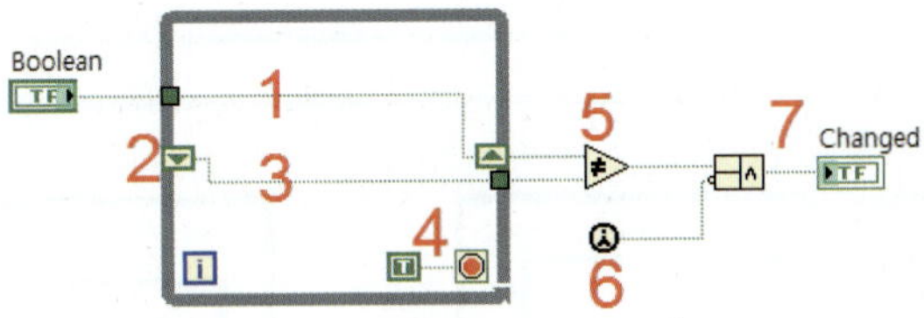

[그림 2-7-11]

1. Boolean 버튼의 값을 초기화하지 않은 시프트 레지스터에 저장합니다.
2. 초기화하지 않는 시프트 레지스터 이므로 이전 Boolean값이 저장되어 있습니다.
3. 이전 Boolean 값을 읽어 옵니다.
4. **While 루프**의 정지 조건이 참 값이므로 한 번 실행하고 끝납니다.
5. 현재 Boolean 값과 이전 Boolean 값이 같지 않은지를 비교합니다.
6. sub_Boolean Changed.vi가 처음 실행하는 것인지를 알아봅니다. 이것은 첫 번째 실행에서는 이전 Boolean의 값이 없으므로 무조건 'Changed' 에 거짓 값을 출력하도록 하기위함 입니다.
7. 현재 Boolean 값과 이전 Boolean 값이 같지 않고, sub_Boolean Changed.vi가 처음 실행하는 것이 아니면 'Changed' 에 참 값을 출력합니다. 이것의 의미는 Boolean의 상태가 '거짓→참' 또는 '참→거짓' 으로 상태 변화가 있다는 의미입니다.

2.7.12 sub_TDMS Save Data.vi

수집한 데이터를 TDMS로 저장하는 기능을 수행하는 상위 레벨 VI입니다. 2.7.10장, 2.7.11장에서 만든 subVI들을 사용하여 만듭니다.

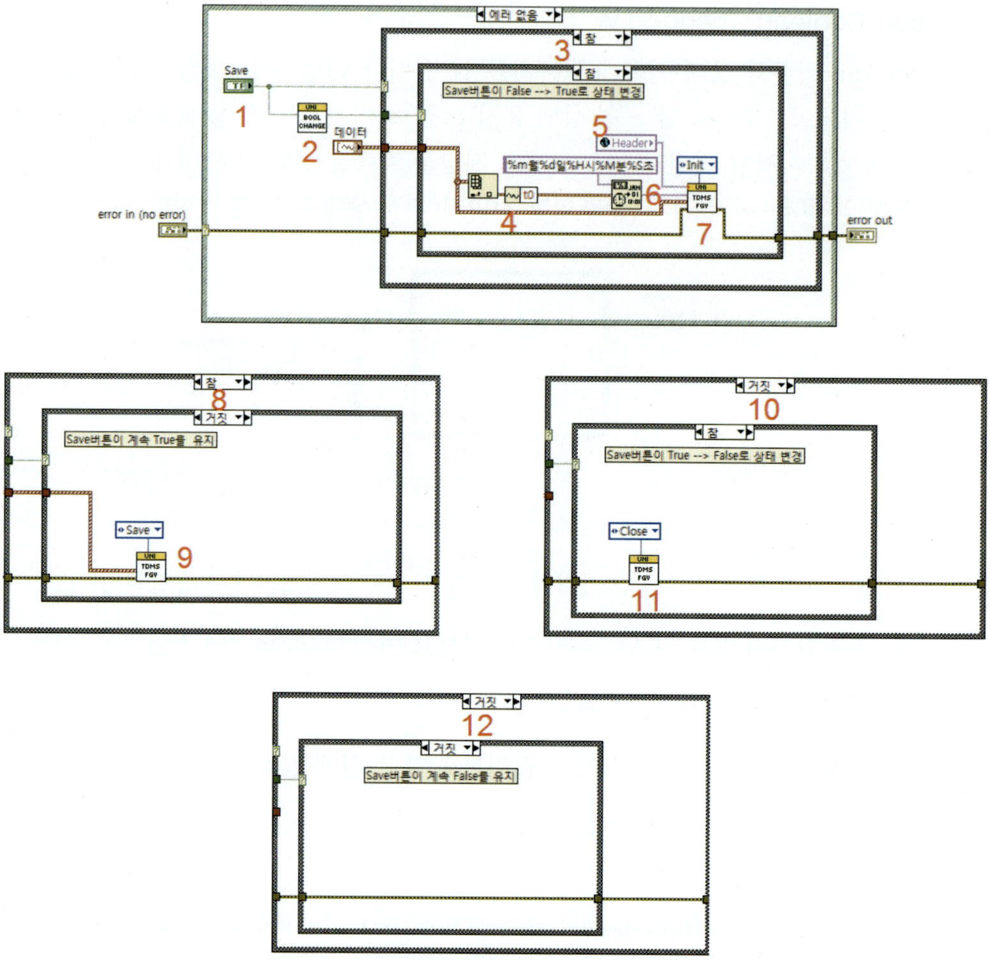

[그림 2-7-12]

1. [그림 2-3-4]에서 Save 버튼이 연결될 터미널입니다.
2. [그림 2-3-4]에서 Save 버튼의 상태 변화를 알기위해 2.7.11장에서 만든 sub_Boolean Changed.vi를 사용합니다.
3. Save 버튼이 거짓→참으로 상태 변화가 있을 때 실행되는 경우입니다. 즉, 저장을 시작하겠다는 의미입니다.
4. 여러 개의 물리적 채널에서 데이터를 측정하고 있다면 그 중 첫 번째 데이터의 측정을 시작한 시간을 알아냅니다.
5. [그림 2-7-6]의 프런트패널의 Header에 입력한 값을 글로벌 변수로 읽어옵니다. 글로벌 변수에 값을 저장하는 것은 [그림 2-7-6]의 5번에서 합니다.

6. 4번의 시간 데이터를 'xx월xx일xx시xx분xx초' 포맷의 문자열로 변경합니다.

7. 2.7.10장의 sub_TDMS FGV.vi을 'Init' 으로 설정해서 사용합니다. 즉, 측정한 데이터를 저장할 파일 경로를 만들고, 만들어진 경로의 파일을 생성하고 데이터를 씁니다. 이때 만들어진 파일 경로는 …₩Project₩Data 폴더에 [그림 2-7-10-1]과 동일한 포맷으로 저장됩니다.

8. Save 버튼이 참 → 참으로 상태 변화가 없을 때 실행되는 경우입니다. 저장하는 것을 계속 유지하겠다는 의미입니다.

9. 2.7.10장의 sub_TDMS FGV.vi을 'Save' 로 설정해서 사용합니다. 즉, 파일에 측정한 데이터를 씁니다.

10. Save 버튼이 참 → 거짓 상태 변화가 있을 때 실행되는 경우입니다. 즉, 저장을 멈추겠다는 의미입니다.

11. 2.7.10장의 sub_TDMS FGV.vi을 'Close' 로 설정해서 사용합니다. 즉, 파일에 닫습니다.

12. Save 버튼이 거짓 → 거짓 상태 변화가 없을 때 실행되는 경우입니다. 저장을 하지 않겠다는 의미입니다. 따라서 케이스 내부가 비어 있습니다.

2.7.13 sub_DAQ Update FP.vi

[그림 2-7-16]의 디자인 패턴에서 2^{nd}(두 번째) **While 루프**에서 3^{rd}(세 번째) **While 루프**로 데이터를 전달할 때 사용할 subVI로서 기능적 글로벌 변수로 구현합니다. 즉, 2^{nd}(두 번째) **While 루프**에서 기능 수행하면서 필요한 프런트패널 업데이트는 이 subVI를 통해 3^{rd}(세 번째) **While 루프**로 전달하여 실제 프런트패널 업데이트는 3^{rd}(세 번째) **While 루프**에서 수행합니다.

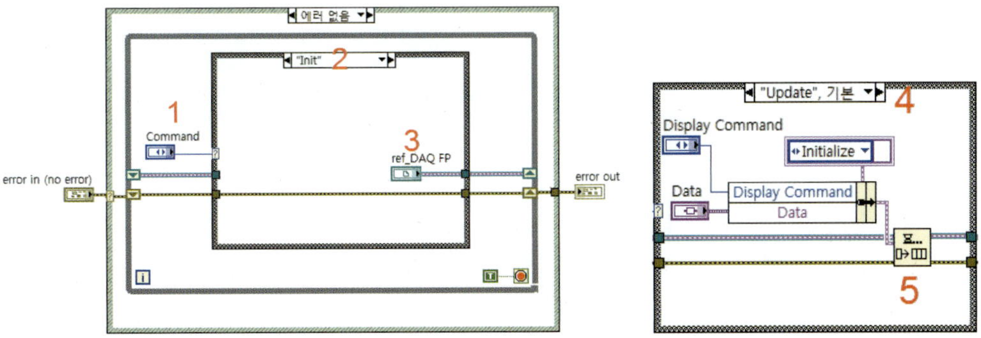

[그림 2-7-13]

1. Command에 입력되는 값에 따라 실행되는 케이스가 달라집니다.
2. Command에서 'Init'을 선택한 경우 실행되는 케이스로서 큐 참조를 초기화합니다.
3. [그림 5-8-1-1]의 화살표 위치에서 만든 참조를 사용자 정의하고 이것을 불러와 시프트 레지스터에 연결하여 저장합니다.
4. Command에서 'Update'를 선택한 경우 실행되는 케이스로서 원소를 큐에 추가합니다.
5. **원소를 큐에 추가.vi**를 이용하여 큐에 원소를 추가(인큐)합니다. 그러면 동시에 어디선가 파트너인 **원소를 큐에서 제거.vi**가 실행되면서 큐에서 원소를 빼가게 됩니다(디큐). 이 때 실행하게 될 **원소를 큐에서 제거.vi**는 3번에서 어디서 만든 참조를 연결했느냐에 따라서 결정됩니다. 여기서 인큐를 하면 [그림 5-8-1-1]의 화살표가 가리키는 참조와 연결된 **원소를 큐에서 제거.vi**가 실행되어 디큐를 하게 됩니다.

2.7.14 sub_DAQ LIFO.vi

큐는 원래 FIFO(First In First Out)구조의 버퍼를 가지고 있습니다. 이것을 LIFO(Last In First Out)로 동작하도록 만든 subVI입니다. [그림 2-7-14]에서 FIFO와 LIFO의 차이를 확인해 봅시다. 각각의 데이터 즉 a, b, c, 가, 나를 따로 생각하면 LIFO는 아니지만 데이터 그룹 즉, 기존 데이터 그룹 a, b, c와 새로 추가될 데이터 그룹 가, 나 두 그룹으로 생각하면 LIFO가 맞습니다. 즉 여기서는 데이터 그룹에 LIFO를 적용합니다. 이를 쓰는 이유는 두 번째 루프에서 들어온 데이터를 기존 버퍼에 있는 데이터들보다 먼저 실행하기 위해서입니다.

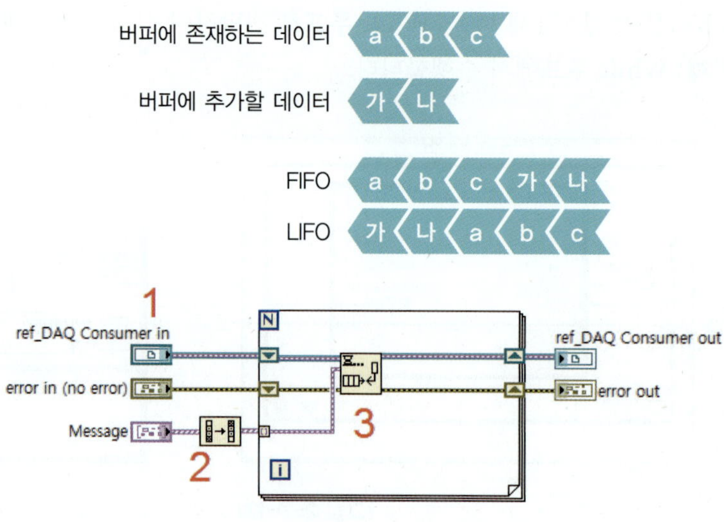

[그림 2-7-14]

1. [그림 5-9-1-1]의 윗쪽 화살표 위치에서 만든 참조를 사용자 정의하고 이것을 불러와 사용합니다.
2. 원래 추가할 데이터를 배열을 뒤집습니다. 예를 들어 '가', '나' 의 순서라면 '나',' 가' 순서로 변경됩니다.
3. **원소를 반대쪽 큐에 추가.vi**를 이용하여 원소를 큐에 추가합니다. 여기서 추가한 큐는 [그림 5-9-1-1]의 두 번째 **While 루프**에서 데이터를 디큐하게 됩니다.

2.7.15 sub_DAQ Error Check.vi

[그림 2-7-16]의 블록다이어그램에서 에러가 3개의 **While 루프** 중 어떤 **While 루프**에서 발생하던지 모든 **While 루프**를 정지시켜 프로젝트를 끝내기 위한 subVI를 기능적 글로벌 변수로 구현합니다.

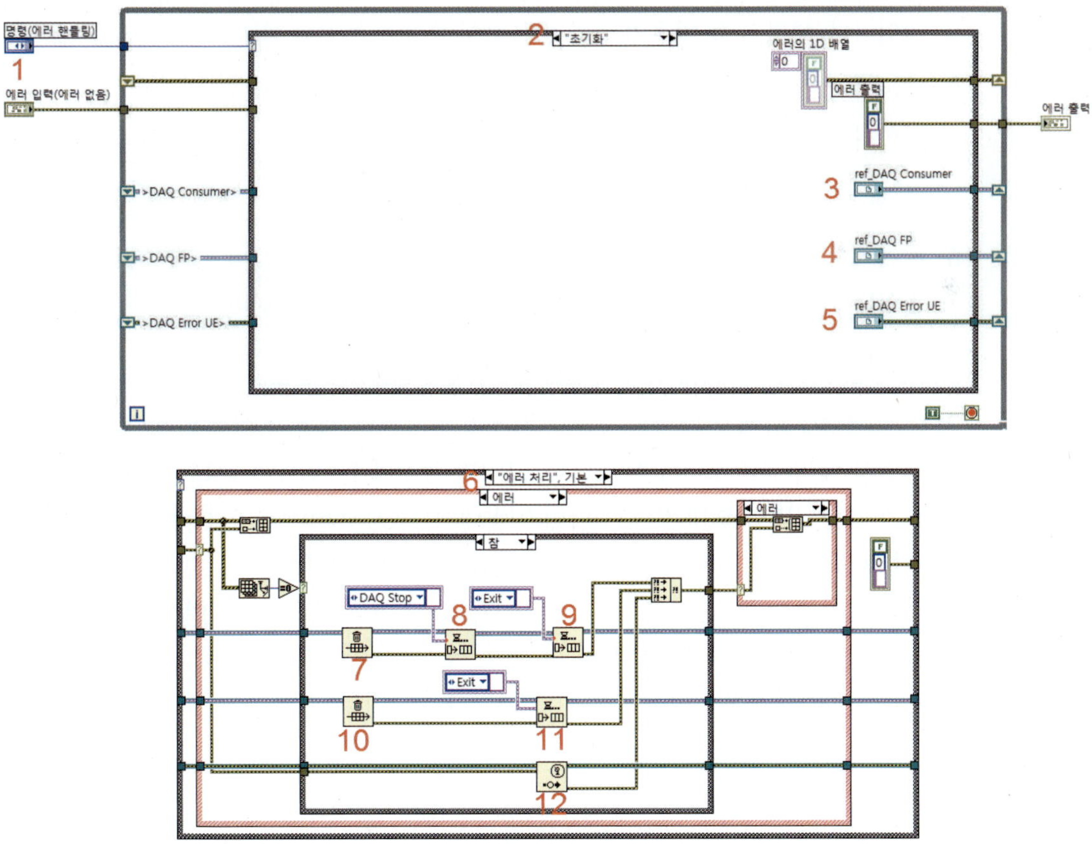

[그림 2-7-15]

1. '명령' 에 입력되는 값에 따라 실행되는 케이스가 달라집니다.

2. '명령'에 '초기화'을 선택한 경우 실행되는 케이스로서 큐 참조와 사용자 이벤트 참조를 초기화합니다.
3. [그림 5-9-1-1]의 윗쪽 화살표 위치에서 만든 참조를 사용자 정의하고 이것을 불러와 시프트 레지스터에 연결하여 저장합니다.
4. [그림 5-8-1-1]의 화살표 위치에서 만든 참조를 사용자 정의하고 이것을 불러와 시프트 레지스터에 연결하여 저장합니다.
5. [그림 5-9-1-1]의 아래쪽 화살표 위치에서 만든 참조를 사용자 정의하고 이것을 불러와 시프트 레지스터에 연결하여 저장합니다.
6. '명령'에 '에러 처리'를 선택한 경우 실행되는 케이스로서 에러가 발생했을 때 실행되는 코드입니다.
7. 에러가 발생하면 큐 버퍼에 남아 있는 원소를 실행할 필요 없이 프로그램을 종료할 것입니다. 따라서 **큐 비우기.vi**를 이용하여 큐에 있는 원소를 비워줍니다.
8. 에러가 발생했을 때 만약 DAQ 하드웨어에서 데이터 수집을 하고 있다면 이를 정지합니다.
9. [그림 2-7-16]의 2nd(두 번째) **While 루프**를 정지합니다.
10. 에러가 발생하면 큐 버퍼에 남아 있는 원소를 실행할 필요없이 프로그램을 종료할 것입니다. 따라서 **큐 비우기.vi**를 이용하여 큐에 있는 원소를 비워줍니다.
11. [그림 2-7-16]의 3rd(세 번째) **While 루프**를 정지합니다.
12. [그림 5-3-1-6]에서 정의된 'error' 사용자 이벤트는 **사용자 이벤트 발생.vi**가 실행되면서 에러 클러스터를 보냅니다. 그러면 동시에 [그림 5-3-1-13]에 구현된 이벤트가 실행되면서 보내온 에러 클러스터 데이터 중 'status'를 이용하여 1st(첫 번째) **While 루프**가 정지되고 프로젝트가 끝납니다. sub_DAQ Error Check.vi의 **사용자 이벤트 발생.vi**가 실행되면 sub_Main DAQ.vi의 1st(첫 번째) **While 루프**에 구현한 <error> : 사용자 이벤트 케이스가 실행되는 것은 5번에서 연결한 참조가 [그림 5-9-1-1]의 아래쪽 화살표 위치에서 생성했기 때문입니다.

2.7.16 sub_Main DAQ.vi

[그림 2-3-1]에서 DAQ & SAVE 버튼을 클릭하면 실행되는 subVI를 구현한 것입니다. [그림 2-7-16] 프런트패널에서 Start 버튼을 클릭하면 Start 버튼의 값이 바뀐 이벤트는 1st(첫 번째) **While 루프**에서 감지합니다. 그리고 큐를 통해 2nd(두 번째) **While 루프**로 Start 버튼이 값이 변경되었다는 사실을 전달합니다. 그러면 2nd(두 번째) **While 루프**는

실제로 데이터 수집을 시작하는 기능을 수행합니다. 2nd(두 번째) **While 루프**가 기능을 수행하면 프런트패널의 업데이트(예를 들어 수집한 데이터를 그래프에 표현)가 필요합니다. 역시 큐를 통해 2nd(두 번째) **While 루프**에서 3rd(세 번째) **While 루프**로 필요한 프런트패널 업데이트 정보를 전달하면 3rd(세 번째) **While 루프**는 프런트패널 업데이트를 합니다. 사용자 이벤트는 2nd(두 번째) **While 루프** 또는 3rd(세 번째) **While 루프**에서 발생한 에러를 1st(첫 번째) **While 루프**로 전달하기 위한 것입니다.

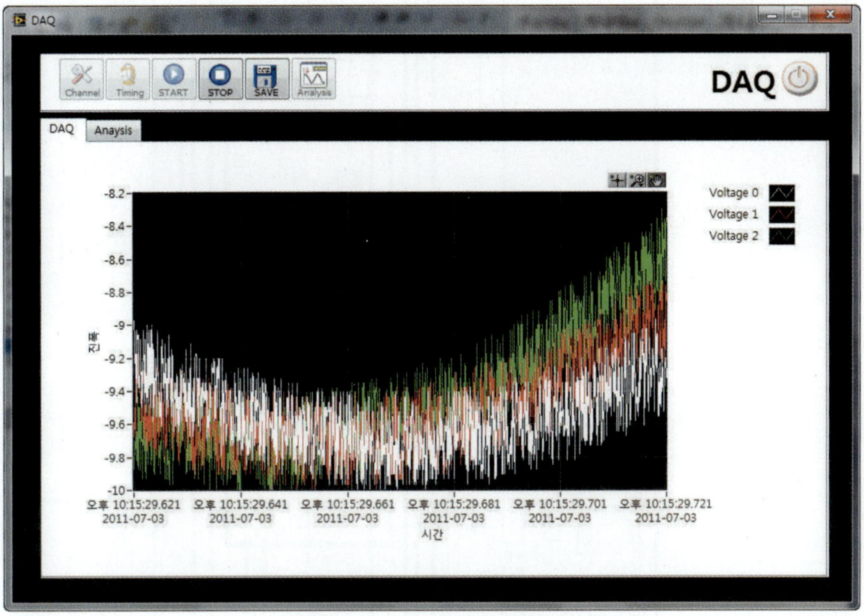

sub_Main DAQ.vi의 프런트패널

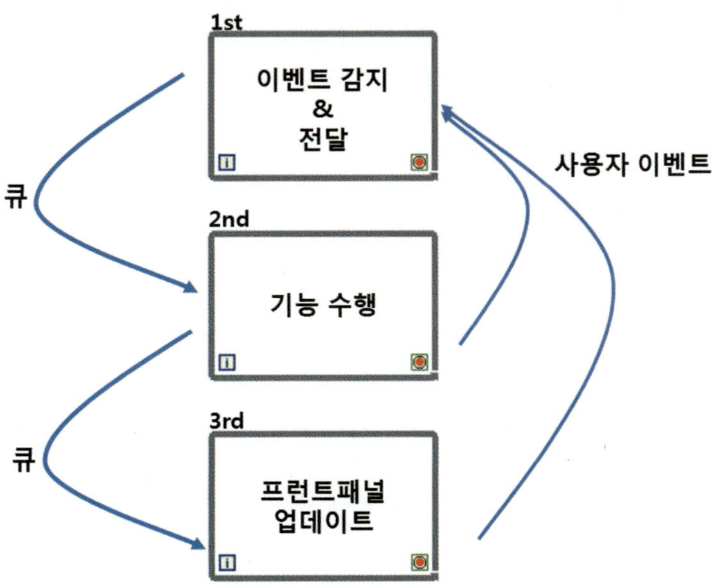

sub_Main DAQ.vi의 디자인 패턴

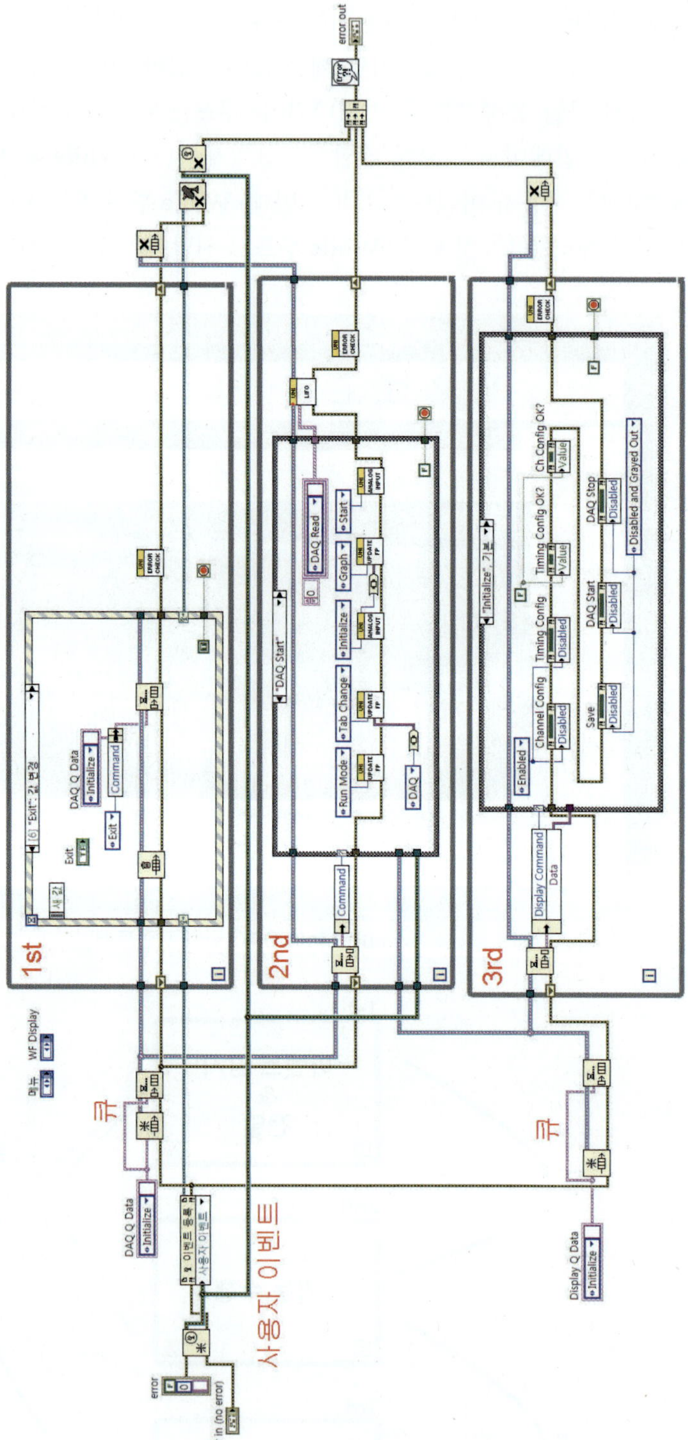

sub_Main DAQ.vi의 블록다이어그램

[그림 2-7-16]

- 이벤트 감지를 위한 1st(첫 번째) **While 루프**을 설명합니다.

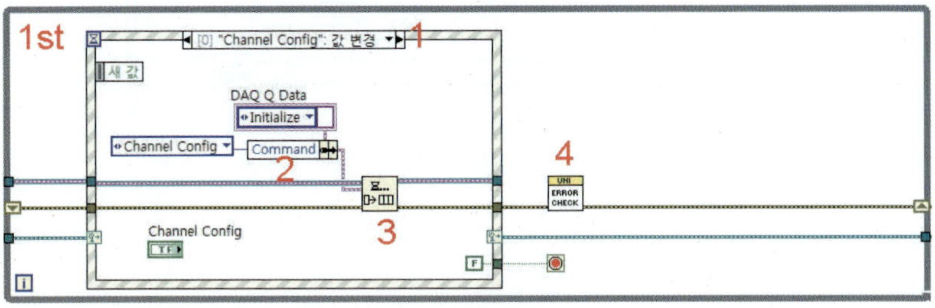

[그림 2-7-16-1]

1. [그림 2-7-16]의 프런트패널에서 Channel( ) 버튼을 클릭하면 실행되는 이벤트입니다.
2. **이름으로 묶기.vi**는 클러스터가 가진 원소를 새로운 값으로 업데이트할 때 사용합니다. 따라서 'DAQ Q Data' 클러스터의 'Command' 원소를 'Channel Config' 로 업데이트합니다.
3. 업데이트된 클러스터를 인큐합니다. 그러면 [그림 2-7-16]의 블록다이어그램의 2nd(두 번째) **While 루프** 안에 있는 **원소를 큐에서 제거.vi**가 디큐합니다.
4. 1st(첫 번째) **While 루프**가 실행될 때마다 에러 체크를 하기 위해 2.7.15장에서 만든 sub_DAQ Error Check.vi를 추가합니다.

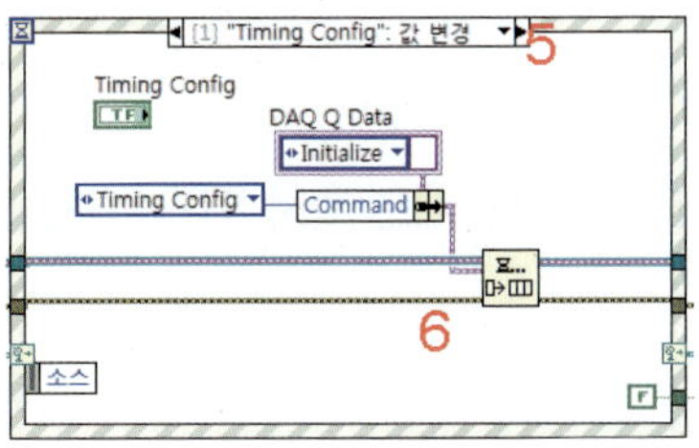

[그림 2-7-16-2]

5. [그림 2-7-16]의 프런트패널에서 Timing( ) 버튼을 클릭하면 실행되는 이벤트입니다.
6. 업데이트된 클러스터를 인큐합니다. 2nd(두 번째) **While 루프** 안에 있는 **원소를 큐에서 제거.vi**가 디큐합니다.

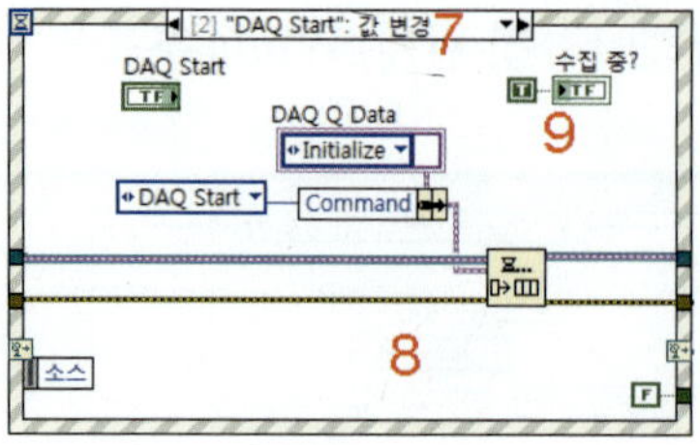

[그림 2-7-16-3]

7. [그림 2-7-16]의 프런트패널에서 START( ) 버튼을 클릭하면 실행되는 이벤트입니다.

8. 업데이트된 클러스터를 인큐합니다. 2nd(두 번째) **While 루프** 안에 있는 **원소를 큐에서 제거.vi**가 디큐합니다.

9. 2nd(두 번째) **While 루프**('DAQ Read' 케이스)에서 데이터를 계속 측정할지를 결정할 때 사용됩니다.

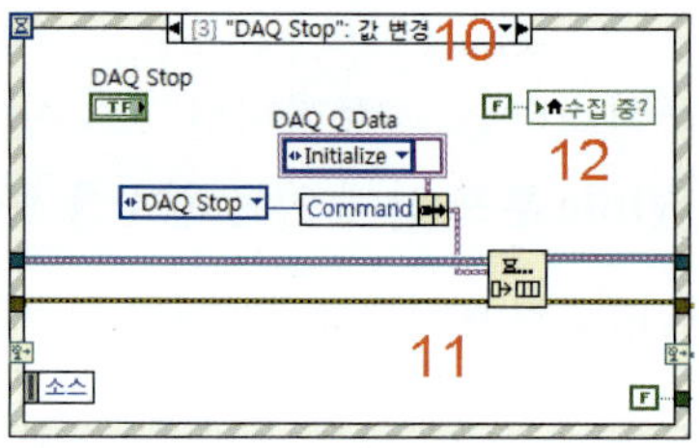

[그림 2-7-16-4]

10. [그림 2-7-16]의 프런트패널에서 STOP( ) 버튼을 클릭하면 실행되는 이벤트입니다.

11. 업데이트된 클러스터를 인큐합니다. 2nd(두 번째) **While 루프** 안에 있는 **원소를 큐에서 제거.vi**가 디큐합니다.

12. STOP 버튼을 클릭하면 데이터 수집을 정지하므로 거짓 값을 설정합니다.

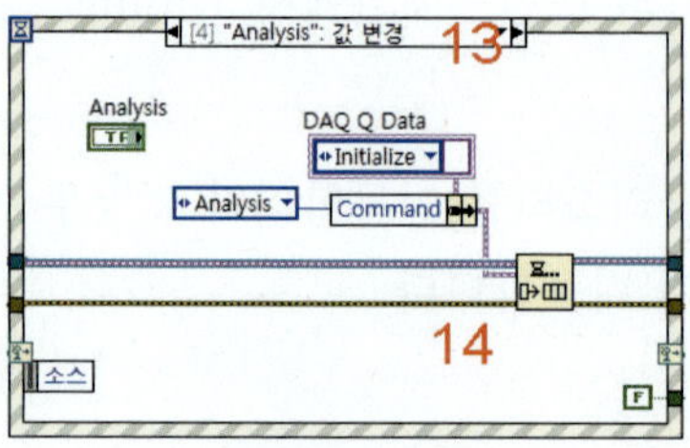

[그림 2-7-16-5]

13. [그림 2-7-16]의 프런트패널에서 Analysis( ) 버튼을 클릭하면 실행되는 이벤트입니다.

14. 업데이트된 클러스터를 인큐합니다. 2nd(두 번째) **While 루프** 안에 있는 **원소를 큐에서 제거.vi**가 디큐합니다.

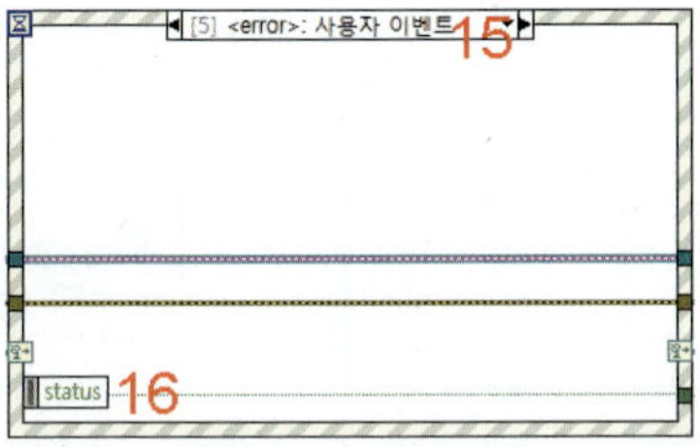

[그림 2-7-16-6]

15. error 사용자 이벤트가 발생하면 실행되는 이벤트입니다. **사용자 이벤트 발생.vi**를 실행하면 동시에 실행될 것입니다. error 사용자 이벤트의 **사용자 이벤트 발생.vi**는 2.7.16장에서 만든 sub_DAQ Error Check.vi 안에 있습니다.

16. **사용자 이벤트 발생.vi** 가 전달하는 에러 클러스터 중 'status' 만 빼와서 1st(첫 번째) **While 루프**의 조건 터미널에 연결합니다. **사용자 이벤트 발생.vi**는 에러가 발생하면 에러 클러스터를 전달하므로 'status' 는 항상 참 값이 출력될 것입니다.

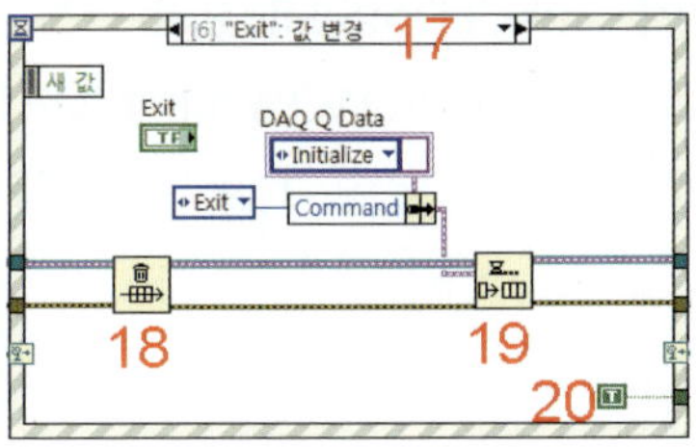

[그림 2-7-16-7]

17. [그림 2-7-16]의 프런트패널에서 Exit( ) 버튼을 클릭하면 실행되는 이벤트입니다.

18. 프로그램을 종료하므로 큐 버퍼에 남아 있는 데이터들을 실행할 필요가 없게 됩니다. **따라서 큐 비우기.vi**를 사용한 것입니다.

19. 업데이트된 클러스터를 인큐합니다. 2nd(두 번째) **While 루프** 안에 있는 **원소를 큐에서 제거.vi**가 디큐합니다.

20. 1^{st}(첫 번째) **While 루프**를 정지합니다.

- 기능 수행을 위한 2^{nd}(두 번째) **While 루프**를 설명합니다.

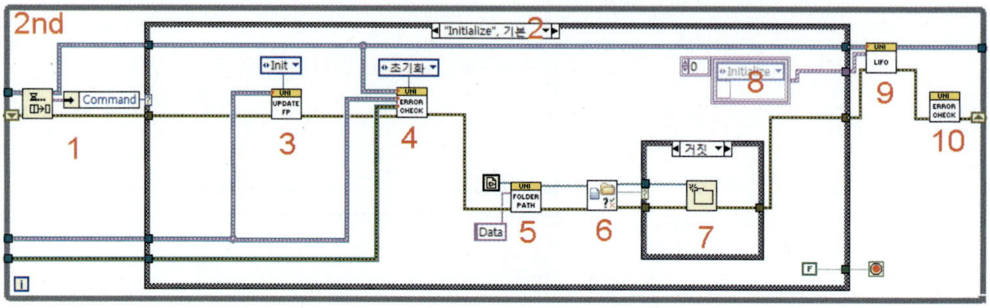

[그림 2-7-16-8]

1. 1^{st}(첫 번째) **While 루프**에서 인큐한 데이터들을 2^{nd}(두 번째) **While 루프**에서 디큐하여 'Command' 출력에 따라 실행되는 케이스를 달라집니다.
2. 초기화를 위한 케이스입니다.
3. 2.7.13장에서 만든 sub_DAQ Update FP.vi를 'Init' 으로 설정하여 사용합니다.
4. 2.7.15장에서 만든 sub_DAQ Error Check.vi를 '초기화' 로 설정하여 사용합니다.
5. 2.7.9장에서 만든 sub_TDMS File Path.vi를 사용하여 sub_Main DAQ.vi가 저장된 폴더(…Project₩SubVIs₩DAQ₩sub_Main DAQ.vi)에서 3번 (실행 파일로 실행할 때는 4번) 경로를 분리한 곳에 'Data' 라는 폴더(…₩Project₩Data)의 경로를 출력합니다.
6. 5번에서 출력된 경로가 실제로 존재하는지 확인합니다.
7. 실제로 존재하지 않는다면 5번에서 출력된 경로에 Data폴더를 만듭니다.
8. 큐에 추가할 원소입니다. 현재 빈 배열을 연결함으로서 추가하지 않는다는 의미입니다.
9. 2.7.14장에서 만든 sub_DAQ LIFO.vi를 사용하여 각 케이스에서 출력되는 원소를 먼저 디큐할 수 있도록 인큐합니다.
10. 2^{nd}(두 번째) **While 루프**가 실행될 때마다 에러 체크를 하기 위해 2.7.15장에서 만든 sub_DAQ Error Check.vi를 추가합니다.

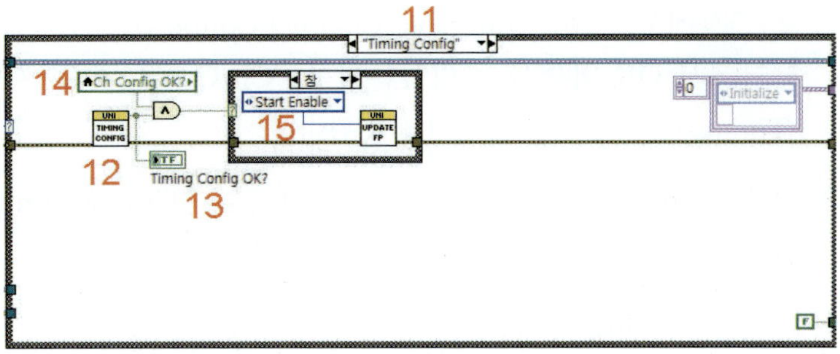

[그림 2-7-16-9]

11. [그림 2-7-16]의 프런트패널에서 Timing 버튼을 클릭하면 수행할 기능(타이밍 설정 등)을 구현한 케이스입니다.

12. 2.7.6장에서 구현한 sub_DAQ Timing Config.vi를 추가하여 설정을 하고, [그림 2-3-7]에서 OK 버튼을 클릭했는지를 'Timing Config OK?' 에 출력합니다. 이것은 'Channel Config' 케이스에서 사용됩니다.

13. 'Timing Config OK?' 는 19번에서 볼 수 있듯이 'Channel Config' 케이스에서 사용됩니다.

14. 이것은 'Channel Config' 케이스에서 만들어진 출력으로서 로컬 변수로 불러왔습니다. 이 값은 [그림 2-3-5]에서 OK 버튼을 클릭했는지를 알기 위한 것입니다.

15. 'Channel Config' 와 'Timing Config' 가 완료되었을 때만 [그림 2-7-16]의 START 버튼을 활성화할 수 있도록 2.7.13장에서 만든 sub_DAQ Update FP.vi 안에 있는 **원소를 큐에 추가.vi**를 이용하여 3rd(세 번째) **While 루프**로 전달합니다.

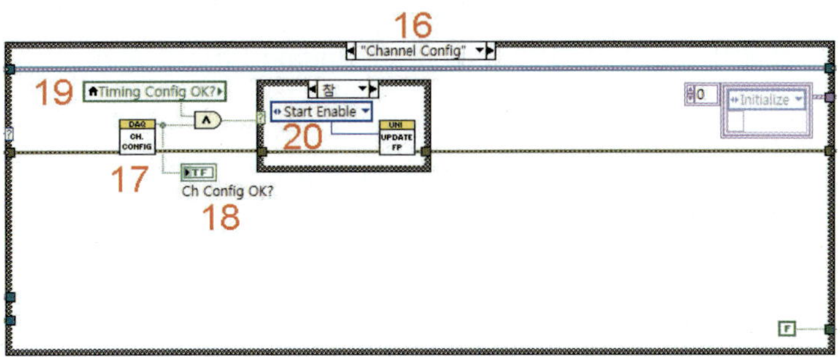

[그림 2-7-16-10]

16. [그림 2-7-16]의 프런트패널에서 Channel 버튼을 클릭하면 수행할 기능(채널 설정 등)을 구현한 케이스입니다.

17. 2.7.5장에서 구현한 sub_DAQ Channel Config.vi를 추가하여 설정하고, [그림 2-3-5]에서 OK 버튼을 클릭했는지를 'Ch Config OK?' 에 출력합니다. 이것은 'Timing Config' 케이스에서 사용됩니다.

18. 'Ch Config OK?' 는 14번에서 볼 수 있듯이 'Timing Config' 케이스에서 사용됩니다.

19. 이것은 'Timing Config' 케이스에서 만들어진 출력으로서 로컬 변수로 불러왔습니다. 이 값은 [그림 2-3-7]에서 OK 버튼을 클릭했는지를 알기 위한 것입니다.

20. 'Channel Config' 와 'Timing Config' 가 완료되었을 때만 [그림 2-7-16]의 START 버튼을 활성화할 수 있도록 sub_DAQ Update FP.vi를 이용하여 3rd(세 번째) **While 루프**로 전달합니다.

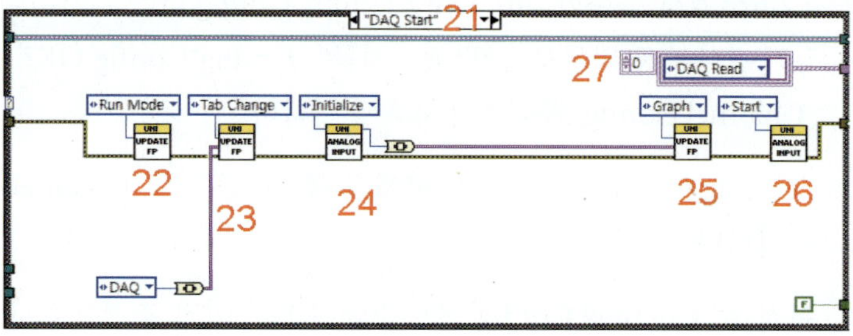

[그림 2-7-16-11]

21. [그림 2-7-16]의 프런트패널에서 START 버튼을 클릭하면 수행할 기능(데이터 수집 시작 등)을 구현한 케이스입니다.

22. [그림 2-7-16]의 프런트패널에 있는 메뉴 버튼들을 'Run Mode' 로 프런트패널을 업데이트하기 위하여 sub_DAQ Update FP.vi 이용하여 3rd(세 번째) **While 루프**로 전달합니다.

23. WF Dislpay 탭 컨트롤에서 'DAQ' Tab이 보이도록 프런트패널을 업데이트하기 위하여 sub_DAQ Update FP.vi 이용하여 3rd(세 번째) **While 루프**로 전달합니다.

24. 2.7.8장에서 만든 sub_Analog Input.vi를 'Initialize' 로 설정하여 사용하고, 아날로그 입력 몇 채널을 사용하는지를 출력합니다.

25. [그림 2-7-16]의 프런트패널에 있는 웨이브폼 그래프에서 범례를 몇 개 보이도록 할 것인지를 업데이트하기 위하여 sub_DAQ Update FP.vi 이용하여 3rd(세 번째) **While 루프**로 전달합니다.

26. 2.7.8장에서 만든 sub_Analog Input.vi를 'Start' 로 설정하여 데이터 수집을 시작합니다.

27. 다음 실행 케이스가 'DAQ Read' 케이스가 될 수 있도록 설정합니다.

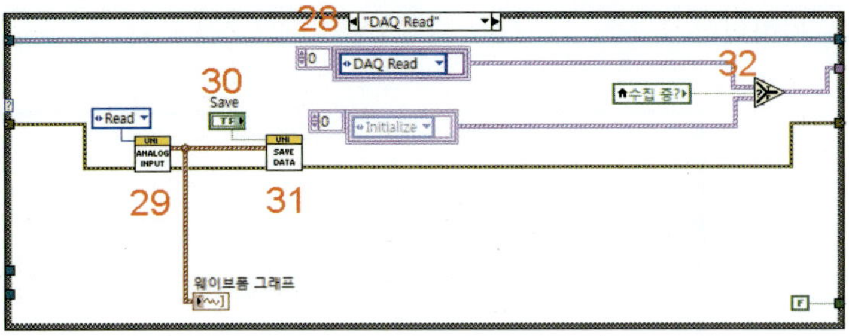

[그림 2-7-16-12]

28. 데이터를 수집하고 이에 적합한 프런트패널을 업데이트하기 위한 케이스입니다.

29. 2.7.8장에서 만든 sub_Analog Input.vi를 'Read' 로 설정하여 데이터를 읽어서 '웨이브폼 그래프' 에 업데이트합니다.

30. [그림 2-7-16]의 프런트패널에 있는 SAVE( ) 버튼 입니다.

31. 2.7.12장에서 만든 sub_TDMS Save Data.vi를 추가하여 측정한 데이터의 저장 유무를 결정하고 저장합니다.

32. [그림 2-7-16-3]의 9번 또는 [그림 2-7-16-4]의 12번에 있는 값을 읽어 와 다음 실행 케이스가 'DAQ Read' 케이스로 할 것인지를 결정합니다.

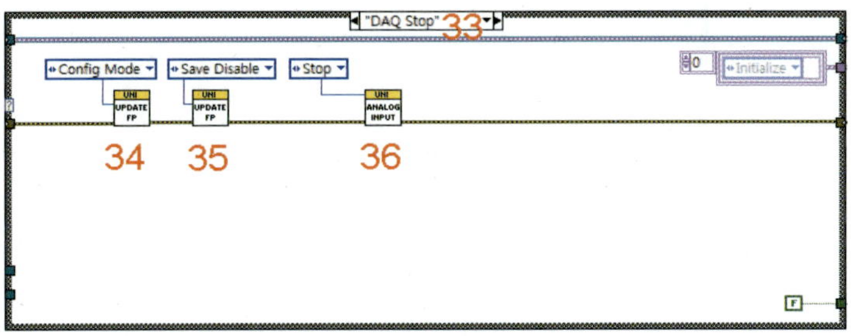

[그림 2-7-16-13]

33. [그림 2-7-16]의 프런트패널에서 STOP 버튼을 클릭하면 수행할 기능(데이터 수집 정지)을 구현한 케이스입니다.

34. [그림 2-7-16]의 프런트패널에 있는 메뉴 버튼들을 'Config Mode' 로 프런트패널을 업데이트하기 위하여 sub_DAQ Update FP.vi를 이용하여 3rd(세 번째) **While 루프**로 전달합니다.

35. [그림 2-7-16]의 프런트패널에 있는 SAVE 버튼을 비활성화하기 위해 sub_DAQ Update FP.vi 이용하여 3rd(세 번째) **While 루프**로 전달합니다.

36. 2.7.8장에서 만든 sub_Analog Input.vi를 'Stop' 으로 설정하여 데이터 수집을 정지합니다.

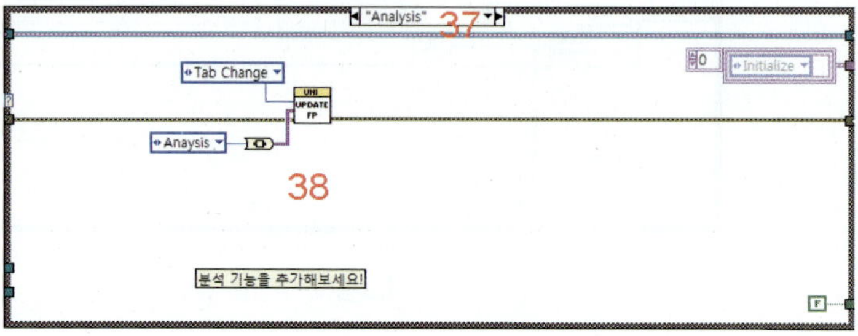

[그림 2-7-16-14]

37. [그림 2-7-16]의 프런트패널에서 Analysis 버튼을 클릭하면 수행할 기능을 구현한 케이스입니다. 이 케이스는 추후 프로젝트 기능 확장을 위해 만들어 놓은 것입니다.

38. WF Display 탭 컨트롤에서 'Analysis' 탭이 보이도록 프런트패널을 업데이트하기 위하여 sub_DAQ Update FP.vi 이용하여 3rd(세 번째) **While 루프**로 전달합니다.

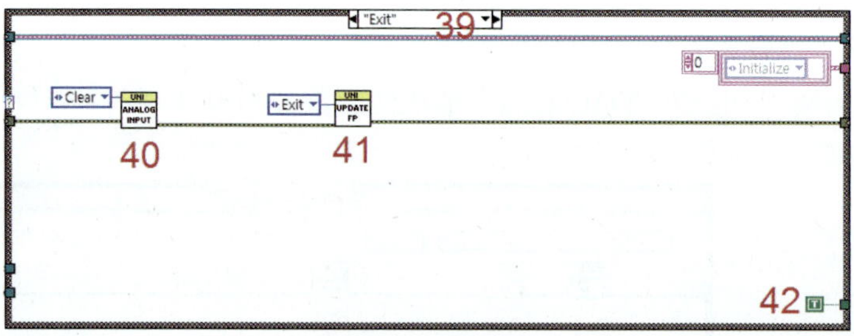

[그림 2-7-16-15]

39. [그림 2-7-16]의 프런트패널에서 Exit 버튼을 클릭하면 수행할 기능(프로그램 종료)을 구현한 케이스입니다.

40. DAQ 하드웨어의 아날로그 입력 태스크를 삭제합니다.

41. 3rd(세 번째) **While 루프**도 정지할 수 있도록 sub_DAQ Update FP.vi 이용하여 3rd(세 번째) **While 루프**로 전달합니다.

42. 2nd(두 번째) **While 루프**를 정지합니다.

- 프런프패널 업데이트를 위한 3rd(세 번째) **While 루프**를 설명합니다.

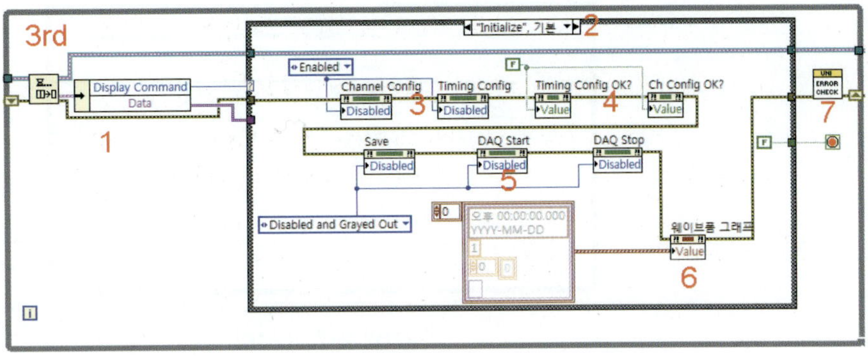

[그림 2-7-16-16]

1. 2nd(두 번째) **While 루프**에서 sub_DAQ Update FP.vi를 이용하여 인큐한 데이터들을 3rd(세 번째) **While 루프**에서 디큐하여 'Display Command' 출력에 따라 실행되는 케이스가 달라집니다.
2. 초기화를 위한 케이스입니다.
3. [그림 2-7-16]의 프런트패널에서 Channel, Timing 버튼을 활성화합니다.
4. 'Timing Config OK?' 와 'Ch Config OK?' 의 값을 거짓을 설정합니다.
5. [그림 2-7-16]의 프런트패널에서 SAVE, START, STOP 버튼을 비활성화 및 회색화를 합니다.
6. 프로그램을 처음 시작하면 [그림 2-7-16]의 프런트패널에서 '웨이브폼 그래프' 에 아무런 데이터도 남아있지 않은 빈 상태로 만듭니다.
7. 3rd(세 번째) **While 루프**가 실행될 때마다 에러를 체크하기 위해 2.7.15장에서 만든 sub_DAQ Error Check.vi를 추가합니다.

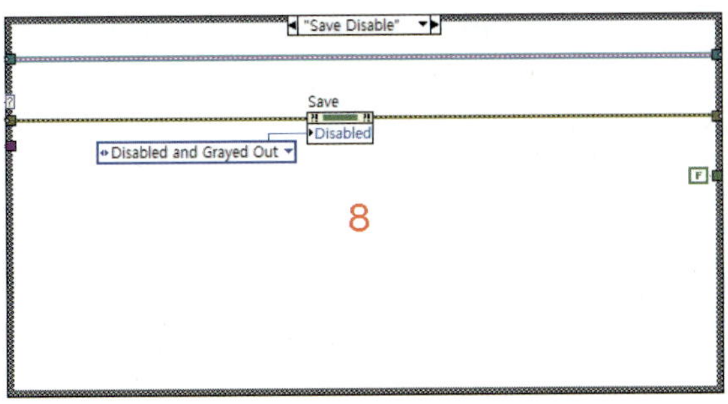

[그림 2-7-16-17]

8. [그림 2-7-16]의 프런트패널에서 SAVE 버튼을 비활성화 및 회색화합니다.

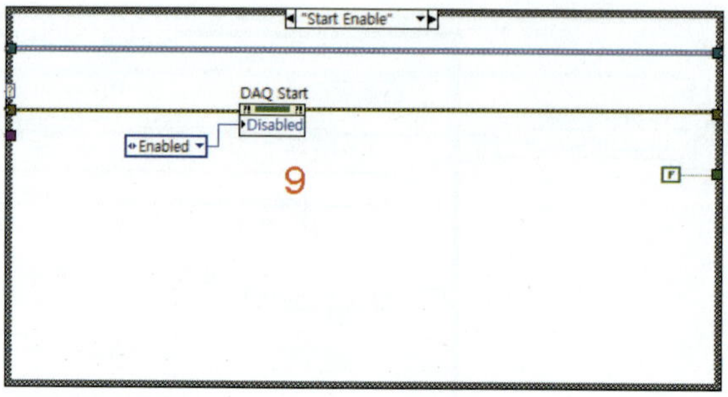

[그림 2-7-16-18]

9. [그림 2-7-16]의 프런트패널에서 START 버튼을 비활성화 및 회색화합니다.

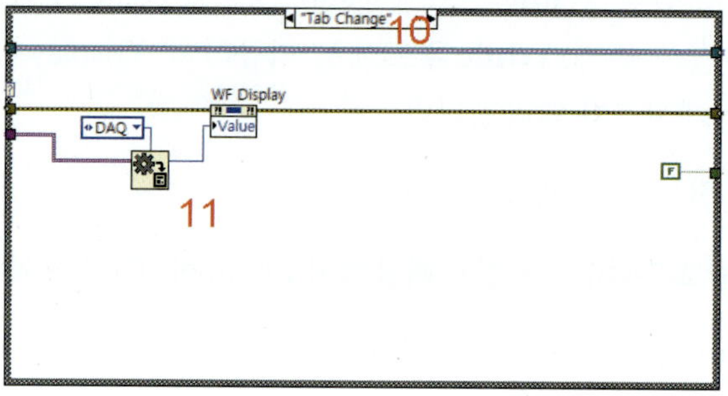

[그림 2-7-16-19]

10. [그림 2-7-16]의 프런트패널에서 'WF Display' 탭에서 보여지는 탭을 변경하기 위한 케이스입니다.

11. 배리언트 데이터를 원래 데이터로 변경하여 보여지는 탭을 변경합니다. 여기서 배리언트 데이터를 사용하는 이유는 다양한 데이터 타입을 전달할 수 있기 때문입니다.

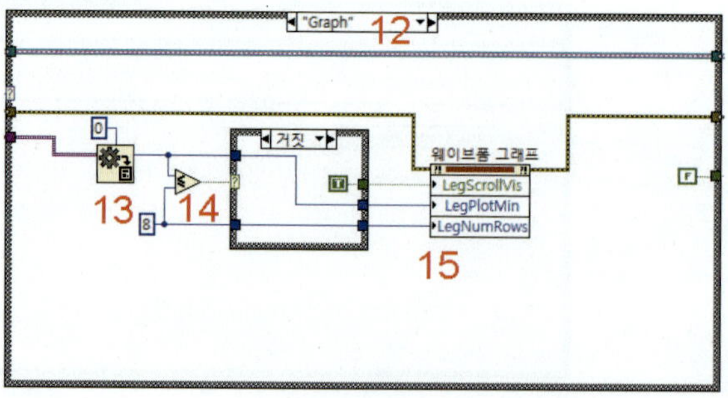

[그림 2-7-16-20]

12. [그림 2-7-16]의 프런트패널에서 웨이브폼 그래프에 보여지는 범례의 개수를 설정하기 위한 케이스입니다.

13. 배리언트 데이터 타입을 원래의 데이터 타입으로 변경합니다. 여기서 받아온 데이터는 [그림 2-7-16-11]에서 24, 25번에서 보내온 데이터입니다. 즉, 사용하는 아날로그 입력 채널 개수를 의미합니다.

14. 13번에서 받은 데이터 즉, 사용하는 아날로그 입력 채널의 개수가 8개보다 작거나 같은지를 판단합니다.

15. 13번에서 받은 데이터가 8보다 크면 범례에 스크롤과 8개의 채널만 보이도록 설정하는 등, 프런트패널에 보여지는 모습을 [그림 2-7-16-21]을 참조하세요.

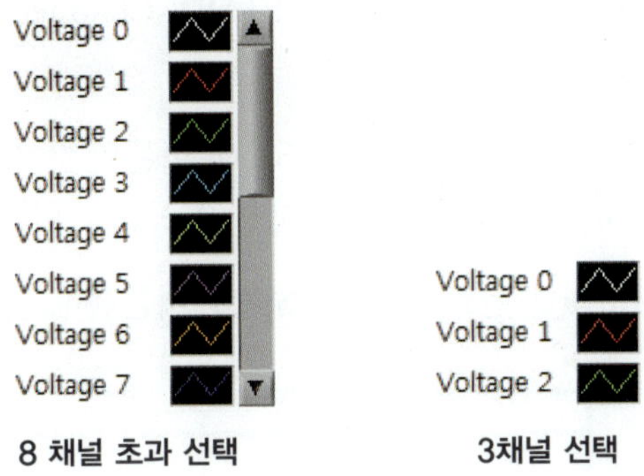

[그림 2-7-16-21]

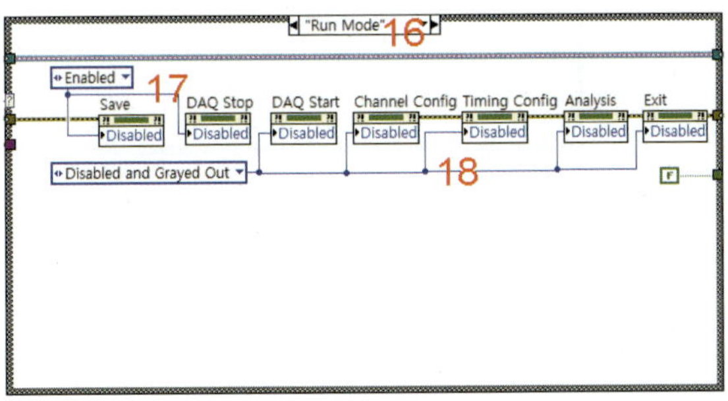

[그림 2-7-16-22]

16. 데이터 수집 중일 때 보여지는 프런트패널의 모습을 구현한 케이스입니다.

17. [그림 2-7-16]의 프런트패널에서 SAVE, STOP 버튼을 활성화합니다.

18. [그림 2-7-16]의 프런트패널에서 START, Channel, Timing, Analysis, Exit 버튼을 비활성화 및 회색화합니다.

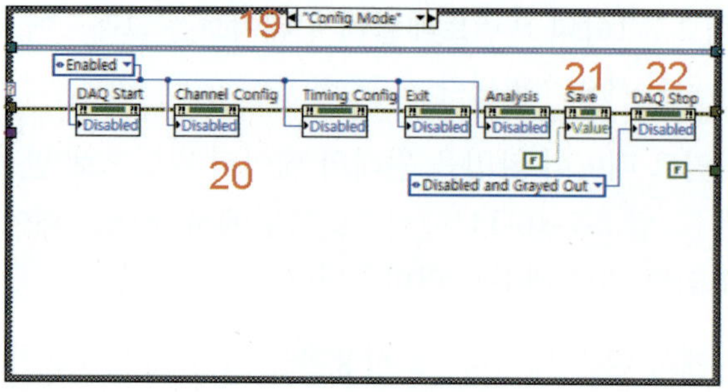

[그림 2-7-16-23]

19. 설정 모드로 보여지는 프런트패널의 모습을 구현한 케이스입니다.

20. [그림 2-7-16]의 프런트패널에서 START, Channel, Timing, Analysis, Exit 버튼을 활성화합니다.

21. [그림 2-7-16]의 프런트패널에서 SAVE 버튼의 값을 거짓으로 설정합니다. 즉, 설정 모드에서는 SAVE 버튼이 눌러지지 않은 상태로 만듭니다.

22. [그림 2-7-16]의 프런트패널에서 STOP 버튼을 비활성화 및 회색화합니다.

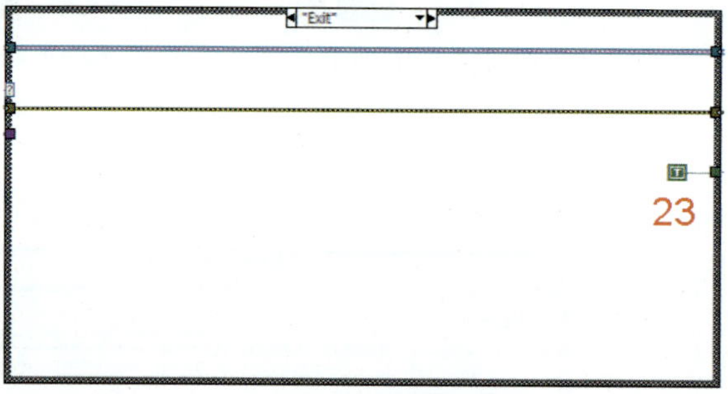

[그림 2-7-16-24]

23. Exit 케이스로서 3rd(세 번째) **While 루프**를 정지합니다.

2.7.17 sub_TDMS Get Properties.vi

지금부터 [그림 2-3-1]에서 DATA VIEWER 버튼을 클릭했을 때 실행될 sub_Main Viewer.vi([그림 2-3-8] 참조)를 만드는데 필요한 코드들([그림 2-4-5] 참조)에 대해 설명하겠습니다.

sub_TDMS Get Properties.vi는 [그림 2-7-16]의 프런트패널에서 SAVE 버튼을 클릭하면 측정한 데이터가 TDMS 파일로 저장되는데, 이 저장된 TDMS 파일이 가지고 있는 일부 프로퍼티를 가지고 오는 기능을 하는 VI입니다.

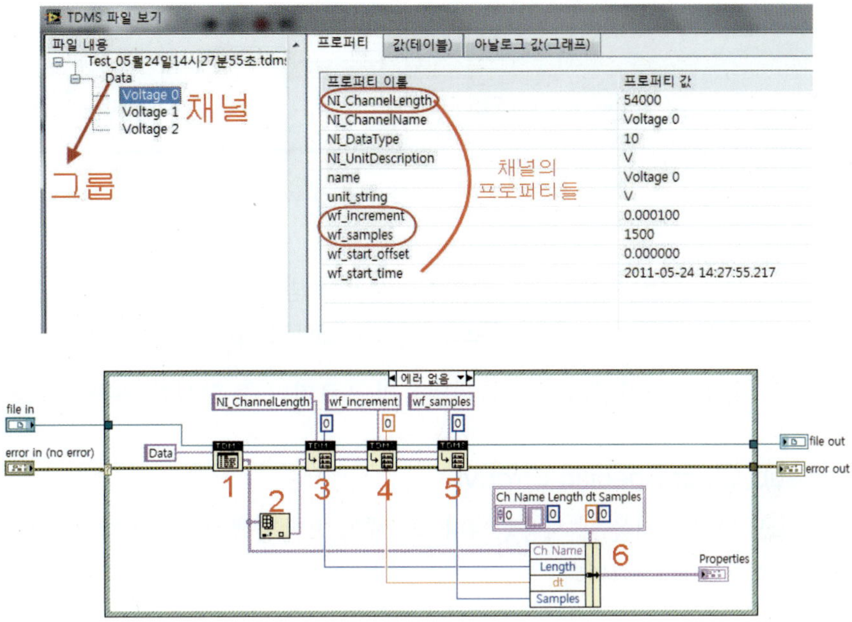

[그림 2-7-17]

1. 'Data' 그룹이 가진 채널 이름들을 알아냅니다.
2. 'Data' 그룹에 속한 첫 번째 채널 이름을 출력합니다.
3. 첫 번째 채널이 가진 'NI_ChannelLength' 프로퍼티의 값을 알아냅니다. 이 프로퍼티는 저장된 데이터의 전체 크기를 의미합니다.
4. 첫 번째 채널이 가진 'wf_increment' 프로퍼티의 값을 알아냅니다. 이 프로퍼티는 저장된 데이터들의 시간 간격을 의미합니다. 예를 들어 첫 번째 데이터가 9시35분 35초에 측정되었고 두 번째 데이터가 9시35분 38초에 측정이 되었다면 wf_increment는 3초가 됩니다.
5. 첫 번째 채널이 가진 'wf_samples' 프로퍼티의 값을 알아냅니다. 이 프로퍼티는 한 번에 몇 개의 데이터가 저장되었는지를 의미합니다.
6. 1, 3, 4, 5번에서 알아낸 데이터들을 클러스터에 업데이트하여 출력합니다.

2.7.18 sub_Property Changed.vi

sub_Main Viewer.vi의 프런트패널([그림 2-3-8] 참조)에 있는 컨트롤들(메뉴 버튼들)을 활성화 또는 비활성화할 때 사용하는 VI입니다.

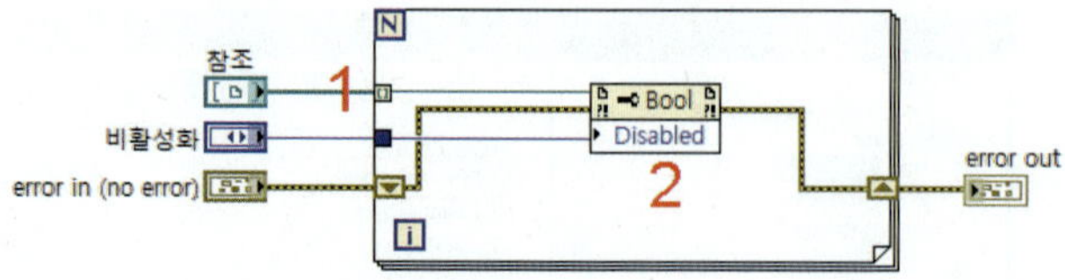

[그림 2-7-18]

1. 참조 배열의 원소 개수만큼 **For 루프**를 반복합니다. 예를 들어 불리언의 참조 번호가 10개 들어오면 **For 루프** 안에 있는 코드를 10번 반복 실행합니다.
2. 해당 참조가 가리키는 불리언들의 프로퍼티 중 활성화/비활성화를 결정합니다.

2.7.19 sub_Clear Specific Error.vi

특정 에러를 지울 때 사용합니다. 즉, 에러가 발생했지만 무시할 수 있는 경우 에러를 제거하기 위한 것입니다.

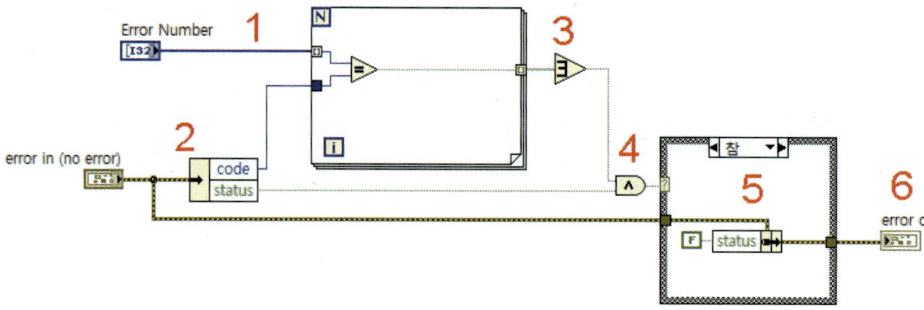

[그림 2-7-19]

1. 지우고 싶은 에러 번호들을 입력합니다.
2. 외부에서 에러 클러스터가 입력되면 클러스터 원소 중에 'code'(에러 번호)와 'status'(에러 발생 유무)를 풀어냅니다.
3. 1번에서 입력한 에러 번호와 외부에서 들어온 에러가 일치한 경우가 한 번이라도 있으면 참 값을 출력합니다.
4. 3번에서 참 값이 나오고, 외부에서 에러가 발생했을 때 참 값을 출력합니다.
5. 4번의 출력이 참인 경우 외부에서 들어온 에러의 'status'를 거짓 값으로 업데이트합니다.
6. 에러가 발생했지만 특정 에러 번호가 감지되면 에러가 발생 안한 것처럼 출력을 내보냅니다.

2.7.20 sub_Viewer Update FP.vi

[그림 2-7-23]의 디자인 패턴에서 2nd(두 번째) **While 루프**에서 3rd(세 번째) **While 루프**로 데이터를 전달할 때 사용할 subVI로서 기능적 글로벌 변수로 구현합니다. 즉, 2nd(두 번째) **While 루프**에서 기능 수행하면서 필요한 프런트패널 업데이트는 이 subVI를 통해 3rd(세 번째) **While 루프**로 전달하여 실제 프런트패널 업데이트는 3rd(세 번째) **While 루프**에서 수행합니다.

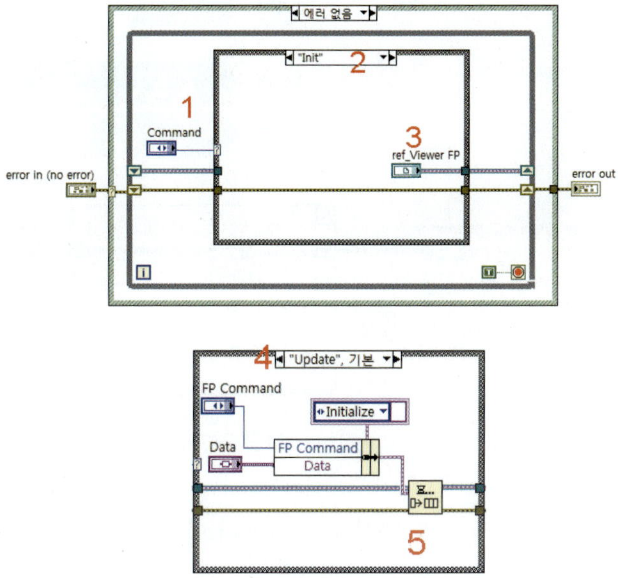

[그림 2-7-20]

1. Command에 입력되는 값에 따라 실행되는 케이스가 달라집니다.
2. Command에서 'Init'을 선택한 경우 실행되는 케이스로서 큐 참조를 초기화합니다.
3. [그림 6-4-1-2]의 화살표 위치에서 만든 참조를 사용자 정의하고 이것을 불러와 시프트 레지스터에 연결하여 저장합니다.
4. Command에 'Update'를 선택한 경우 실행되는 케이스로서 원소를 큐에 추가합니다.
5. **원소를 큐에 추가.vi**를 이용하여 큐에 원소를 추가(인큐)합니다. 그러면 동시에 어디선가 파트너인 **원소를 큐에서 제거.vi**가 실행되면서 큐에서 원소를 빼가게 됩니다(디큐). 이 때 실행하게 될 **원소를 큐에서 제거.vi**는 3번에서 어디서 만든 참조를 연결했느냐에 따라서 결정됩니다. 여기서 인큐를 하면 [그림 6-4-1-2]의 화살표가 가리키는 참조와 연결된 **원소를 큐에서 제거.vi**가 실행되어 디큐합니다.

2.7.21 sub_Viewer LIFO.vi

큐는 원래 FIFO(First In First Out)구조의 버퍼를 가지고 있습니다. 이것을 LIFO(Last In First Out)로 동작하도록 만든 subVI입니다. [그림 2-7-21]에서 FIFO와 LIFO의 차이를 확인해 보세요.

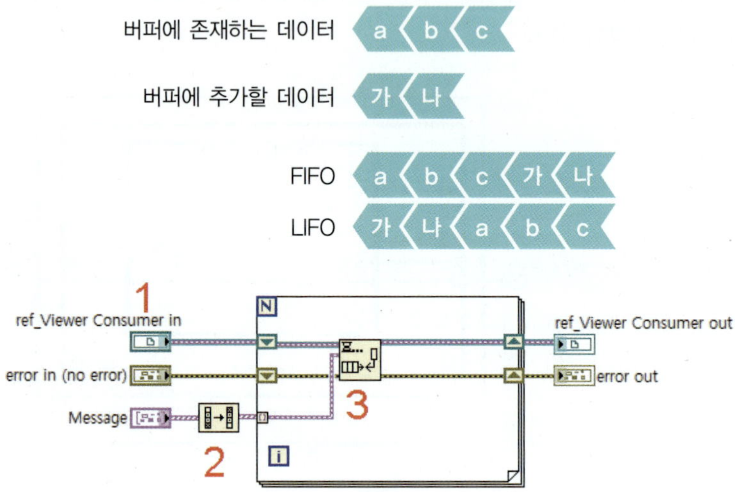

[그림 2-7-21]

1. [그림 6-5-1-2]의 윗쪽 화살표 위치에서 만든 참조를 사용자 정의하고 이것을 불러와 사용합니다.
2. 원래 추가할 데이터를 배열을 뒤집습니다. 예를 들어 '가', '나' 의 순서라면 '나', '가' 순서로 변경됩니다.
3. **원소를 반대쪽 큐에 추가.vi**를 이용하여 원소를 큐에 추가합니다. 여기서 추가한 큐는 [그림 6-5-1-2]의 2^{nd}(두 번째) **While 루프**에서 데이터를 디큐하게 됩니다.

2.7.22 sub_Viewer Error Check.vi

[그림 2-7-23]의 블록다이어그램에서 에러가 3개의 **While 루프** 중 어떤 **While 루프**에서 발생하던지 모든 **While 루프**를 정지시켜 프로젝트를 끝내기 위한 subVI를 기능적 글로벌 변수로 구현합니다.

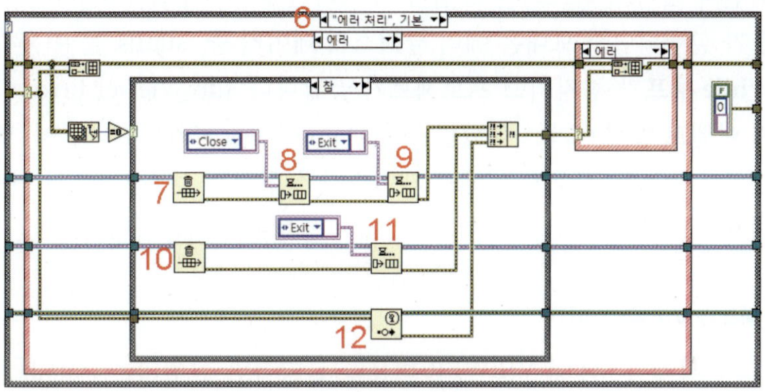

[그림 2-7-22]

1. '명령' 에 입력되는 값에 따라 실행되는 케이스가 달라집니다.
2. '명령' 에 '초기화' 을 선택한 경우 실행되는 케이스로서 큐 참조와 사용자 이벤트 참조를 초기화합니다.
3. [그림 6-5-1-2]의 윗쪽 화살표 위치에서 만든 참조를 사용자 정의하고 이것을 불러와 시프트 레지스터에 연결하여 저장합니다.
4. [그림 6-4-1-2]의 화살표 위치에서 만든 참조를 사용자 정의하고 이것을 불러와 시프트 레지스터에 연결하여 저장합니다.
5. [그림 6-5-1-2]의 아래쪽 화살표 위치에서 만든 참조를 사용자 정의하고 이것을 불러와 시프트 레지스터에 연결하여 저장합니다.
6. '명령' 에 '에러 처리' 을 선택한 경우 실행되는 케이스로서 에러가 발생했을 때 실행되는 코드입니다.

7. 에러가 발생하면 큐 버퍼에 남아 있는 원소를 실행할 필요 없이 프로그램을 종료할 것입니다. 따라서 **큐 비우기.vi**를 이용하여 큐에 있는 원소를 비워줍니다.
8. 에러가 발생했을 때 만약 TDMS 파일을 읽어 오고 있는 중이라면 이를 정지합니다.
9. [그림 2-7-23]의 2nd(두 번째) **While 루프**를 정지합니다.
10. 에러가 발생하면 큐 버퍼에 남아 있는 원소를 실행할 필요 없이 프로그램을 종료할 것입니다. 따라서 **큐 비우기.vi**를 이용하여 큐에 있는 원소를 비워줍니다.
11. [그림 2-7-23]의 3rd(세 번째) **While 루프**를 정지합니다.
12. [그림 6-3-1-5]에서 정의된 'error' 사용자 이벤트는 **사용자 이벤트 발생.vi**가 실행되면서 에러 클러스터를 보냅니다. 그러면 동시에 [그림 6-3-1-12]에 구현된 이벤트가 실행되면서 보내온 에러 클러스터 데이터 중 'status'를 이용하여 1st(첫 번째) **While 루프**가 정지되고 프로젝트가 끝납니다. sub_Viewer Error Check.vi의 **사용자 이벤트 발생.vi**가 실행되면 sub_Main Viewer.vi의 1st(첫 번째) **While 루프**에 구현한 <error> : 사용자 이벤트 케이스가 실행되는 것은 5번에서 연결한 참조가 [그림 6-5-1-2]의 아래쪽 화살표 위치에서 생성했기 때문입니다.

2.7.23. sub_Main Viewer.vi

[그림 2-3-1]에서 DATA VIEWER 버튼을 클릭하면 실행되는 subVI를 구현한 것입니다. [그림 2-7-23]의 프런트패널에서 재생버튼을 클릭하면 재생버튼의 값이 바뀐 이벤트는 1st(첫 번째) **While 루프**에서 감지합니다. 그리고 큐를 통해 2nd(두 번째) **While 루프**로 재생버튼이 값이 바뀌다는 사실을 전달합니다. 그러면 2nd(두 번째) **While 루프**는 실제로 데이터 재생을 시작하는 기능을 수행합니다. 2nd(두 번째) **While 루프**가 기능을 수행하면 프런트패널의 업데이트가 필요합니다. 역시 큐를 통해 2nd(두 번째) **While 루프**에서 3rd(세 번째) **While 루프**로 필요한 프런트패널 업데이트 정보를 전달하면 3rd(세 번째) **While 루프**는 프런트패널 업데이트를 합니다. 사용자 이벤트는 2nd(두 번째) **While 루프** 또는 3rd(세 번째) **While 루프**에서 발생한 에러를 1st(첫 번째) **While 루프**로 전달하기 위한 것입니다.

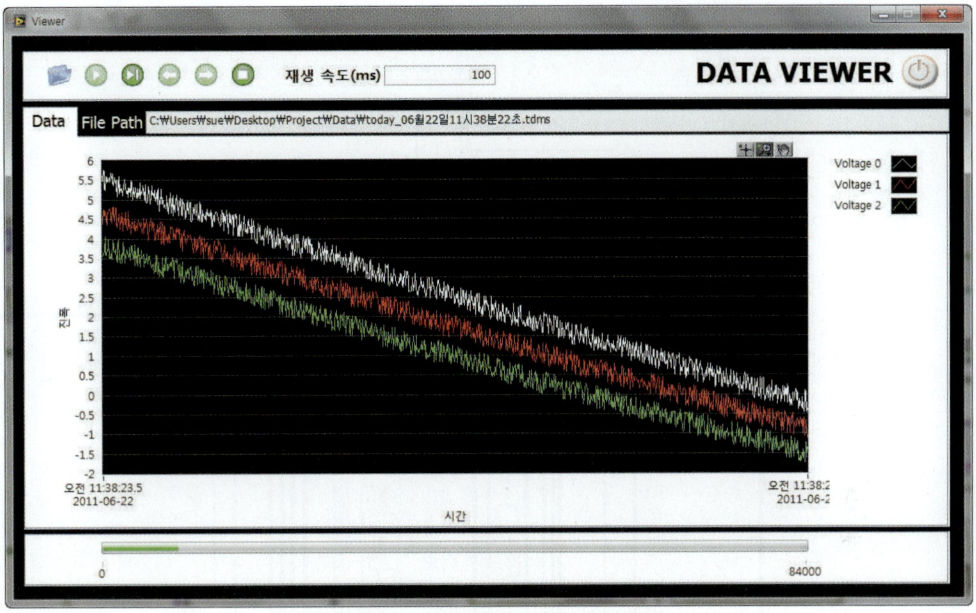

sub_Main VIEWER.vi의 프런트패널

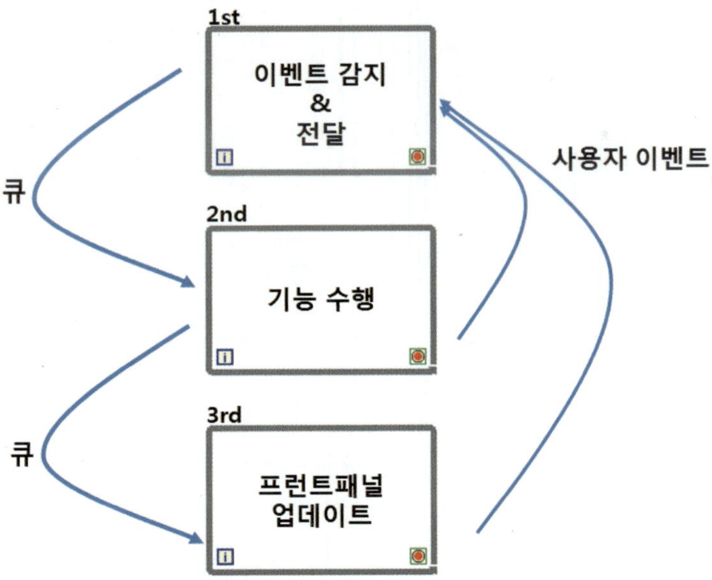

sub_Main VIEWER.vi의 디자인 패턴

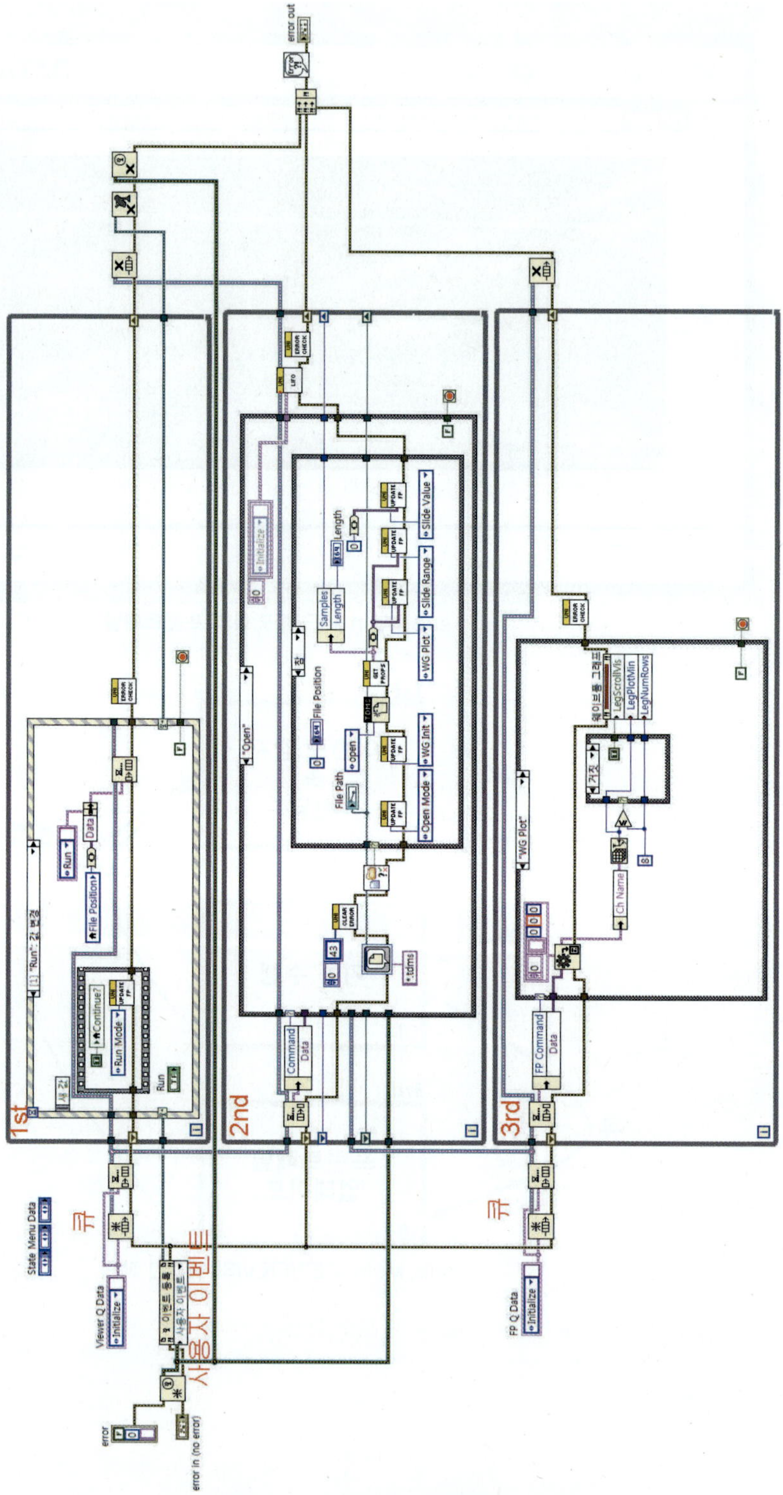

sub_Main VIEWER.vi의 블록다이어그램

[그림 2-7-23]

- 이벤트 감지를 위한 1st(첫 번째) **While 루프**을 설명합니다.

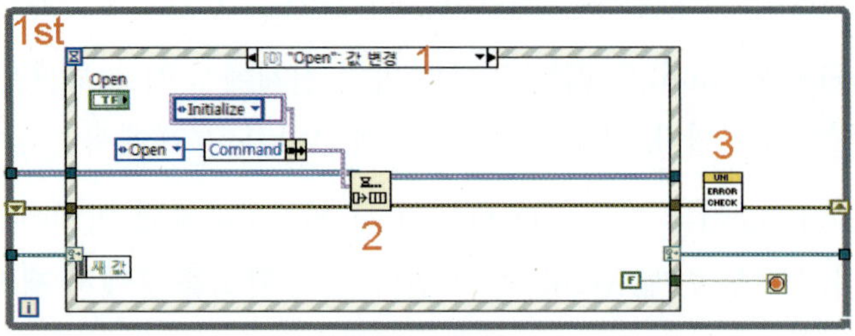

[그림 2-7-23-1]

1. [그림 2-7-23]의 프런트패널에서 파일 열기( )버튼을 클릭하면 실행되는 이벤트입니다.
2. Command가 'Open' 으로 업데이트된 클러스터를 인큐합니다. 그러면 [그림 2-7-23]의 블록다이어그램의 2nd(두 번째) **While 루프** 안에 있는 **원소를 큐에서 제거.vi**가 디큐합니다.
3. 1st(첫 번째) **While 루프**가 실행될 때마다 에러 체크를 하기 위해 2.7.22장에서 만든 sub_Viewer Error Check.vi를 추가합니다.

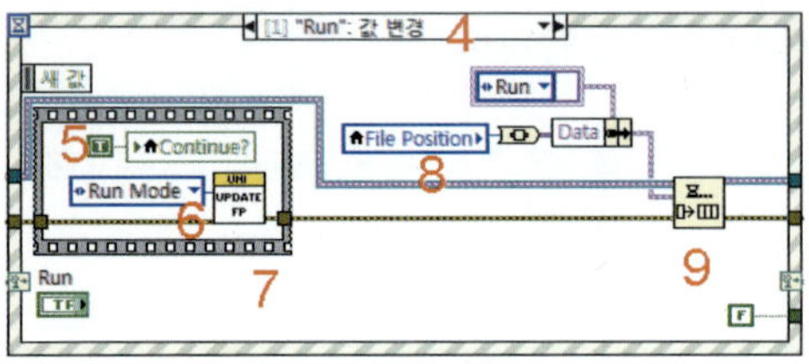

[그림 2-7-23-2]

4. [그림 2-7-23]의 프런트패널에서 재생( )버튼을 클릭하면 실행되는 이벤트입니다.
5. 2nd(두 번째) **While 루프**에서 만들어진 'Continue?' 는 파일을 읽어 오는 중일 때는 참 값을, 파일을 읽어 오는 작업을 정지나 일시 정지했을 때는 거짓 값을 가지고 있도록 할 것입니다. 현재는 파일을 읽어 오는 중이므로 참 값으로 설정합니다. 이 값은 2nd (두 번째)**While 루프**에서 사용할 것입니다.
6. 실행 중에 프런트패널의 메뉴 버튼들의 상태를 Run Mode로 변경하기 위해 2.7.20장에서 만든 sub_Viewer Update FP.vi 안에 있는 **원소를 큐에 추가.vi**를 이용하여

3rd(세 번째) **While 루프**로 전달합니다.

7. 5, 6번을 가장 먼저 실행하기 위해 **시퀀스 구조**를 추가합니다.
8. 'File Position'은 읽는 TDMS 파일 전체에서 어느 부분을 읽고 있는지를 나타내기 위한 것입니다. 이것은 2nd(두 번째) **While 루프**에서 생성하여 사용될 것입니다.
9. Command는 'Run', Data는 'File Position'으로 업데이트된 클러스터를 인큐합니다. 2nd(두 번째) **While 루프** 안에 있는 **원소를 큐에서 제거.vi**가 디큐합니다.

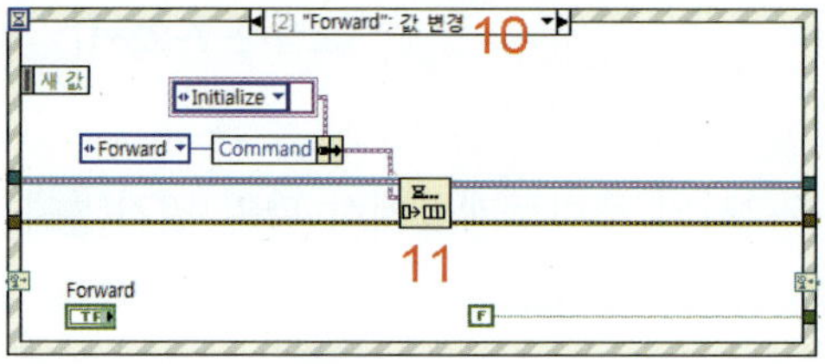

[그림 2-7-23-3]

10. [그림 2-7-23]의 프런트패널에서 포워드( )버튼을 클릭하면 실행되는 이벤트입니다.
11. 업데이트된 클러스터를 인큐합니다. 2nd(두 번째) **While 루프** 안에 있는 **원소를 큐에서 제거.vi**가 디큐합니다.

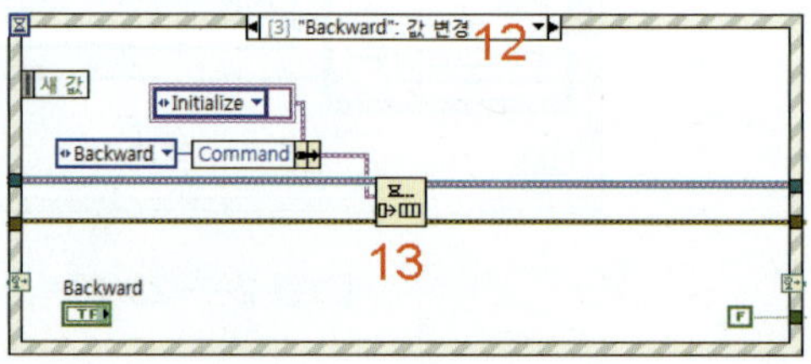

[그림 2-7-23-4]

12. [그림 2-7-23]의 프런트패널에서 백워드( )버튼을 클릭하면 실행되는 이벤트입니다.
13. 업데이트된 클러스터를 인큐합니다. 2nd(두 번째) **While 루프** 안에 있는 **원소를 큐에서 제거.vi**가 디큐합니다.

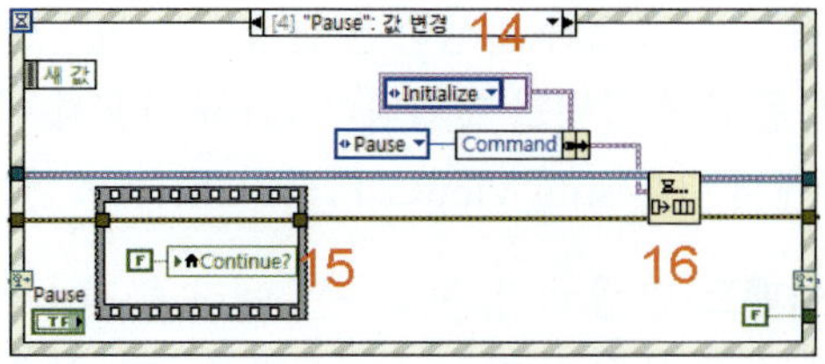

[그림 2-7-23-5]

14. [그림 2-7-23]의 프런트패널에서 일시 정지( ) 버튼을 클릭하면 실행되는 이벤트입니다.

15. 데이터를 읽어 오는 작업이 일시 정지 중이므로 'Continue?'는 거짓 값으로 설정하고, 이것을 가장 먼저 실행하기 위해 **시퀀스 구조**를 추가하였습니다.

16. 업데이트된 클러스터를 인큐합니다. 2^{nd}(두 번째) **While 루프** 안에 있는 **원소를 큐에서 제거.vi**가 디큐합니다.

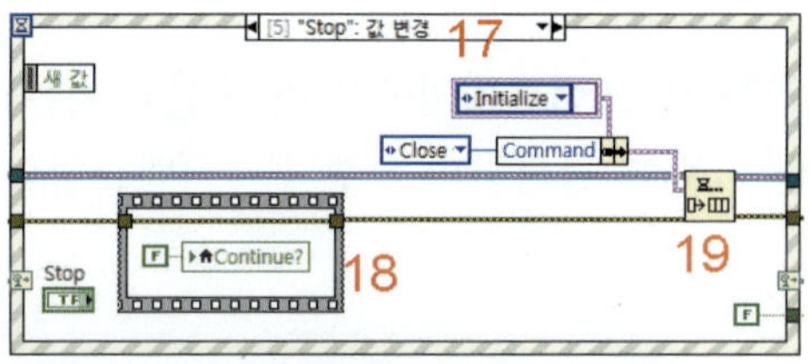

[그림 2-7-23-6]

17. [그림 2-7-23]의 프런트패널에서 정지( ) 버튼을 클릭하면 실행되는 이벤트입니다.

18. 데이터를 읽어 오는 작업을 정지하므로 'Continue?'는 거짓 값으로 설정하고, 이것을 가장 먼저 실행하기 위해 **시퀀스 구조**를 추가하였습니다.

19. 업데이트된 클러스터를 인큐합니다. 2^{nd}(두 번째) **While 루프** 안에 있는 **원소를 큐에서 제거.vi**가 디큐합니다.

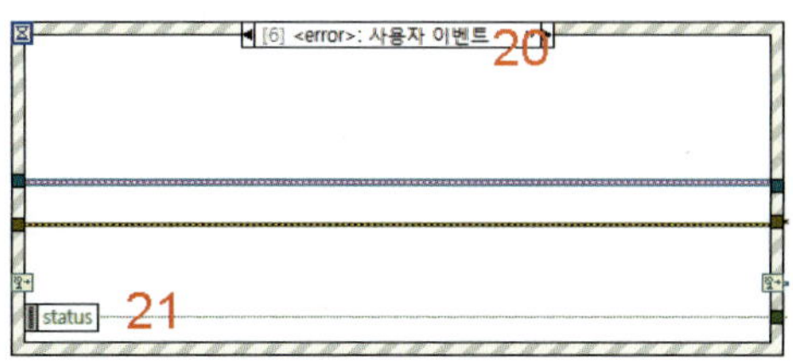

[그림 2-7-23-7]

20. error 사용자 이벤트가 발생하면 실행되는 이벤트입니다. **사용자 이벤트 발생.vi**를 실행하면 동시에 실행될 것입니다. error 사용자 이벤트의 **사용자 이벤트 발생.vi**는 2.7.22장에서 만든 sub_Viewer Error Check.vi 안에 있습니다.

21. **사용자 이벤트 발생.vi**가 전달하는 에러 클러스터 중 'status' 만 빼와서 1st(첫 번째) **While 루프**의 조건 터미널에 연결합니다. **사용자 이벤트 발생.vi**은 에러가 발생했을 때 에러가 발생했다는 에러 클러스터를 전달할 것이기 때문에 'status' 는 항상 참 값이 출력될 것입니다.

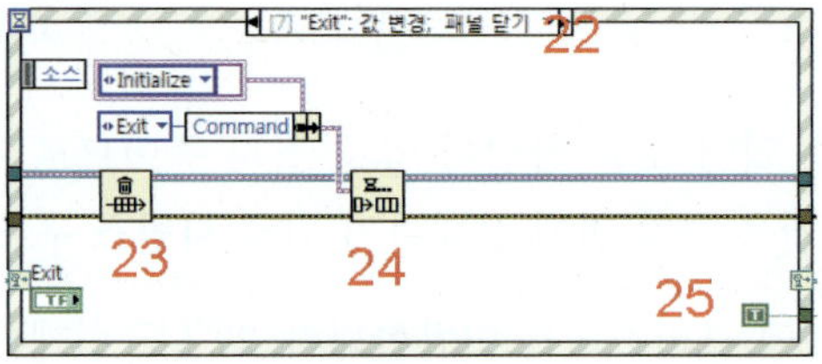

[그림 2-7-23-8]

22. [그림 2-7-23]의 프런트패널에서 Exit(⏻) 버튼을 클릭하거나 [그림 2-7-23-9]처럼 패널 닫기(X)를 클릭하면 실행되는 이벤트입니다.

[그림 2-7-23-9]

23. 프로그램을 종료하게 되기 때문에 큐 버퍼에 남아 있는 데이터들을 실행할 필요가 없게 됩니다. 따라서 **큐 비우기.vi**를 사용한 것입니다.

24. 업데이트된 클러스터를 인큐합니다. 2nd(두 번째) **While 루프** 안에 있는 **원소를 큐에서 제거.vi**가 디큐합니다.

25. 1st(첫 번째) **While 루프**를 정지합니다.

- 기능 수행을 위한 2nd(두 번째) **While 루프**를 설명합니다.

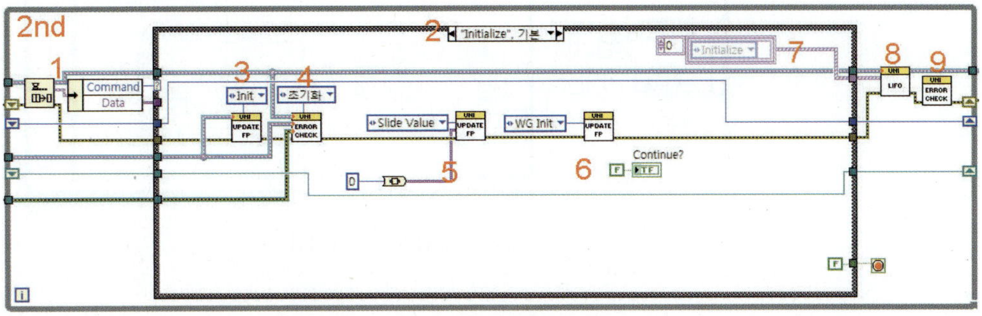

[그림 2-7-23-10]

1. 1st(첫 번째) **While 루프**에서 인큐한 데이터들을 2nd(두 번째) **While 루프**에서 디큐하여 'Command' 출력에 따라 실행되는 케이스가 달라집니다.
2. 초기화를 위한 케이스입니다.
3. 2.7.20장에서 만든 sub_Viewer Update FP.vi를 'Init' 으로 설정하여 사용합니다.
4. 2.7.22장에서 만든 sub_ Viewer Error Check.vi를 '초기화' 로 설정하여 사용합니다.
5. [그림 2-7-23]의 프런트패널에서 슬라이드의 상태가 '0' 에 위치할 수 있도록 sub_Viewer Update FP.vi 를 이용하여 3rd(세 번째) **While 루프**로 전달합니다.
6. [그림 2-7-23]의 프런트패널에서 웨이브폼 그래프에 데이터가 남아 있지 않은 상태로 초기화할 수 있도록 sub_Viewer Update FP.vi 를 이용하여 3rd(세 번째) **While 루프**로 전달합니다. 그리고 'Continue?' 는 데이터를 계속 읽을 것인지 말 것인지를 결정할 때 사용됩니다. 이 케이스에서는 거짓 값으로 설정합니다.
7. 큐에 추가할 원소입니다. 현재 빈 배열을 연결함으로서 추가하지 않는다는 의미입니다.
8. 2.7.21장에서 만든 sub_Viewer LIFO.vi를 사용하여 각 케이스에서 출력되는 원소를 먼저 실행할 수 있도록 인큐합니다.
9. 2nd(두 번째) **While 루프**가 실행될 때마다 에러 체크를 하기위해 2.7.22장에서 만든 sub_DAQ Error Check.vi를 추가합니다.

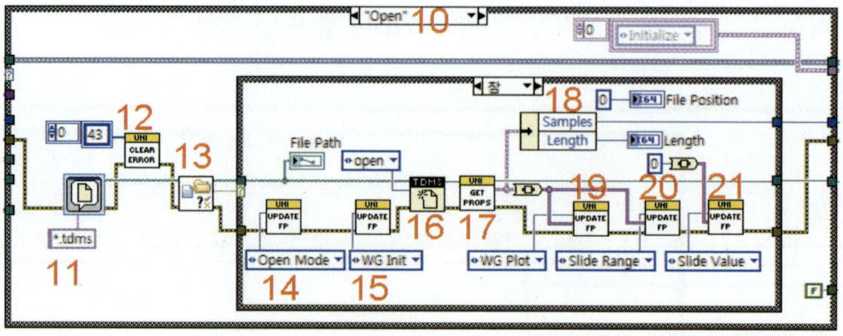

[그림 2-7-23-11]

10. [그림 2-7-23]의 프런트패널에서 파일 열기 버튼을 클릭하면 수행할 기능(TDMS 파일을 선택하여 열기 등)을 구현한 케이스입니다.

11. 파일 선택 창에서 [그림 2-7-23-12]처럼 확장자가 'tdms' 파일만 보이도록 설정한 것입니다.

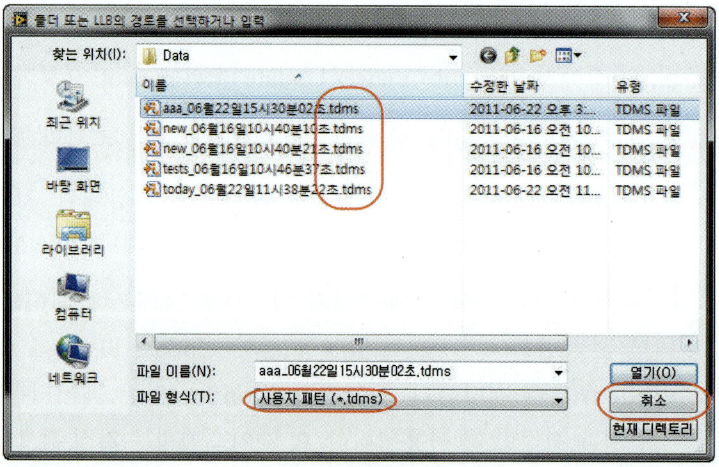

[그림 2-7-23-12]

12. [그림 2-7-23-12]에서 파일을 선택해서 열지 않고 취소 버튼을 클릭했을 때 에러 '43'이 발생하게 됩니다. 이 에러를 2.7.18장에서 구현한 sub_Clear Specific Error.vi를 추가하여 발생한 43번 에러를 제거(무시)합니다.

13. 11번에서 선택한 파일이 실제로 존재하는지 판단합니다.

14. 실제로 파일이 존재하면 [그림 2-7-23]의 프런트패널에 있는 메뉴 버튼들의 상태를 Open Mode로 변경하기 위해 2.7.20장에서 만든 sub_Viewer Update FP.vi를 이용하여 3rd(세 번째) **While 루프**로 전달합니다.

15. [그림 2-7-23]의 프런트패널에서 웨이브폼 그래프에 데이터가 남아 있지 않은 상태로 초기화할 수 있도록 sub_Viewer Update FP.vi 를 이용하여 3^{rd}(세 번째) **While 루프**로 전달합니다.

16. 11번에서 선택한 TDMS 파일을 열어줍니다.

17. 2.7.17장에서 만든 sub_Get Properties.vi를 이용하여 TDMS 파일이 가지고 있는 프로퍼티를 읽어 옵니다.

18. 17번에서 읽어 온 프로퍼티 중 전체 데이터 개수와 한 번에 저장한 데이터 개수([그림 2-7-17] 참조)를 풀어냅니다. 그리고 전체 데이터 개수는 'Length' 로 출력하고 한 번에 저장한 데이터 개수는 시프트 레지스터에 저장합니다. 'File Position' 은 TDMS 파일에서 전체 데이터 중 읽혀지고 있는 위치를 의미합니다. '0' 은 현재 TDMS 파일에 저장된 데이터의 맨 처음 부분을 가리키고 있다는 의미입니다. 이 값은 파일을 읽어 올 때 오프셋(offset)으로 사용될 것입니다.

19. [그림 2-7-23]의 프런트패널에서 웨이브폼 그래프에서 플롯을 몇 개 보일 것인지 sub_Viewer Update FP.vi 를 이용하여 3^{rd}(세 번째) **While 루프**로 전달하여 결정합니다.

20. [그림 2-7-23]의 프런트패널에서 슬라이드의 범위와 증분량을 설정할 수 있도록 sub_Viewer Update FP.vi 를 이용하여 3^{rd}(세 번째) **While 루프**로 전달합니다.

21. [그림 2-7-23]의 프런트패널에서 슬라이드의 상태가 '0' 에 위치할 수 있도록 sub_Viewer Update FP.vi 를 이용하여 3^{rd}(세 번째) **While 루프**로 전달합니다.

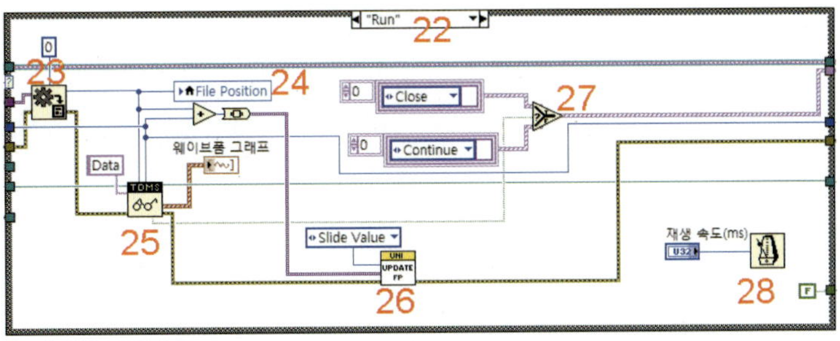

[그림 2-7-23-13]

22. [그림 2-7-23]의 프런트패널에서 재생 버튼을 클릭하면 수행할 기능(TDMS 파일에서 데이터 읽어 오기 등)을 구현한 케이스입니다.

23. [그림 2-7-23-2]의 8번에서 보낸 'File Position' 을 배리언트에서 원래 데이터 타입으로 복원합니다.

24. 23번에서 복원한 데이터 값을 다시 'File Position' 에 입력합니다.

25. 'Data' 그룹에 속한 모든 채널의 데이터를 읽어 옵니다. 이 때 오프셋(Offset) 파라미터에는 'File Position' 값을 설정하고, 카운트 파라미터에는 한 번에 읽어 올 데이터 개수 즉, 18번에서 시프트 레지스터에 저장한 값을 읽어 옵니다. 오프셋과 카운트로 저정된 부분의 데이터를 읽어 와서 [그림 2-7-23]의 프런트패널에 있는 웨이브폼 그래프에 업데이트합니다.

26. 현재 'File Position' 값에 한 번에 읽어 올 데이터 개수를 더한 값을 [그림 2-7-23]의 프런트패널에서 슬라이드의 값으로 디스플레이할 수 있도록 sub_Viewer Update FP.vi 를 이용하여 3rd(세 번째) **While 루프**로 전달합니다. 여기서 슬라이드는 현재 보여지고 있는 데이터가 파일 전체에서 어느 정도의 위치의 데이터인지를 보여주기 위한 것입니다.

27. 26번에서 사용한 **TDMS 읽기.vi**의 출력 중에 파일의 끝에 도달했는지 여부를 출력하는 값으로 계속 읽을 것인지 또는 파일 읽기를 끝낼 것인지를 결정한 뒤, 해당 원소를 먼저 디큐할 수 있도록 sub_Viewer LIFO.vi를 통해 인큐합니다.

28. 설정한 재생 속도에 맞춰서 데이터가 웨이브폼 그래프에 업데이트됩니다.

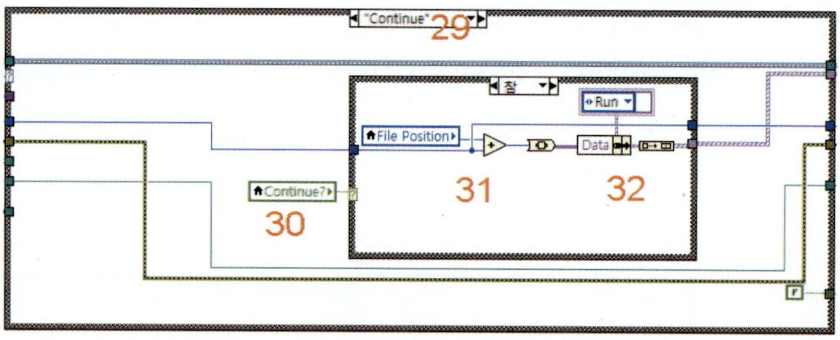

[그림 2-7-23-14]

29. 계속 데이터를 읽을지 정지할지를 결정할 때 실행되는 케이스입니다.

30. 'Continue?' 의 값이 참이면 데이터 읽기를 계속할 것이고 그렇지 않으면 데이터 읽어 오는 작업을 멈출 것입니다.

31. 현재 'File Position' 값에 한 번에 읽어 올 데이터 개수(즉, 18번에서 시프트 레지스터에 저장한 값)를 더한 결과를 'Data' 원소에 업데이트합니다. 이 값은 데이터를 읽어 올 때 오프셋으로 사용될 것이고, 'File Position' 에 업데이트될 것입니다.

32. 31번에서 업데이트된 원소를 먼저 실행할 수 있도록 sub_Viewer LIFO.vi를 통해 인큐합니다. 그렇게 되면 [그림 2-7-23-13]의 케이스가 다시 실행될 것입니다. 'Data' 에 업데이트된 값은 'Run' 케이스에서 데이터를 읽어 올 때 오프셋 값으로 사용되고 현재의 'File Position' 으로 설정될 것입니다.

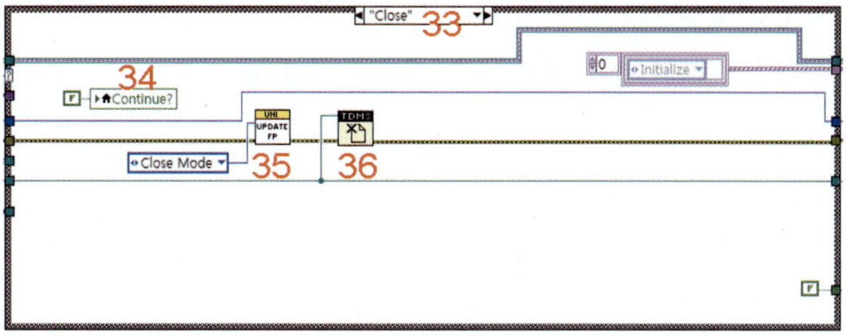

[그림 2-7-23-15]

33. [그림 2-7-23]의 프런트패널에서 정지 버튼을 클릭하면 수행할 기능(TDMS 파일 닫기 등)을 구현한 케이스입니다.

34. 정지 버튼을 클릭하면 파일을 계속 읽지 않으므로 'Continue?'는 거짓 값으로 설정합니다.

35. [그림 2-7-23]의 프런트패널에 있는 메뉴 버튼들의 상태를 Close Mode로 변경하기 위해 sub_Viewer Update FP.vi를 이용하여 3rd(세 번째) **While 루프**로 전달합니다.

36. 불러온 TDMS 파일을 닫습니다.

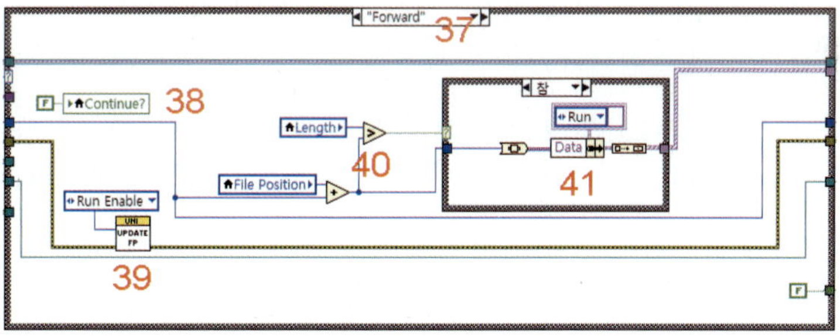

[그림 2-7-23-16]

37. [그림 2-7-23]의 프런트패널에서 포워드 버튼을 클릭하면 수행할 기능(앞으로 한 번 읽기 등)을 구현한 케이스입니다.

38. 포워드 기능은 현재 위치에서 앞으로 한 번만 읽는 기능이므로 'Continue?'는 거짓 값으로 설정합니다.

39. [그림 2-7-23]의 프런트패널에서 재생 버튼을 활성화하기 위해 sub_Viewer Update FP.vi를 이용하여 3rd(세 번째) **While 루프**로 전달합니다.

40. 현재 파일의 위치가 포워드를 하게 되면 전체 파일보다 커지게 된다면 포워드 기능

을 수행할 수 없을 것입니다. 따라서 현재 'File Position'에 한 번에 읽어 올 데이터 개수를 더한 값을 전체 파일 크기와 비교합니다.

41. 업데이트된 원소를 먼저 디큐할 수 있도록 sub_Viewer LIFO.vi를 통해 인큐합니다. 포워드 가능하다면 바로 다음에 실행될 케이스는 [그림 2-7-23-13]의 'Run' 케이스를 실행하여 데이터를 읽어 옵니다.

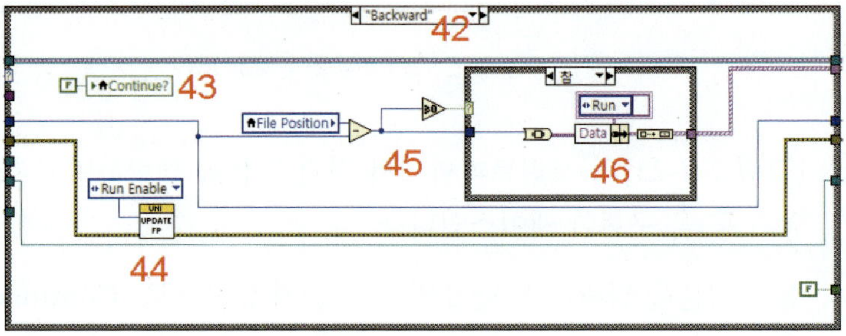

[그림 2-7-23-17]

42. [그림 2-7-23]의 프런트패널에서 백워드 버튼을 클릭하면 수행할 기능(뒤로 한 번 읽기 등)을 구현한 케이스입니다.

43. 백워드 기능은 현재 위치에서 뒤로 한 번만 읽는 기능이므로 'Continue?'는 거짓 값으로 설정합니다.

44. [그림 2-7-23]의 프런트패널에서 재생 버튼을 활성화하기 위해 sub_Viewer Update FP.vi를 이용하여 3rd(세 번째) **While 루프**로 전달합니다.

45. 현재 파일의 위치가 백워드를 하게 되면 '0'보다 작아지게 된다면 백워드 기능을 수행할 수 없을 것입니다. 따라서 현재 'File Position'에 한 번에 읽어 올 데이터 개수를 뺀 값을 '0'과 비교합니다.

46. 업데이트 된 원소를 먼저 디큐할 수 있도록 sub_Viewer LIFO.vi를 통해 인큐합니다. 포워드 가능하다면 바로 다음에 실행될 케이스는 [그림 2-7-23-13]의 'Run' 케이스를 실행하여 데이터를 읽어 옵니다.

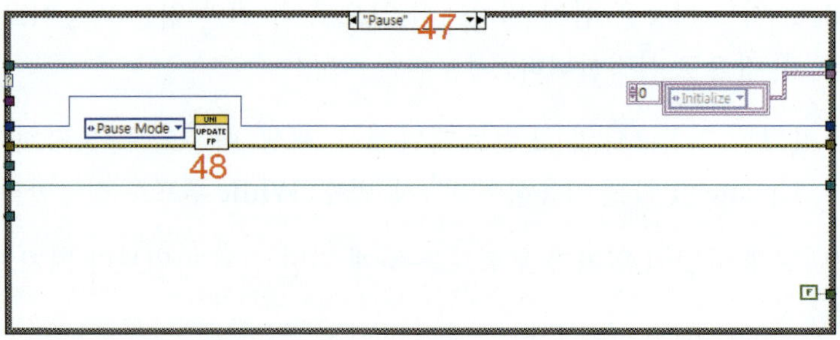

[그림 2-7-23-18]

47. [그림 2-7-23]의 프런트패널에서 일시 정지 버튼을 클릭하면 수행할 기능(파일 읽기를 일시 정지시킴)을 구현한 케이스입니다.

48. [그림 2-7-23]의 프런트패널에 있는 메뉴 버튼들의 상태를 Pause Mode로 변경하기 위해 sub_Viewer Update FP.vi를 이용하여 3rd(세 번째) **While 루프**로 전달합니다.

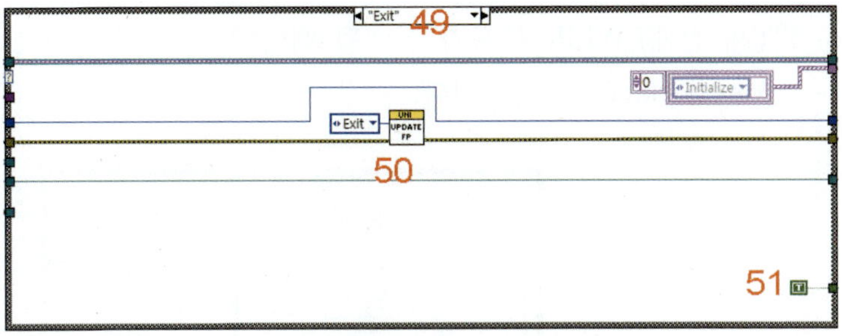

[그림 2-7-23-19]

49. [그림 2-7-23]의 프런트패널에서 Exit 버튼을 클릭하면 수행할 기능(프로그램 종료 등)을 구현한 케이스입니다.

50. 3rd(세 번째) **While 루프**도 정지할 수 있도록 sub_Viewer Update FP.vi 이용하여 3rd(세 번째) **While 루프**로 전달합니다.

51. 2nd(두 번째) **While 루프**를 정지합니다.

• 프런프패널 업데이트를 위한 3rd(세 번째) **While 루프**를 설명합니다.

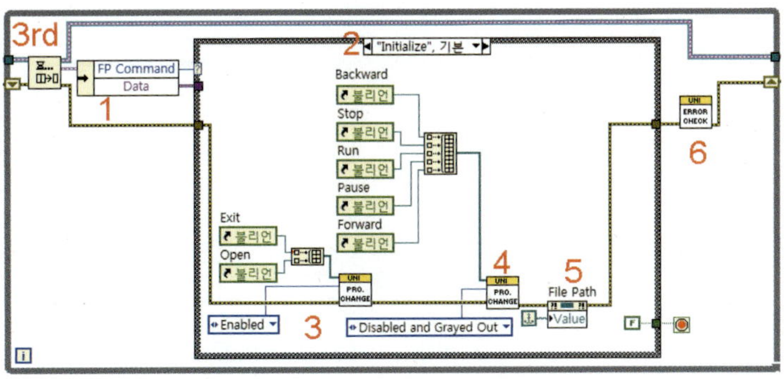

[그림 2-7-23-20]

1. 2nd(두 번째) **While 루프**에서 sub_Viewer Update FP.vi를 이용하여 인큐한 데이터들을 3rd(세 번째) **While 루프**에서 디큐하여 'FP Command' 출력에 따라 실행되는 케이스가 달라집니다.

2. 초기화를 위한 케이스입니다.
3. [그림 2-7-23]의 프런트패널에서 Exit, 파일 열기 버튼을 활성화합니다.
4. [그림 2-7-23]의 프런트패널에서 나머지 버튼들은 비활성화 및 회색화를 합니다.
5. [그림 2-7-23]의 프런트패널에서 'File Path'는 공란으로 만듭니다.
6. 3rd(세 번째) **While 루프**가 실행될 때마다 에러 체크를 하기 위해 sub_Viewer Error Check.vi를 추가합니다.

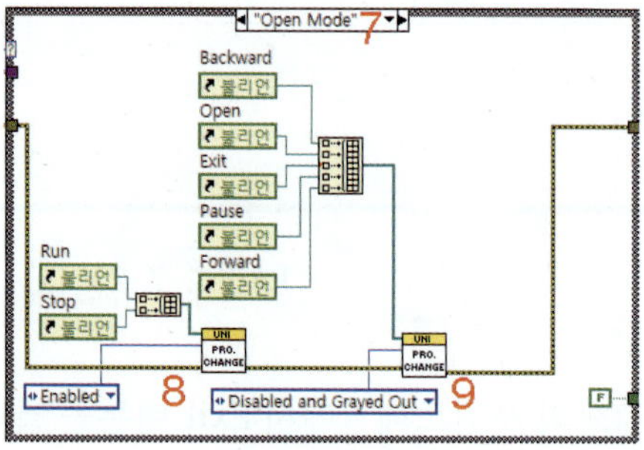

[그림 2-7-23-21]

7. [그림 2-7-23]의 프런트패널에서 파일 열기 버튼을 클릭했을 때 메뉴 버튼들의 설정을 위한 케이스입니다.
8. [그림 2-7-23]의 프런트패널에서 재생, 정지 버튼을 활성화합니다.
9. [그림 2-7-23]의 프런트패널에서 나머지 버튼들은 비활성화 및 회색화를 합니다.

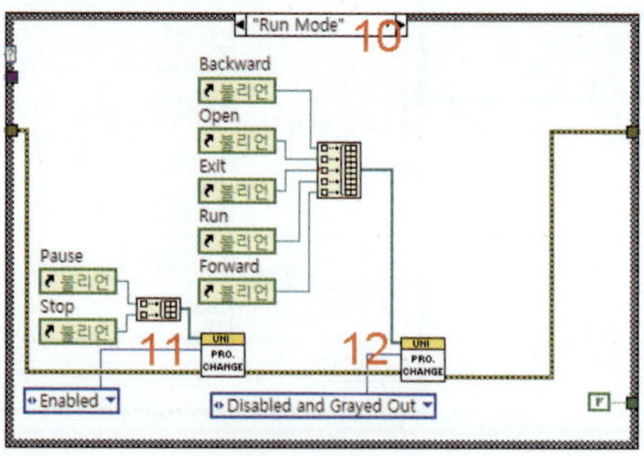

[그림 2-7-23-22]

10. [그림 2-7-23]의 프런트패널에서 재생 버튼을 클릭했을 때 메뉴 버튼들의 설정을 위한 케이스입니다.

11. [그림 2-7-23]의 프런트패널에서 일시 정지, 정지 버튼을 활성화합니다.

12. [그림 2-7-23]의 프런트패널에서 나머지 버튼들은 비활성화 및 회색화를 합니다.

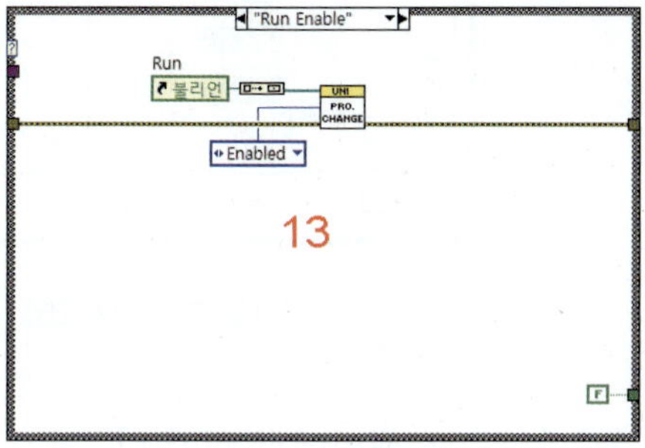

[그림 2-7-23-23]

13. 재생 버튼을 활성화하기 위한 것입니다.

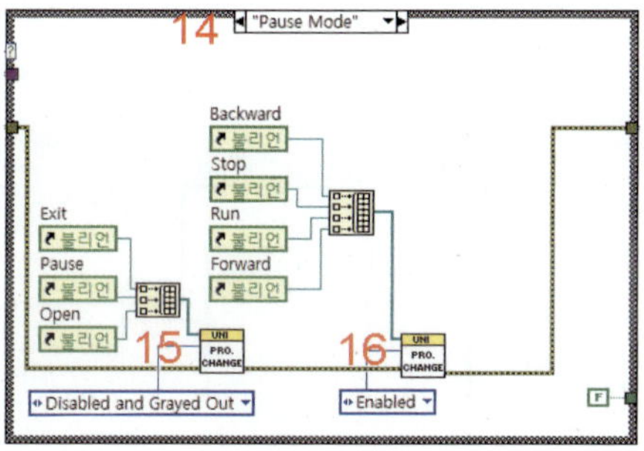

[그림 2-7-23-24]

14. [그림 2-7-23]의 프런트패널에서 일시 정지 버튼을 클릭했을 때 메뉴 버튼들의 설정을 위한 케이스입니다.

15. [그림 2-7-23]의 프런트패널에서 Exit, 일시 정지, 파일 열기 버튼을 비활성화 및 회색화합니다.

16. [그림 2-7-23]의 프런트패널에서 나머지 버튼들은 활성화합니다.

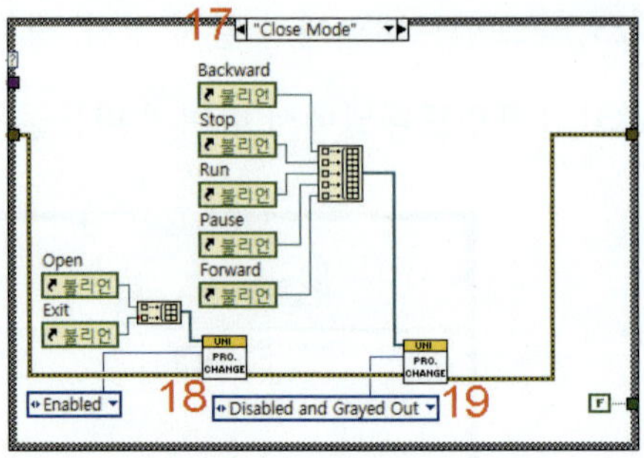

[그림 2-7-23-25]

17. [그림 2-7-23]의 프런트패널에서 정지 버튼을 클릭했을 때 메뉴 버튼들의 설정을 위한 케이스입니다.

18. [그림 2-7-23]의 프런트패널에서 파일 열기, Exit 버튼을 활성화합니다.

19. [그림 2-7-23]의 프런트패널에서 나머지 버튼들은 비활성화 및 회색화합니다.

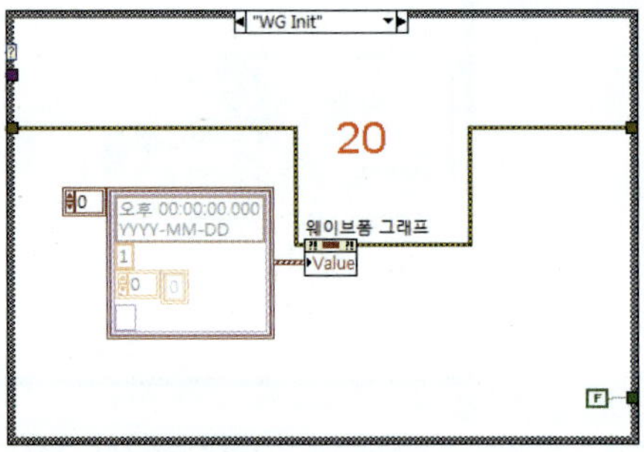

[그림 2-7-23-26]

20. [그림 2-7-23]의 프런트패널에 있는 웨이브폼 그래프를 초기화하여 데이터가 남아 있지 않도록 합니다.

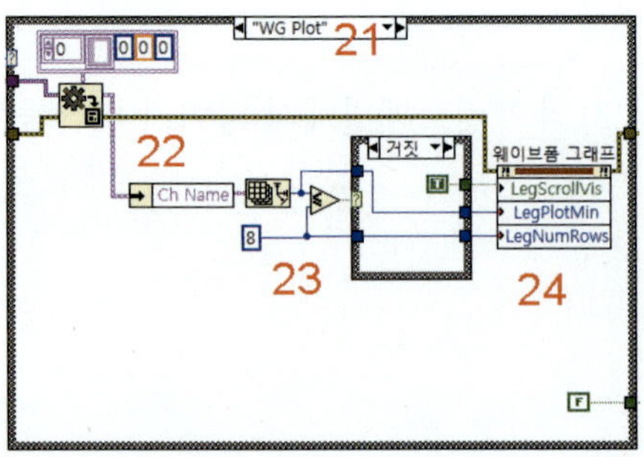

[그림 2-7-23-27]

21. [그림 2-7-23]의 프런트패널에서 웨이브폼 그래프에 보여지는 범례의 개수를 설정하기 위한 케이스입니다.

22. 배리언트 데이터 타입을 원래의 데이터 타입으로 복원합니다. 복원한 데이터는 중 TDMS 파일에 저장된 아날로그 입력 채널 이름이 몇 개인지를 알아냅니다.

23. 22번에서 채널의 개수가 8개 보다 작거나 같은지를 판단합니다.

24. 22번에서 받은 데이터가 8보다 크면 범례에 스크롤도 보이고, 8개의 채널만 보이도록 설정하는 등 프런트패널에 보여지는 모습을 [그림 2-7-16-17]을 참조하세요.

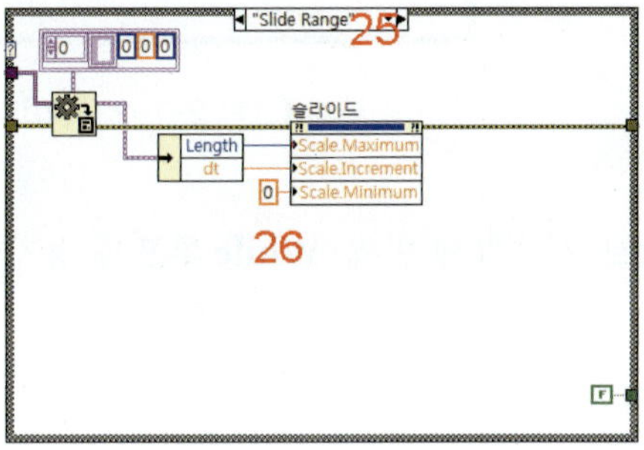

[그림 2-7-23-28]

25. [그림 2-7-23]의 프런트패널에서 슬라이드의 범위 및 증감량을 설정하는 케이스입니다.

26. 배리언트를 원래 데이터로 복원하여 그 중 TDMS 파일의 전체 길이와 데이터간 시간 간격을 슬라이드의 최대값과 슬라이드 증감량으로 설정하고 슬라이드의 최소값은 '0' 으로 설정합니다.

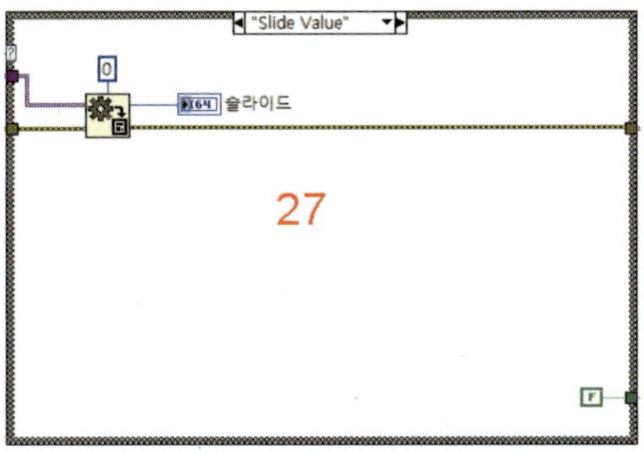

[그림 2-7-23-29]

27. [그림 2-7-23]의 프런트패널에서 슬라이드의 현재 값(즉, TDMS 파일 전체 중 어느 위치를 읽고 있는가를 의미)을 설정하기 위한 케이스입니다.

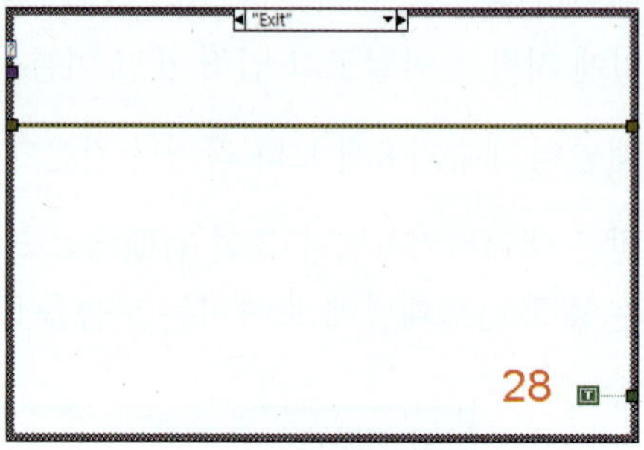

[그림 2-7-23-30]

28. Exit 케이스로서 3rd(세 번째) **While 루프**를 정지합니다.

CHAPTER 03

메인 프로그램

CHAPTER 03 메인 프로그램

Main.vi를 구현합니다. 지금부터 LabVIEW로 같이 만들어 보세요.

3.1 준비 사항 체크

프로젝트를 만들기 전에 몇 가지 당부를 드립니다.

- 이 책의 프로젝트는 LabVIEW 버전에 상관없이 따라 만들 수 있지만 프로젝트에서 제공되는 파일은 LabVIW 2010 이후 버전에서 열리도록 제공되고 있습니다. LabVIEW 최신 버전은 www.ni.com/korea에서 일정 기간동안 무료로 사용할 수 있는 평가판을 다운받거나 신청할 수 있습니다.
- 프로젝트에 필요한 파일들을 **blog.naver.com/wowlabview →자료실**에서 Project 폴더를 다운받아 PC에 저장합니다.
- 이 책의 실습을 따라할 때 컨트롤, 인디케이터, 라벨, 파일명, 파일 저장 위치는 실습에서 지시하는대로 동일하게 하되 프런트패널 디자인, 아이콘 디자인 등은 다르게 해도 괜찮습니다.
- 이 책의 목적은 여러분께서 **LabVIEW의 정석(기본편)**에서 배운 내용이 실제 프로젝트에서는 어떻게 응용이 되는가를 보여드리는 것입니다. 따라서 이 책에서 구현하는 LabVIEW 코드들에 대한 기본적인 사용법 등과 같은 내용에 대한 설명은 하지 않습니다. 기본적인 내용은 **LabVIEW의 정석(기본편)**을 참조하세요.
- 이 책은 읽어만 보면 도움이 되지 않습니다. 책을 읽으면서 직접 만들어 보세요. LabVIEW 실력을 한 단계 업그레이드할 수 있도록 완성된 프로젝트는 제공하지 않으니 양해 부탁드립니다.
- 수록된 실습의 난이도가 매우 높은 편이고 또한 실습 분량도 많습니다. 시작은 힘들겠지만, 나중에 더 많은 도움이 되길 바라는 마음으로 고난도 프로젝트를 선택했습니다. 이 프로젝트를 이해한다면 나중에 어떠한 코드를 접하더라도 이해하기가 쉽고 또한 자신감도 생길 것입니다.
- 이 책에 수록된 모든 실습이 하나의 프로젝트를 만드는 과정이기 때문에 실습들이 모두 연결이 되어있습니다. 순서대로 읽고 따라하세요.

- 실습에 설명된 모든 내용들을 차례대로 따라하시기 바랍니다. 실습에 나온 그림들만 보고 만들면 절대 정상적으로 동작하지 않습니다. 그림에 수록된 내용은 한계가 있으니 반드시 처음부터 차근차근 모든 문장을 읽고 따라 하세요.
- 이 책을 처음 따라하면 코드를 완성하는데 집중하게 될 것이고 왜 이렇게 만드는지 이유를 파악하는 것이 어려울 것입니다. 프로젝트를 여러 번 따라 만들면 구현하는데 있어서는 익숙해지고 왜 이렇게 만드는 것인가에 대한 이해가 될 것입니다.
- 프로그램에서 정답은 없습니다. 원하는 결과만 나온다면 그것이 답입니다. 하지만 효율적인지 그렇지 않은지 판단해볼 수 있습니다. 따라서 여기서 구현한 방법이 최선이 아닐 수 있습니다. 더 효율적이고 나은 방법으로 개선해 보는 것은 도전 과제로 남겨 놓았습니다.

이제부터 프로젝트를 만드는 긴 여정을 시작하겠습니다.

[실습 3-1-1] 프로젝트 파일 구성을 살펴봅니다.

1. 다운받은 'Project' 폴더가 [그림 3-1-1-1]과 같이 7개의 서브 폴더로 구성되어 있는지 확인하세요. 각 폴더의 용도는 아래 표를 참조하세요.

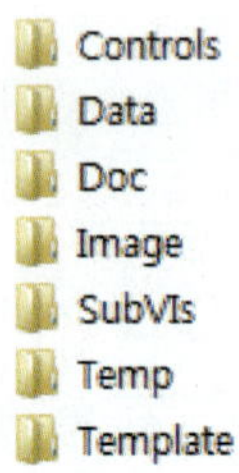

[그림 3-1-1-1]

Controls	사용자 정의할 ctl 파일들 저장하는 곳
Data	데이터 파일 저장하는 곳
Doc	사용자 매뉴얼 등 프로젝트 관련 문서 저장하는 곳
Image	프로젝트에 사용될 이미지 제공
SubVIs	프로젝트에 사용될 subVI들을 저장하는 곳
Temp	기타 임시 파일 저장하는 곳
Template	각종 템플릿 파일을 저장하는 곳

2. Project₩SubVIs 폴더가 [그림 3-1-1-2]와 같이 5개의 하위 폴더로 구성되어 있는지 확인하세요. 각 폴더의 용도는 아래 표를 참조하세요.

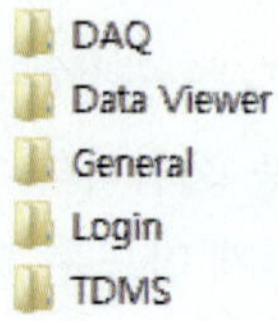

[그림 3-1-1-2]

DAQ	DAQ 관련 VI를 저장하는 곳
Data Viewer	Data Viwerer 관련 VI를 저장하는 곳
General	공통적으로 사용될 VI를 저장하는 곳
Login	Login 관련 VI를 저장하는 곳
TDMS	파일 저장 관련 VI를 저장하는 곳

3.2 프로젝트 파일 생성

프로젝트가 완성이 되면 프로젝트 파일은 [그림 3-2-1]처럼 구성될 것입니다.

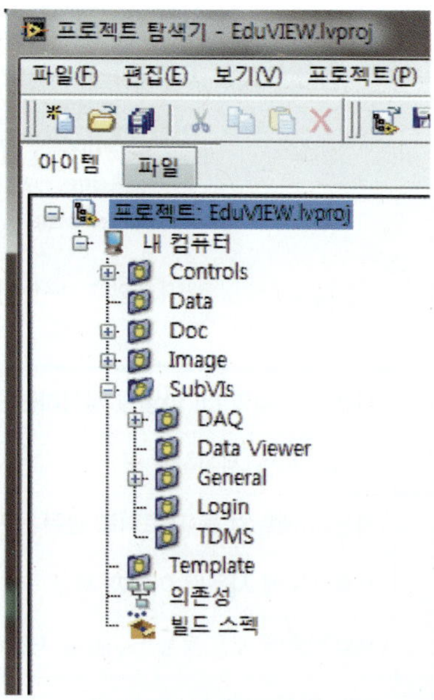

[그림 3-2-1] 프로젝트 파일

[실습 3-2-1] 프로젝트 파일을 생성합니다.

프로젝트에 대한 개념은 **LabVIEW의 정석(기본편) 1.5장**을 참조하세요.

1. 새 프로젝트 파일을 생성합니다.

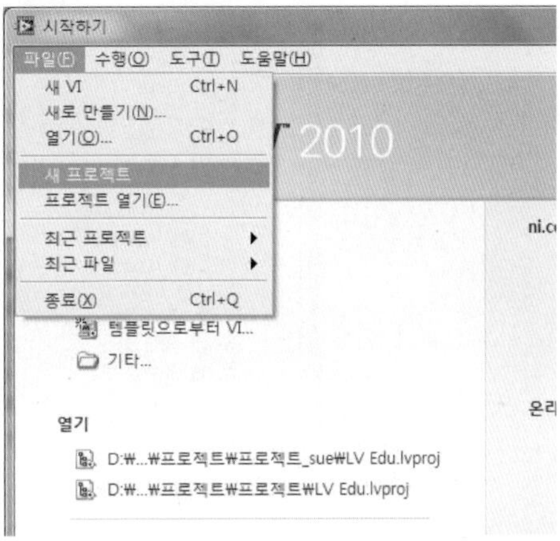

[그림 3-2-1-1]

2. [그림 3-2-1-2]처럼 프로젝트 파일에 폴더를 추가합니다. 다운받은 Project 폴더 안에 제공된 Controls 폴더를 선택합니다. Temp 폴더를 제외한 나머지 하위 폴더(SubVIs, Doc, Template, Image, Data)들도 앞서 Controls 폴더를 추가하는 것과 같은 과정을 반복하여 진행합니다. SubVIs 폴더의 하위 폴더들은 SubVIs를 추가하면 자동으로 추가됩니다. [그림 3-2-1-2]와 같이 '폴더(자동 적용)...' 으로 폴더를 추가하면 폴더에 변경되는 내용이 자동으로 프로젝트 파일에 업데이트됩니다.

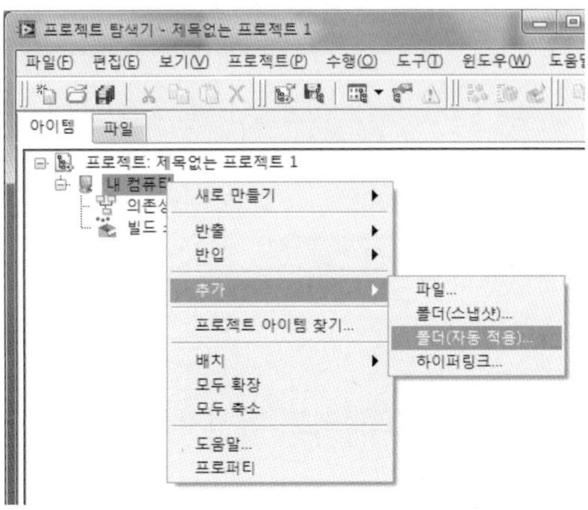

[그림 3-2-1-2]

3. 프로젝트 파일을 다운받은 Project 폴더에 EduVIEW.lvproj 이름으로 저장합니다.

4. 등록이 완료된 프로젝트 파일이 [그림 3-2-1-3]과 같은지 확인하세요.

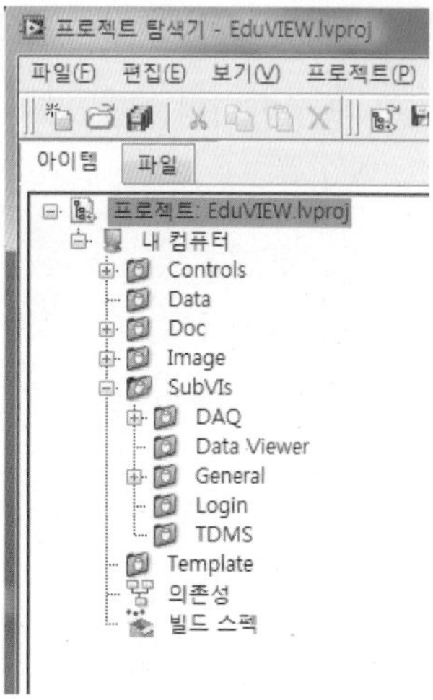

[그림 3-2-1-3]

3.3 Main.vi 프런트패널 디자인

[그림 3-3-1]과 같이 Main.vi 의 프런트패널 디자인을 완성합니다.

[그림 3-3-1]

[실습 3-3-1] Main.vi 의 프런트패널 디자인을 완성합니다.

1. [그림 3-3-1-1]처럼 프로젝트 탐색기에서 내 컴퓨터 > 새로 만들기 > 새로 만들기...를 선택합니다.

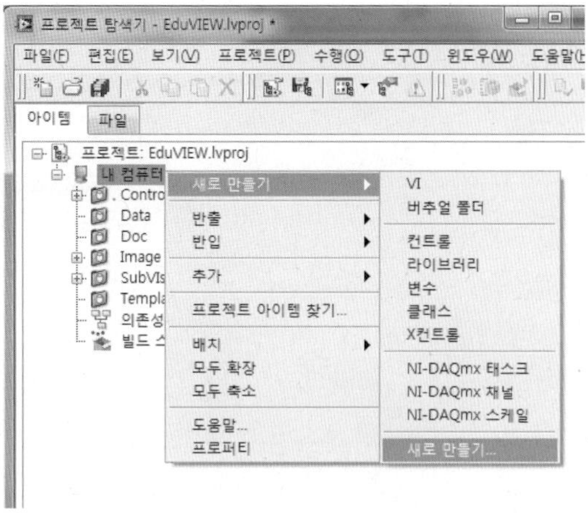

[그림 3-3-1-1]

2. 2.6장에서 선정한 디자인 패턴인 '사용자 인터페이스 이벤트 핸들러'를 선택하고 '확인' 버튼을 클릭합니다.

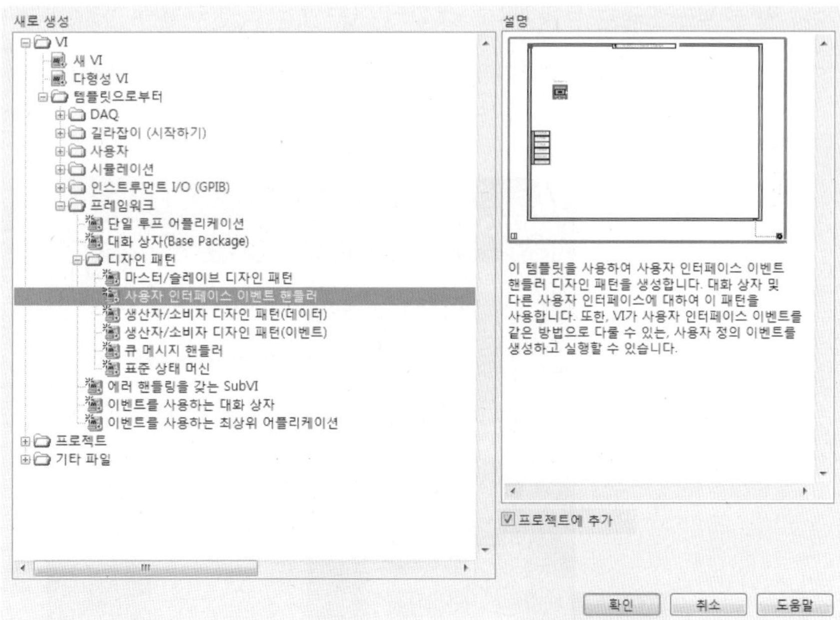

[그림 3-3-1-2]

3. 만들어진 vi의 프런트패널에 있는 컨트롤들을 모두 지웁니다.

4. 에러 입력 3D, 에러 출력 3D, 시스템 버튼 4개를 위치시킵니다. 시스템 버튼들은 각각 라벨과 불리언 텍스트를 [그림 3-3-1-3]처럼 구성합니다.

[그림 3-3-1-3]

5. 프런트패널은 검정색으로, 4개의 시스템 버튼의 라벨은 보이지 않도록 설정합니다.

6. 다운받은 Project₩Image 폴더에 있는 LabVIEW Logo.png 그림 파일로 [그림 3-3-1-4]와 같이 구성해 볼 수도 있습니다.

[그림 3-3-1-4]

7. 아이콘 편집기를 이용하여 원하는 아이콘을 디자인합니다. 아이콘 편집은 **LabVIEW의 정석(기본편) 5장** 또는 **Appendix A4**의 **아이콘 편집기** 부분을 참조하세요. [그림 3-3-1-5]와 같은 디자인을 할 필요는 없습니다. 아이콘 편집기로 원하는 디자인을 해봅니다.

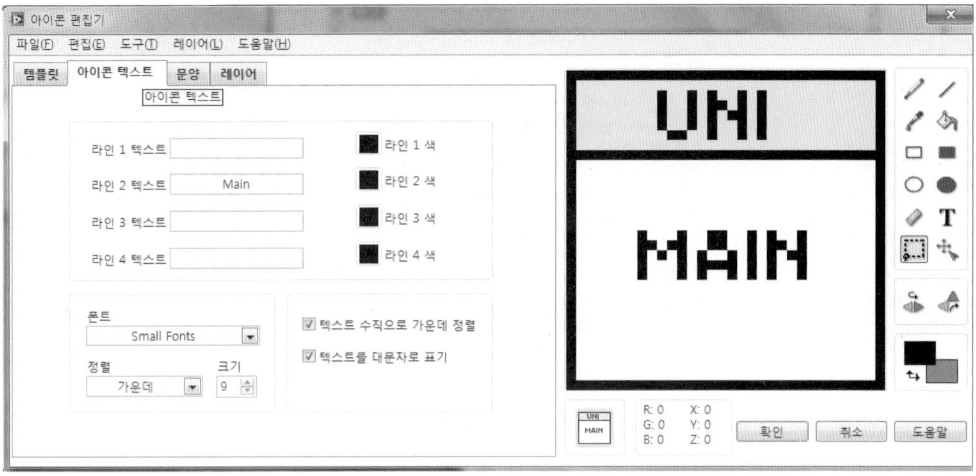

[그림 3-3-1-5]

8. 프런트패널의 사이즈를 사용자가 필요한 UI만 보이도록 [그림 3-3-1-6]처럼 조정하고, 다운받은 'Project' 폴더에 Main.vi로 저장합니다. 실행 버튼은 깨져 있는 것이 정상입니다.

[그림 3-3-1-6]

9. **파일풀다운메뉴 > 파일 > VI프로퍼티**에서 항목을 '윈도우 모양' 으로 하고 윈도우 제목을 'Main' 으로 변경합니다. 이는 [그림 3-4-1-3]에서 실행 화면 윗부분에 Main이라는 타이틀로 변경하기 위한 설정입니다.

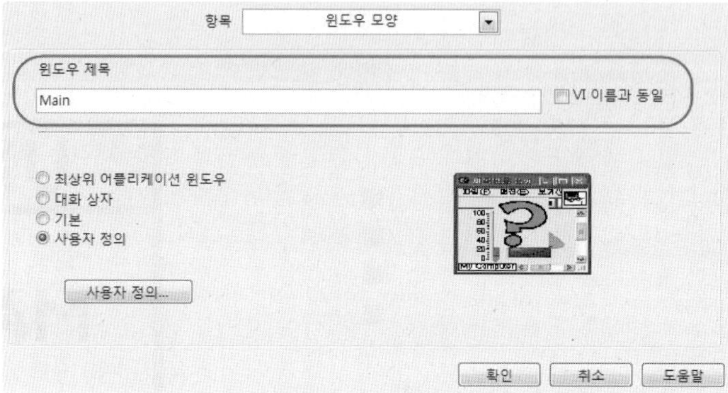

[그림 3-3-1-7]

10. [그림3-3-1-7]에서 '사용자 정의...' 버튼을 클릭하여 [그림 3-3-1-8]과 같이 설정합니다. 즉, 실행 중에 프런트패널의 크기 조절이나 스크롤링을 못하도록 차단하고, 도구 모음이나 메뉴 모음이 안보이도록 하기 위한 설정입니다.

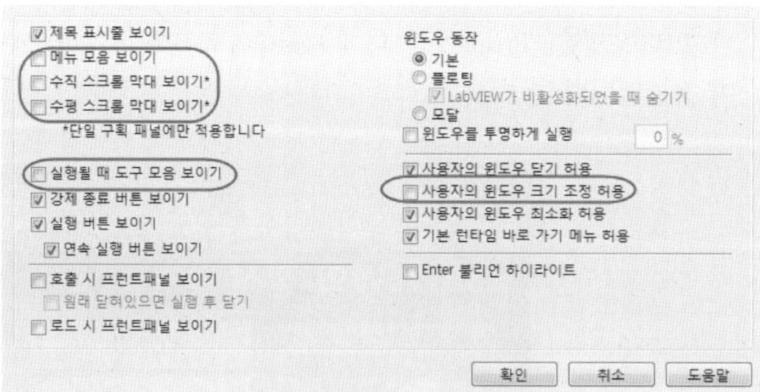

[그림 3-3-1-8]

11. Main.vi를 저장합니다.

3.4 Main.vi 블록다이어그램 구현

Main.vi의 블록다이어그램에 2.6장에서 선정한 디자인 패턴을 구현합니다.

[실습 3-4-1] Main.vi 블록다이어그램의 디자인 패턴을 구현합니다.

1. 블록다이어그램에 이벤트 구조를 [그림 3-4-1-1]과 같이 설정합니다. 즉, 측정, 로그인, 데이터 읽기 불리언 버튼에 대해 값 변경 이벤트를 설정하고 정지 불리언 버튼에는 값 변경과 패널 닫기 이벤트를 설정합니다. 이벤트 사용법은 **LabVIEW의 정석(기본편) 4.10장** 또는 **Appendix A4**의 **이벤트** 부분을 참조하세요.

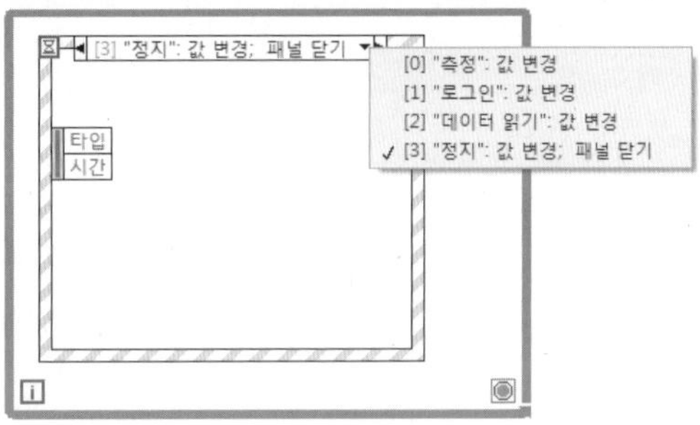

[그림 3-4-1-1]

2. 이벤트 구조 안에 코드를 구현합니다.

- 정지 이벤트 케이스를 제외한 모든 이벤트 케이스에 **단일 버튼 대화 상자.vi**를 넣습니다. 이것는 구현한 코드를 3번에서 테스트 하기 위한 것입니다.
- 메시지 파라미터에는 [그림 3-4-1-2]와 같이 입력하세요.
- 각 이벤트 케이스에 해당 터미널을 넣습니다.
- 정지 이벤트 케이스를 제외한 나머지들은 **불리언 거짓 상수**를 **While 루프**의 조건 터미널에 연결합니다.
- 이벤트 데이터 노드는 사용하지 않으므로 크기를 줄여 놓습니다.

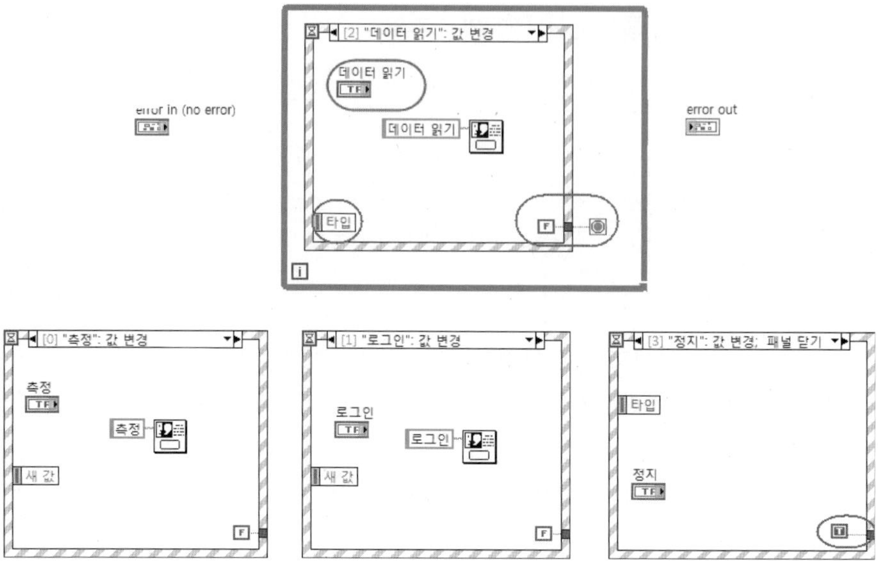

[그림 3-4-1-2]

3. <테스트> : 프로그램을 실행시켜 봅니다. 각 버튼을 클릭할 때마다 단일 버튼 대화 상자가 뜰 것이고 EXIT 버튼을 클릭하면 Main.vi 가 종료되는지 확인하세요. 7장에서 각 이벤트 케이스에 있는 **단일 버튼 대화 상자.vi**를 빼고 실제 기능을 하는 코드와 통합합니다.

[그림 3-4-1-3]

4. 사용자가 인증되면 측정과 데이터 읽기 기능에 접근할 수 있도록 프로퍼티 노드로 DAQ & SAVE, DATA VIEWER 버튼을 비활성화합니다.

- '측정' 과 '데이터 읽기' 터미널에서 각각 **바로가기메뉴** > **생성** > **프로퍼티 노드** > **비활성화**를 선택합니다.

- 생성된 '비활성화 프로퍼티 노드'의 **바로가기메뉴 > 쓰기로 변경**을 선택합니다.
- 비활성화 프로퍼티 노드에서 **바로가기메뉴 > 생성 > 상수**를 생성합니다. 생성된 상수를 'Disable and Grayed Out' 또는 '2'로 설정합니다. 참고로 프로퍼티 노드 사용법은 **LabVIEW의 정석(기본편) 7.2장** 또는 **Appendix A4**의 **프로퍼티 노드 부분**을 참조하세요.
- **시퀀스 구조**(플랫 또는 다층 어떤 걸 사용해도 괜찮음)를 추가하여 아래와 같이 구현합니다. **시퀀스 구조** 사용법은 **LabVIEW의 정석(기본편) 4.8장**을 참조하세요. **시퀀스 구조**를 추가함으로써 가장 먼저 실행되는 코드라는 것을 쉽게 표현할 수 있습니다. [그림 3-4-1-4]에서는 에러 클러스터로 실행 순서가 결정되기 때문에 **시퀀스 구조**가 없어도 무방합니다.

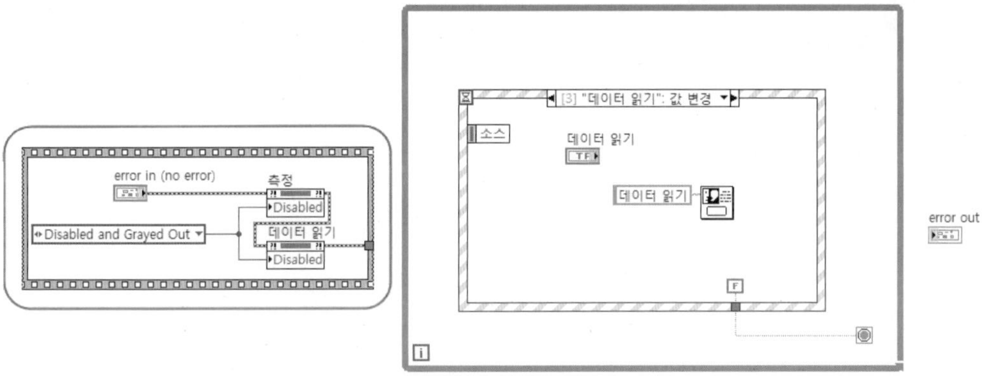

[그림 3-4-1-4]

5. 에러 클러스터 라인을 연결하여 실행 순서를 결정합니다. 에러 클러스터는 실행 순서를 결정할 때도 쓰이고, 에러 핸들링할 때도 사용됩니다. [그림 3-4-1-5]와 같이 반복 구조에서는 에러 클러스터를 시프트 레지스터를 이용하여 전달하는 것을 추천합니다. 이유는 에러가 발생한 사실을 다음 번 반복에서도 시프트 레지스터를 통해 전달함으로써 이후에 실행될 에러 입출력을 가지고 있는 노드들의 실행을 막을 수가 있기 때문입니다. 4장에서 소개될 에러 입출력이 있는 노드들의 구조를 보면 이해가 더 잘 될 것입니다.

- **While 루프**의 **바로가기메뉴 > 시프트 레지스터 추가**합니다.
- [그림 3-4-1-5]처럼 가장 오른쪽에 **단순 에러 핸들러.vi**를 추가합니다.
- [그림 3-4-1-5]와 같이 연결합니다.

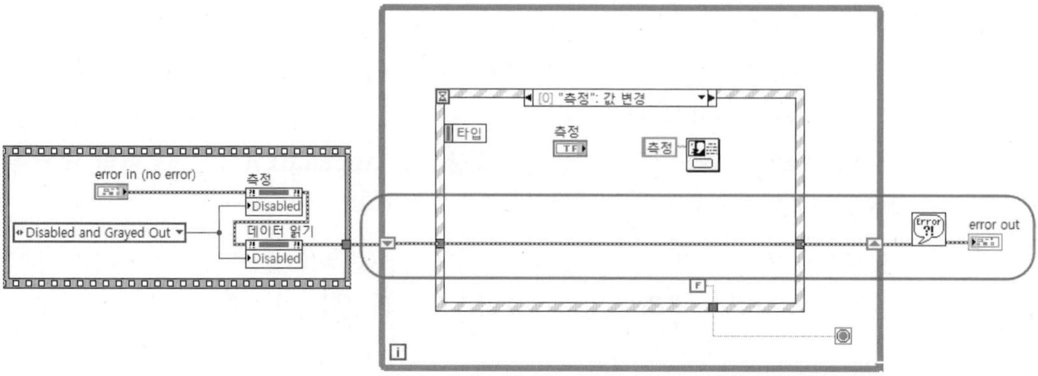

[그림 3-4-1-5]

6. <테스트> : 프로그램을 실행하여 LOG IN과 EXIT 버튼만 활성화되어 있는지 확인하세요.

7. **While 루프**에 에러가 감지가 되면 **While 루프**를 종료할 수 있도록 **OR.vi**를 추가하여 아래와 같이 변경합니다.

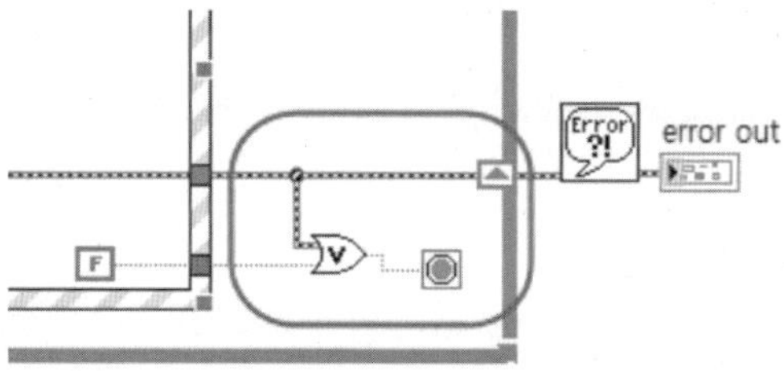

[그림 3-4-1-6]

8. Shift + F1 키를 눌렀을 때도 EXIT 버튼을 클릭하는 것과 같은 동작을 하도록 단축키를 할당합니다. EXIT 버튼의 **바로가기메뉴** > **고급** > **키 조작**...을 선택하여 [그림 3-4-1-7]과 같이 설정합니다. 단축키 할당은 **LabVIEW의 정석(기본편) 11.7장**을 참조하세요.

[그림 3-4-1-7]

9. <테스트> : 프로그램을 실행시켜 Shift + F1키를 눌렀을 때 프로그램이 종료되는지 확인하세요.

10. 완성된 블록다이어그램에 주석(코드 설명)을 추가합니다.

11. Main.vi를 저장하고 닫습니다.

CHAPTER 04

로그인

CHAPTER 04 로그인

로그인 기능을 구현합니다. 이 기능은 LabVIEW에서 제공되는 예제를 사용합니다.

4.1 LOGIN 예제

프로그램을 할 때는 우선 목적에 맞는 예제가 있는지를 찾아봅니다. 예제가 있다면 수정해서 사용하는 것이 시간과 노력이 훨씬 절약될 것입니다. 따라서 로그인 기능은 LabVIEW 예제 탐색기에서 관련된 유사한 예제가 제공되는지 찾아본 후 있으면 예제를 수정 및 보완하여 사용할 것입니다.

[실습 4-1-1] 로그인 기능 예제를 찾습니다.

예제 탐색기는 **LabVIEW의 정석(기본편) 1.14장**을 참조하세요.

1. LabVIEW의 예제 탐색기를 열어 검색 탭에서 키워드에 '로그인' 을 입력하세요.

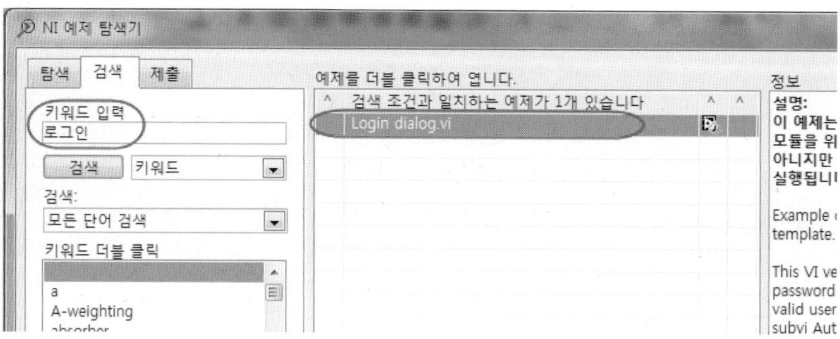

[그림 4-1-1-1]

단, LabVIEW 2012 이후 버전을 사용하시는 분들은 상기 예제가 제공되지 않습니다. 따라서 다운받은 Project₩SubVIs₩Login 폴더에 있는 파일을 사용하세요.

2. Login dialog.vi를 열어서 블록다이어그램을 보면 Authenticate user.vi를 subVI로 사용합니다. 두 개의 vi를 [그림 4-1-1-2]와 같은 이름으로 다운받은 Project ₩SubVIs₩Login 폴더에 저장합니다. Login 폴더에 있는 파일을 사용할 경우 파일 이름만 [그림 4-1-1-2]와 같이 변경하세요.

[그림 4-1-1-2]

3. sub_Authenticate User.vi의 프런트패널에서 User Table의 User Name은 'admin'을 Password는 'test'를 추가하고 **파일풀다운메뉴 > 편집 > 현재값을 기본값으로**를 선택합니다. [그림 4-1-1-3]과 같이 에러 입력 3D, 에러 출력 3D를 추가합니다.

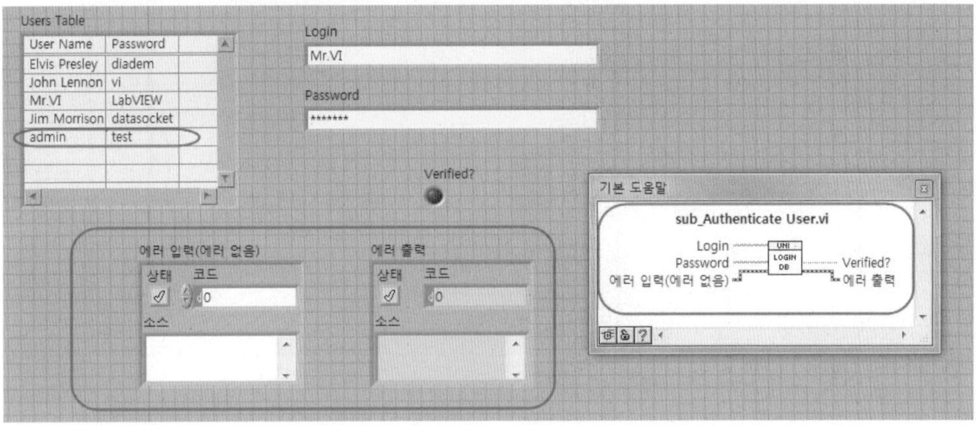

[그림 4-1-1-3]

4. [그림 4-1-1-3]에서 User Table이 보이면 등록된 사용자와 패스워드가 노출되어 보안이 되지 않습니다. 따라서 상수로 만들어 블록다이어그램에 암호를 등록하거나 또는 User Table터미널에서 컨트롤 숨기기를 해서 프런트패널에서 보이지 않도록 하도록 합니다. 여기서는 [그림 4-1-1-4]와 같이 두 번째 방법을 채택하였습니다.

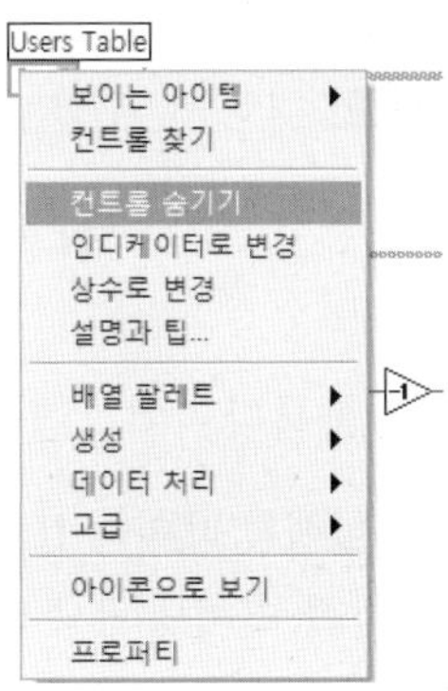

[그림 4-1-1-4]

5. sub_Authenticate User.vi의 블록다이어그램을 [그림 4-1-1-5]와 같이 **케이스 구조**를 추가하여 수정합니다. 에러 케이스는 에러 입출력만 연결하고 sub_Authenticate User.vi를 저장하고 닫습니다. 외부에서 에러가 들어오면 에러 케이스가 실행되어 에러가 발생한 사실을 출력으로 내보냅니다. 이미 외부에서 에러가 발생했다면 다음의 에러 없음 케이스에 있는 코드를 실행할 필요가 없습니다. 따라서 **케이스 구조**를 추가 하여 에러가 발생한 경우와 하지 않은 경우 실행하는 코드를 구분한 것입니다. 이것은 앞으로 만들 다른 subVI들도 유사하게 구현될 것입니다.
sub_Authenticate User.vi를 저장하고 닫습니다.

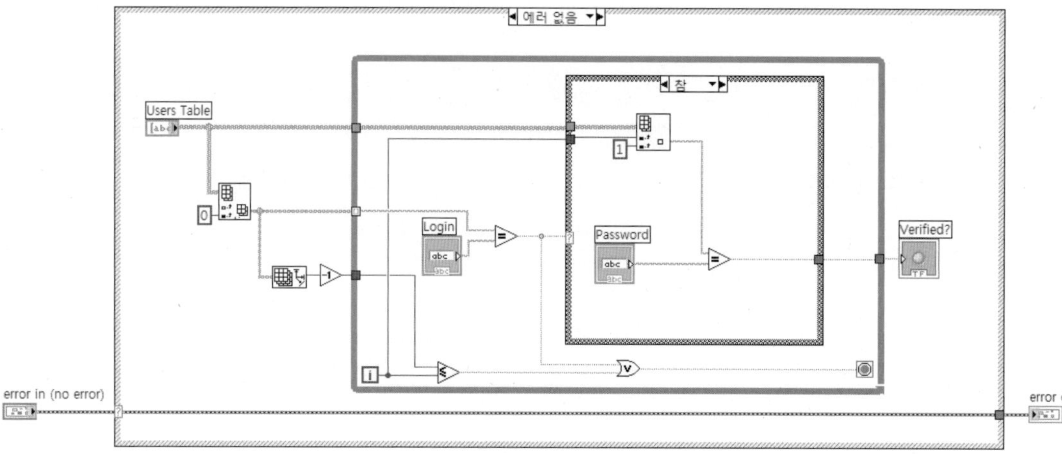

[그림 4-1-1-5]

6. sub_Main Login.vi의 프런트패널에 에러 입력 3D, 에러 출력 3D를 추가하고 아이콘 디자인을 수정한 후 [그림 4-1-1-6]과 같이 커넥터 연결을 수정합니다.

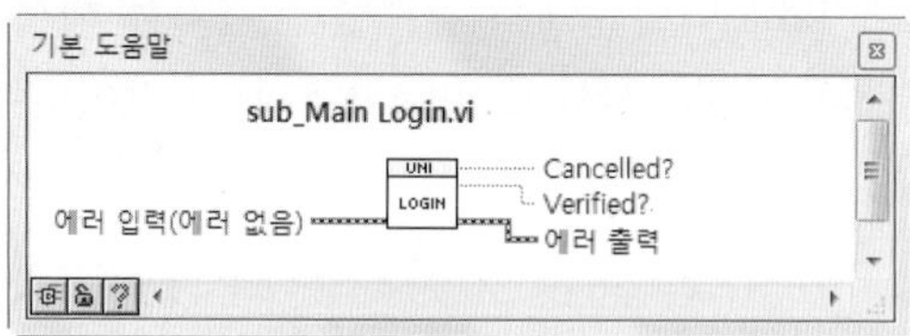

[그림 4-1-1-6]

7. sub_Main Login.vi의 블록다이어그램을 수정합니다.

- sub_Main Login.vi을 실행할 때마다 ID와 Password가 공란으로 되도록 만들기 위해 Login과 Password의 각각 터미널에서 **바로가기메뉴** > **생성** > **프로퍼티 노드** > **값**을 설정하여 쓰기로 변경한 다음 [그림 4-1-1-7]과 같이 **빈 문자열 상수**를 입력합니다.

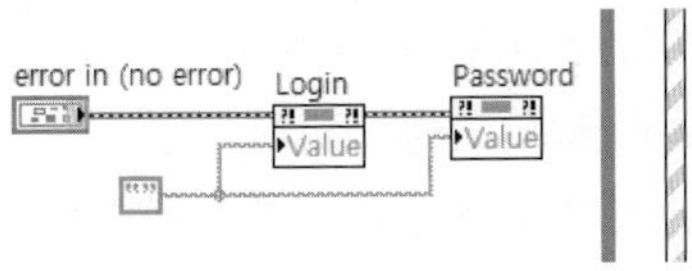

[그림 4-1-1-7]

- 에러 클러스터를 **While 루프**에 시프트 레지스터를 추가하여 아래와 같이 연결하고 나머지 이벤트들은 에러 입출력만 연결합니다.

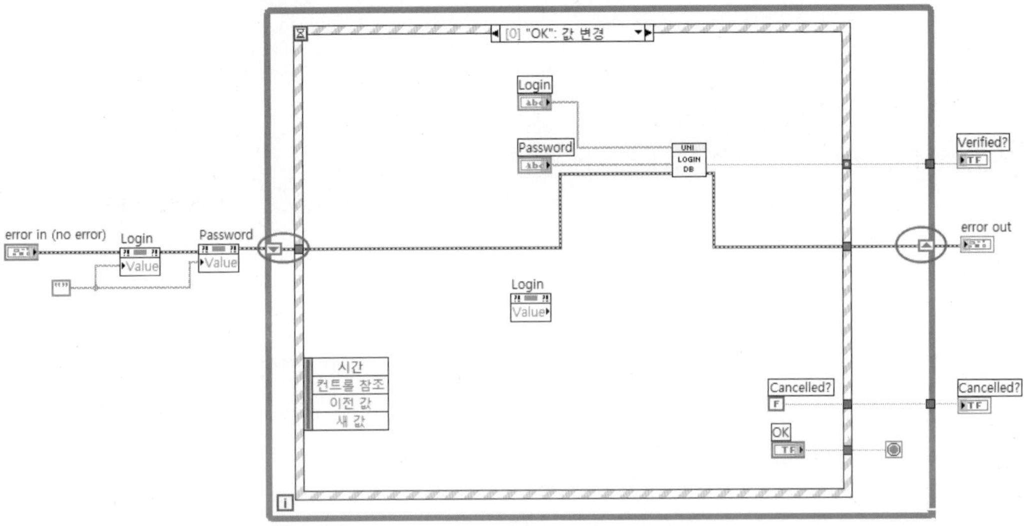

[그림 4-1-1-8]

8. sub_Main Login.vi의 프런트패널을 [그림 4-1-1-9]와 같이 수정하고 프런트패널의 크기도 사용자에게 보여줄 크기로 줄입니다.

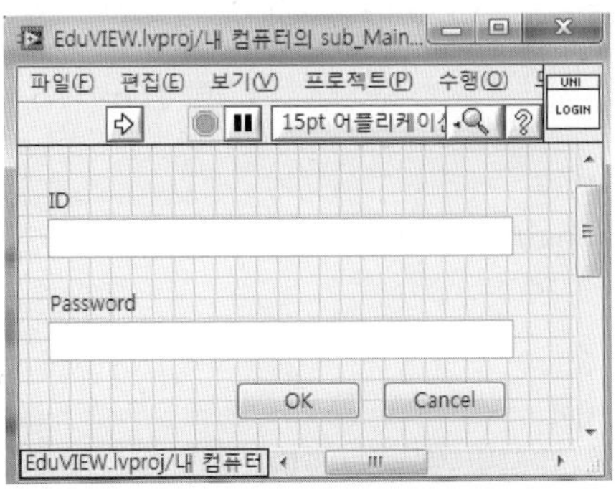

[그림 4-1-1-9]

9. **파일풀다운메뉴 > 파일 > VI프로퍼티**에서 항목을 '윈도우 모양' 으로 하고 윈도우 제목을 'Login' 으로 변경합니다. 이는 [그림 4-1-1-11]에서 팝업된 로그인 창에서 타이틀이 'Login' 이 되도록 하기 위한 설정입니다.

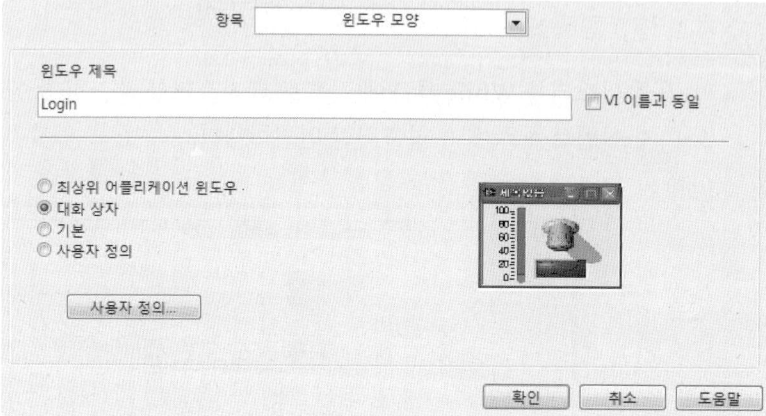

[그림 4-1-1-10]

10. <테스트> : sub_Main Login.vi에 verified?인디케이터에 프로브를 추가하고 프로그램을 실행합니다. ID에 'admin' 을 Password에 'test' 를 입력하고 OK 버튼을 클릭한 후 verified? 인디케이터에 참 값이 출력되는지 프로브를 통해서 확인합니다.

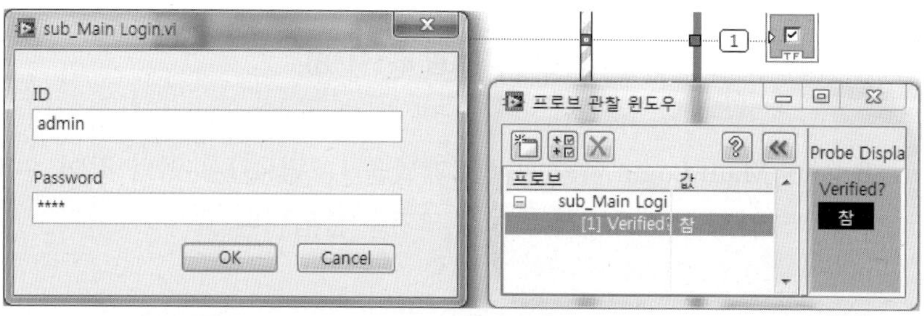

[그림 4-1-1-11]

11. sub_Main Login.vi를 저장하고 닫습니다.

> **[도전 과제]** 비밀번호가 잘못 입력된 경우 대화상자로 비밀번호가 잘못 입력되었다는 메시지를 사용자에게 알리고 다시 입력할 수 있도록 구현해 보세요.

CHAPTER 05

데이터 측정 및 저장

CHAPTER 05 데이터 측정 및 저장

데이터 측정 및 저장 기능을 구현합니다.

5.1 프로젝트에 sub_Main DAQ.vi 추가

[그림 5-1-1]과 같이 프로젝트 파일에 sub_Main DAQ.vi를 추가 생성합니다.

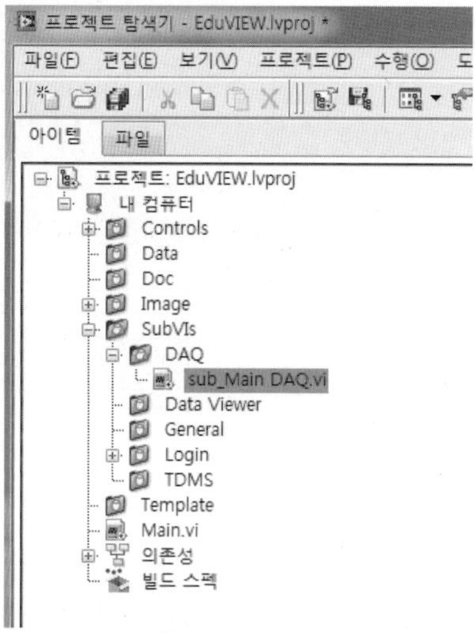

[그림 5-1-1] 프로젝트 파일

[실습 5-1-1] 프로젝트 파일에 sub_Main DAQ.vi를 추가 생성합니다.

sub_Main DAQ.vi는 본서 **2.6장**에서 선정한 디자인 패턴인 생산자/소비자(이벤트)디자인 패턴을 사용합니다.

1. 다운받은 Project 폴더에서 EduVIEW.lvproj 파일을 엽니다.
2. 프로젝트 탐색기의 **내 컴퓨터** > **새로 만들기** > **새로 만들기...** 에서 '생산자/소비자 디자인 패턴(이벤트)' 를 선택하고 '확인' 버튼을 클릭합니다.

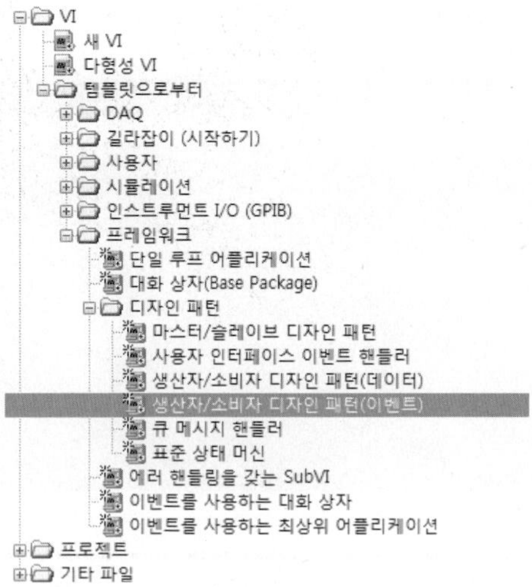

[그림 5-1-1-1]

3. 프런트패널에 있는 버튼들은 다 지우고 다운받은 Project₩SubVIs₩DAQ 폴더에 sub_Main DAQ.vi로 저장합니다.

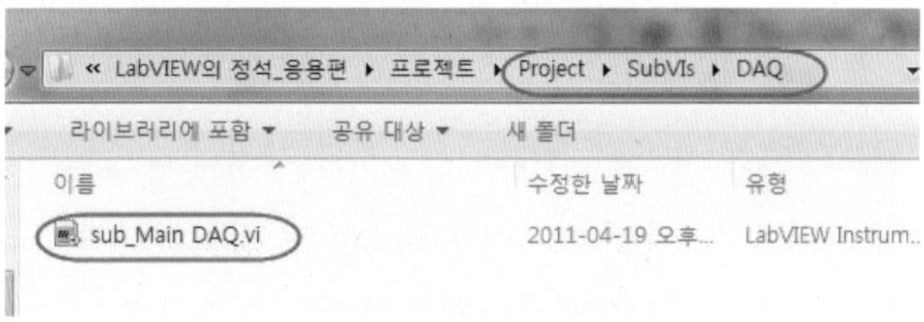

[그림 5-1-1-2]

4. 프로젝트 파일이 [그림 5-1-1]과 같은지 확인하세요.

5.2 sub_Main DAQ.vi 프런트패널 디자인

[그림 5-2-1]과 같이 sub_Main DAQ.vi의 프런트패널 디자인을 완성합니다.

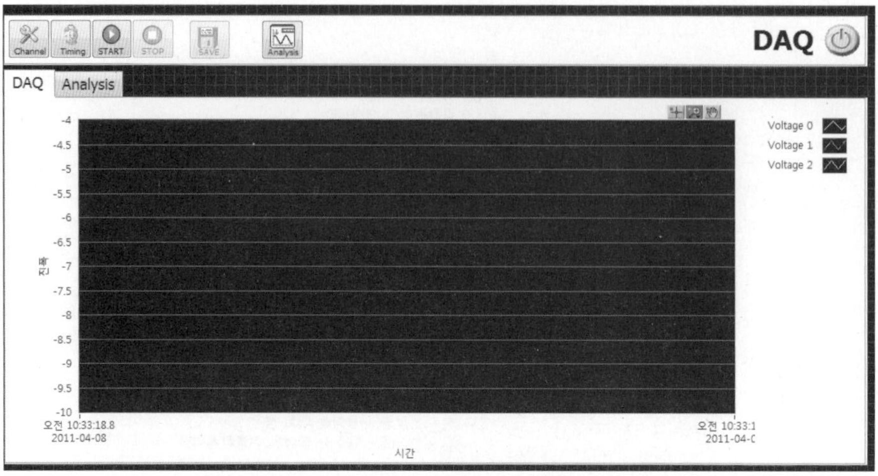

[그림 5-2-1] sub_Main DAQ.vi의 프런트패널

[실습 5-2-1] 프런트패널 디자인을 완성합니다.

1. 프런트패널에 탭 컨트롤 2개를 추가합니다.

- 프런트패널에 시스템 탭 컨트롤 2개를 가져다 놓습니다.
- 각각 라벨을 'Menu' 와 'WF Display' 로 정합니다.
- **바로가기메뉴** > **보이는 아이템** > **라벨**을 숨깁니다.
- 'Menu' 탭 컨트롤의 **바로가기메뉴** > **페이지 제거**를 선택합니다.
- 'Menu' 탭 컨트롤의 **바로가기메뉴** > **보이는 아이템** > **탭**을 보이지 않도록 설정합니다. 이 탭 컨트롤은 장식을 위한 디자인 용도로 사용합니다.
- 'WF Display' 는 첫 번째 탭은 'DAQ' , 두 번째 탭은 'Analysis' 로 수정합니다.

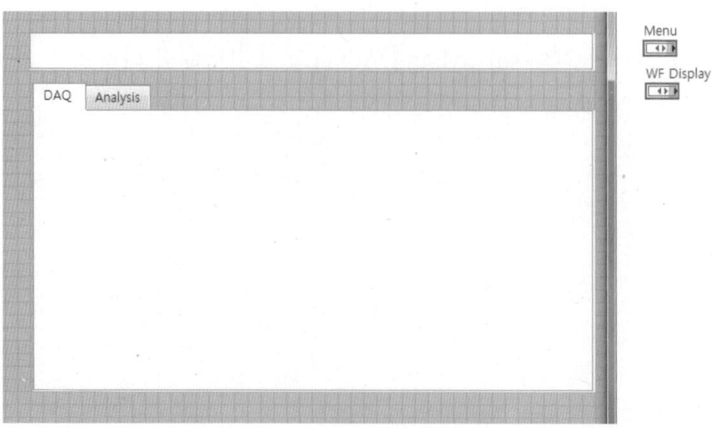

[그림 5-2-1-1]

2. 버튼들을 추가합니다.

- 프로젝트 탐색기의 내 컴퓨터 > Controls에서 Analysis.ctl, Channel Config.ctl, Exit.ctl, Save.ctl, Start.ctl, Stop.ctl, Timing Config.ctl을 선택하여 프런트패널로 드래그합니다.
- 모두 라벨을 보이지 않게 설정합니다.
- Menu 탭 컨트롤 안에 [그림 5-2-1-2]와 같이 위치시킵니다.

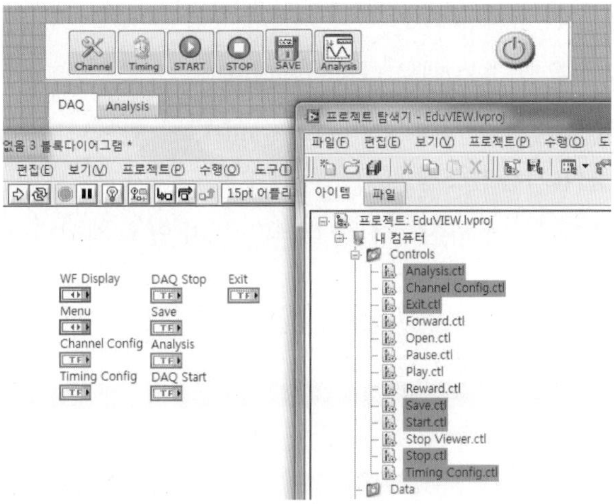

[그림 5-2-1-2]

3. 웨이브폼 그래프를 추가합니다.

- DAQ 탭에 웨이브폼 그래프을 추가합니다.
- 라벨은 '웨이브폼 그래프' 로 수정합니다.
- 웨이브폼 그래프의 **바로가기메뉴** > **보이는 아이템**에서 [그림 5-2-1-3]과 같이 설정합니다.

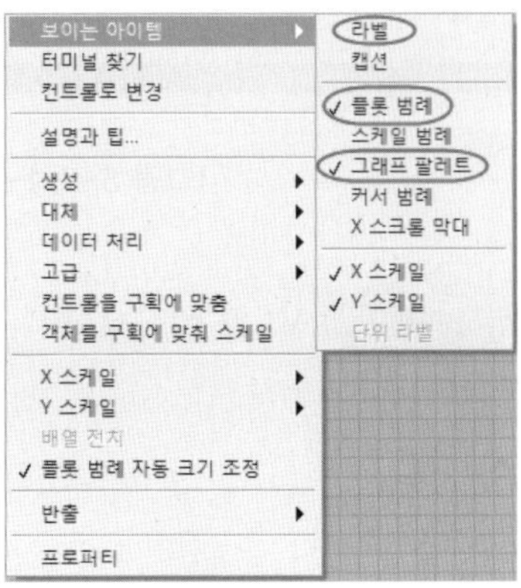

[그림 5-2-1-3]

- 일부 프레임을 **도구 팔레트**에서 **색 변경**하여 투명하게 설정합니다. 도구 팔레트 사용법은 **LabVIEW의 정석(기본편) 1.6장**을 참조하세요.

4. 에러 입력 3D, 에러 출력 3D을 프런트패널에 놓고 사용자에게 보이지 않도록 화면 크기를 조정합니다.

5. 디자인을 완성합니다.

- 바탕화면을 검정색으로 설정합니다.
- Exit 버튼 옆에 'DAQ' 타이틀도 추가합니다.
- 아이콘은 원하는 대로 디자인합니다.
- 에러 입출력을 커넥터 연결하여 subVI로 만듭니다. subVI를 생성법은 **LabVIEW의 정석(기본편) 5장**을 참조하세요.
- 본 예제를 완성하여도 실행 버튼은 깨져 있을 것입니다.

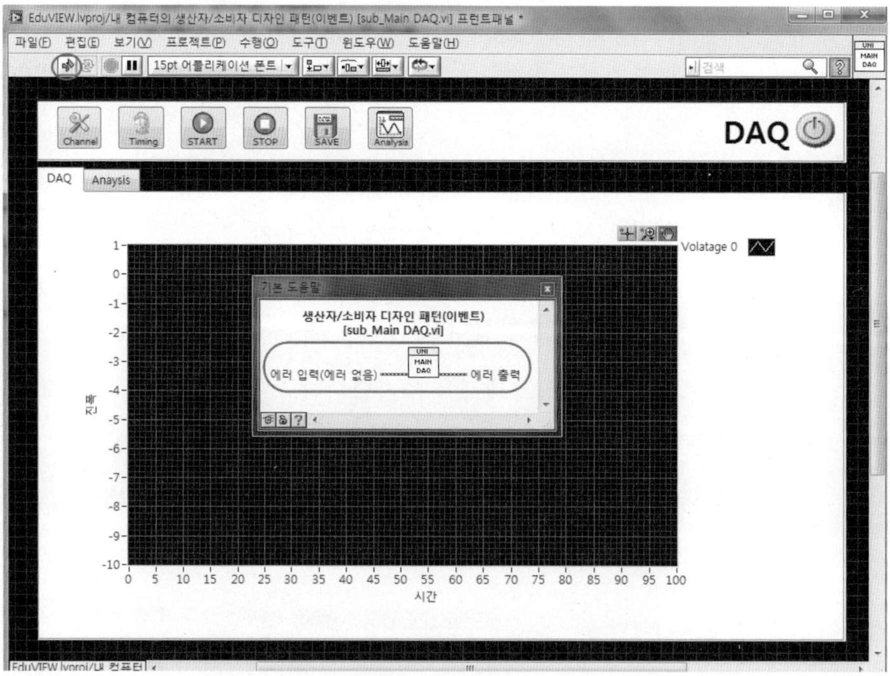

[그림 5-2-1-4]

6. 파일풀다운메뉴 > 파일 > VI 프로퍼티에서 [그림 5-2-1-5]와 같이 윈도우 제목을 'DAQ'로 변경합니다.

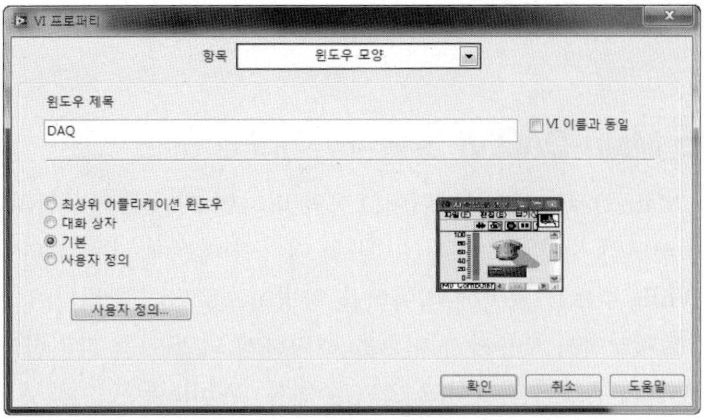

[그림 5-2-1-5]

7. [그림 5-2-1-5]에서 '사용자 정의...' 버튼을 클릭하여 [그림 5-2-1-6]과 같이 설정합니다. 실행 중 프런트패널 창 크기 조절 및 스크롤링할 수 없도록 차단하고, 도구 모음이나 메뉴 모음이 안보이도록 하기 위한 설정입니다.

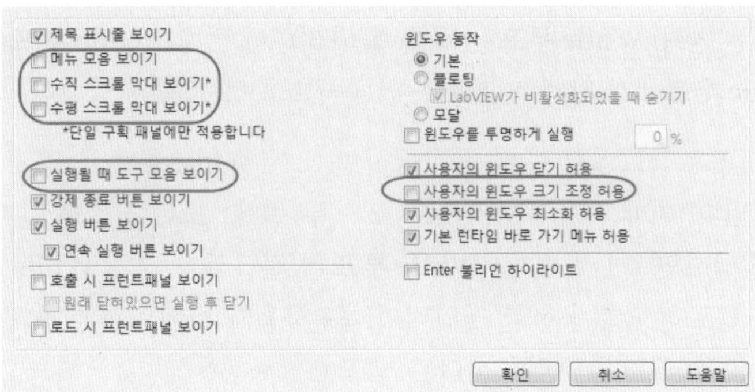

[그림 5-2-1-6]

8. 실행될 때 모니터의 중심에서 실행할 수 있도록 [그림 5-2-1-7]과 같이 설정합니다.

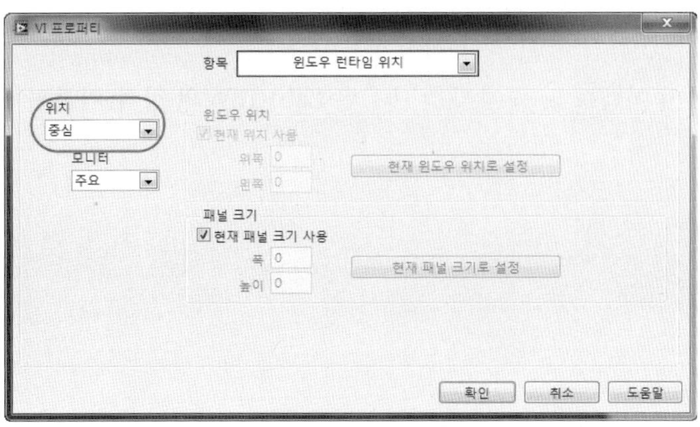

[그림 5-2-1-7]

9. sub_Main DAQ.vi를 저장합니다.

5.3 sub_Main DAQ.vi 블록다이어그램 구현

sub_Main DAQ.vi 블록다이어그램의 디자인 패턴을 완성합니다. 2.6장에서 선정한 디자인 패턴인 생산자/소비자(이벤트) 디자인 패턴에 사용자(다이나믹) 이벤트를 추가하여 **While 루프**들 사이에 데이터를 양방향으로 전송합니다. 1st(첫 번째) **While 루프**는 프런트패널에서 사용자가 버튼을 클릭하게 되면 이를 감지하여 큐를 이용해 2nd(두 번째) **While 루프**에 전달하고, 2nd(두 번째) **While 루프**는 해당 기능을 수행하면서 필요한 프런트패널 업데이트가 있으면 큐를 통해 3rd(세 번째) **While 루프**로 전달하고, 세 번째 루프는 프런트패널 업데이트를 하게 될 것입니다.

예를 들어 사용자가 [그림 5-2-1-2]에서 DAQ Start 버튼을 클릭하게 되면 이를 1st(첫 번째) **While 루프**가 DAQ Start 버튼의 값이 변경됨을 감지하고 이를 큐를 통해 2nd(두 번째) **While 루프**에게 전달합니다. 2nd(두 번째) **While 루프**에서 실제로 데이터 측정을 시작하는 기능을 수행하게 됩니다. 측정한 데이터를 그래프에 디스플레이하고자 할 때 2nd(두 번째) **While 루프**는 큐를 통해 3rd(세 번째) **While 루프**에 전달하고 3rd(세 번째) **While 루프**에서 실제로 그래프 업데이트를 하게 될 것입니다.

만약, 프로젝트에서 에러가 발생하면 모든 **While 루프**를 정지시켜 프로젝트를 종료할 것입니다. 이때 사용자 이벤트는 2nd(두 번째) 또는 3rd(세 번째) **While 루프**에서 에러가 발생하면 1st(첫 번째) **While 루프**에 전달하여 전체 **While 루프**가 정지하여 프로젝트가 종료하도록 구현할 것입니다. 즉, 사용자 이벤트를 이용하여 쌍방향으로 데이터를 전달할 수 있도록 구현합니다.

예를 들어 2nd(두 번째) **While 루프**에서 에러가 발생하면 1st(첫 번째) **While 루프**와 3rd(세 번째) **While 루프**에 에러가 발생했다는 사실을 전달하여 While 루프를 정지시켜야 합니다. 2nd(두 번째) **While 루프**는 1st(첫 번째) **While 루프**에게는 사용자 이벤트를 통해 전달하고, 3rd(세 번째) **While 루프**에는 큐를 통해 에러 발생을 전달하면 3개의 **While 루프**가 모두 정지할 수 있습니다.

사용자 이벤트 및 큐에 대한 내용은 **LabVIEW의 정석(기본편) 8.8장**을 참조하세요.

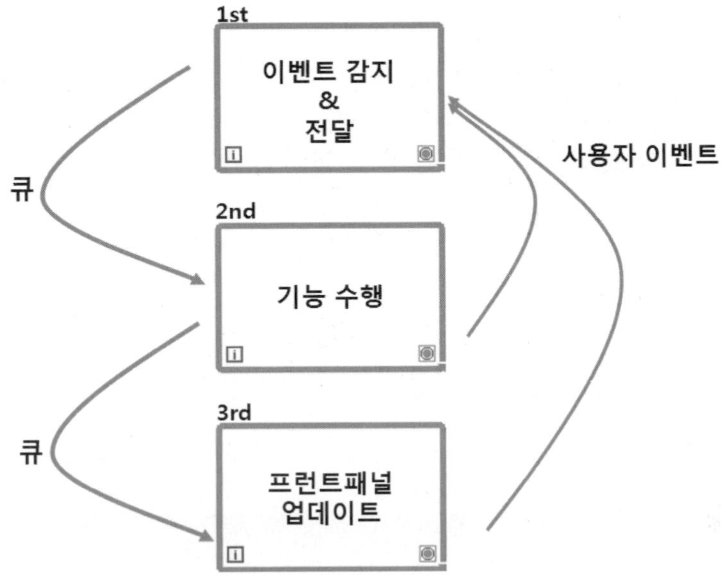

[그림 5-3-1] sub_Main DAQ.vi의 디자인 패턴

[실습 5-3-1] sub_Main DAQ.vi의 디자인 패턴을 구현합니다.

1. 프로젝트에 타입 정의한 컨트롤 DAQ Command.ctl을 추가합니다. 타입 정의한 컨트롤 열거형과 타입 정의에 대한 자세한 정보는 **LabVIEW의 정석(기본편) 3.8장**과 **3.10장**을 참조하세요.

- 프로젝트 탐색기에서 내 컴퓨터 > Controls의 **바로가기메뉴 > 새로 만들기 > 컨트롤**을 선택합니다.
- 시스템 열거형을 프런트패널에 놓고 라벨을 'Command' 라고 합니다. Command의 **바로가기메뉴 > 아이템 편집...**을 선택하고 아래와 같이 8개의 아이템을 추가합니다. 각 아이템의 기능은 다음 표를 참조합니다.

Initialize	초기화
Channel Config	[그림 5-2-1-2]의 Channel Config 버튼의 값 변경 이벤트를 2^{nd}(두 번째) While 루프로 전달하며 해당 설정 대화 상자를 열어줌.
Timing Config	[그림 5-2-1-2]의 Timing Config 버튼의 값 변경 이벤트를 2^{nd}(두 번째) While 루프로 전달 하며 해당 설정 대화 상자를 열어줌.
DAQ Start	[그림 5-2-1-2]의 DAQ Start 버튼의 값 변경 이벤트를 2^{nd}(두 번째) While 루프로 전달하여 데이터 수집 시작

DAQ Read	데이터 수집 및 저장 기능
DAQ Stop	[그림 5-2-1-2]의 DAQ Stop 버튼의 값 변경 이벤트를 2nd(두 번째) While 루프로 전달하여 데이터 수집 정지
Analysis	[그림 5-2-1-2]의 Analysis 버튼의 값 변경 이벤트를 2nd(두 번째) While 루프로 전달하여 분석 기능 수행
Exit	[그림 5-2-1-2]의 Exit 버튼의 값 변경 이벤트를 2nd(두 번째) While 루프로 전달하여 프로그램 정지

- '타입 정의' 를 설정합니다.
- 다운받은 Project₩Controls 폴더에 DAQ Command.ctl로 저장하고 닫습니다.

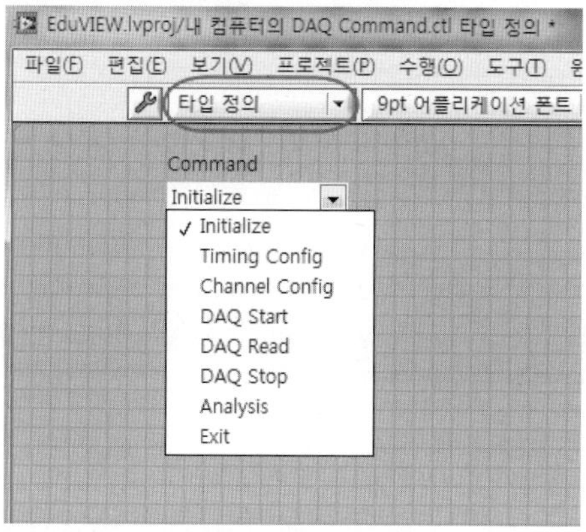

[그림 5-3-1-1]

2. 프로젝트에 1st(첫 번째) **While 루프**에서 2nd(두 번째) **While 루프**로 이벤트 전달할 때 사용할 타입 정의한 컨트롤 DAQ Q Data.ctl을 추가합니다. 클러스터와 배리언트에 대한 자세한 정보는 **LabVIEW의 정석(기본편) 3.5장**과 **3.9장**을 참조하세요.

- 프로젝트 탐색기에서 내 컴퓨터 > Controls의 **바로가기메뉴** > **새로 만들기** > **컨트롤**을 선택합니다.
- 프런트패널에 **클러스터**를 놓고 라벨을 'DAQ Q Data' 라고 합니다.
- 클러스터 안에 1번에서 만든 DAQ Command.ctl과 배리언트를 차례로 넣어줍니다.
- 배리언트의 라벨은 'Data' 로 합니다. 배리언트를 통해 다양한 데이터 타입의 데이터들을 큐를 통해 전달할 수 있도록 합니다. 현재 프로젝트는 배리언트를 사용하지는 않습니다. 하지만 추후 프로젝트 유지 보수할 때 어떤 기능이 추가될지 알 수 없습니다. 그 때를 대비해 다양한 데이터를 전달할 수 있는 배리언트를 추가한 것입니다. 즉, 프로그램의 확장성을 고려한 것입니다.

- '타입 정의' 를 설정합니다.
- 다운받은 Project₩Controls 폴더에 DAQ Q Data.ctl로 저장하고 닫습니다.

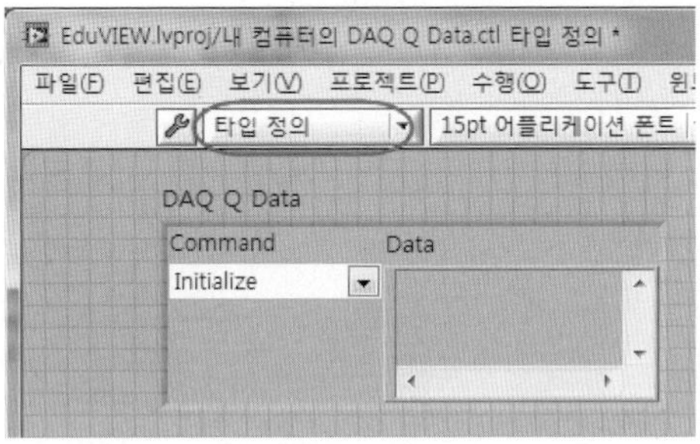

[그림 5-3-1-2]

3. 프로젝트 탐색기에 아래와 같이 보이는지 확인하세요.

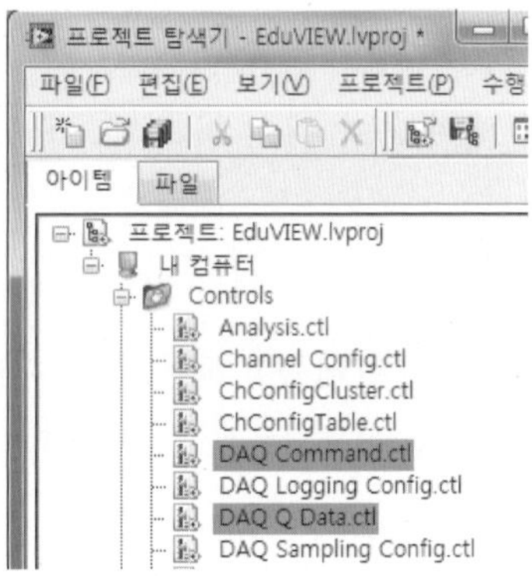

[그림 5-3-1-3]

4. 큐를 통해 전달할 데이터 타입을 선언하고 큐에 초기화를 위한 데이터를 추가합니다.

- 프로젝트 탐색기에서 내 컴퓨터 > SubVIs > DAQ > sub_Main DAQ.vi의 블록다이어그램을 엽니다.
- **큐 얻기.vi**의 원소 데이터 타입 파라미터에 2번에서 만든 DAQ Q Data.ctl을 연결합니다. 참고로 DAQ Q Data.ctl을 사용하는 방법은 프로젝트 탐색기에 등록된 DAQ Q Data.ctl을 선택하여 블록다이어그램으로 드래그하면 상수로 불러올 수 있습니다.
- **원소를 큐에 추가.vi**를 추가하여 [그림 5-3-1-4]와 같이 구현합니다.

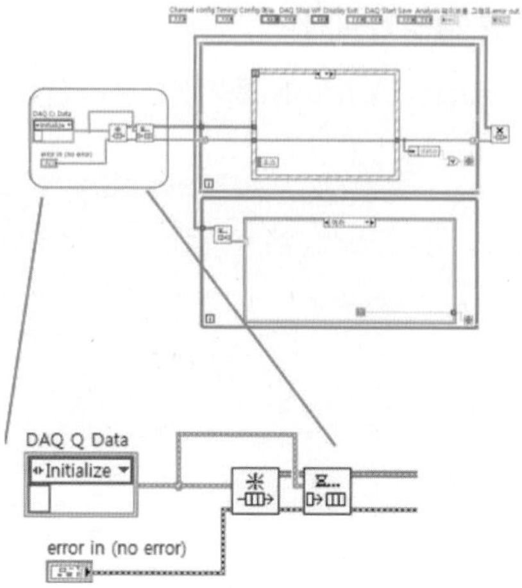

[그림 5-3-1-4]

5. 2nd(두 번째) **While 루프**에 케이스를 수정합니다.

- **케이스 구조**의 선택자 터미널에 연결된 에러 클러스터 라인을 지웁니다.
- **원소를 큐에서 제거.vi**의 원소 파라미터에서 나오는 클러스터를 **이름으로 풀기.vi**에 연결합니다.
- Command 출력을 케이스 선택자 터미널에 연결합니다.
- 케이스 구조의 **바로가기메뉴** > **모든 값에 대한 케이스 추가**를 선택합니다.
- 1번에서 정의한 8개의 아이템에 대한 케이스가 모두 추가되었는지 확인합니다.
- Exit 케이스에만 **참 상수**를 **While 루프**의 조건 터미널에 연결하고 나머지 케이스들은 **거짓 상수**를 연결합니다.
- [그림 5-3-1-5]와 같이 연결을 완성합니다.

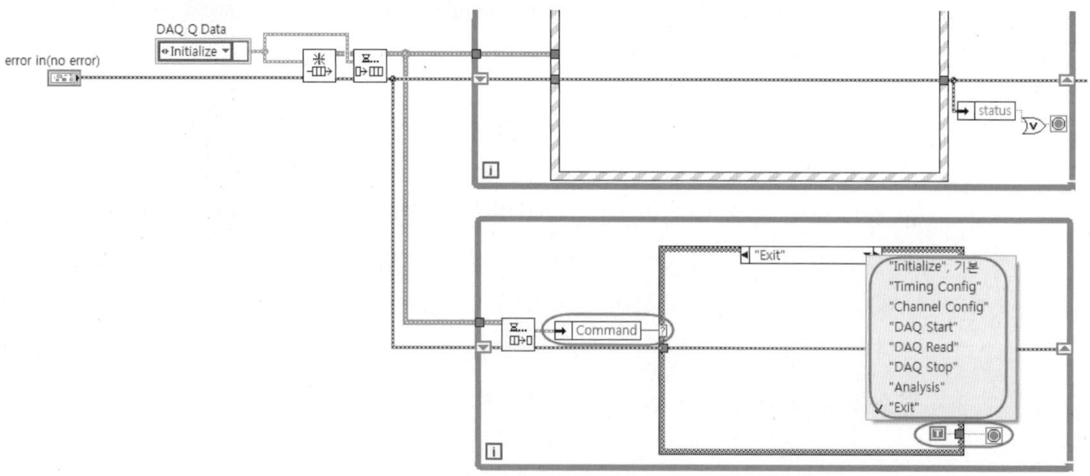

[그림 5-3-1-5]

6. 사용자(다이나믹) 이벤트를 추가 합니다.

- **사용자 이벤트 생성.vi**와 **이벤트 등록.vi**를 추가합니다.
- 에러 클러스터 상수를 생성하고 라벨을 'error' 로 합니다.
- 이벤트 구조의 **바로가기메뉴** > **다이나믹 이벤트 터미널 보이기**를 선택합니다.
- [그림 5-3-1-6]과 같이 연결을 완성합니다.

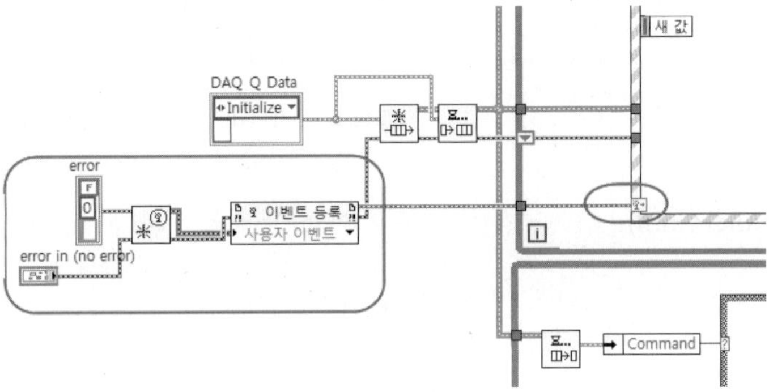

[그림 5-3-1-6]

7. 1st(첫 번째) **While 루프** 안에 있는 **이벤트 구조**의 케이스를 정의합니다.

- 기존 **이벤트 구조** 안에 있는 코드들은 모두 제거합니다.
- 이벤트 구조의 **바로가기메뉴** > **이 케이스에 의해 핸들되는 이벤트 편집...**을 선택합니다.
- [그림 5-3-1-7]과 같이 이벤트 소스와 이벤트를 선택하고 확인 버튼을 클릭합니다.

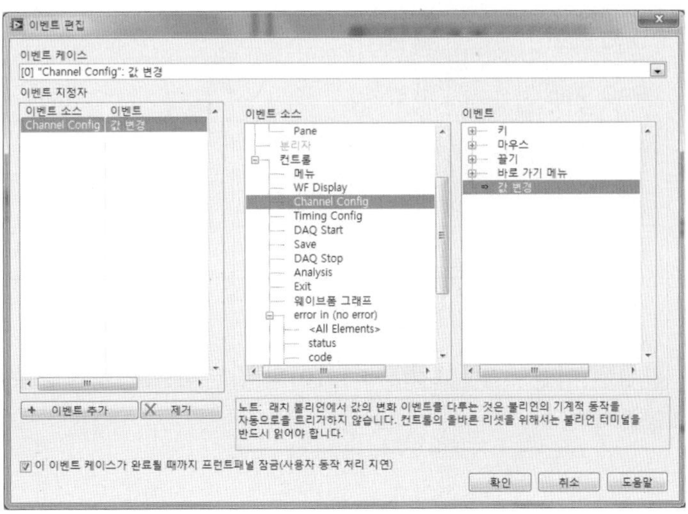

[그림 5-3-1-7]

- [그림 5-3-1-8]과 같이 이벤트가 생성되었는지 확인합니다.

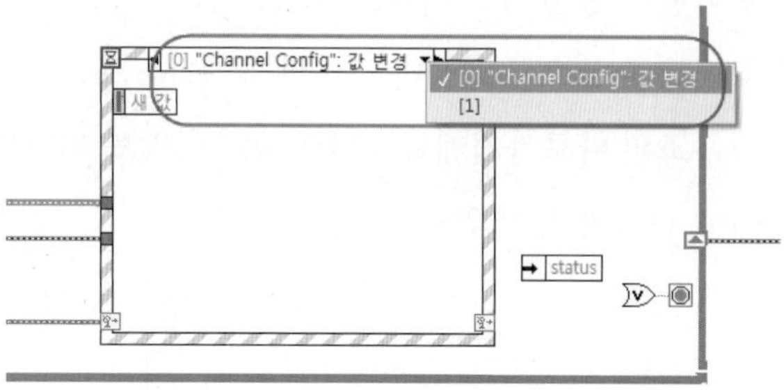

[그림 5-3-1-8]

- Channel Config 터미널을 이벤트 케이스 안에 놓습니다.

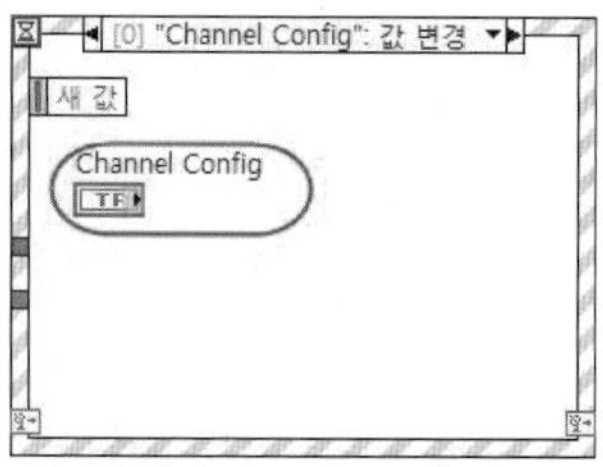

[그림 5-3-1-9]

- 다음 표와 같이 이벤트를 추가 또는 편집하고 해당 터미널들을 각 이벤트 케이스안으로 이동시킵니다.

Timing Config	값 변경
DAQ Start	값 변경
DAQ Stop	값 변경
Analysis	값 변경
error	사용자 이벤트
Exit	값 변경

- 완성된 이벤트가 [그림 5-3-1-10]과 같은지 확인합니다. 순서는 변경되어도 상관없습니다.

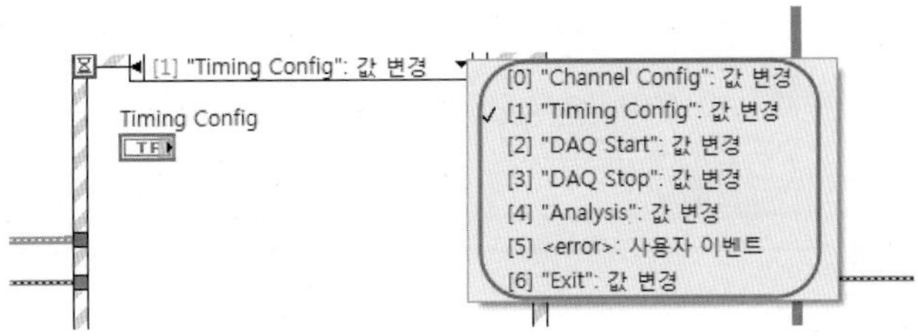

[그림 5-3-1-10]

8. Channel Config 이벤트 케이스를 구현합니다.

- **원소를 큐에 추가.vi**를 추가합니다.
- **이름으로 묶기.vi**를 추가합니다.
- 프로젝트 탐색기에서 내컴퓨터 > Controls > DAQ Q Data.ctl을 드래그하여 가져옵니다.
- **이름으로 묶기.vi**의 입력 클러스터 파라미터에 DAQ Q Data.ctl를 연결합니다.
- Command의 **바로가기메뉴** > **생성** > **상수**를 선택하여 아이템을 'Channel Config'로 설정합니다.
- **While 루프**의 조건 터미널에 **거짓 상수**를 연결합니다.
- [그림 5-3-1-11]과 같이 연결을 완성합니다.

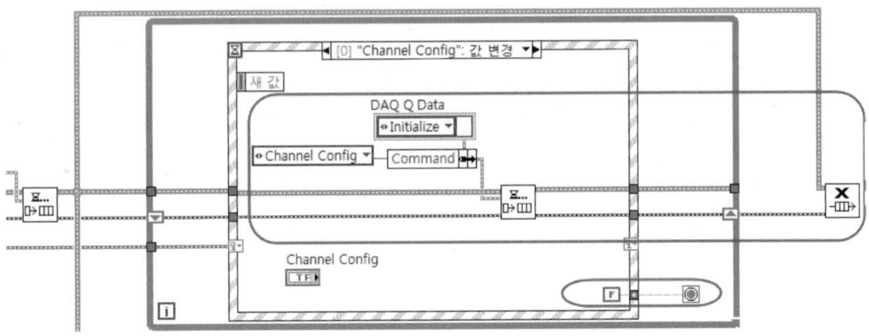

[그림 5-3-1-11]

9. 다음 이벤트 케이스들도 8번과 같은 순서로 [그림 5-3-1-12]를 참조하여 완성합니다.

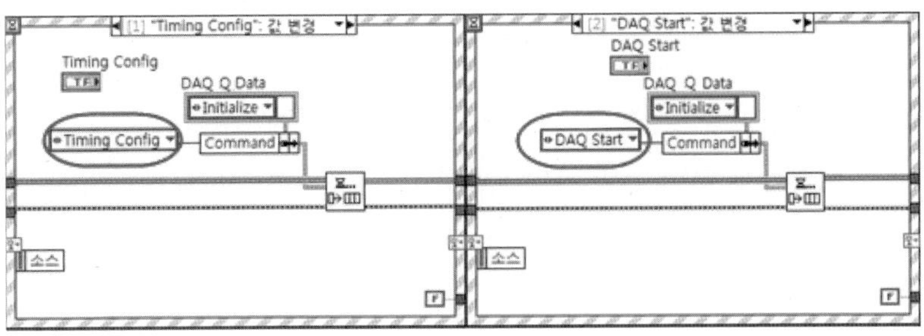

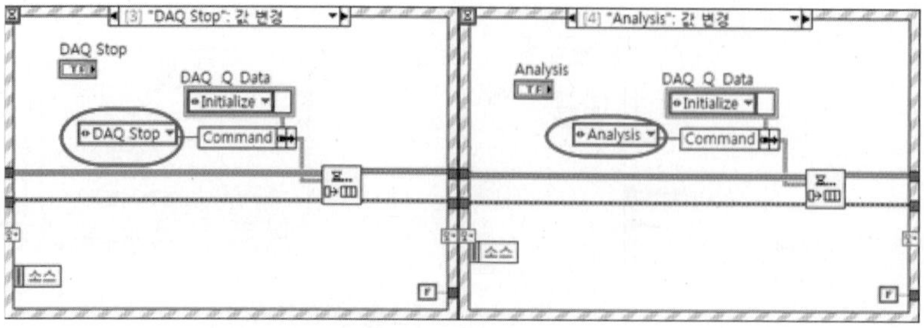

[그림 5-3-1-12]

10. <error> 사용자 이벤트 케이스를 구현합니다. 즉, 2nd(두 번째) 혹은 3rd(세 번째) **While 루프**에서 발생한 에러를 1st(첫 번째) **While 루프**에 전달하여 모든 **While 루프**를 정지시키기 위한 목적입니다.

- **이벤트 데이터 노드**를 'status' 로 설정합니다.
- 'status' 를 **While 루프**의 조건 터미널에 연결합니다.

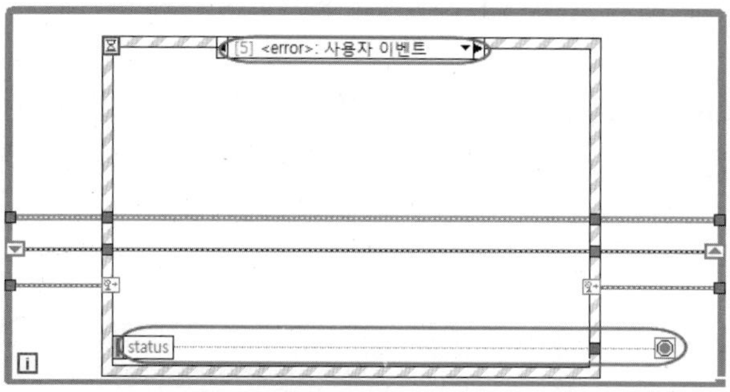

[그림 5-3-1-13]

11. Exit 이벤트 케이스를 구현합니다.

- 프로그램을 종료하기 위해 Exit 버튼을 클릭하면 큐에 처리되지 않고 남아 있는 큐를 처리할 필요 없이 바로 프로그램을 종료하기 위한 목적으로 **큐 비우기.vi**를 추가합니다.
- **원소를 큐에 추가.vi**를 추가합니다.
- **이름으로 묶기.vi**를 추가합니다.
- 프로젝트 탐색기에서 내컴퓨터 > Controls > DAQ Q Data.ctl을 드래그하여 가져옵니다.
- **이름으로 묶기.vi**의 입력 클러스터 파라미터에 DAQ Q Data.ctl를 연결합니다.
- Command의 **바로가기메뉴** > **생성** > **상수**를 선택하여 아이템을 'Exit' 로 설정합니다.

- **While 루프**의 조건 터미널에 **참 상수**를 연결합니다.
- [그림 5-3-1-14]와 같이 나머지 와이어를 연결하여 완성합니다.

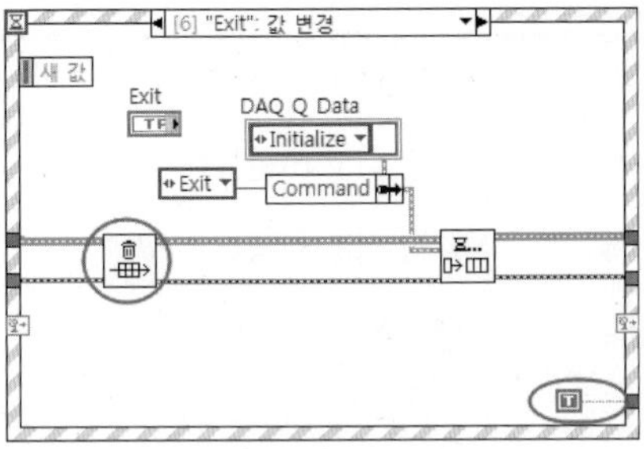

[그림 5-3-1-14]

12. 지금까지 만든 디자인 패턴이 문제 없는지 확인합니다.

- 2nd(두 번째) **While 루프**에 있는 각 케이스에 **문자열로 포맷.vi**과 **단일 버튼 대화 상자.vi**를 추가하여 [그림 5-3-1-15]와 같이 연결합니다.

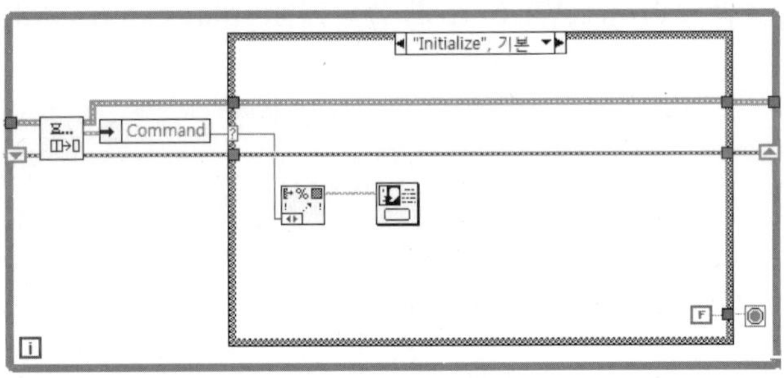

[그림 5-3-1-15]

- 프로그램을 실행시켜 봅니다. Initilize라는 단일 버튼 대화 상자가 뜨는지 확인합니다.
- <테스트> : Save 버튼을 제외하고 모든 버튼을 눌렀을 때 각각 단일 버튼 대화 상자가 뜨는지 확인하고, Exit 버튼을 누르면 단일 버튼 대화 상자가 뜨고 프로그램이 정지하는지 확인합니다.

13. 프로젝트에 프런트패널 업데이트할 때 사용할 타입 정의한 컨트롤 Display Q Data.ctl을 추가합니다.

- 프로젝트 탐색기에서 내 컴퓨터 > Controls의 **바로가기메뉴** > **새로 만들기** > **컨트롤**을 선택합니다.

- 시스템 열거형을 프런트패널에 놓고 라벨을 'Display Command' 라고 합니다. Display Command의 **바로가기메뉴 > 아이템 편집...**을 선택하고 [그림 5-3-1-16]과 같이 8개의 아이템을 추가합니다. 각 아이템의 기능은 다음 표를 참조합니다.

Initialize	초기화
Save Disable	저장 버튼 비활성화
Start Enable	시작 버튼 활성화
Tab Change	탭 이동
Graph	그래프 업데이트
Run Mode	데이터 수집할 때 UI 모드
Config Mode	설정할 때 UI 모드
Exit	프로그램 종료

- '타입 정의' 를 설정합니다.
- 다운받은 Project₩Controls 폴더에 Display Command.ctl로 저장하고 닫습니다.

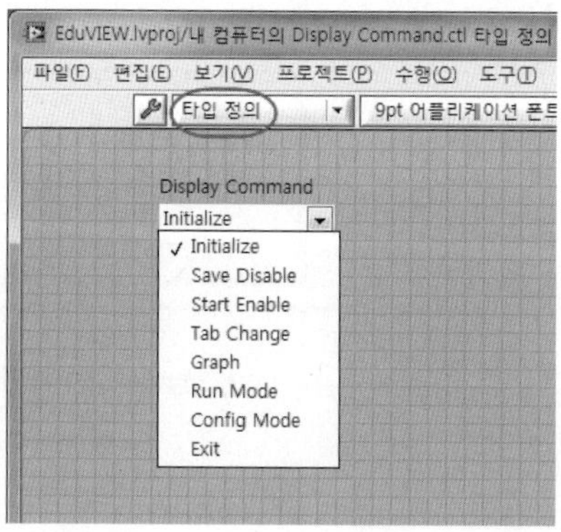

[그림 5-3-1-16]

- 프로젝트 탐색기에서 내 컴퓨터 > Controls의 **바로가기메뉴 > 새로 만들기 > 컨트롤**을 선택합니다.
- 프런트패널에 **클러스터**를 놓고 라벨을 'Display Q Data' 라고 합니다.
- 클러스터 안에 바로 전에 만든 Display Command.ctl과 배리언트를 차례로 넣어줍니다.
- 배리언트의 라벨은 'Data' 로 합니다. 배리언트를 통해 다양한 데이터 타입의 데이터들을 큐를 통해 전달할 수 있도록 합니다.

- '타입 정의'를 설정합니다.
- 다운받은 Project₩Controls 폴더에 Display Q Data.ctl로 저장하고 닫습니다.

[그림 5-3-1-17]

- 프로젝트 탐색기에 [그림 5-3-1-18]과 같이 보이는지 확인하세요.

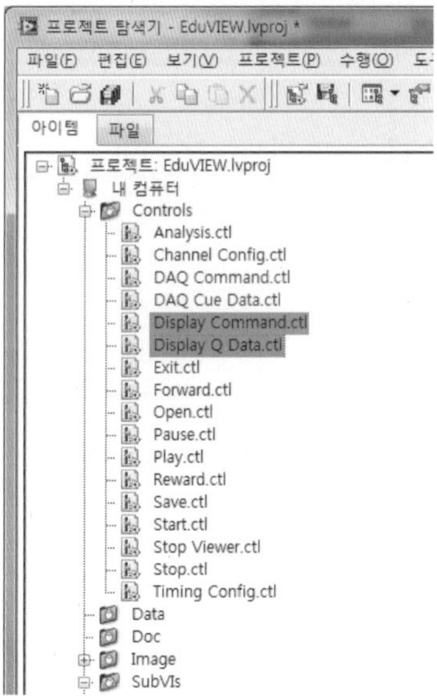

[그림 5-3-1-18]

14. [그림 5-3-1-19]를 참조하여 프런트패널 업데이트를 담당할 3rd(세 번째) **While 루프**를 추가하고 2nd(두 번째) **While 루프**에서 3rd(세 번째) **While 루프**로 데이터를 전달할 큐를 추가합니다.

- **큐 얻기.vi**를 추가하고 원소 데이터 타입 파라미터에 13번에서 만든 Display Q Data.ctl을 연결합니다.
- **원소를 큐에 추가.vi**를 추가합니다.
- 3rd(세 번째) **While 루프**를 추가합니다.

- **원소를 큐에서 제거.vi**를 추가합니다.
- **이름으로 풀기.vi**를 추가하고 **원소를 큐에서 제거.vi**의 원소 파라미터에서 나오는 클러스터를 **이름으로 풀기.vi**에 연결합니다.

15. 3rd(세 번째) **While 루프**에 **케이스 구조**를 추가하여 완성합니다.

- **케이스 구조**를 추가합니다.
- Display Command 출력을 케이스 선택자 터미널에 연결합니다.
- **케이스 구조**의 **바로가기메뉴 > 모든 값에 대한 케이스 추가**를 선택합니다.
- 13번에서 정의한 8개의 아이템에 대한 케이스가 모두 추가되었는지 확인합니다.
- Exit 케이스에만 **참 상수**를 **While 루프**의 조건 터미널에 연결하고 나머지 케이스들은 **거짓 상수**를 연결합니다.
- [그림 5-3-1-19]와 같이 연결을 완성합니다.

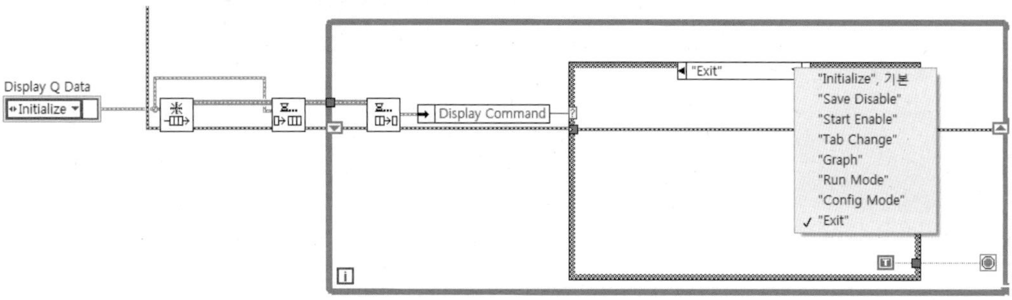

[그림 5-3-1-19]

16. 에러 핸들러를 추가합니다.

- **이벤트 등록 해제.vi**를 추가합니다.
- **사용자 이벤트 삭제.vi**를 추가합니다.
- **큐 해제.vi**를 추가합니다.
- **에러 병합.vi**를 추가합니다.
- **단순 에러 핸들러.vi**를 추가합니다.
- [그림 5-3-1-20]과 같이 연결을 완성합니다.
- <테스트 > : 프로그램을 실행시키고 Exit 버튼을 클릭해도 3rd(세 번째) **While 루프**를 정지시킬 수 없어 프로그램이 종료되지 않습니다. LabVIEW의 도구모음에 있는 강제 종료 버튼을 클릭하여 종료합니다.

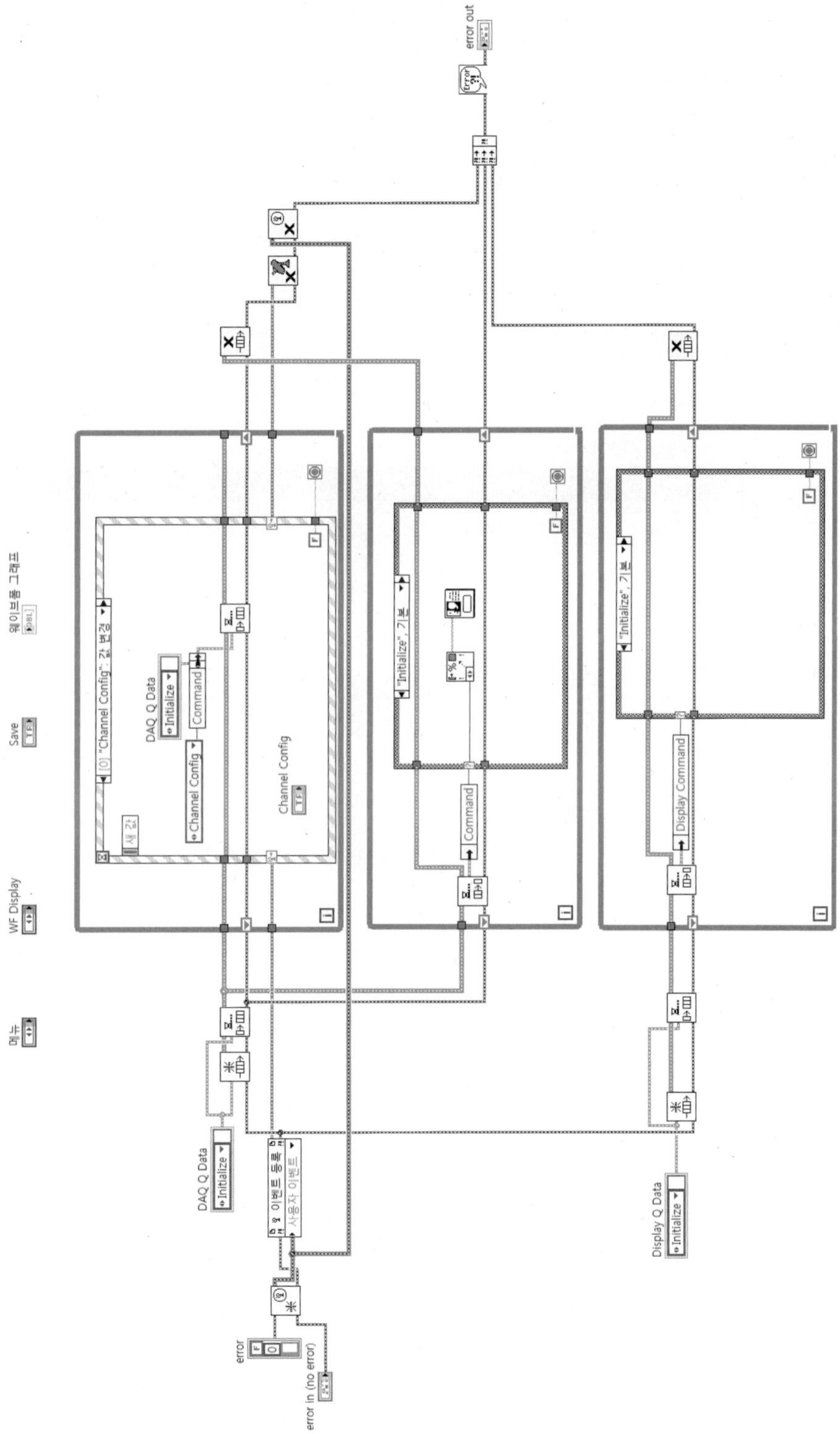
error out
WF Display
Save
DAQ Q Data
Initialize
Command
Channel Config
"Initialize", 기본
Display Command
Display Q Data
error
error in (no error)

[그림 5-3-1-20]

17. 완성된 블록다이어그램에 주석을 추가합니다.

18. sub_Main DAQ.vi를 저장하고 닫습니다.

5.4 Channel Config 기능 구현

[그림 5-4-1, 5-4-2]와 같이 NI DAQ 하드웨어에서 사용할 아날로그 입력 물리적 채널 선택 및 선택한 채널의 속성을 설정하는 기능을 구현합니다. 이 기능은 [그림 5-2-1-2]에서 Channel Config 버튼을 클릭하면 수행될 기능입니다.

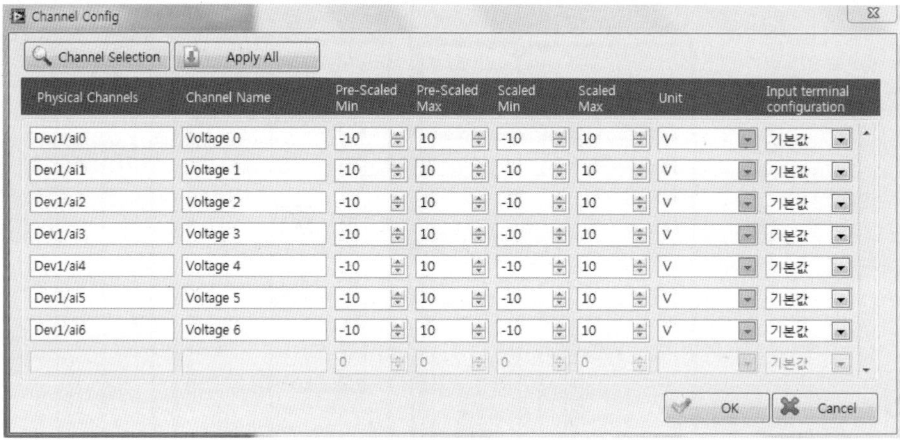

[그림 5-4-1] 채널 설정 화면

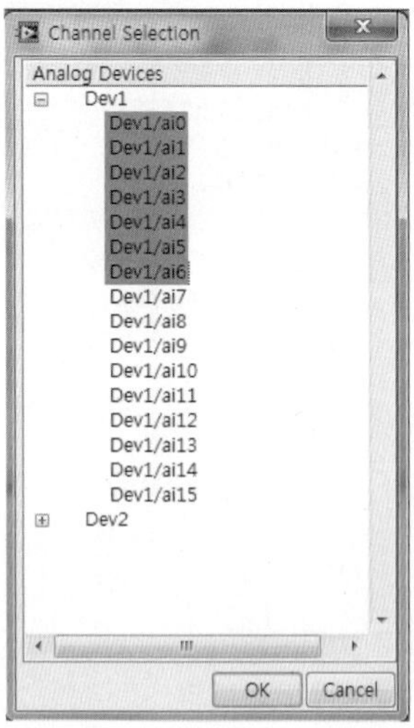

[그림 5-4-2] 채널 선택 화면

[실습 5-4-1] sub_DAQ Channel Config.vi의 디자인 패턴을 완성합니다.

1. MAX에 가상으로 DAQ 디바이스를 추가합니다. [그림 5-4-1-1]에서는 PCI-6220과 USB-9221을 추가하였습니다. 참고로 아래와 동일한 모델을 추가할 필요는 없습니다. 이는 PC에 NI DAQ 하드웨어가 없는 경우 따라 하시고, 실제 하드웨어가 설치된 경우에는 건너뛰셔도 좋습니다. 참고로 MAX에 대한 개념은 **LabVIEW의 정석(기본편) 9.4장** 또는 **Appendix A4**의 **NI-DAQmx 시뮬레이션 디바이스** 부분을 참조하세요.

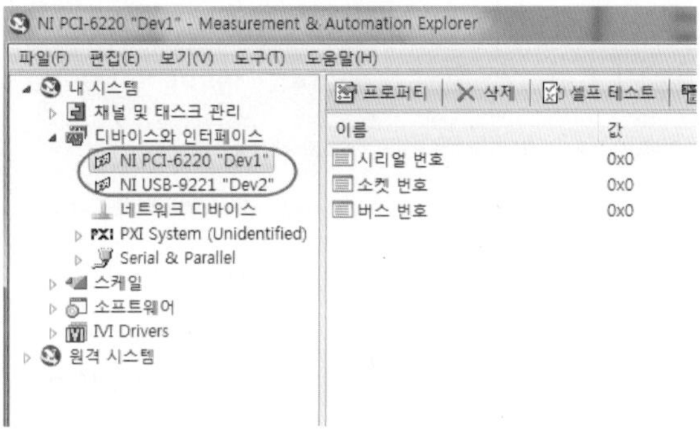

[그림 5-4-1-1]

2. 다운받은 Project₩SubVIs₩DAQ 폴더에 있는 sub_DAQ Channel Config.vi 는 프런트패널 디자인만 완성되어 있는 상태입니다.

3. sub_DAQ Channel Config.vi 는 프런트패널의 컨트롤들의 값이 변경되었을 때만 동작하도록 합니다. 따라서 가장 적합한 사용자 인터페이스 이벤트 핸들러 디자인 패턴을 구현합니다.

- sub_DAQ Channel Config.vi의 블록다이어그램을 엽니다. 만약 이 vi를 열 때 ChConfig Table.ctl, ChConfigCluster.ctl를 찾는 창이 나타나면 다운받은 Project₩Controls 폴더에 있는 ChConfigTable.ctl, ChConfigCluster.ctl를 지정해 주고 이 vi를 저장합니다.
- 블록다이어그램에 **While 루프** 안에 **이벤트 구조**를 놓습니다.
- **이벤트 구조**의 **바로가기메뉴 > 이 케이스에 의해 핸들되는 이벤트 편집...**을 선택합니다.
- **Cancel: 값 변경**을 먼저 설정하고 **이벤트 추가** 버튼을 이용하여 <**이 VI**>**: 패널 닫기**를 추가하여 아래와 같이 설정을 완료하고 '확인' 버튼을 클릭합니다. 추가한 이벤트는 프런트패널에서 [그림 5-4-1]에서 우측 상단에 있는 창닫기(X) 버튼을 눌렀을 때도 프로그램을 종료하기 위한 것입니다.

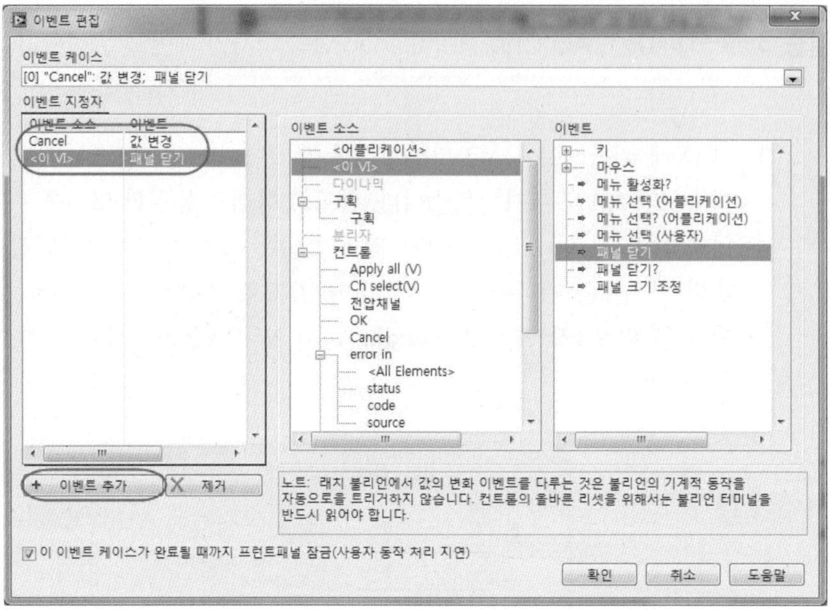

[그림 5-4-1-2]

- Cancel 터미널을 이벤트 케이스 안에 놓고, **참 상수**를 [그림 5-4-1-3]과 같이 **While 루프**의 조건 터미널에 연결합니다.

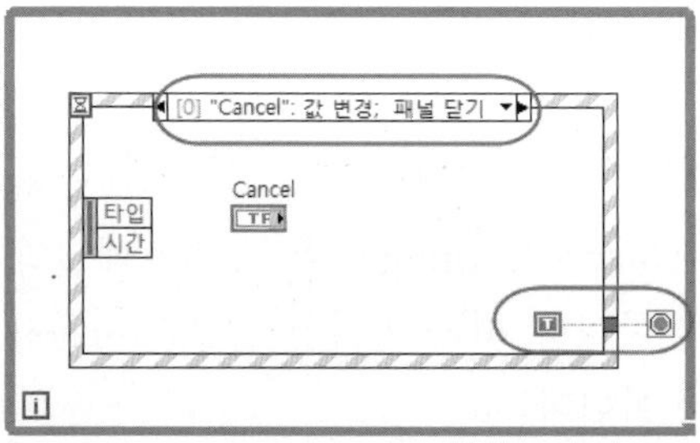

[그림 5-4-1-3]

- 다음 표와 같이 이벤트를 추가하고 해당 터미널들을 각 이벤트 케이스 안으로 이동시킵니다.

Ch select(V)	값 변경
Apply All(V)	값 변경
OK	값 변경

- 완성된 이벤트가 [그림 5-4-1-4]와 같은지 확인합니다. 순서는 변경되어도 상관없습니다. OK 터미널은 아래와 같이 연결하고 나머지 케이스들은 **거짓 상수**를 **While 루프**의 조건 터미널에 연결합니다.

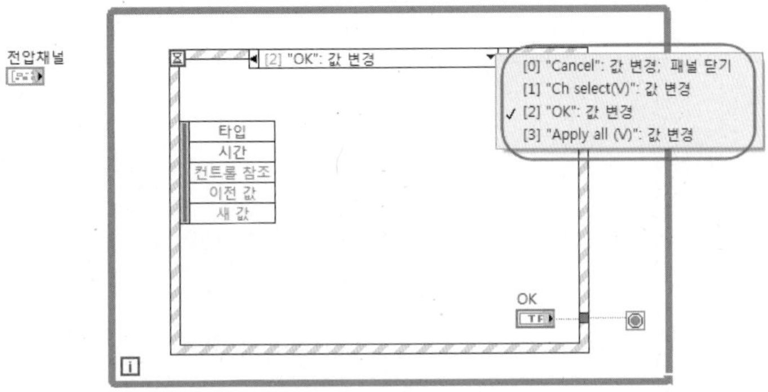

[그림 5-4-1-4]

4. <테스트> : 프로그램을 실행시켜서 'OK', 'Cancel' 버튼 또는 '창 닫기' 버튼을 눌렀을 때 프로그램이 정지되는지 확인합니다.
5. sub_DAQ Channel Config.vi를 저장하고 닫습니다.

[그림 5-4-1]에서 'Channel Selction' 버튼을 클릭하면 [그림 5-4-2]와 같은 채널 선택할 수 있는 화면이 나타납니다. 다음 실습에서 이에 필요한 subVI를 만듭니다.

[실습 5-4-2] sub_DAQ Channel Selection.vi의 프런트패널 디자인과 블록다이어그램의 디자인 패턴을 완성합니다.

1. 프로젝트 탐색기에서 내 컴퓨터>SubVIs>DAQ의 **바로가기메뉴 > 새로 만들기 > VI**를 선택합니다. 이 vi를 다운받은 Project₩SubVIs₩DAQ 폴더에 sub_DAQ Channel Selection.vi 이름으로 저장합니다.
2. sub_DAQ Channel Selection.vi의 프런트패널 디자인을 완성합니다.

- 시스템 트리와 시스템 버튼 2개를 추가하고 [그림 5-4-2-1]과 같이 라벨을 수정합니다.
- 트리의 **바로가기메뉴 > 선택 모드 > 1 또는 그 이상의 아이템**을 선택하여 여러 아이템을 선택할 수 있도록 설정합니다.
- 트리에서 한 열만 보이도록 마우스로 조절합니다.

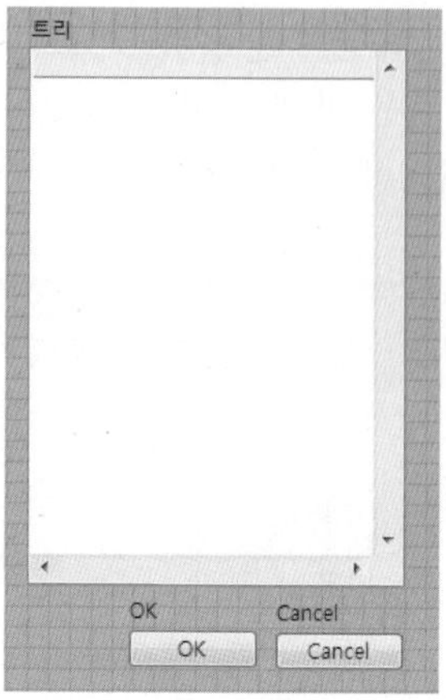

[그림 5-4-2-1]

- 모든 컨트롤들의 라벨을 보이지 않도록 설정합니다.
- **파일풀다운메뉴** > **파일** > **VI 프로퍼티**의 항목에서 **윈도우 모양**을 선택하고 [그림 5-4-2-2]와 같이 설정합니다.

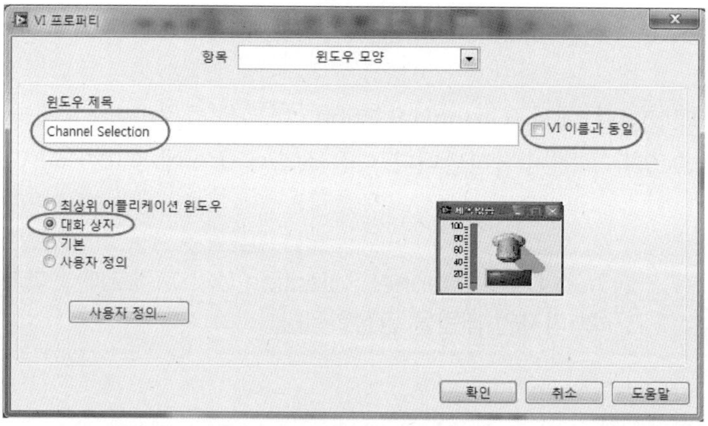

[그림 5-4-2-2]

- 원하는 스타일로 아이콘을 디자인합니다.
- VI 사이즈를 아래와 같이 조절하고 저장합니다.

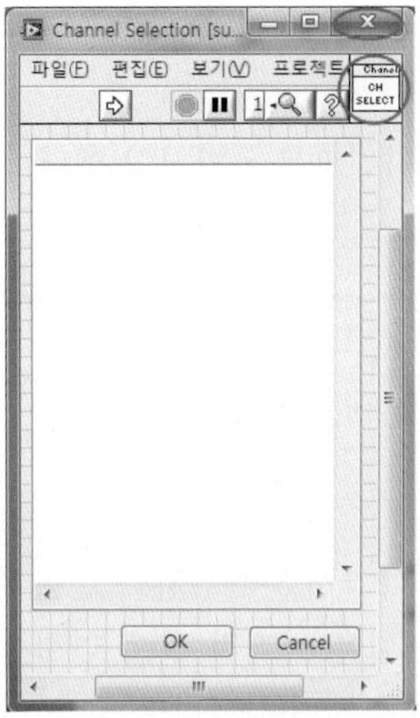

[그림 5-4-2-3]

3. 프런트패널의 컨트롤들의 값이 변경되었을 때만 동작하도록 합니다. 따라서 가장 적합한 사용자 인터페이스 이벤트 핸들러 디자인 패턴을 구현합니다.

- 블록다이어그램에 **While 루프** 안에 **이벤트 구조**를 놓습니다.
- 이벤트 구조의 **바로가기메뉴** > **이 케이스에 의해 핸들되는 이벤트 편집...**을 선택합니다.
- **Cancel: 값 변경**을 먼저 설정하고 **이벤트 추가** 버튼을 이용하여 <**이 VI**>**: 패널 닫기**를 추가하여 [그림 5-4-2-4]와 같이 설정을 완료하고 '확인' 버튼을 클릭합니다.

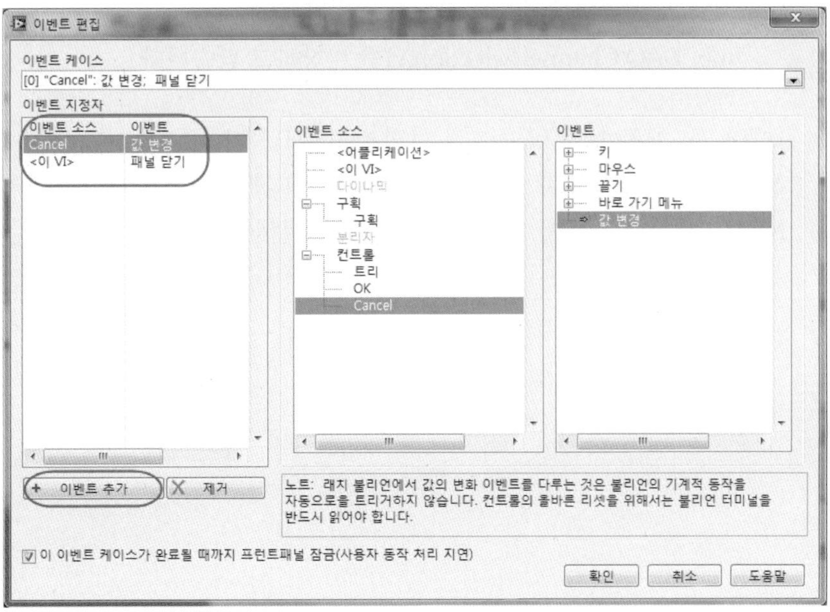

[그림 5-4-2-4]

- Cancel 터미널을 이벤트 케이스 안에 놓고, **참 상수**를 **While 루프**의 조건 터미널에 연결합니다.
- 다음 표와 같이 이벤트를 추가하고 해당 터미널들을 각 이벤트 케이스 안으로 이동시킵니다.

트리	값 변경
OK	값 변경

- 완성된 이벤트가 [그림 5-4-2-5]와 같은지 확인합니다. 순서는 변경되어도 상관없습니다. OK 터미널은 아래와 같이 연결하고 나머지 케이스는 **거짓 상수**를 **While 루프**의 조건 터미널에 연결합니다.

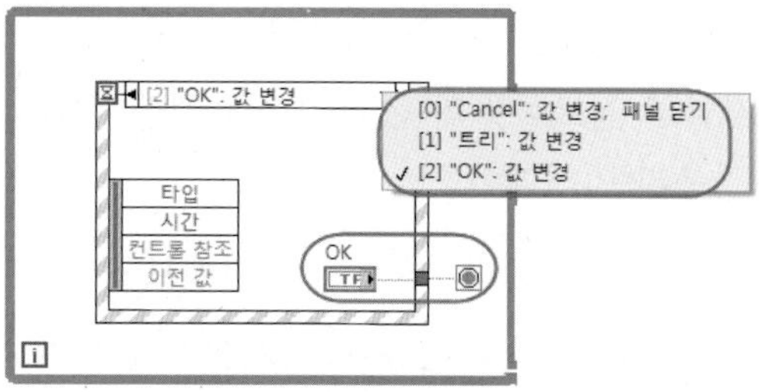

[그림 5-4-2-5]

- <테스트> : 프로그램을 실행시켜서 'OK', 'Cancel' 버튼 또는 '창닫기' 버튼을 눌렀을 때 프로그램이 정지되는지 확인합니다.
- sub_DAQ Channel Selection.vi를 저장하고 닫습니다.

[그림 5-4-2]를 보면 [실습 5-4-1]의 1번에서 설정한 NI DAQ 하드웨어의 디바이스 이름과 아날로그 입력 채널들이 나타납니다. 이 같은 기능을 하기 위해서 MAX에 설정된 NI 하드웨어 리스트를 파악하는 기능을 구현해야 합니다. [실습 5-4-3]에서 이 기능을 수행할 subVI를 만듭니다.

[실습 5-4-3] sub_Get DAQmx Dev Phy Chans.vi를 만듭니다.

2.7.1장을 먼저 읽고 다음 실습을 따라 만들고, 실습을 완성한 후 다시 한 번 2.7.1장을 읽어 보면 코드 이해에 도움이 됩니다.

1. 프로젝트 탐색기에서 내 컴퓨터 > SubVIs > DAQ의 **바로가기메뉴** > **새로 만들기** > **VI**를 선택합니다. 이 vi를 다운받은 Project₩SubVIs₩DAQ 폴더에 sub_Get DAQmx Dev Phy Chans.vi 이름으로 저장합니다.
2. sub_Get DAQmx Dev Phy Chans.vi의 블록다이어그램을 완성합니다.

- **DAQmx 시스템 프로퍼티 노드, For 루프, DAQmx 디바이스 프로퍼티 노드, 배열 크기.vi, 0과 같지 않음?.vi, 케이스 구조, 배열 만들기.vi** 노드를 찾아 [그림 5-4-3-1]과 같이 위치시킵니다. 노드를 찾을 때는 함수 팔레트에서 제공하는 검색 기능을 이용합니다. 함수 팔레트 사용법은 **LabVIEW의 정석(기본편) 1.6장**을 참조하세요.

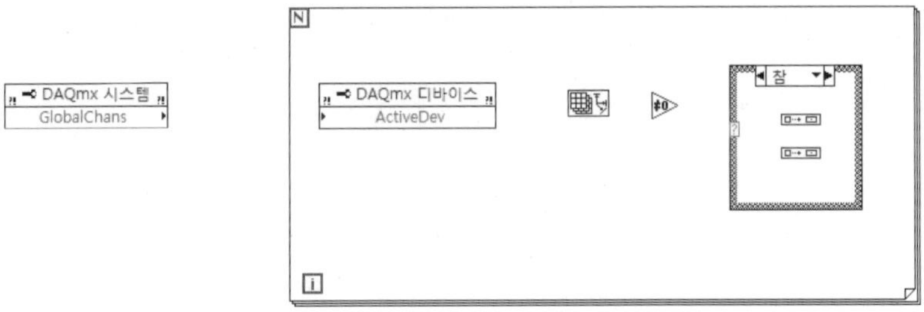

[그림 5-4-3-1]

- **DAQmx 시스템 프로퍼티 노드**의 **바로가기메뉴** > **프로퍼티 선택** > **디바이스 이름**을 선택합니다. 이는 여러분 PC에 설치되어 있는 NI DAQ하드웨어 이름을 알려줍니다. 프로퍼티 노드에 대한 자세한 정보는 **LabVIEW의 정석(기본편) 7.2장**을 참조하세요.

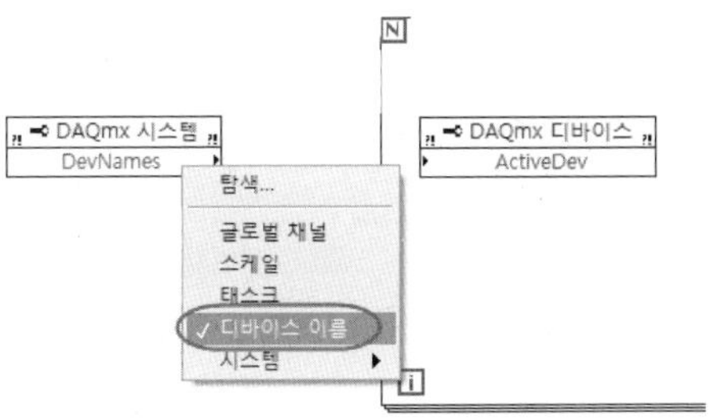

[그림 5-4-3-2]

- **For 루프**의 **바로가기메뉴 > 시프트 레지스터 추가**를 이용하여 3개의 시프트레지스터를 만듭니다. 시프트 레지스터에 대한 자세한 정보는 **LabVIEW의 정석(기본편) 4.3장**을 참조하세요.
- 1차원 문자열 배열 상수를 만들어서 시프트 레지스터 초기화하는데 사용합니다. 배열 상수를 만드는 방법은 배열쉘 안에 문자열 상수를 넣습니다. 배열 활성화는 하지 않습니다. 배열에 대한 자세한 정보는 **LabVIEW의 정석(기본편) 3.4장**을 참조하세요.
- 2차원 문자열 배열 상수도 만듭니다. 2차원 문자열 배열 상수는 1차원 문자열 배열 상수를 만든 다음 배열쉘의 **바로가기메뉴 > 차원 추가**를 선택합니다. [그림 5-4-3-3]과 같이 연결합니다.

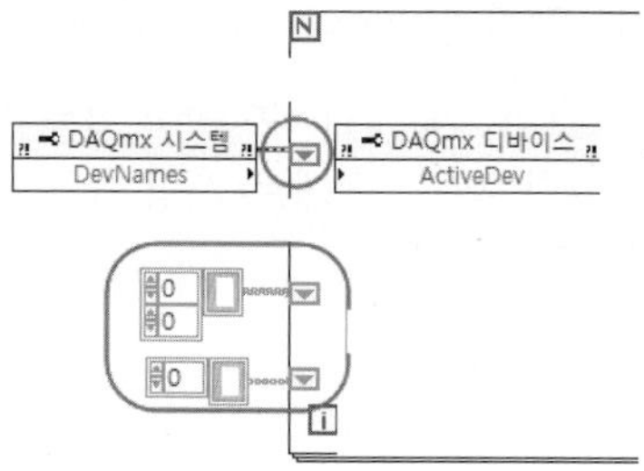

[그림 5-4-3-3]

- **DAQmx 디바이스 프로퍼티 노드**의 **바로가기메뉴 > 프로퍼티 선택 > 활성 디바이스**를 선택합니다. **바로가기메뉴 > 원소 추가**를 선택하고 추가된 원소에서 **바로가기메뉴 > 프로퍼티 선택 > I/O타입 > 아날로그 입력 > 물리적인 채널**을 선택합니다. 이 프로퍼티는 활성 디바이스에 입력한 디바이스가 가진 아날로그 입력의 물리적 채널들의 값을 얻을 수 있습니다. 노드들에 대한 자세한 정보는 LabVIEW 도움말(Ctrl + h)을 참조하세요.

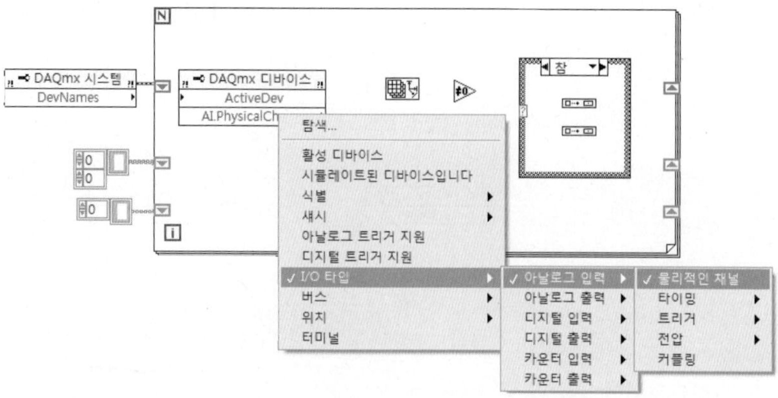

[그림 5-4-3-4]

- **배열 만들기.vi**의 입력의 개수를 2개로 늘립니다. 첫 번째 노드는 디바이스가 가지고 있는 물리적 채널을 2차원 배열로 만들기 위한 것이고, 두 번째 노드는 디바이스 이름을 1차원 배열로 만들기 위한 것입니다. **배열 만들기.vi**에 대한 정보는 **LabVIEW의 정석(기본편) 3.4장**의 [**실습 3-4-3**]을 참조하세요.

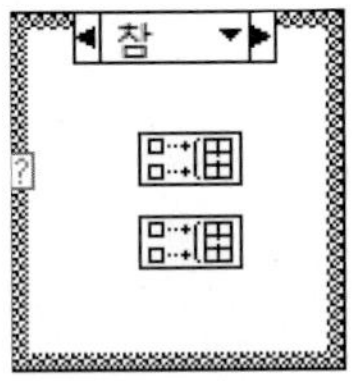

[그림 5-4-3-5]

- [그림 5-4-3-6]과 같이 연결을 완성합니다.

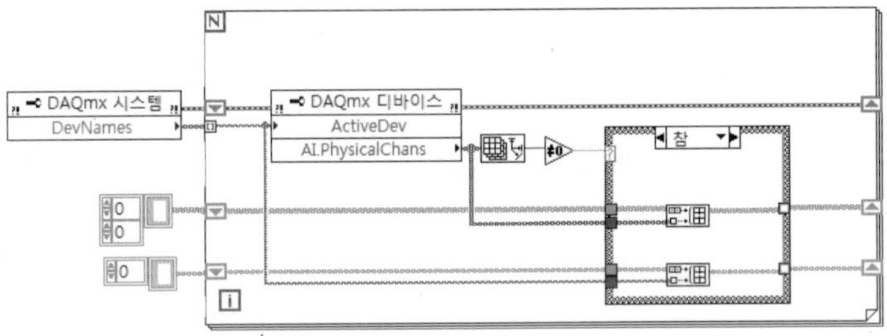

[그림 5-4-3-6]

- 각각 위치에서 **바로가기메뉴** > **생성** > **컨트롤** 또는 **인디케이터**를 선택하여 컨트롤 또는 인디케이터를 만들고 라벨을 수정합니다.

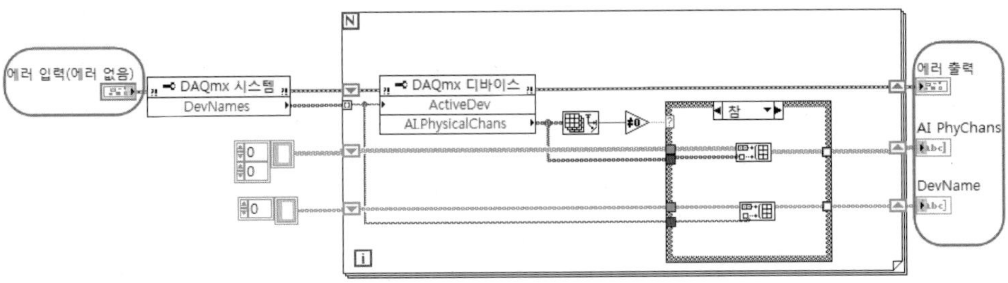

[그림 5-4-3-7]

- 거짓 케이스는 [그림 5-4-3-8]과 같이 연결합니다.

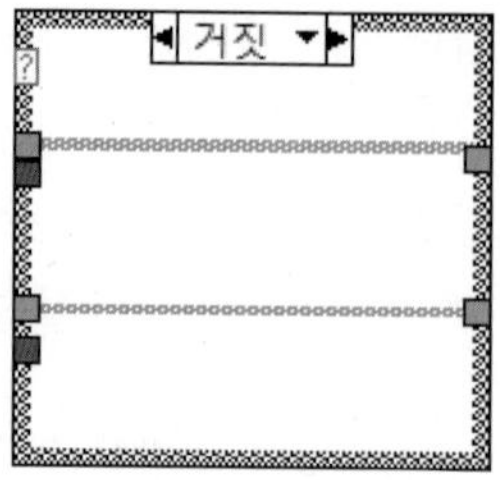

[그림 5-4-3-8]

- 아이콘 디자인하고 커넥터를 연결하여 [그림 5-4-3-9]와 같은 subVI로 만듭니다. subVI에 관한 자세한 정보는 **LabVIEW의 정석(기본편) 5장**을 참조하세요.

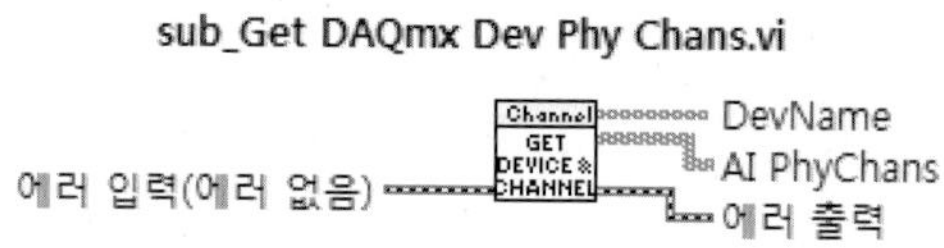

[그림 5-4-3-9]

- 가장 바깥쪽에 **케이스 구조**를 추가하고, 에러 입력(에러 없음) 터미널을 케이스의 선택자 터미널에 연결합니다. 이는 외부에서 에러가 들어오면 구현한 코드를 실행하지 않기 위함입니다.
- 에러 케이스는 에러 입출력만 연결합니다.
- 완성된 블록다이어그램에 주석을 추가합니다.
- <테스트> : sub_Get DAQmx Dev Phy Chans.vi를 실행시켰을 때 MAX에 설정된 DAQ 디바이스 이름과 DAQ디바이스가 가진 아날로그 입력 채널들을 확인할 수 있습니다.
- sub_Get DAQmx Dev Phy Chans.vi를 저장하고 닫습니다.

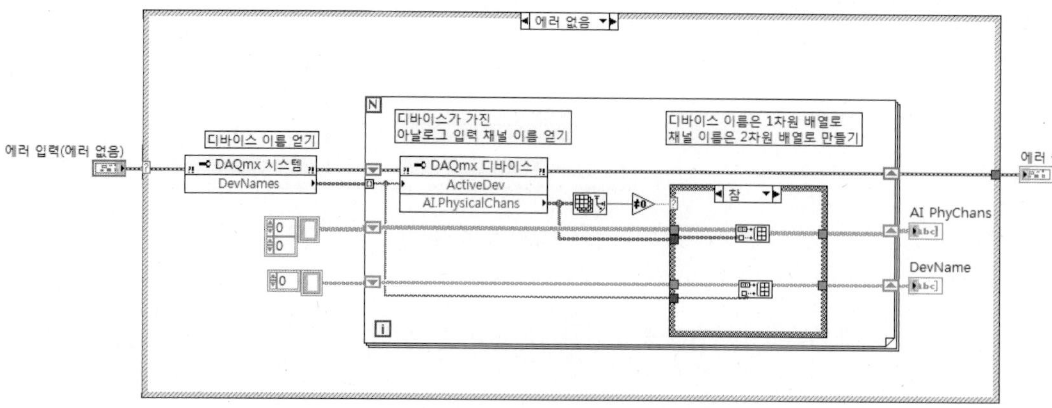

[그림 5-4-3-10]

[실습 5-4-3]에서 만든 sub_Get DAQmx Dev Phy Chans.vi에서 PC에 설치된 또는 가상으로 설치된 NI DAQ 하드웨어(디바이스)의 이름들과 이들이 가진 아날로그 입력 채널들의 값을 얻을 수 있습니다. 이를 [실습 5-4-2]에서 만든 sub_DAQ Channel Selection.vi의 트리에 업데이트하는 기능을 구현해야 합니다. 다음 [실습 5-4-4]에서 이 기능을 수행할 subVI를 만듭니다.

[실습 5-4-4] sub_Create Tree Item.vi를 만듭니다.

2.7.2장을 먼저 읽고 다음 실습을 따라 만들고, 실습을 완성한 후 다시 한 번 2.7.2장을 읽어 보면 이해에 도움이 됩니다.

1. 프로젝트 탐색기에서 내 컴퓨터 > SubVIs > DAQ의 **바로가기메뉴** > **새로 만들기** > **VI**를 선택합니다. 다운받은 Project₩SubVIs₩DAQ 폴더에 sub_Create Tree Item.vi 이름으로 저장합니다.

2. sub_Create Tree Item.vi의 프런트패널을 완성합니다.

- **문자열 1차원 배열 컨트롤, 문자열 2차원 배열 컨트롤, 컨트롤 참조, 에러 입력 3D, 에러 출력 3D**를 추가하고 [그림 5-4-4-1]과 같이 라벨을 수정합니다.

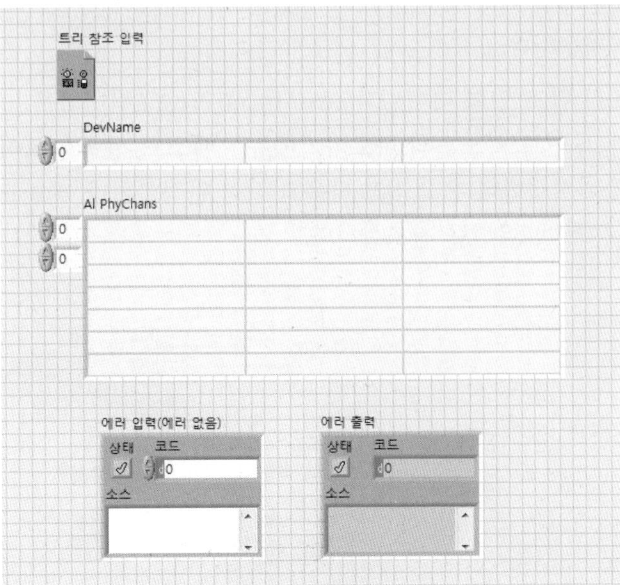

[그림 5-4-4-1]

- '트리 참조 입력' 의 **바로가기메뉴 > VI 서버 클래스 선택 > 일반 > G 객체 > 컨트롤 > 트리 컨트롤**을 선택합니다. 그러면 [그림 5-4-4-2]와 같은 모습으로 변경됩니다.

[그림 5-4-4-2]

- 아이콘 디자인하고 커넥터 연결하여 [그림 5-4-4-3]과 같은 subVI로 만듭니다.

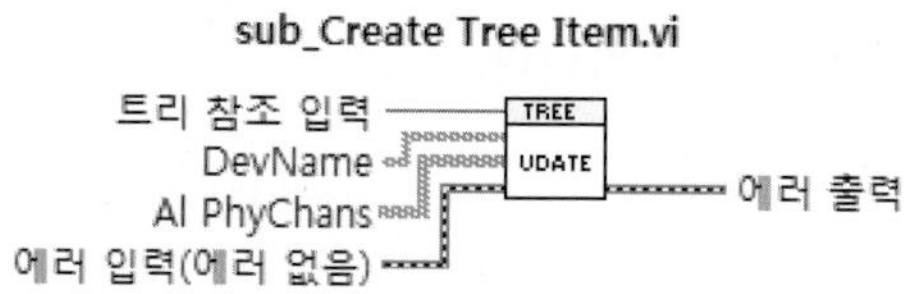

[그림 5-4-4-3]

- sub_Create Tree Item.vi를 저장합니다.

3. sub_Create Tree Item.vi의 블록다이어그램을 완성합니다.

- 초기화를 위하여 기존 트리에 있는 아이템을 제거합니다. 이를 위한 **인보크 노드**를 가져옵니다.
- 트리 참조 입력 터미널과 error in(no error) 터미널을 [그림 5-4-4-4]와 같이 연결하고, 인보크 노드의 **바로가기메뉴 > 메소드 선택 > 트리 아이템 편집 > 아이템 삭제**로 설정합니다. 그리고 다음과 같이 완성합니다. 메소드 설정에 대한 자세한 정보는 기본 도움말을 참조합니다.

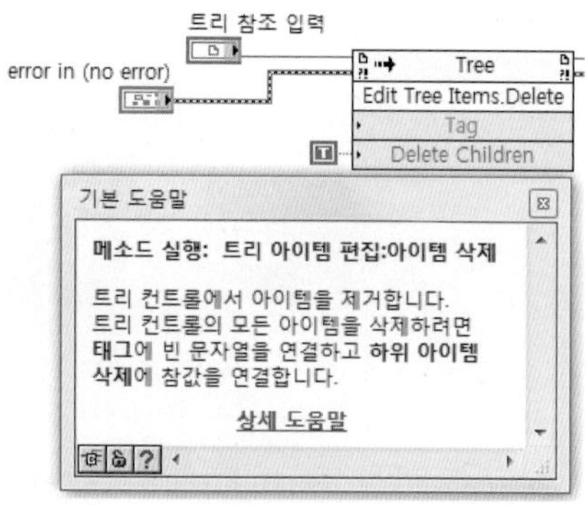

[그림 5-4-4-4]

- **For 루프**를 추가하고 **바로가기메뉴 > 시프트 레지스터 추가**를 이용하여 시프트레지스터를 만듭니다.
- **For 루프** 안에 디바이스 이름을 트리에 추가하기 위한 **인보크 노드**를 위치시킵니다. 트리 참조선을 [그림 5-4-4-5]와 같이 연결하고, **바로가기메뉴 > 메소드 선택 > 트리 아이템 편집 > 아이템 추가**를 선택합니다. 그리고 다음과 같이 완성합니다. 아이템 추가 메소드 설정에 관한 정보는 도움말을 참조하세요.

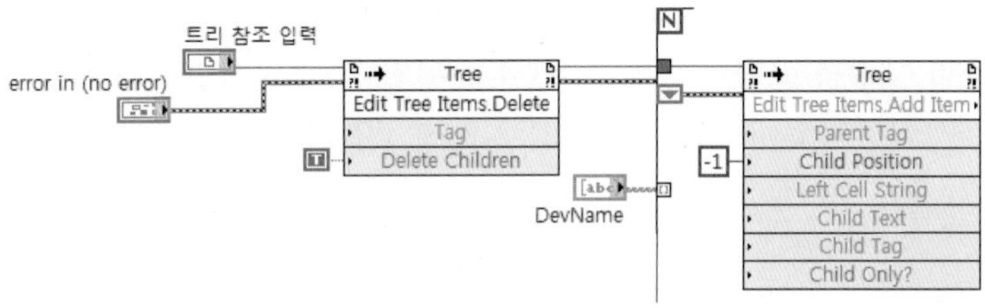

[그림 5-4-4-5]

- **For 루프** 안에 **For 루프**를 다시 추가하고 시프트 레지스터도 추가합니다.
- **문자열 길이.vi, 0과 같지 않음? .vi, 케이스 구조, 배열 만들기.vi**를 [그림 5-4-4-6]과 같이 구성합니다.

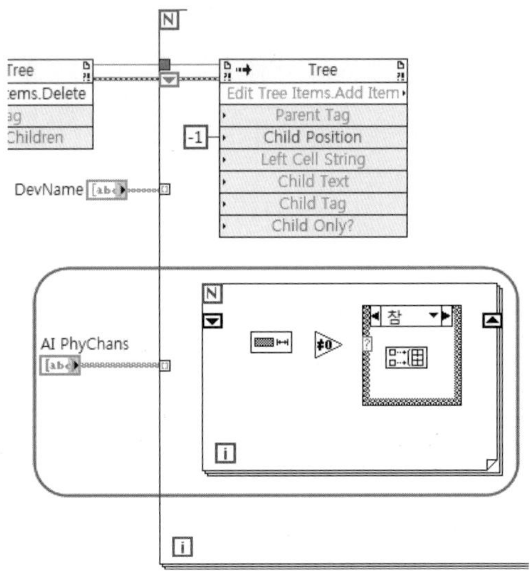

[그림 5-4-4-6]

- [그림 5-4-4-7]과 같이 와이어를 연결합니다.

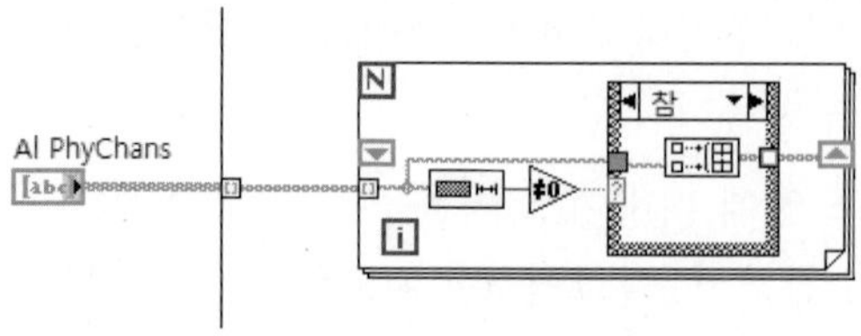

[그림 5-4-4-7]

- 왼쪽 시프트 레지스터의 **바로가기메뉴 > 생성 > 상수**를 선택하여 문자열 1차원 배열 상수를 만듭니다. [그림 5-4-4-8]과 같이 구현합니다.

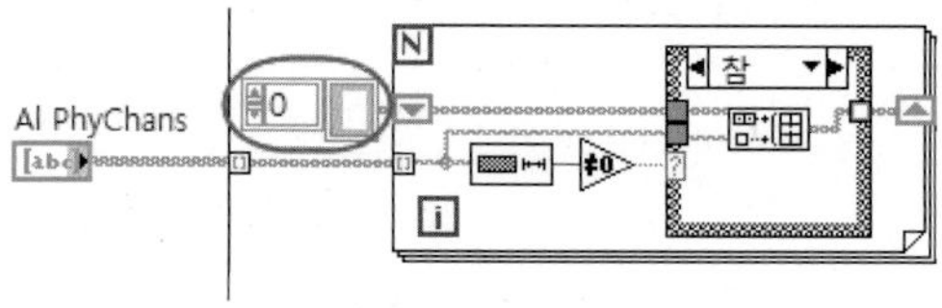

[그림 5-4-4-8]

- 거짓 케이스는 [그림 5-4-4-9]와 같이 와이어를 연결합니다. 완성된 코드를 2차원 배열로 입력되는 물리적 채널을 1차원 배열로 변환하기 위한 코드입니다.

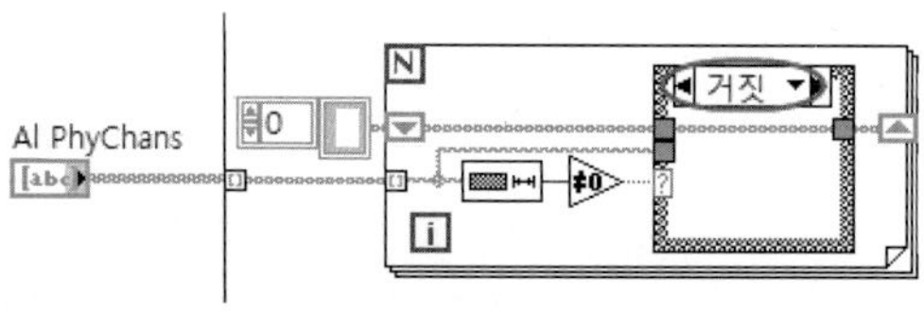

[그림 5-4-4-9]

- **For 루프**와 시프트 레지스터를 추가하고, **For 루프** 안에 물리적 채널 이름을 트리에 추가하기 위한 **인보크 노드**를 위치시킵니다. 트리 참조선을 [그림 5-4-4-10]과 같이 연결하고, **바로가기메뉴 > 메소드 선택 > 트리 아이템 편집 > 아이템 추가**를 선택합니다. 그리고 [그림 5-4-4-10]과 같이 완성합니다.

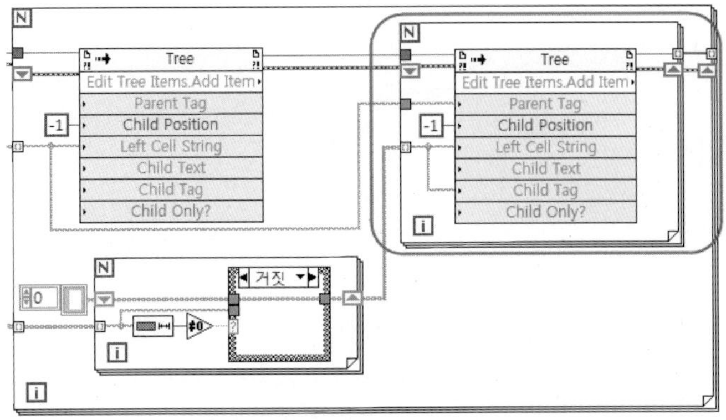

[그림 5-4-4-10]

- 출력 터널의 **바로가기메뉴 > 터널 모드 > 마지막 값**을 선택합니다.

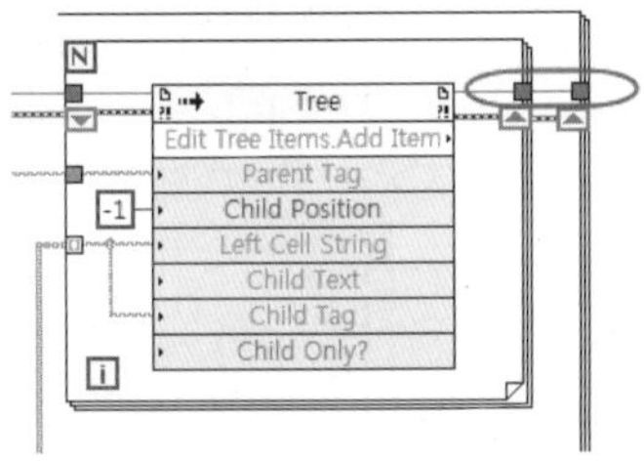

[그림 5-4-4-11]

- 트리를 접힌 상태로 보이게 하기 위해 **인보크 노드**를 추가하고, 트리 참조선을 [그림 5-4-4-12]와 같이 연결한 후 **바로가기메뉴 > 메소드 선택 > 열기/닫기 > 모두**를 선택합니다. 그리고 다음과 같이 완성합니다.

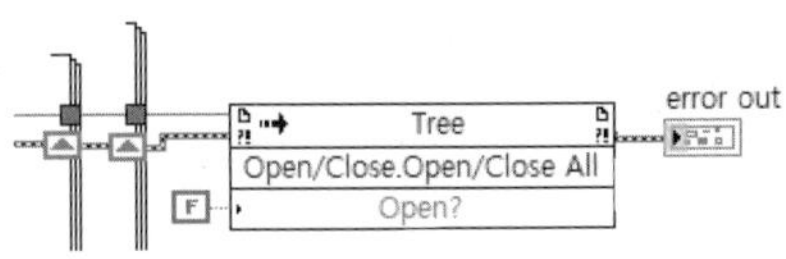

[그림 5-4-4-12]

- 가장 바깥쪽에 **케이스 구조**를 추가하고, 에러 입력(에러 없음) 터미널을 케이스의 선택자 터미널에 연결합니다.
- 에러 케이스는 에러 입출력만 연결합니다.
- 완성된 블록다이어그램에 주석을 추가합니다.
- sub_Create Tree Item.vi를 저장하고 닫습니다.

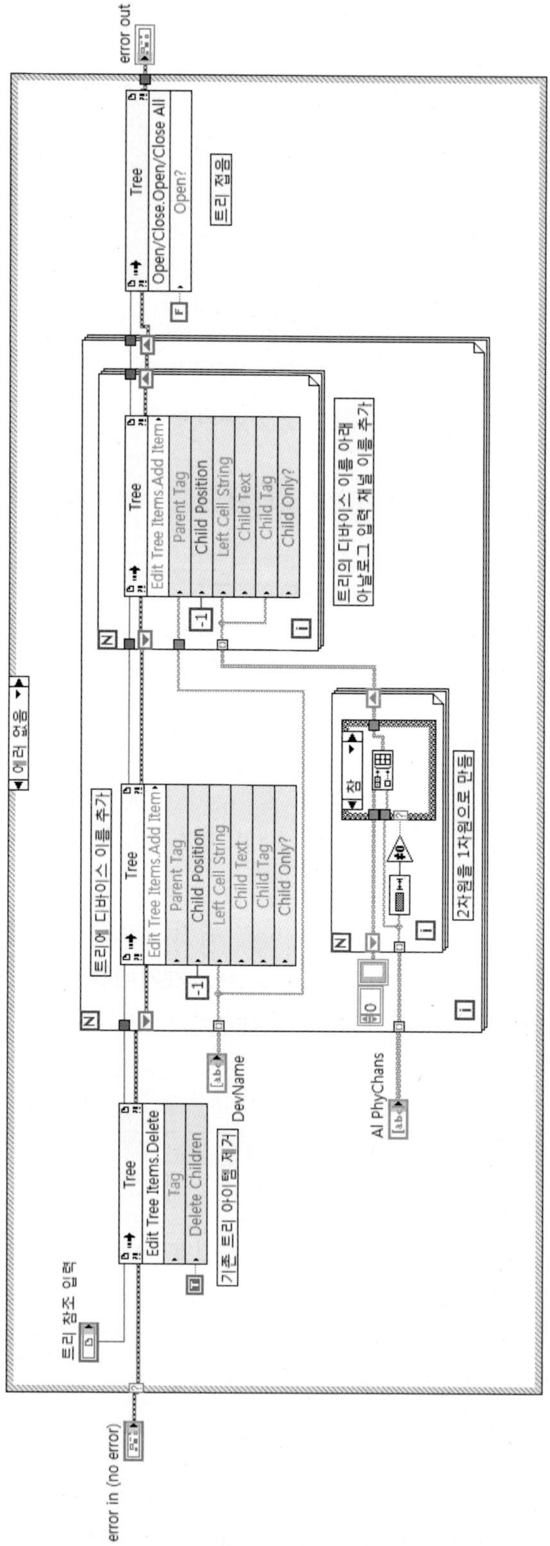
error in (no error)
error out
트리 참조 입력
Tree
Edit Tree Items.Delete
Tag
Delete Children
기존 트리 아이템 제거
DevName
트리에 디바이스 이름 추가
Edit Tree Items.Add Item
Parent Tag
Child Position
Left Cell String
Child Text
Child Tag
Child Only?
에러 없음
트리의 디바이스 이름 아래
아날로그 입력 채널 이름 추가
AI PhyChans
2차원을 1차원으로 만듦
Open/Close.Open/Close All
Open?
트리 접음

[그림 5-4-4-13]

[실습 5-4-5] [실습 5-4-3, 5-4-4]에서 만든 subVI들을 [실습 5-4-2]에서 만든 sub_DAQ Channel Selection.vi에 통합하여 sub_DAQ Channel Selection.vi를 완성합니다.

2.7.3장을 먼저 읽고 다음 실습을 따라 만들고, 실습을 완성한 후 다시 한 번 2.7.3장을 읽어 보면 이해에 도움이 됩니다.

1. sub_DAQ Channel Selection.vi의 블록다이어그램을 엽니다.
2. 트리의 헤더를 만드는 프로퍼티를 생성합니다.

- 트리 터미널의 **바로가기메뉴** > **생성** > **프로퍼티 노드** > **열 헤더 문자열**[ ]을 선택합니다.
- 프로퍼티의 **바로가기메뉴** > **쓰기로 변경**을 선택합니다.
- 프로퍼티의 **바로가기메뉴** > **생성** > **상수**를 선택합니다
- 생성된 문자열 배열 상수 첫 번째 원소에 'Analog Devices' 라고 입력합니다.
- 프로퍼티의 에러 입력 파라미터에서 **바로가기메뉴** > **생성** > **컨트롤**을 선택합니다.
- [그림 5-4-5-1]과 같은지 확인하세요.

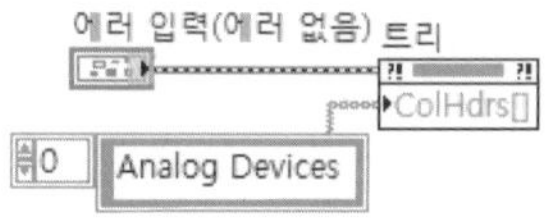

[그림 5-4-5-1]

3. 만든 subVI들을 추가합니다.

- 프로젝트 탐색기에서 내 컴퓨터 > SubVIs > DAQ > sub_Get DAQmx Dev Phy Chans.vi와 sub_Create Tree Item.vi를 블록다이어그램에 가져다 놓고 [그림 5-4-5-2]와 같이 와이어링합니다.

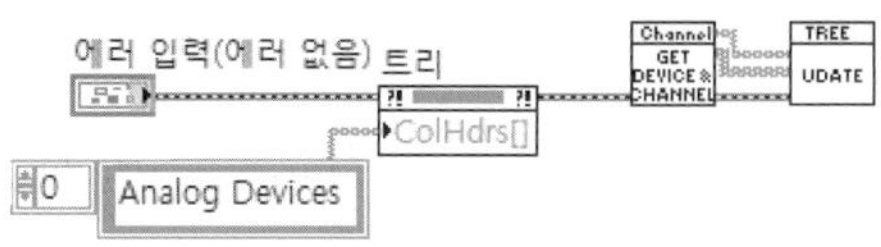

[그림 5-4-5-2]

- 트리 터미널의 **바로가기메뉴** > **생성** > **참조**를 선택하고 만들어진 트리 참조를 sub_Create Tree Item.vi의 트리 참조 입력 파라미터에 연결합니다. 참조에 대한

자세한 정보는 **LabVIEW의 정석(기본편) 7.3장**을 참조하세요.

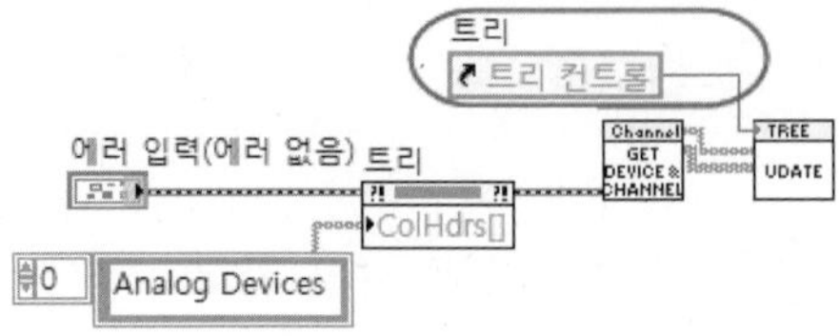

[그림 5-4-5-3]

4. 트리 터미널의 **바로가기메뉴 > 생성 > 로컬 변수**를 선택하고 만들어진 로컬 변수에서 **바로가기메뉴 > 생성 > 상수**를 선택합니다.
5. **While 루프**에 두 개의 시프트 레지스터를 추가하고 [그림 5-4-5-4]와 같이 연결합니다.

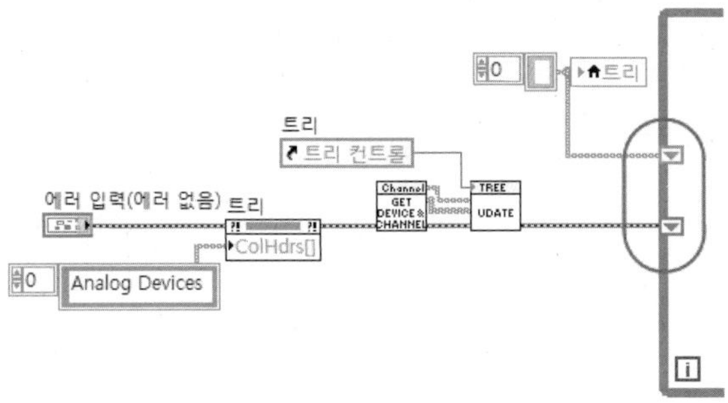

[그림 5-4-5-4]

6. **트리 : 값 변경** 이벤트를 완성합니다.

- 이벤트 데이터 노드를 '새 값' 으로 설정하고 [그림 5-4-5-5]와 같이 연결합니다. 이벤트 데이터 노드에 대한 자세한 정보는 **LabVIEW의 정석(기본편) 4.10장**을 참조하세요.
- **거짓 상수**를 추가하고 아래와 같이 연결합니다.

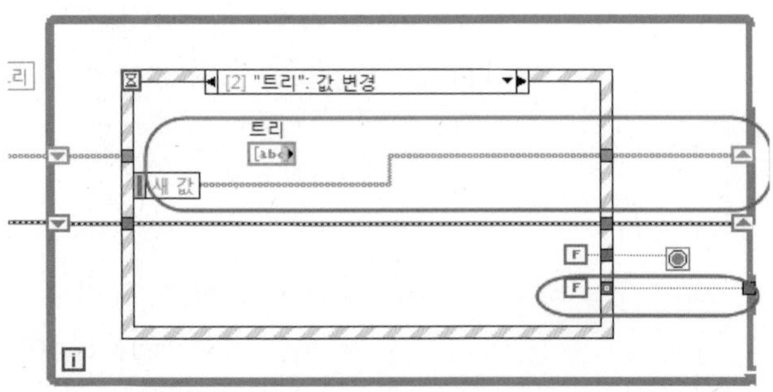

[그림 5-4-5-5]

7. **OK : 값 변경** 이벤트를 [그림 5-4-5-6]과 같이 완성합니다.

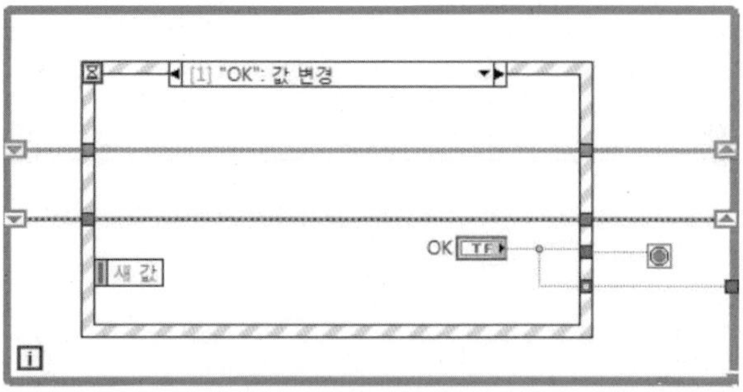

[그림 5-4-5-6]

8. **Cancel : 값 변경; 패널 닫기** 이벤트를 [그림 5-4-5-7]과 같이 완성합니다.

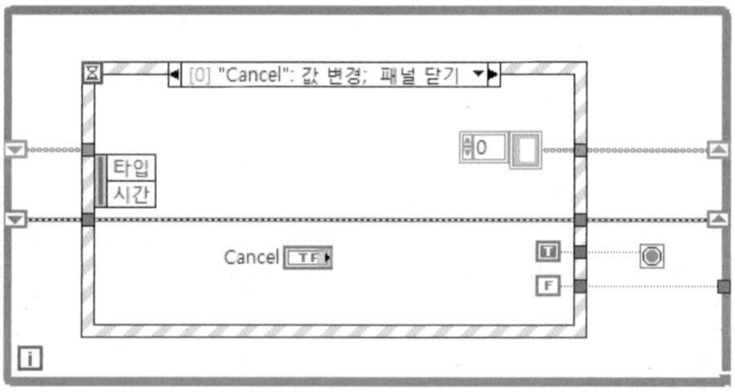

[그림 5-4-5-7]

9. 3개의 출력 터널에서 각각 **바로가기메뉴 > 생성 > 인디케이터**를 생성하고 라벨을 [그림 5-4-5-8]과 같이 변경합니다. Selected Dev Ch은 트리를 통해 사용자가 선택한 물리적 채널의 값을 가지게 됩니다. OK?는 사용자가 채널을 선택했는지 안 했는지에 대한 값을 가지게 됩니다.

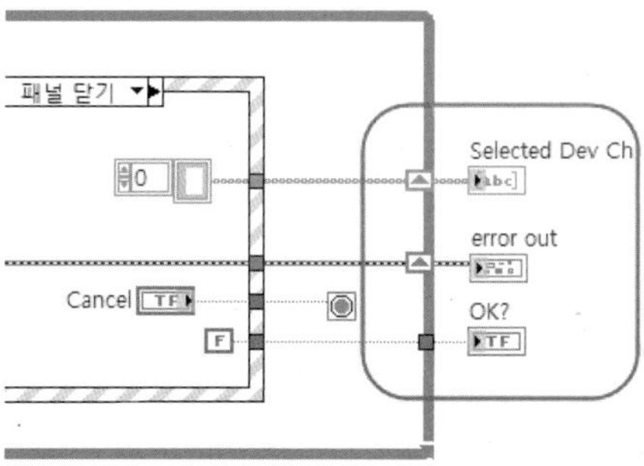

[그림 5-4-5-8]

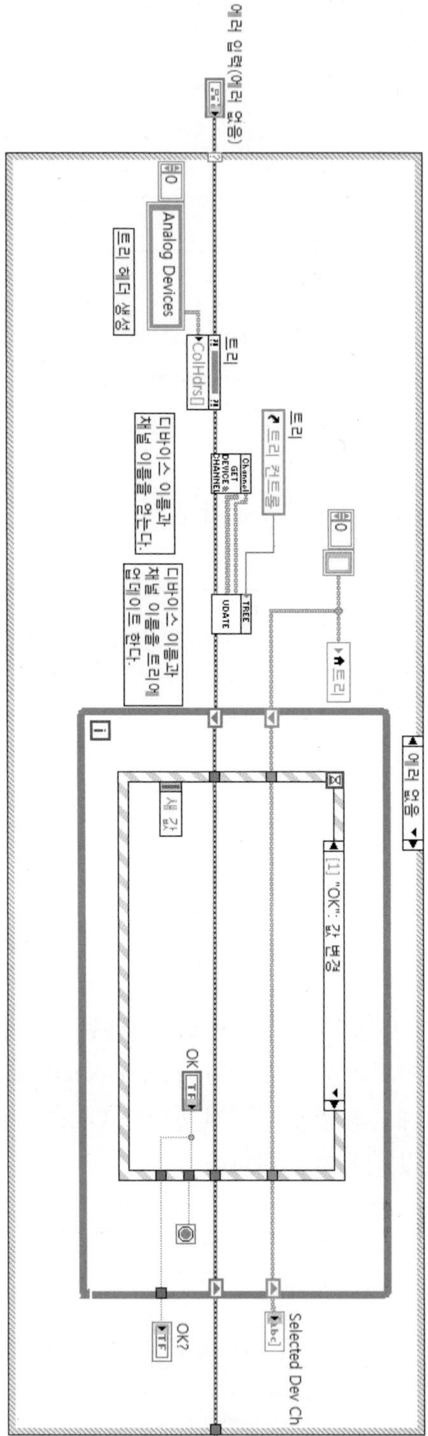
에러 입력(에러 없음)
Analog Devices
트리 헤더 생성
트리
ColHdrs[]
트리 컨트롤
디바이스 이름과 채널 이름을 얻는다.
디바이스 이름과 채널 이름을 트리에 업데이트 한다.
에러 없음
[1] "OK": 값 변경
OK
OK?
Selected Dev Ch
error out

[그림 5-4-5-9]

10. 에러 핸들링을 위한 케이스 구조를 추가합니다.

- 가장 바깥쪽에 **케이스 구조**를 추가하고, 에러 입력(에러 없음) 터미널을 케이스의 선택자 터미널에 연결합니다.
- 에러 케이스는 에러 입출력만 연결합니다.

11. 완성된 블록다이어그램에 [그림 5-4-5-9]와 같이 주석을 추가합니다.

12. 커넥터 연결을 수정하고 프런트패널 크기를 조정하여 [그림 5-4-5-10]과 같이 만듭니다.

13. <테스트> : 이 vi를 실행하여 MAX에 설정된 디바이스 이름과 아날로그 입력 물리적 채널 이름이 [그림 5-4-5-10]과 같은 스타일로 보이는지 확인하세요.

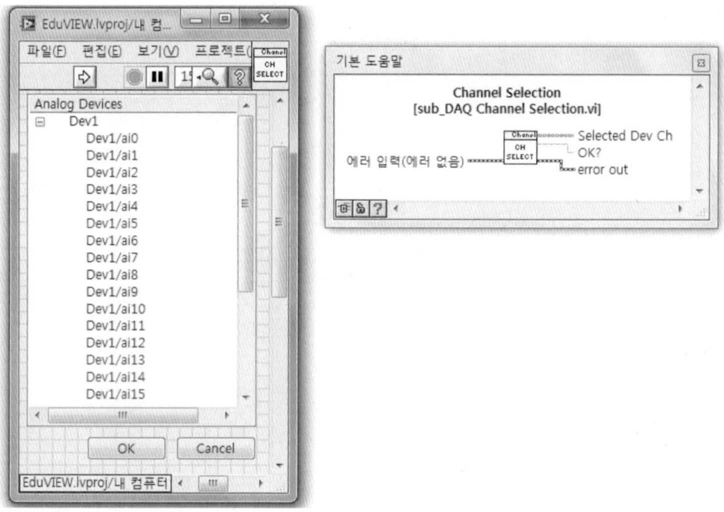

[그림 5-4-5-10]

14. sub_DAQ Channel Selection.vi를 저장하고 닫습니다.

[그림 5-4-1]에서 보면 채널 값, Min, Max 값들이 남아 있는 것을 볼 수 있습니다. 이는 마지막 상태의 프런트패널에 있는 컨트롤 값들을 저장했다가 호출할 수 있도록 구현되어 있기 때문입니다. 다음 실습에서 프런트패널의 컨트롤 값들을 저장하는 기능과 호출하는 기능의 subVI를 만듭니다.

[실습 5-4-6] sub_Save Load FP.vi를 만듭니다.

2.7.4장을 먼저 읽고 다음 실습을 따라 만들고, 실습을 완성한 후 다시 한 번 2.7.4장을 읽어 보면 이해에 도움이 됩니다.

1. 프로젝트 탐색기에서 내 컴퓨터 > SubVIs > DAQ의 **바로가기메뉴** > **새로 만들기** > **VI**를 선택합니다. 다운받은 Project₩SubVIs₩DAQ 폴더에 sub_Save Load FP.vi 이름으로 저장합니다.

2. sub_Save Load FP.vi의 프런트패널을 완성합니다.

- VI 참조 번호, 에러 입력 3D, 에러 출력 3D, 시스템 열거형을 프런트패널에 가져다 놓습니다.
- 시스템 열거형의 **바로가기메뉴** > **아이템 편집...**에 'Save', 'Load'를 추가하고, 라벨을 'Menu'로 수정합니다.
- 아이콘 디자인하고 [그림 5-4-6-1]과 같이 커넥터 연결합니다.

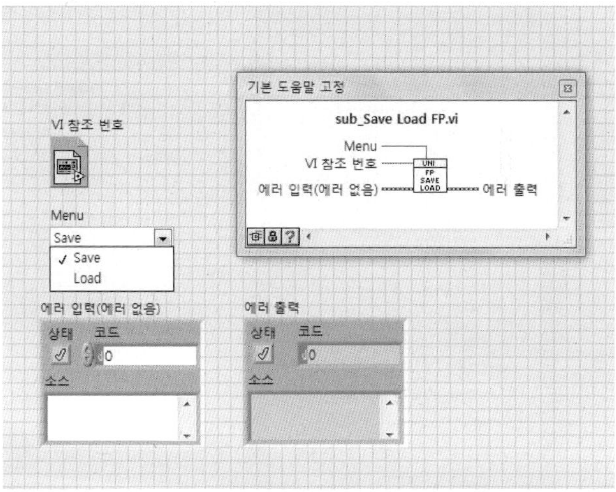

[그림 5-4-6-1]

3. sub_Save Load FP.vi의 블록다이어그램을 완성합니다.

- **케이스 구조** 가져다 놓고 error in(no error)터미널을 선택자 터미널에 연결합니다.
- '에러 없음' 케이스 안에 **프로퍼티 노드**, **시스템 디렉토리 얻기.vi**, **경로 만들기.vi**, **문자열 연결.vi**를 블록다이어그램에 놓습니다.
- 프로퍼티 노드에 VI 참조 번호 터미널을 연결하고 **바로가기메뉴** > **프로퍼티 선택** > **VI이름**을 선택합니다.
- **시스템 디렉토리 얻기.vi**의 시스템 디렉토리 타입 파라미터에 상수를 만들어 '퍼블릭 어플리케이션 데이터'라고 설정합니다.
- [그림 5-4-6-2]와 같이 연결합니다.

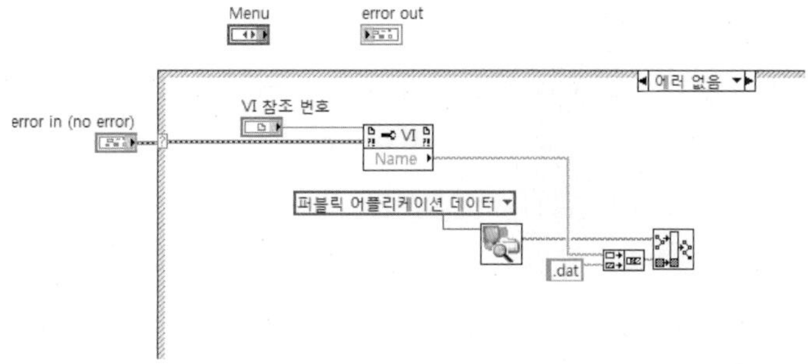

[그림 5-4-6-2]

- **케이스 구조**를 추가하여 Menu 터미널을 선택자 터미널에 연결합니다.
- 'Save' 케이스 안에 **인보크 노드, 참조 닫기.vi, 파일 열기/생성/대체.vi, 2진 파일에 쓰기.vi, 파일 닫기.vi** 를 놓습니다. 바이너리 파일 관련 정보는 **LabVIEW의 정석(기본편) 6.4장**을 참조하세요
- VI참조선을 **인보크 노드**에 연결하고, **바로가기메뉴 > 메소드 선택 > 컨트롤 값 > 모두 얻기**를 선택합니다. 인보크 노드에 대한 정보는 **LabVIEW의 정석(기본편) 7.4장**을 참조하세요
- [그림 5-4-6-3]과 같이 완성합니다.

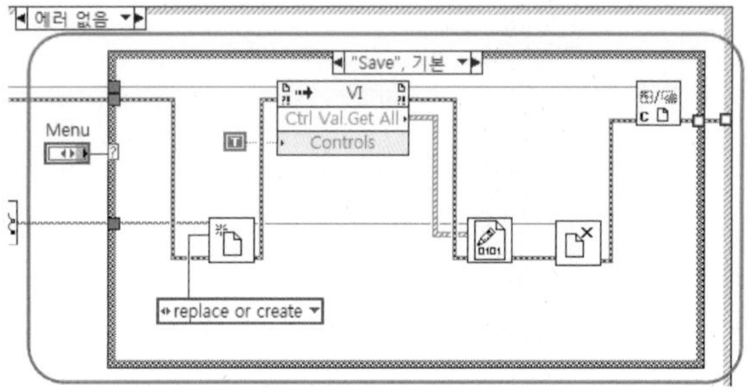

[그림 5-4-6-3]

- **2진 파일에 쓰기.vi**의 데이터 파라미터에서 **바로가기메뉴 > 생성 > 상수**를 만듭니다. 이 상수는 'Load' 케이스에서 사용합니다.
- 'Load' 케이스 안에 **파일 또는 폴더가 존재하는지 확인.vi**를 놓고, **케이스 구조**를 추가합니다. **파일 또는 폴더가 존재하는지 확인.vi**의 파일 또는 폴더가 존재합니까? 파라미터를 **케이스 구조** 선택자 터미널에 연결합니다.
- '참' 케이스 안에 **파일 열기/생성/대체.vi, 2진 파일로부터 읽기.vi, 파일 닫기.vi, 참조 닫기.vi**를 놓습니다

- **For 루프**를 추가하고 이 안에 **이름으로 풀기.vi**, **인보크 노드**를 추가합니다.
- VI 참조선을 **인보크 노드**에 연결하고 **바로가기메뉴** > **메소드 선택** > **컨트롤 값** > **설정**을 선택합니다.
- **2진 파일로부터 읽기.vi**에 위에서 만든 상수([그림 5-4-6-3] 다음 문장에서 만든 실수)를 데이터 타입 파라미터에 연결합니다.
- [그림 5-4-6-4]와 같이 완성합니다.

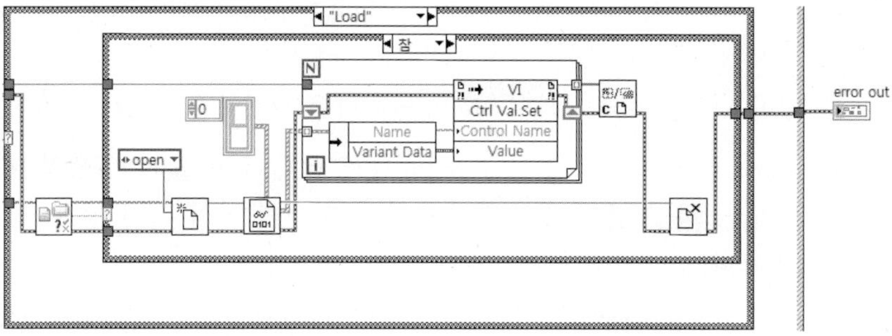

[그림 5-4-6-4]

- VI 참조선 출력 터널의 **바로가기메뉴** > **터널 모드** > **마지막 값**을 선택합니다.

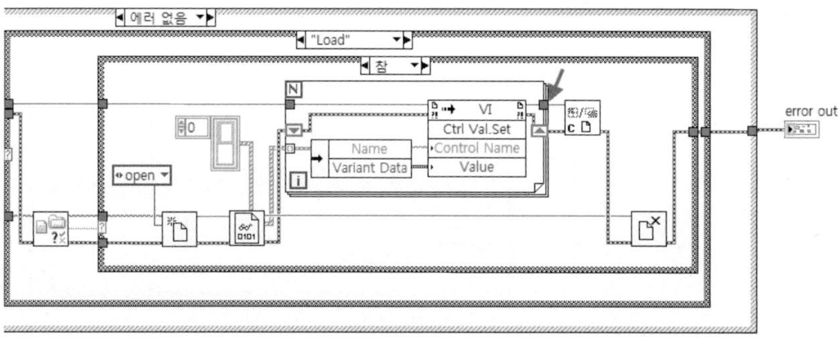

[그림 5-4-6-5]

- 나머지 케이스들의 에러 클러스터 라인들을 연결합니다.
- 완성된 블록다이어그램에 주석을 추가하고, sub_Save Load FP.vi를 저장하고 닫습니다.

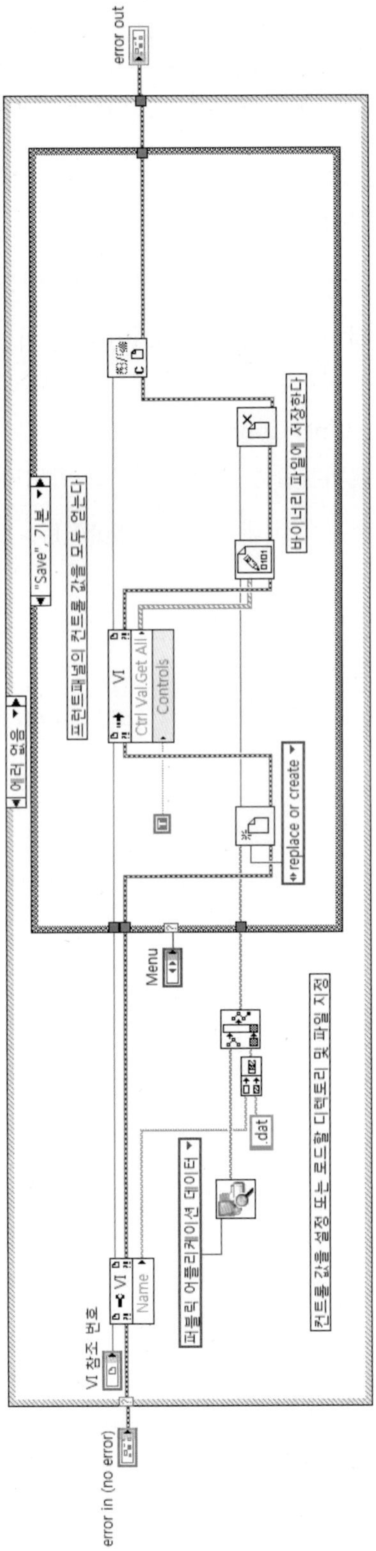
error out
"Save", 기본
프런트패널의 컨트롤 값을 모두 얻는다
에러 없음
VI
Ctrl Val.Get All
Controls
바이너리 파일에 저장한다
replace or create
Menu
.dat
퍼블릭 어플리케이션 데이터
VI 참조 번호
VI
Name
컨트롤 값을 설정 또는 로드할 디렉토리 및 파일 지정
error in (no error)

[그림 5-4-6-6]

[실습 5-4-7] [실습 5-4-5, 5-4-6]에서 만든 subVI들을 [실습 5-4-1]에서 만든 sub_DAQ Channel Config.vi에 통합하여 sub_DAQ Channel Config.vi를 완성합니다.

2.7.5장을 먼저 읽고 다음 실습을 따라 만들고, 실습을 완성한 후 다시 한 번 2.7.5장을 읽어 보면 이해에 도움이 됩니다.

1. sub_DAQ Channel Config.vi의 블록다이어그램을 엽니다.
2. <OK : 값 변경>이벤트를 수정합니다. 이 이벤트의 기능은 OK버튼을 클릭하면 프런트패널에서 설정한 모든 컨트롤 값들을 파일에 저장합니다. 이 저장한 값들은 sub_DAQ Channel Config.vi를 처음 열었을 때 마지막 설정한 값이 저장된 파일을 불러와서 프런트패널을 설정할 때 사용합니다.

- 프로젝트 탐색기에서 내 컴퓨터 > SubVIs > DAQ > sub_Save Load FP.vi를 2개 가져옵니다.
- **함수 팔레트**에서 **VI 서버 참조**를 2개 가져 옵니다. 이는 sub_DAQ Channel Config.vi를 가리키게 됩니다.
- 노드들의 파라미터들의 **바로가기메뉴** > **생성** > **컨트롤**, **인디케이터**, **상수** 등을 선택하여 [그림 5-4-7-1]과 같이 완성합니다. 생성된 컨트롤, 인디케이터들의 라벨도 다음과 같도록 합니다.

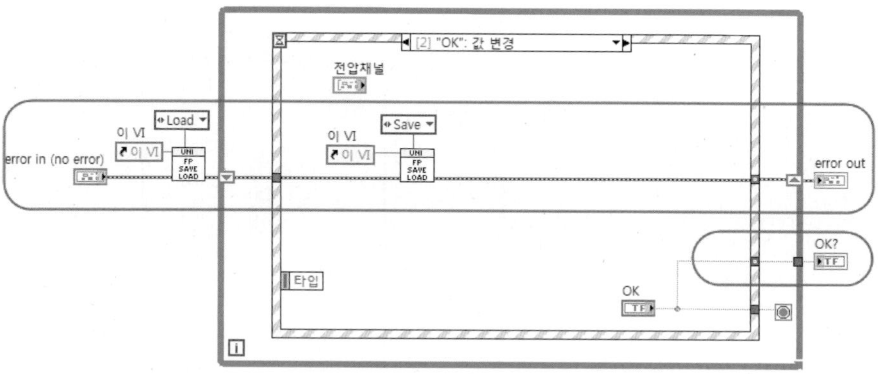

[그림 5-4-7-1]

- 글로벌 변수를 하나 생성해서 프로젝트 탐색기에서 내 컴퓨터 > Controls > ChConfig Table.ctl을 가져다 놓고, 다운받은 Project₩SubVIs₩General 폴더에 global_Channel Property 이름으로 저장합니다. 여기서 만든 글로벌 변수는 다른 VI에 값을 전달하는데 사용할 것입니다. 글로벌 변수에 대한 자세한 정보는 **LabVIEW의 정석(기본편) 8.8장**을 참조하세요.

- [그림 5-4-7-2]와 같이 연결을 완성합니다.

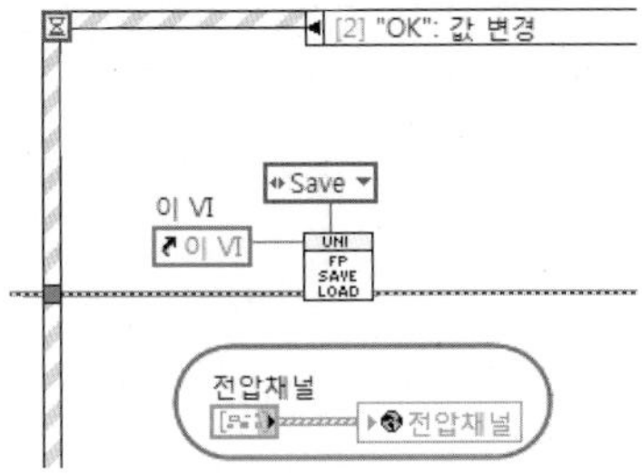

[그림 5-4-7-2]

3. <**Cancel : 값 변경, 패널 닫기**>이벤트를 [그림 5-4-7-3]과 같이 수정합니다. 이 이벤트의 기능은 취소나 창 닫기 버튼을 눌렀을 때 VI를 종료하는 것입니다.

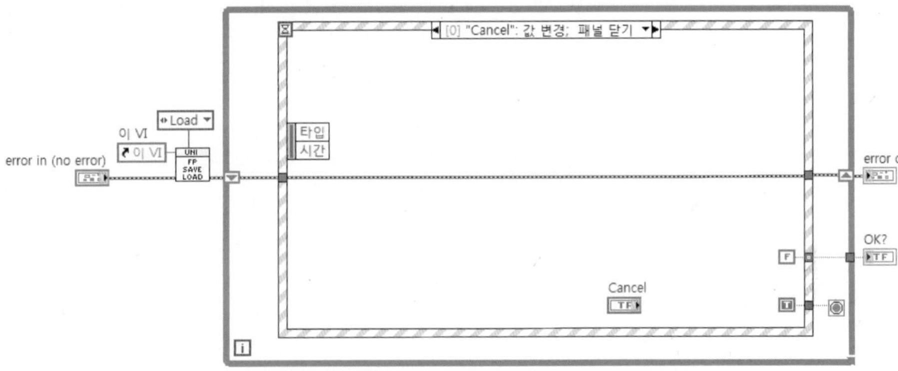

[그림 5-4-7-3]

4. <**Ch select(V) : 값 변경**>이벤트를 수정합니다. 이 이벤트의 기능은 물리적 채널을 선택하는 기능입니다.

- 프로젝트 탐색기에서 내 컴퓨터 > SubVIs > DAQ > sub_DAQ Channel Selection.vi와 내 컴퓨터 > Controls > ChConfigCluster.ctl을 가져옵니다. 불러온 ChConfigCluster.ctl에 [그림 5-4-7-4]처럼 값을 입력합니다. 이것은 일반적으로 DAQ 하드웨어가 가지고 있는 최대/최소값 등을 의미합니다.
- **케이스 구조**, **For 루프**, **숫자를 10진수 문자열로.vi**, **문자열 연결.vi**, **이름으로 묶기.vi**를 추가합니다.
- 전압채널 터미널의 **바로가기메뉴** > **생성** > **로컬 변수**를 만듭니다.
- [그림 5-4-7-4]와 같이 연결을 완성합니다.

- 거짓 케이스는 그냥 비워둡니다.

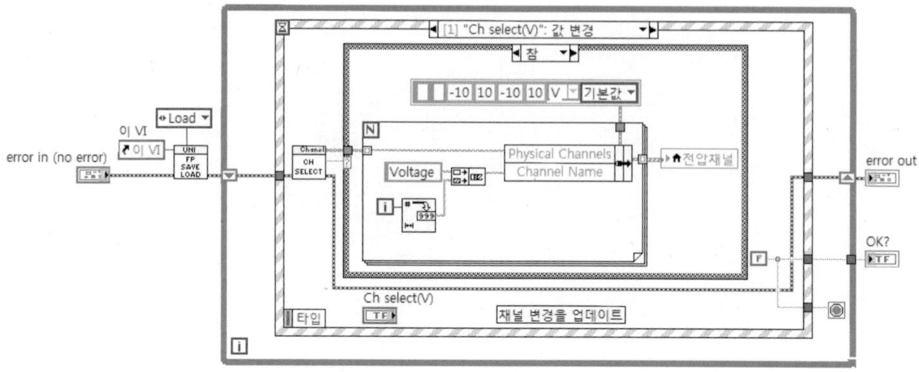

[그림 5-4-7-4]

5. **<Apply All (V) : 값 변경>**이벤트를 수정합니다. 첫 번째 물리적 채널의 설정을 변경하였을 때 선택한 모든 채널들도 설정을 동일하게 설정을 적용하도록 하기 위한 것입니다.

- 전압채널 터미널의 **바로가기메뉴** > **생성** > **로컬 변수**를 2개 만들고 하나는 로컬 변수의 **바로가기메뉴** > **읽기로 변경**으로 설정합니다.
- **For 루프, 배열 인덱스.vi, 풀기.vi, 묶기.vi**를 추가합니다.
- **풀기.vi, 묶기.vi**는 **이름으로 풀기.vi, 이름으로 묶기.vi**와 같은 역할로 쓰였습니다. **풀기.vi, 묶기.vi**를 사용한 이유는 블록다이어그램의 공간을 절약하기 위한 것입니다. 언급한 4개의 노드에 대한 자세한 정보는 **LabVIEW의 정석(기본편) 3.5장**을 참조하세요.
- [그림 5-4-7-5]와 같이 연결을 완성합니다.

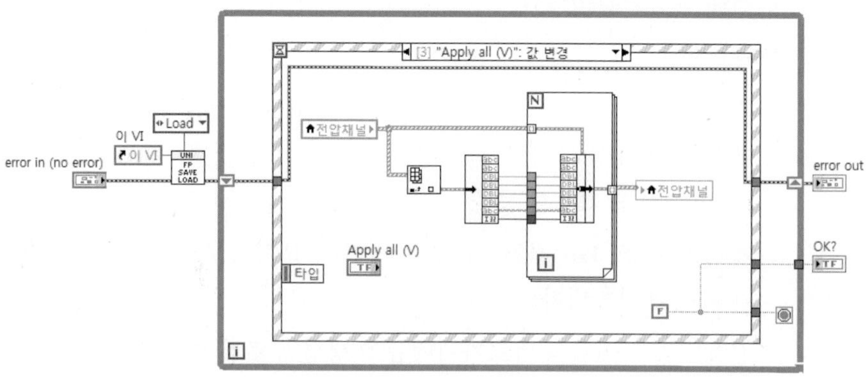

[그림 5-4-7-5]

6. 프런트패널에서 [그림 5-4-7-6]과 같이 커넥터 연결하고 아래와 같이 보이도록 프런트패널의 크기를 조정합니다.

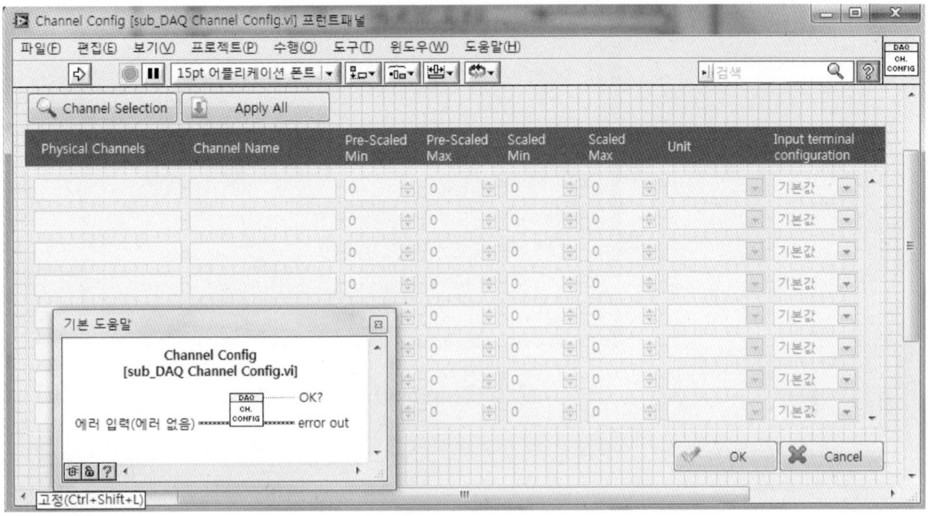

[그림 5-4-7-6]

7. <테스트> : VI를 실행하고 Channel Selection 버튼과 Apply All 버튼을 클릭했을 때, 구현한 기능들이 정상적으로 동작하는지 확인합니다. [그림 5-4-1, 5-4-2]를 참조합니다. 그리고 OK 버튼을 클릭하고 VI를 다시 실행했을 때 마지막에 설정한 채널 값을 읽어 프런트패널에 업데이트하는지 확인합니다.

8. 완성된 블록다이어그램에 주석을 추가합니다.

9. sub_DAQ Channel Config.vi를 저장하고 닫습니다.

5.5 Timing Config 기능 구현

[그림 5-5-1]과 같이 샘플링 정보, 클럭, 트리거, 파일 헤더를 설정하는 기능을 구현합니다. 이 기능은 [그림 5-2-1-2]에서 Timing Config 버튼을 클릭하면 수행될 기능입니다.

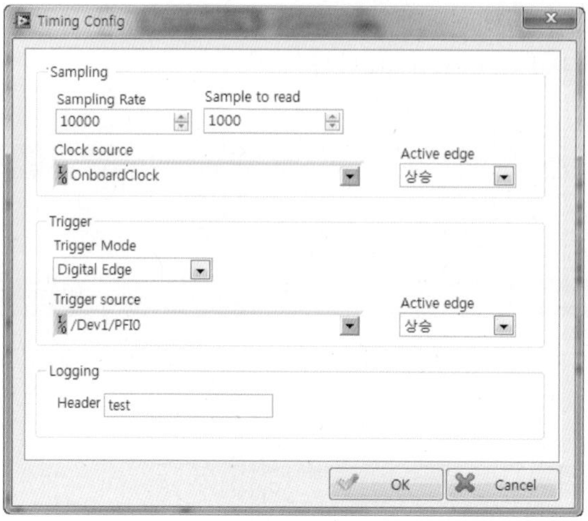

[그림 5-5-1] 타이밍 설정 화면

[실습 5-5-1] sub_DAQ Timing Config.vi를 구현합니다.

2.7.6장을 먼저 읽고 다음 실습을 따라 만들고, 실습을 완성한 후 다시 한 번 2.7.6장을 읽어 보면 이해에 도움이 됩니다.

1. 다운받은 Project₩SubVIs₩DAQ 폴더에 있는 sub_DAQ Timing Config.vi 는 프런트패널 디자인만 완성되어 있는 상태입니다.

2. sub_DAQ Timing Config.vi 는 프런트패널의 컨트롤들의 값이 변경되었을 때만 동작하도록 합니다. 따라서 가장 적합한 사용자 인터페이스 이벤트 핸들러 디자인 패턴을 구현합니다.

- 블록다이어그램에 **While 루프** 안에 **이벤트 구조**를 놓습니다.
- **이벤트 구조**의 **바로가기메뉴 > 이 케이스에 의해 핸들되는 이벤트 편집...**을 선택합니다.
- **Cancel: 값 변경**을 먼저 설정하고 **이벤트 추가** 버튼을 이용하여 <**이 VI**>**: 패널 닫기**를 추가하여 설정을 완료합니다.
- Cancel 터미널을 이벤트 케이스 안에 놓고, **참 상수**를 **While 루프**의 조건 터미널에 연결합니다.
- **OK : 값 변경** 이벤트를 추가하고 OK 터미널을 이벤트 케이스 안으로 이동시키고, **참 상수**를 **While 루프**의 조건 터미널에 연결합니다.

3. **OK : 값 변경** 이벤트를 완성합니다. 이 이벤트의 기능은 OK 버튼을 클릭하면 프런트패널에서 설정한 모든 컨트롤 값들을 파일에 저장합니다. 이 저장한 값들은

sub_DAQ Timing Config.vi를 처음 열었을 때 마지막 설정한 값이 저장된 파일을 불러와서 프런트패널을 설정할 때 사용합니다.

- 프로젝트 탐색기에서 내 컴퓨터 > SubVIs > DAQ > sub_Save Load FP.vi를 2개 가져옵니다.
- **함수 팔레트**에서 **VI 서버 참조**를 2개 가져옵니다. 이는 sub_DAQ Timing Config.vi를 가리키게 됩니다.
- 노드들의 파라미터들의 **바로가기메뉴** > **생성** > **상수** 선택하여 [그림 5-5-1-1]과 같이 완성합니다.

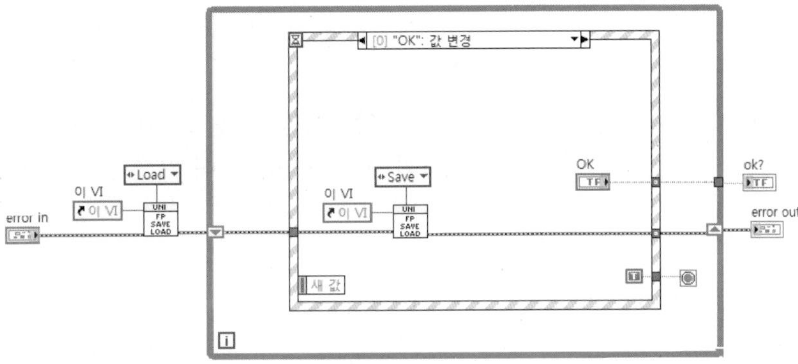

[그림 5-5-1-1]

- 프로젝트 탐색기에서 내 컴퓨터 > SubVIs > General > global_Channel Property .vi를 열어서 프로젝트 탐색기의 내 컴퓨터 > Controls > DAQ Logging Config.ctl, DAQ Sampling Config ctl, DAQ Trigger Config 을 하나씩 가져다 놓고 저장한 후에 닫습니다.

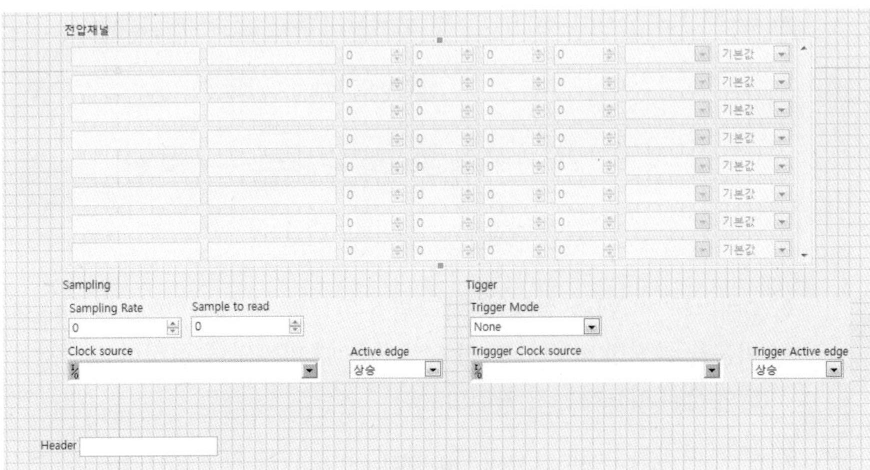

[그림 5-5-1-2]

- global_Channel Property .vi를 3개 블록다이어그램에 추가하여 [그림 5-5-1-3]과 같이 연결하여 완성합니다. 이 글로벌 변수는 다른 vi들에서 사용하게 됩니다.

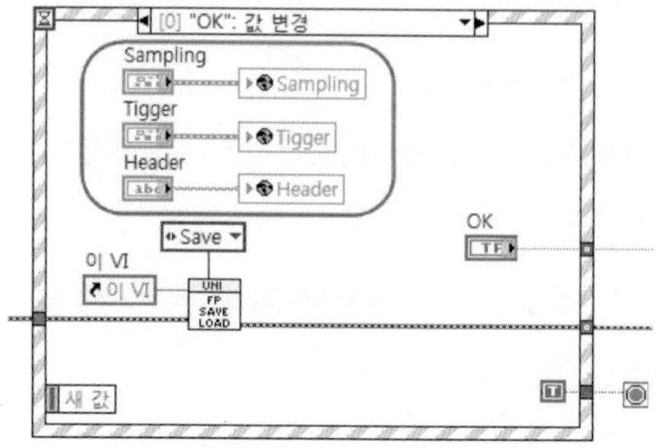

[그림 5-5-1-3]

4. <Cancel : 값 변경, 패널 닫기>이벤트를 [그림 5-5-1-4]와 같이 수정합니다. 이 이벤트의 기능은 취소나 창 닫기 버튼을 눌렀을 때 VI를 종료합니다.

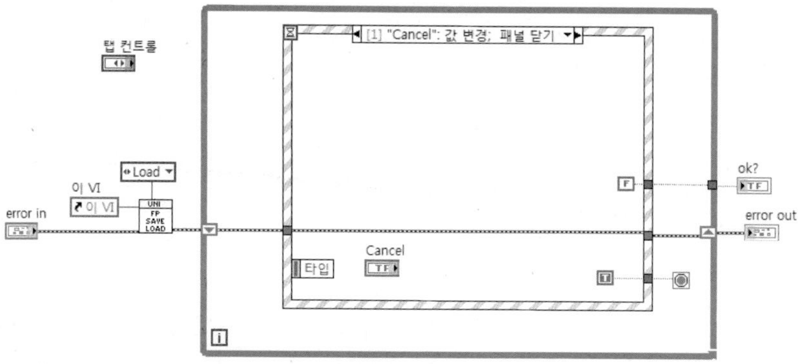

[그림 5-5-1-4]

5. [그림 5-5-1-5]와 같이 커넥터 연결합니다.

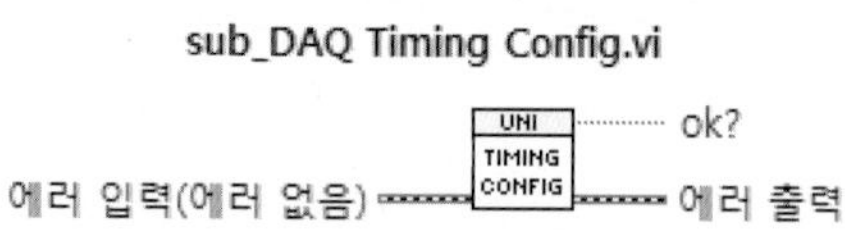

[그림 5-5-1-5]

6. <테스트 > : VI를 실행하고 [그림 5-5-1]과 같은 화면이 나타나는지 확인하고, OK 버튼을 클릭하고 VI를 다시 실행했을 때 마지막에 설정한 채널값을 읽어 프런트패널에 업데이트하는지 확인합니다.

7. 주석 처리하고 sub_DAQ Timing Config.vi를 저장합니다.

5.6 아날로그 측정 기능 구현

데이터 수집 중 아날로그 신호 측정 기능 즉, 아날로그 입력 기능을 구현합니다. 데이터 수집 기능에 대한 자세한 정보는 **LabVIEW의 정석(기본편) 9.6장**과 **9.7장**을 참조하세요. 이 subVI는 [그림 5-2-1-2]에서 DAQ Start 버튼과 DAQ Stop 버튼 기능을 구현할 때 사용됩니다.

[실습 5-6-1] sub_Analog Input.vi를 구현합니다.

2.7.7장과 2.7.8장을 먼저 읽고 다음 실습을 따라 만들고, 실습을 완성한 후 다시 한 번 2.7.7장과 2.7.8장을 읽어 보면 이해에 도움이 됩니다.

이 subVI는 아날로그 입력에 관련된 모든 기능을 하나의 VI에 구현하고, 마지막 값을 저장한 뒤 다음 번 실행 때 사용합니다. 서로 다른 VI들 간에 데이터를 공유할 수 있는 글로벌 변수의 기능을 가진 기능적 글로벌 변수로 만들 것입니다. 기능적 글로벌 변수에 대한 자세한 정보는 **LabVIEW의 정석(기본편) 8.8장**을 참조하세요.

1. 프로젝트 탐색기에서 내 컴퓨터 > SubVIs > DAQ의 **바로가기메뉴 > 새로 만들기 > VI**을 선택합니다. 생성된 VI를 다운받은 Project₩SubVIs₩DAQ 폴더에 sub_Analog Input.vi로 저장합니다.

2. sub_Analog Input.vi의 프런트패널 일부를 구현합니다.

- 시스템 열거형, 에러 입력 3D, 에러 출력 3D를 추가합니다.
- 시스템 열거형의 **바로가기메뉴 > 아이템 편집...**을 선택하여 [그림 5-6-1-1]과 같이 아이템을 추가하고 라벨도 수정합니다.

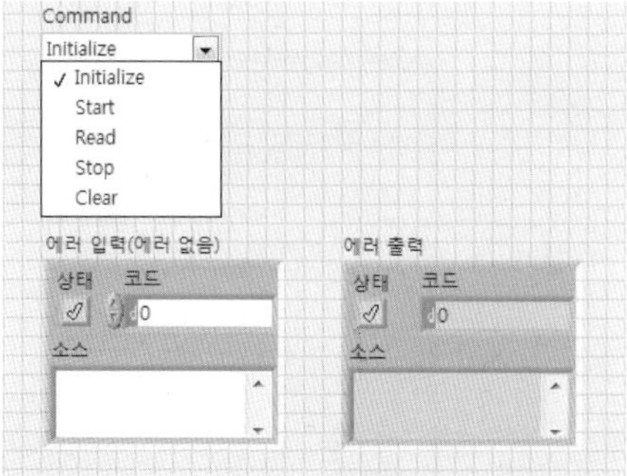

[그림 5-6-1-1]

3. sub_Analog Input.vi는 기능적 글로벌 변수로 만듭니다.

- **While 루프**, **케이스 구조**, **참 상수**를 추가합니다.
- [그림 5-6-1-2]와 같이 연결한 후 케이스 구조의 **바로가기메뉴** > **모든 값에 대한 케이스 추가**를 선택합니다.

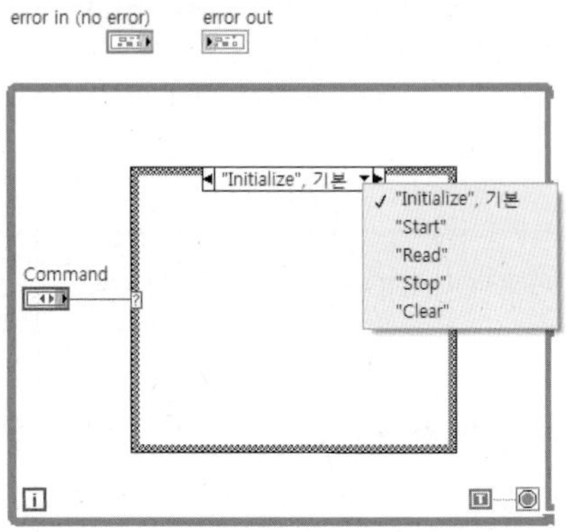

[그림 5-6-1-2]

4. 채널 생성 및 설정하는 sub_Create AI Channel.vi를 생성합니다.

- 프로젝트 탐색기에서 내 컴퓨터 > SubVIs > DAQ의 **바로가기메뉴** > **새로 만들기** > **VI**을 선택합니다. 생성된 VI를 다운받은 Project₩SubVIs₩DAQ 폴더에 sub_Create AI Channel.vi로 저장합니다.
- **DAQmx 태스크 생성.vi**를 추가합니다.
- 프로젝트 탐색기에서 내 컴퓨터 > SubVIs > General > global_Channel Property.vi를 드래그해서 블록다이어그램에 가져다 놓고, '전압 채널' 로 설정하고 **바로가기메뉴** > **읽기**로 변경을 선택합니다.
- **배열 크기.vi**, **0과 같지 않음?.vi**, **케이스 구조**, **For 루프**, **이름으로 풀기.vi**를 추가하고 [그림 5-6-1-3]과 같이 완성합니다.

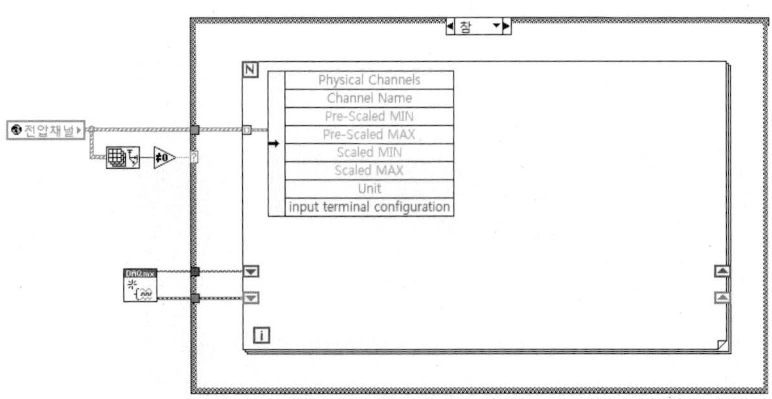

[그림 5-6-1-3]

- **DAQmx 스케일 생성.vi, DAQmx 버추얼 채널 생성.vi**를 추가하여 [그림 5-6-1-4]와 같이 설정 및 와이어링합니다.

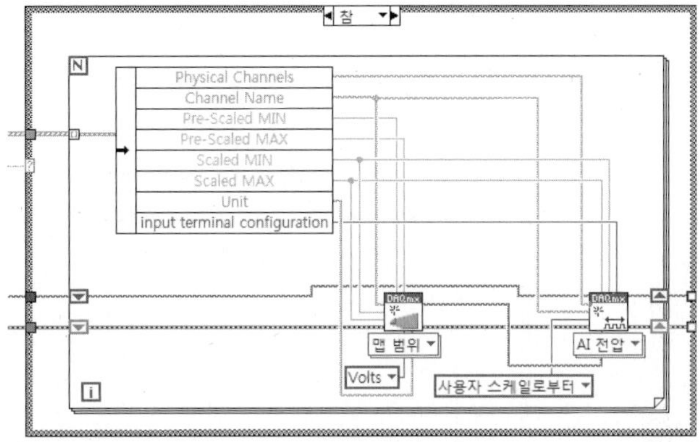

[그림 5-6-1-4]

- [그림 5-6-1-5]와 같이 해당 위치에서 **바로가기메뉴 > 생성** 기능을 이용하여 컨트롤과 인디케이터 등을 만든 후 라벨을 수정하고 다음과 같이 와이어링합니다.

[그림 5-6-1-5]

- 가장 바깥쪽에 **케이스 구조**를 추가하고, error in 터미널을 케이스의 선택자 터미널에 연결합니다.
- 에러 케이스는 에러 입출력만 연결합니다.

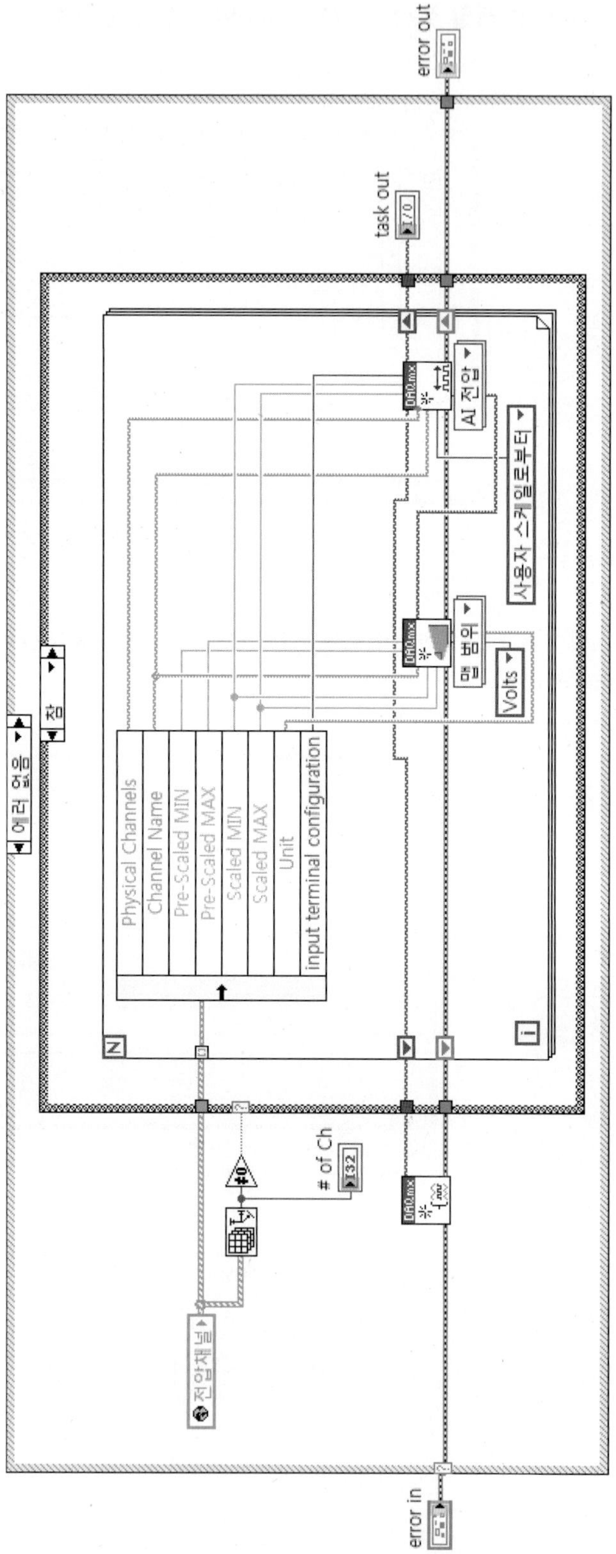
error out
task out
에러 없음
참
Physical Channels
Channel Name
Pre-Scaled MIN
Pre-Scaled MAX
Scaled MIN
Scaled MAX
Unit
input terminal configuration
AI 전압
사용자 스케일로부터
맵 범위
Volts
# of Ch
전압채널
error in

[그림 5-6-1-6]

- 아이콘 디자인하고 [그림 5-6-1-7]처럼 커넥터 연결합니다.

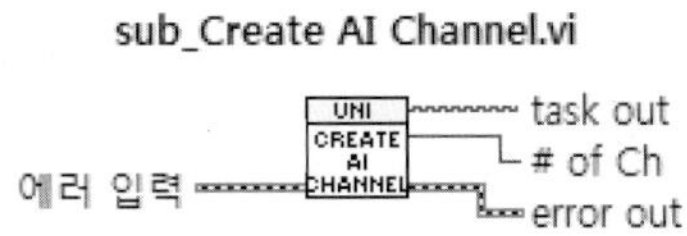

[그림 5-6-1-7]

- 주석을 추가하고 sub_Create AI Channel.vi를 저장하고 닫습니다.

5. sub_Analog Input.vi의 Initialize 케이스를 구현합니다.

- 4번에서 만든 sub_Create AI Channel.vi를 불러옵니다.
- 프로젝트 탐색기에서 내 컴퓨터 > SubVIs > General > global_Channel Property .vi를 드래그 해서 블록다이어그램에 2개 가져다 놓고, 각각 'Trigger', 'Sampling'로 설정하고 **바로가기메뉴 > 읽기로 변경**을 선택합니다.
- **이름으로 풀기.vi**, **DAQmx 타이밍.vi**, **케이스 구조**를 추가하고 [그림 5-6-1-8]과 같이 완성합니다. 생성된 케이스는 [그림 5-6-1-8]과 같이 선택자 터미널에 와이어링을 하면 자동 생성됩니다.

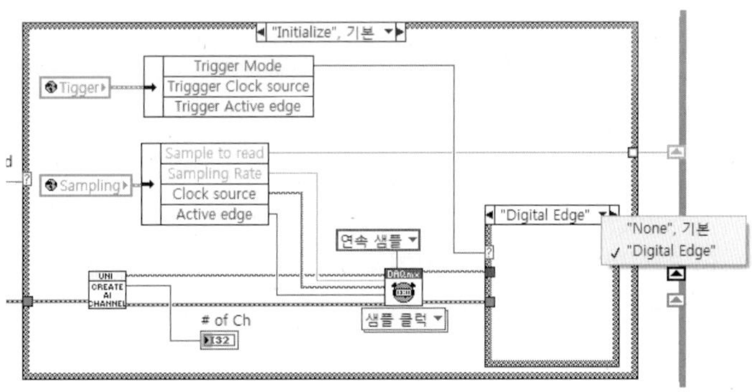

[그림 5-6-1-8]

- Digital Edge 케이스에 **DAQmx 트리거.vi**를 추가하여 [그림 5-6-1-9]와 같이 설정 및 와이어링합니다. "None" 기본 케이스는 태스크와 에러 클러스터만 연결해 줍니다.

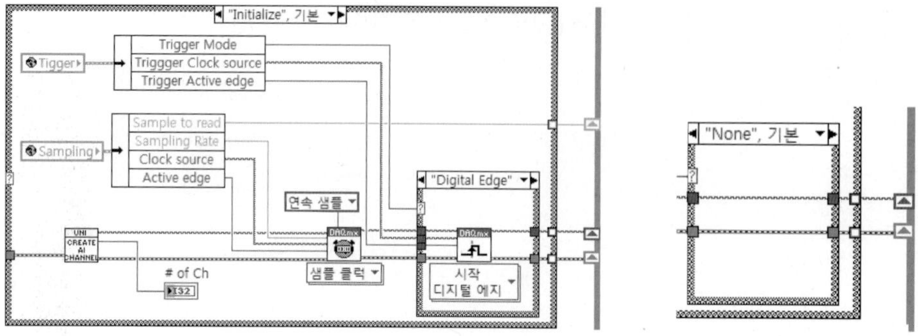

[그림 5-6-1-9]

6. Start케이스에 **DAQmx 태스크 시작.vi**를 추가하여 [그림 5-6-1-10]과 같이 구현합니다.

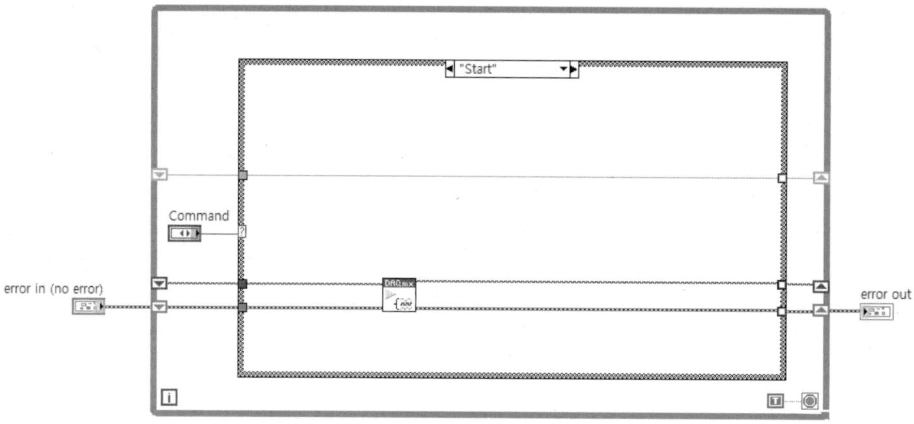

[그림 5-6-1-10]

7. Read 케이스에 **DAQmx 읽기.vi**를 추가하고 [그림 5-6-1-11]과 같이 설정하고 **바로가기메뉴** > **생성** > **인디케이터**를 선택합니다.

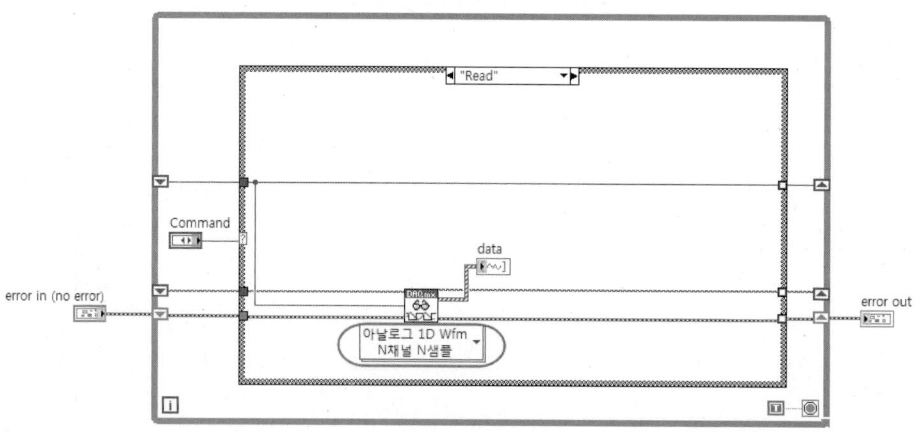

[그림 5-6-1-11]

8. Stop 케이스에 **DAQmx 태스크 정지.vi**를 추가하여 [그림 5-6-1-12]와 같이 구현합니다.

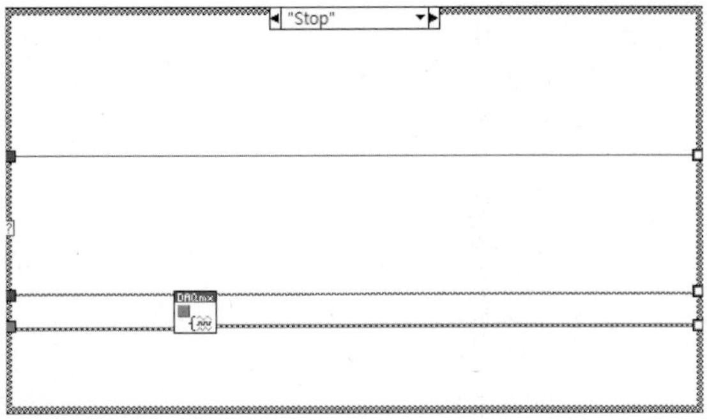

[그림 5-6-1-12]

9. Clear 케이스에 **DAQmx 태스크 지우기.vi**를 추가하여 [그림 5-6-1-13]과 같이 구현합니다.

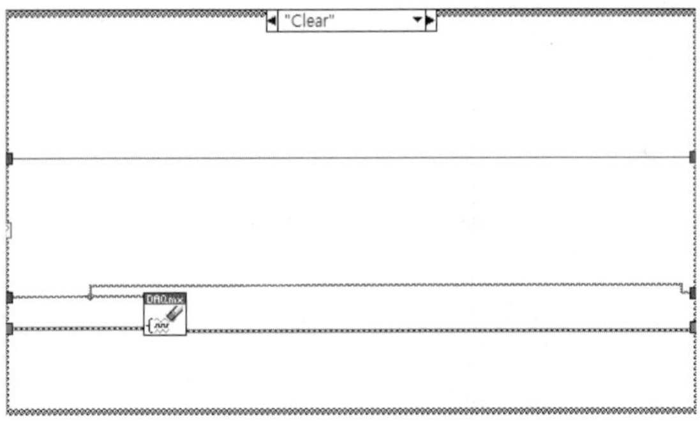

[그림 5-6-1-13]

10. 가장 바깥쪽에 **케이스 구조**를 추가하고, error in 터미널을 케이스의 선택자 터미널에 연결합니다.

11. 에러 케이스는 에러 입출력만 연결합니다.

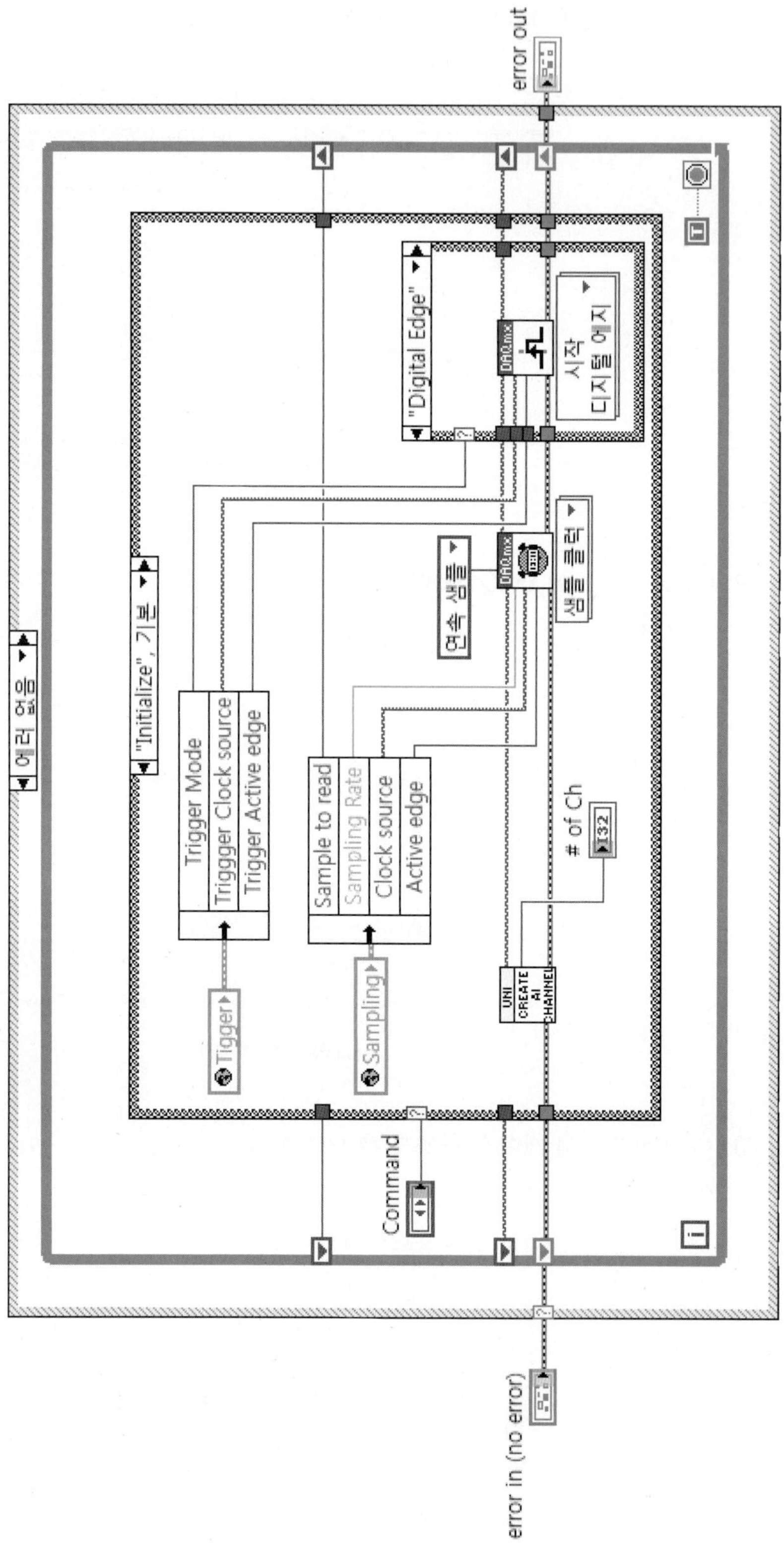
error out
"Digital Edge"
시작
디지털 에지
"Initialize", 기본
에러 없음
연속 샘플
샘플 클럭
Trigger Mode
Trigger Clock source
Trigger Active edge
Sample to read
Sampling Rate
Clock source
Active edge
# of Ch
I32
Tigger
Sampling
UNI
CREATE
AI
CHANNEL
Command
error in (no error)

[그림 5-6-1-14]

12. 아이콘 디자인하고 [그림 5-6-1-15]처럼 커넥터를 연결합니다.

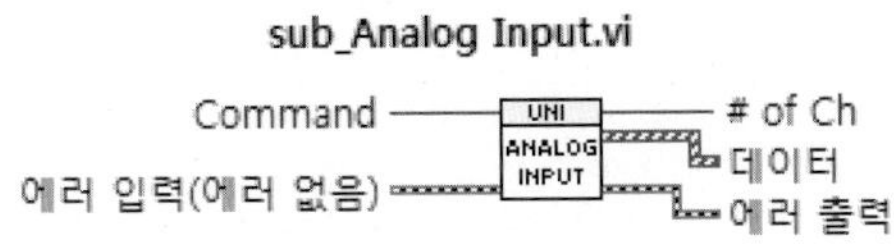

[그림 5-6-1-15]

13. 주석을 추가하고 sub_Analog Input.vi를 저장하고 닫습니다.

5.7 TDMS 파일 저장 기능 구현

데이터 수집 중 [그림 5-2-1-2]에서 Save 버튼을 클릭하면 측정하는 데이터를 파일로 저장합니다. 이 때 파일 포맷은 TDMS를 사용합니다. TDMS에 대한 자세한 정보는 **LabVIEW의 정석(기본편) 6.6장**을 참조하세요.

[실습 5-7-1] sub_TDMS File Path.vi를 구현합니다.

2.7.9장을 먼저 읽고 다음 실습을 따라 만들고, 실습을 완성한 후 다시 한 번 2.7.9장을 읽어 보면 이해에 도움이 됩니다.

이 subVI는 데이터를 저장할 경로를 지정하는 기능을 위한 subVI입니다. 데이터 파일을 저장할 위치는 다운받은 Project₩Data폴더에 '헤더_a월b일c분d초.tdms' 이름으로 저장합니다. 파일명의 날짜와 시간 데이터는 파일을 저장할 때의 날짜와 시간을 파일명으로 사용합니다.

1. 프로젝트 탐색기에서 내 컴퓨터 > SubVIs > TDMS의 **바로가기메뉴** > **새로 만들기** > **VI**을 선택합니다. 생성된 VI를 다운받은 Project₩SubVIs₩TDMS 폴더에 sub_TDMS File Path.vi로 저장합니다.
2. sub_TDMS File Path.vi의 프런트패널을 구현합니다.

- 파일 경로 컨트롤, 파일 경로 인디케이터, 문자열 컨트롤 2개, 에러 입력 3D, 에러 출력 3D를 추가합니다.
- 라벨을 [그림 5-7-1-1]과 같이 수정합니다.

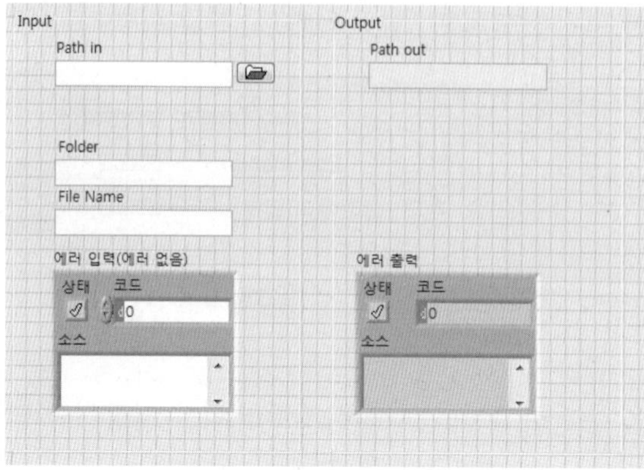

[그림 5-7-1-1]

- 아이콘 디자인과 커넥터를 연결합니다.

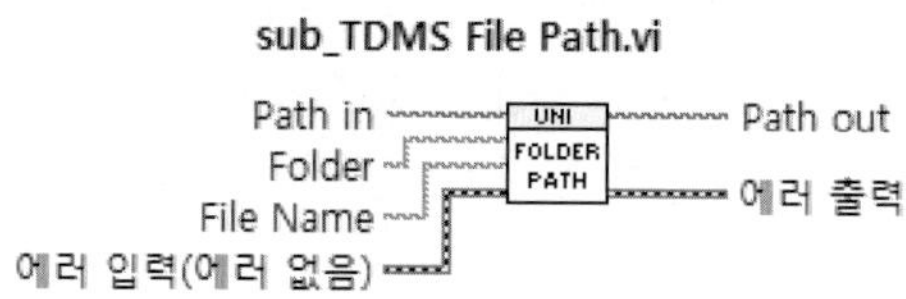

[그림 5-7-1-2]

3. sub_TDMS File Path.vi의 블록다이어그램을 구현합니다.

- **프로퍼티 노드**를 추가하고 **바로가기메뉴** > **프로퍼티 선택** > **어플리케이션** > **종류**를 선택합니다. 이것은 현재 실행하는 vi가 exe 실행되는지 vi 상태로 실행되는지 알려줍니다.
- **케이스 구조**를 추가하고, 위의 프로퍼티 출력을 케이스의 선택자 터미널에 연결한 후 **바로가기메뉴** > **모든 값에 대한 케이스 추가**를 선택합니다.

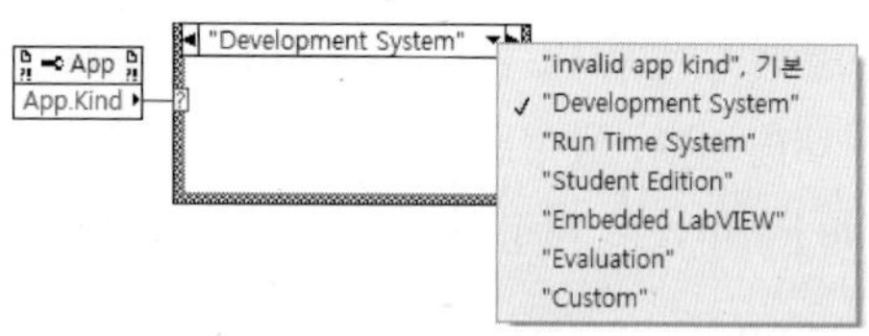

[그림 5-7-1-3]

- Development System 케이스에서 숫자형 상수 3을 추가하고 출력 터널을 만듭니다. 이것은 vi 상태로 실행되는 것을 의미하고, 측정한 데이터를 저장할 위치는 …₩Project ₩SubVIs₩TDMS₩sub_TDMS File Path.vi에서 3번 경로를 분리시켜 …₩Project ₩Data 폴더에 저장할 것입니다. 따라서 3을 입력한 것입니다.

[그림 5-7-1-4]

- Run Time System에는 4를 출력 터널에 연결합니다. Run Time System은 exe 상태로 실행되는 것을 의미하고, vi를 exe로 변경하게 되면 파일 경로가 …₩Project₩SubVIs₩TDMS₩*.exe₩sub_TDMS File Path.vi로 변경되고 4번 경로를 분리시켜 …₩Project₩Data 폴더에 저장할 것입니다. 따라서 4을 입력한 것입니다.
- 출력 터널의 **바로가기메뉴 > 연결되지 않으면 기본값 사용**을 선택합니다. 즉, 연결 안한 케이스는 '0' 이 출력됩니다.

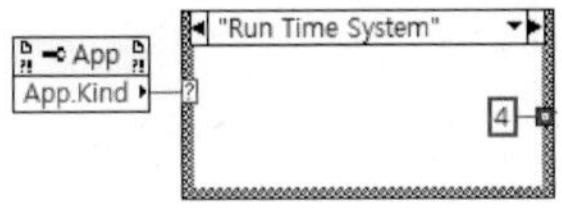

[그림 5-7-1-5]

- **For 루프, 경로 분리.vi, 같음?.vi, 경로 만들기.vi, 케이스 구조, 빈 문자열 상수**를 추가하여 [그림 5-7-1-6]과 같이 구현합니다. 참 케이스는 파일 경로만 연결합니다.

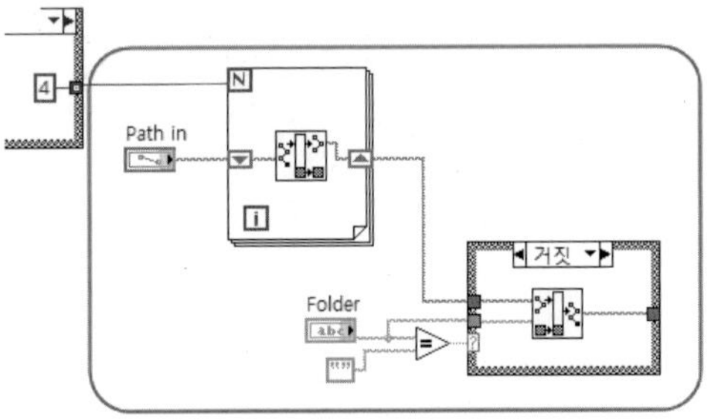

[그림 5-7-1-6]

- **케이스 구조, 같음?.vi, 빈 문자열 상수, 경로 만들기.vi**를 추가하고 [그림 5-7-1-7]과 같이 구현합니다. 참 케이스는 파일 경로만 연결합니다.

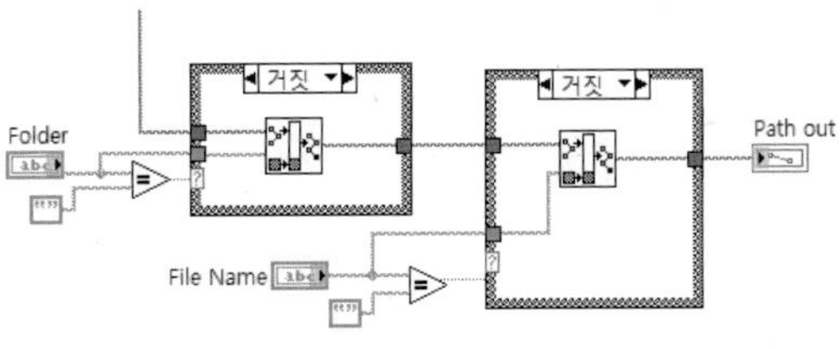

[그림 5-7-1-7]

- 가장 바깥쪽에 **케이스 구조**를 추가하고, error in(no error) 터미널을 케이스의 선택자 터미널에 연결합니다.
- 에러 케이스는 에러 입출력만 연결합니다.
- 완성된 블록다이어그램에 주석을 추가합니다.

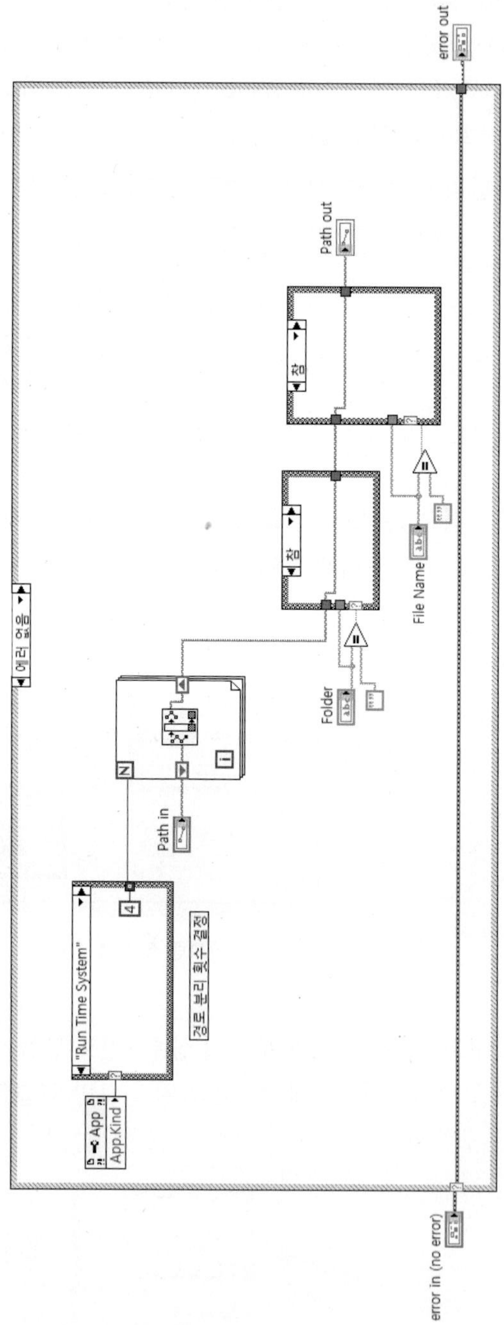

[그림 5-7-1-8]

4. sub_TDMS File Path.vi를 저장하고 닫습니다.

sub_TDMS FGV.vi를 구현합니다. 이 subVI는 TDMS 파일 초기화, 쓰기, 닫기 기능을 모두 구현합니다. 서로 다른 VI들 간에 데이터를 공유할 수 있는 글로벌 변수의 기능을 가진 기능적 글로벌 변수로 만들 것입니다.

[실습 5-7-2] sub_TDMS FGV.vi를 구현합니다.

2.7.10장을 먼저 읽고 다음 실습을 따라 만들고, 실습을 완성한 후 다시 한 번 2.7.10장을 읽어 보면 이해에 도움이 됩니다.

1. 프로젝트 탐색기에서 내 컴퓨터 > SubVIs > TDMS의 **바로가기메뉴** > **새로 만들기** > **VI**을 선택합니다. 생성된 VI를 다운받은 Project₩SubVIs₩TDM 폴더에 sub_TDMS_FGV.vi로 저장합니다.

2. sub_TDMS_FGV.vi의 프런트패널을 구현합니다.

- 시스템 열거형, 시스템 문자열 2개, 에러 입력 3D, 에러 출력 3D를 추가합니다.
- 웨이브폼 배열을 만듭니다. 웨이브폼은 컨트롤 팔레트의 검색 기능을 이용하여 '웨이브폼'을 키워드에 입력하면 검색 가능합니다. 단, 원소를 활성화는 하지않습니다. 배열에 관한 자세한 정보는 **LabVIEW의 정석(기본편) 3.4장**을 참조하세요.
- 시스템 열거형의 **바로가기메뉴** > **아이템 편집...**을 선택하여 [그림 5-7-2-1]과 같이 아이템을 추가하고 라벨도 수정합니다.
- 나머지 컨트롤과 인디케이터들도 다음과 같이 라벨을 수정합니다.

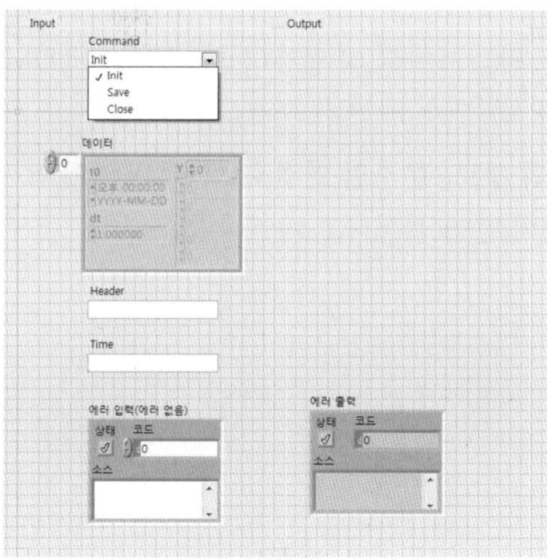

[그림 5-7-2-1]

- 아이콘 디자인과 커넥터를 연결합니다.

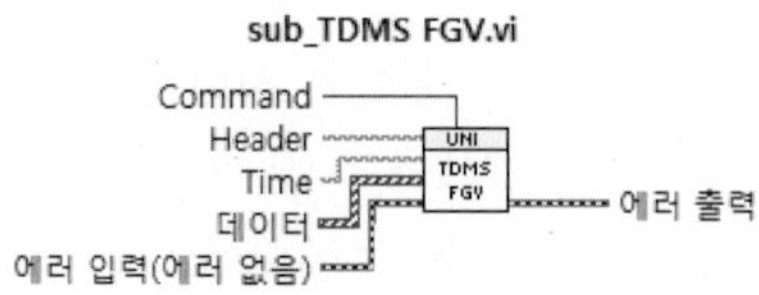

[그림 5-7-2-2]

3. sub_TDMS_FGV.vi의 디자인 패턴을 기능적 글로벌 변수로 구현합니다.

- **While 루프**, **케이스 구조**, **참 상수**를 추가합니다.
- [그림 5-7-2-3]과 같이 연결한 후 **케이스 구조**의 **바로가기메뉴** > **모든 값에 대한 케이스 추가**를 선택합니다.

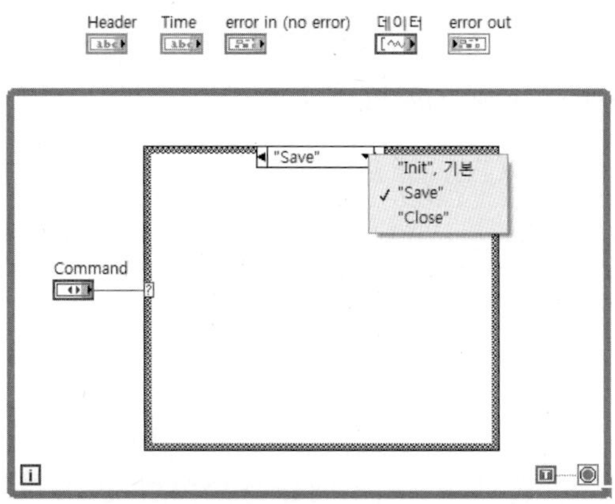

[그림 5-7-2-3]

4. Init 케이스를 구현합니다.

- 프로젝트 탐색기에서 내 컴퓨터 > SubVIs > TDMS > sub_TDMS File Path.vi를 불러옵니다.
- **현재 VI의 경로**, **문자열 연결.vi**, **TDMS 열기.vi**, **TDMS 쓰기.vi**를 추가하고 [그림 5-7-2-4]와 같이 설정하고 와이어링합니다.

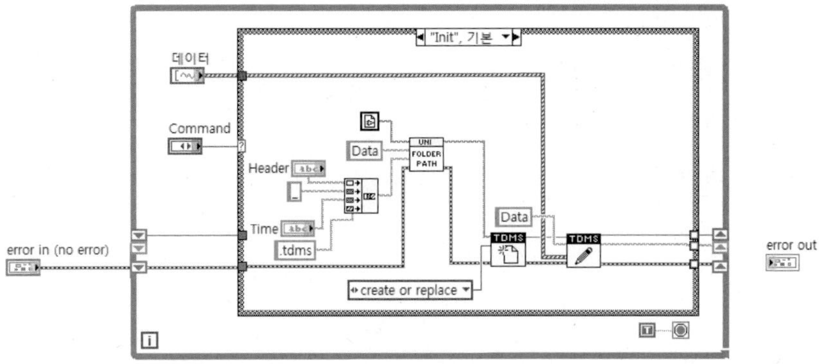

[그림 5-7-2-4]

5. Save 케이스를 구현합니다.

- **TDMS 쓰기.vi**를 추가하여 [그림 5-7-2-5]와 같이 연결합니다.

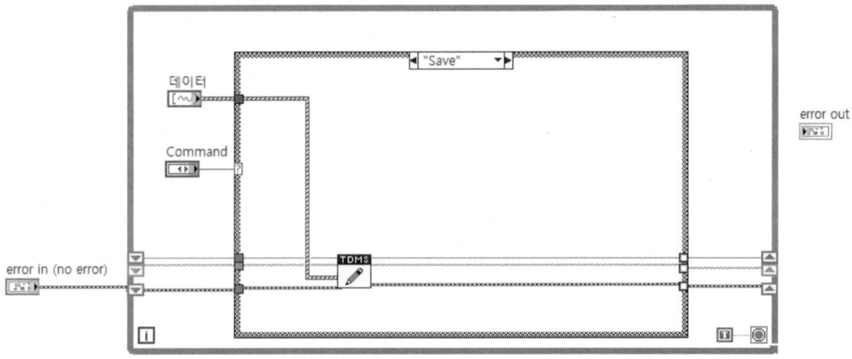

[그림 5-7-2-5]

6. Close 케이스를 구현합니다.

- **TDMS 닫기.vi**를 추가하여 [그림 5-7-2-6]과 같이 연결합니다.

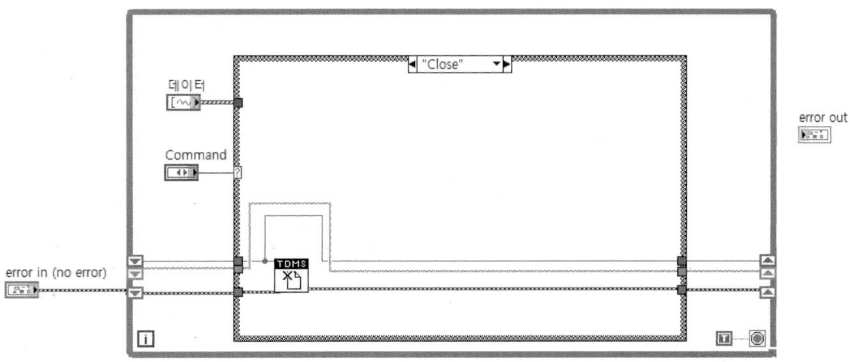

[그림 5-7-2-6]

7. subVI의 에러 핸들링을 위한 코드를 구현합니다.

- 가장 바깥쪽에 **케이스 구조**를 추가하고, error in(no error) 터미널을 케이스의 선택자 터미널에 연결합니다.
- 에러 케이스는 에러 입출력만 연결합니다.
- 완성된 블록다이어그램에 주석을 추가합니다.

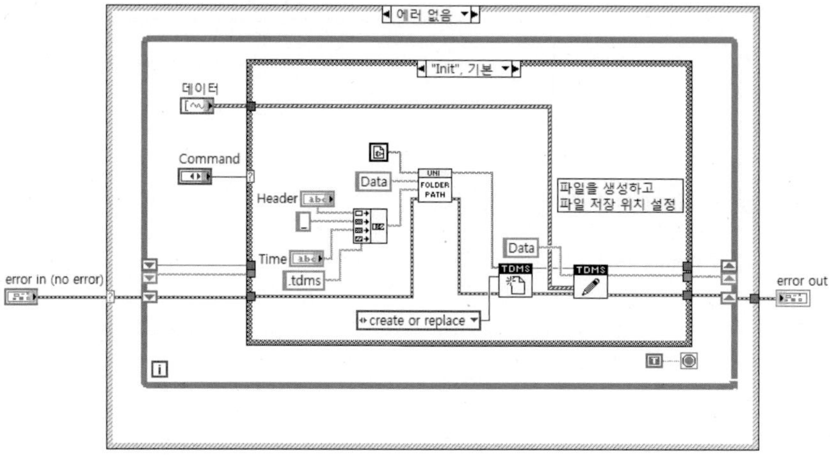

[그림 5-7-2-7]

8. sub_TDMS_FGV.vi를 저장하고 닫습니다.

sub_Boolean Changed.vi를 구현합니다. 이 subVI는 불리언 버튼의 값이 변경 유무를 체크합니다. 즉, [그림 5-2-1-2]에서 Save 버튼의 상태 변화가 있는지를 감지하여 저장할 것인지 저장하지 않을 것인지를 판단하게 됩니다.

[실습 5-7-3] sub_Boolean Changed.vi를 구현합니다.

2.7.11장을 먼저 읽고 다음 실습을 따라 만들고, 실습을 완성한 후 다시 한 번 2.7.11장을 읽어 보면 이해에 도움이 됩니다.

1. 프로젝트 탐색기에서 내 컴퓨터 > SubVIs > General의 **바로가기메뉴** > **새로 만들기** > **VI**을 선택합니다. 생성된 VI를 다운받은 Project₩SubVIs₩General 폴더에 sub_Boolean Changed.vi로 저장합니다.
2. sub_Boolean Changed.vi의 프런트패널을 구현합니다.

- 불리언 버튼, 원형 LED를 추가하고 [그림 5-7-3-1]과 같이 라벨을 수정합니다.
- 아이콘 디자인과 커넥터를 연결합니다.

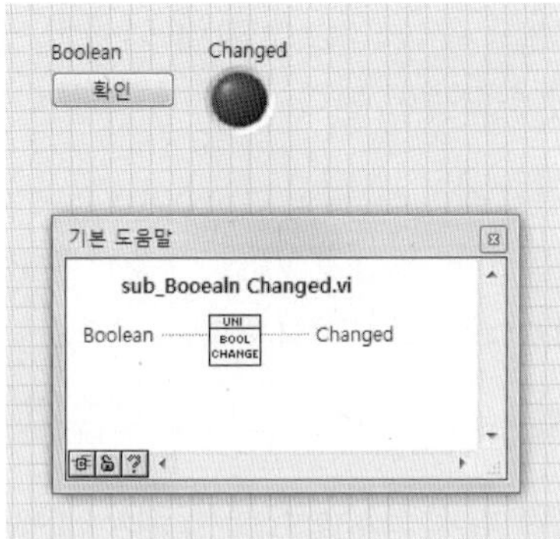

[그림 5-7-3-1]

3. sub_Boolean Changed.vi의 블록다이어그램을 구현합니다.

- **While 루프**, **참 상수**, **같지 않음?.vi**, **첫 번째 호출?.vi**, **복합 연산.vi**를 추가합니다.
- **복합 연산.vi**의 **바로가기메뉴** > **모드 변경** > AND를 선택하고, 두 번째 입력의 **바로가기메뉴** > **반전**을 선택합니다.
- [그림 5-7-3-2]와 같이 연결합니다. Boolean의 값이 이전 값과 다르면서 이 subVI가 첫 번째 호출이 아니면 Changed에 참 값이 출력됩니다.

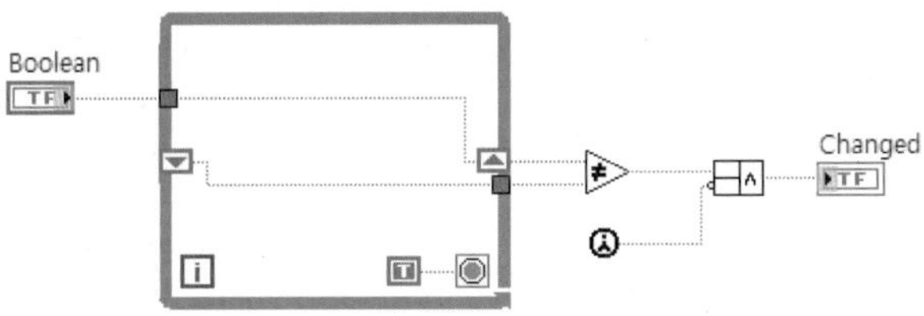

[그림 5-7-3-2]

- 완성된 블록다이어그램에 주석을 추가합니다
- sub_Boolean Changed.vi를 저장하고 닫습니다.

sub_TDMS Save Data.vi를 구현합니다. 이 subVI는 [그림 5-2-1-2]에서 Save 버튼을 클릭하면 측정하는 데이터를 TDMS 포맷의 파일로 저장하는 기능입니다.

[실습 5-7-4] sub_TDMS Save Data.vi를 구현합니다.

2.7.12장을 먼저 읽고 다음 실습을 따라 만들고, 실습을 완성한 후 다시 한 번 2.7.12장을 읽어 보면 이해에 도움이 된다.

1. 프로젝트 탐색기에서 내 컴퓨터 > SubVIs > TDMS의 **바로가기메뉴** > **새로 만들기** > **VI**을 선택합니다. 생성된 VI를 다운받은 Project₩SubVIs₩TDMS 폴더에 sub_TDMS Save Data.vi로 저장합니다.

2. sub_TDMS Save Data.vi의 프런트패널을 구현합니다.

- 누름 버튼, 에러 입력 3D, 에러 출력 3D, 웨이브폼 배열를 추가합니다.
- 라벨을 [그림 5-7-4-1]과 같이 수정합니다
- 아이콘 디자인과 커넥터를 연결합니다.

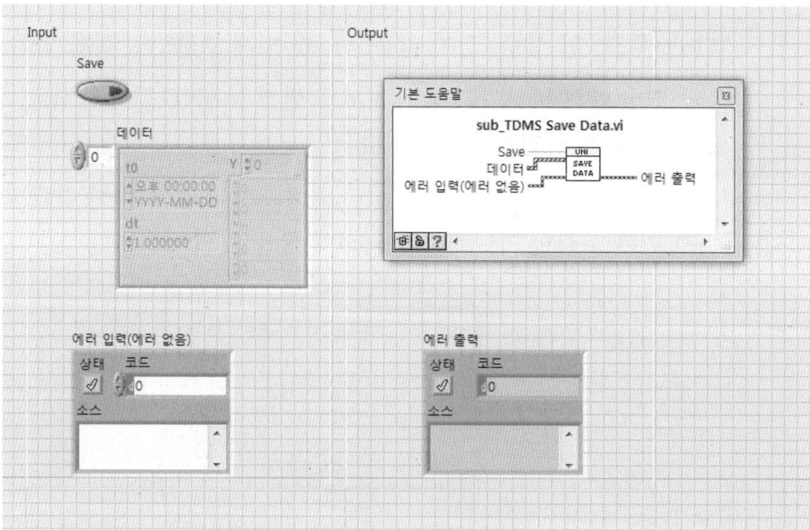

[그림 5-7-4-1]

3. sub_Boolean Changed.vi의 전체 구조를 구현합니다.

- 프로젝트 탐색기에서 내 컴퓨터 > SubVIs > General > sub_Boolean Changed.vi를 불러옵니다.
- **케이스 구조** 3개를 추가하여 다음과 같이 연결합니다. 나머지 하나는 바깥쪽에 있는 케이스의 거짓 케이스 안에 위치합니다.

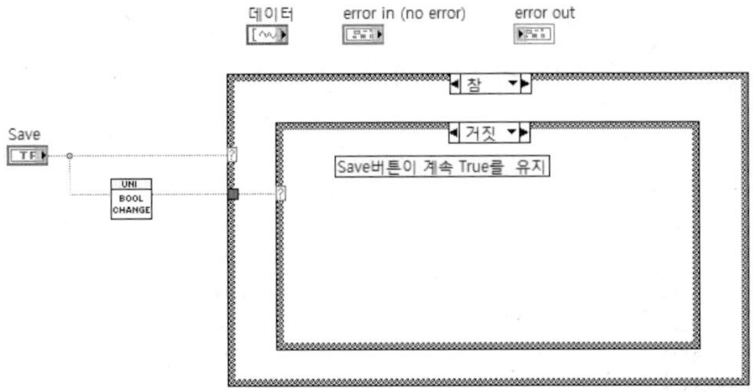

[그림 5-7-4-2]

각 케이스 안에는 다음과 같은 기능을 구현합니다.

바깥 케이스	안쪽 케이스	의미	수행 기능
참	참	Save 버튼이 False → True로 상태 변환	파일을 새로 생성하고 저장을 시작(Initialize)
	거짓	Save 버튼이 True 상태를 유지	데이터 저장을 계속함(Save)
거짓	참	Save 버튼이 True → False로 상태 변환	데이터 저장을 중지하고 파일을 닫음(Close)
	거짓	Save 버튼이 False 상태를 유지	아무런 수행을 하지 않음

[표 5-7-4-1]

4. [표 5-7-4-1]의 첫 번째 케이스를 구현합니다. 파일을 새로 생성하고 저장을 시작하는 기능을 구현합니다.

- 프로젝트 탐색기에서 내 컴퓨터 > SubVIs > TDMS > sub_TDMS FGV.vi와 내 컴퓨터 > SubVIs > General > global_Channel Property.vi를 드래그합니다.
- global_Channel Property.vi의 **바로가기메뉴** > **아이템 선택** > **Header**와 **바로가기메뉴** > **읽기로 변경**을 선택합니다.
- **배열 인덱스vi**, **웨이브폼 구성요소 얻기.vi**, **날짜/시간 문자열로 포맷.vi**를 추가합니다.
- [그림 5-7-4-3]과 같이 연결을 하고 **웨이브폼 구성요소 얻기.vi**의 **바로가기메뉴** > **아이템 선택** > **t0**를 선택합니다.

- **날짜/시간 문자열로 포맷.vi**의 시간 포맷 문자열(%c)파라미터에 '%m월%d일%H시%M분%S초' 를 입력합니다. 이 노드의 도움말을 참조하여 입력한 값의 의미를 살펴보세요.

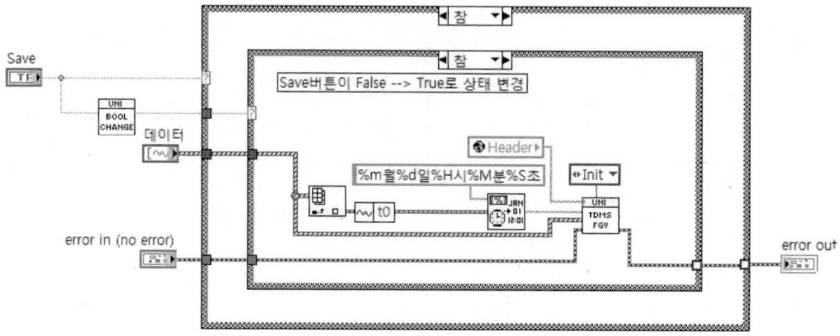

[그림 5-7-4-3]

5. [표 5-7-4-1]의 두 번째 케이스를 구현합니다. 데이터 저장을 계속하는 기능을 구현합니다.

- 프로젝트 탐색기에서 내 컴퓨터 > SubVIs > TDMS > sub_TDMS FGV.vi를 드래그해서 [그림 5-7-4-4]과 같이 구현합니다.

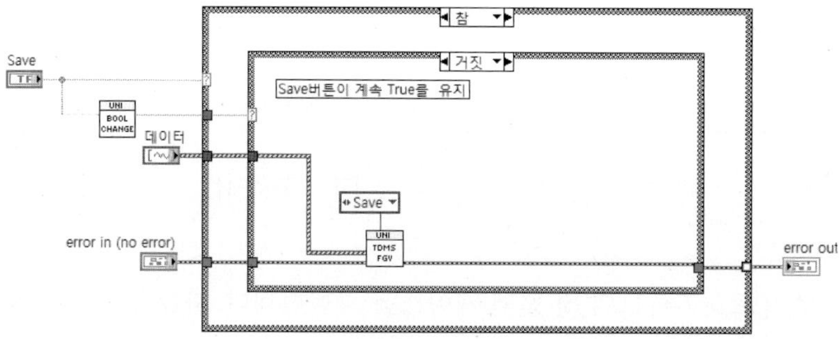

[그림 5-7-4-4]

6. [표 5-7-4-1]의 세 번째 케이스를 구현합니다. 데이터 저장을 중지하고 파일을 닫는 기능을 구현합니다.

- 프로젝트 탐색기에서 내 컴퓨터 > SubVIs > TDMS > sub_TDMS FGV.vi를 드래그해서 [그림 5-7-4-5]와 같이 구현합니다.

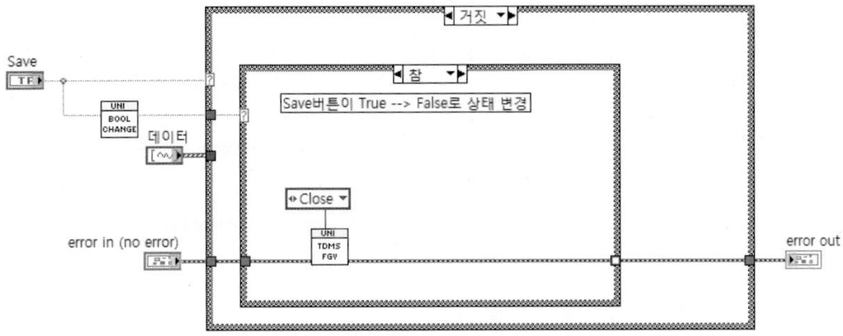

[그림 5-7-4-5]

7. [표 5-7-4-1]의 네 번째 케이스를 구현합니다. 에러 클러스터 라인만 연결합니다.

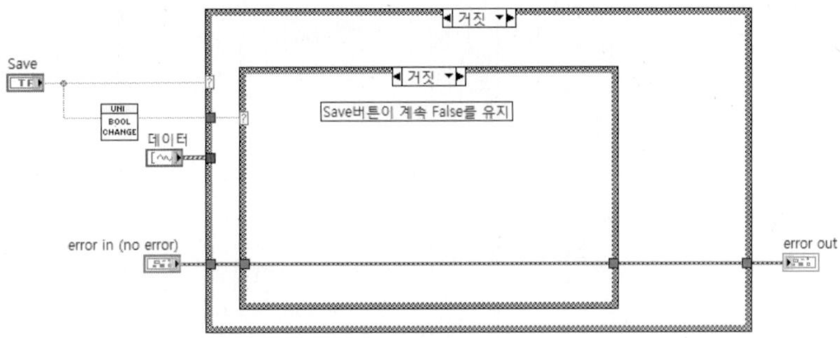

[그림 5-7-4-6]

8. subVI의 에러 핸들링을 위한 코드를 [그림 5-7-4-7]과 같이 구현합니다.

- 가장 바깥쪽에 **케이스 구조**를 추가하고, error in(no error) 터미널을 케이스의 선택자 터미널에 연결합니다.
- 에러 케이스는 에러 입출력만 연결합니다.
- 완성된 블록다이어그램에 주석을 추가합니다.

9. sub_TDMS Save Data.vi를 저장하고 닫습니다.

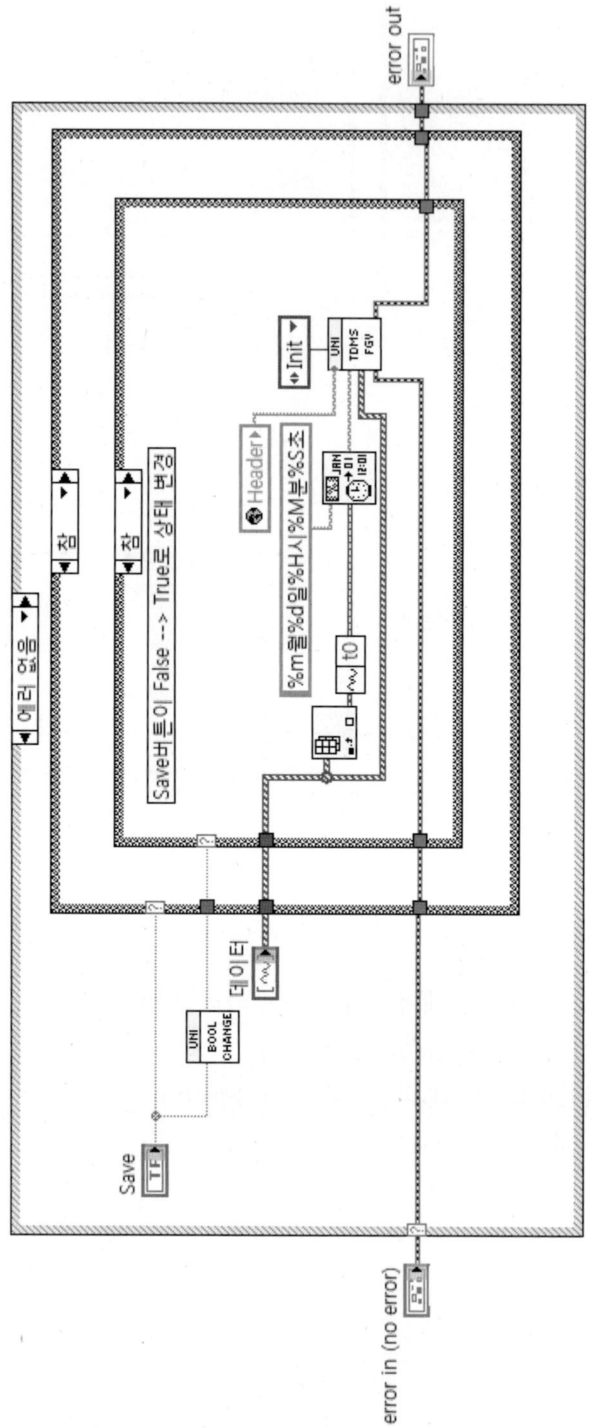
error out
에러 없음
참
참
Save버튼이 False --> True로 상태 변경
Header
%m월%d일%H시%M분%S초
Init
UNI
TDMS
FGV
t0
데이터
UNI
BOOL
CHANGE
Save
error in (no error)

[그림 5-7-4-7]

5.8 프런트패널 업데이트 subVI 구현

[그림 5-3-1]에서 프런트패널을 업데이트 하기 위한 3rd(세 번째) **While 루프**가 있습니다. 이번 장에서 만들 subVI는 다른 **While 루프**에서 3rd(세 번째) **While 루프**에 프런트패널을 업데이트할 데이터를 전달하는 기능을 구현합니다.

[실습 5-8-1] sub_DAQ Update FP.vi 를 구현합니다.

2.7.13장을 먼저 읽고 다음 실습을 따라 만들고, 실습을 완성한 후 다시 한 번 2.7.13장을 읽어 보면 이해에 도움이 됩니다.

1. 프로젝트 탐색기에서 내 컴퓨터 > SubVIs > DAQ의 **바로가기메뉴** > **새로 만들기** > **VI**을 선택합니다. 생성된 VI를 다운받은 Project₩SubVIs₩DAQ 폴더에 sub_DAQ Update FP.vi로 저장합니다.

2. 큐 참조에 대한 타입 정의를 합니다. 큐 참조는 서로 다른 VI에 위치한 **원소를 큐에 추가.vi**, **원소를 큐에서 제거.vi**의 짝을 찾는 데 사용됩니다.

- 프로젝트 탐색기에서 내 컴퓨터 > SubVIs > DAQ > sub_Main DAQ.vi의 블록다이어그램을 열고, [그림 5-8-1-1]에서 화살표가 가르키고 있는 와이어에서 **바로가기 메뉴** > **생성** > **컨트롤**을 선택합니다.

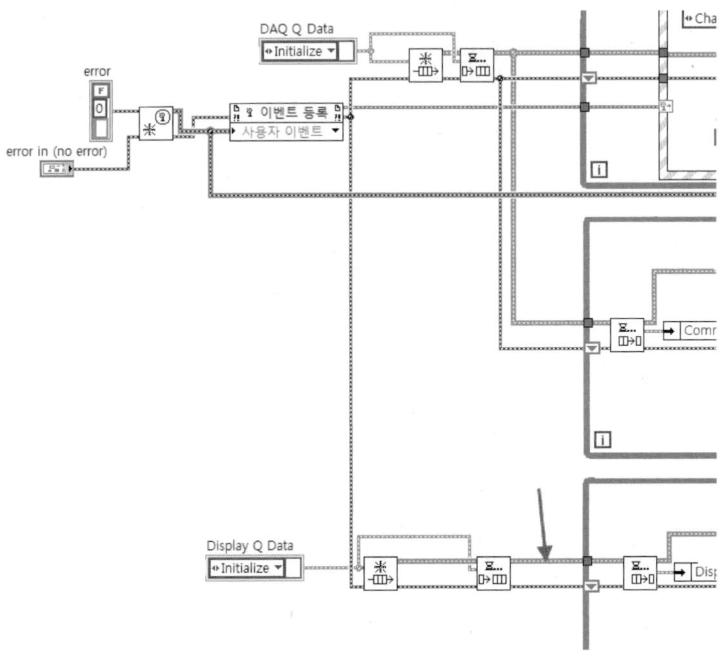

[그림 5-8-1-1]

- 생성된 컨트롤에서 **바로가기메뉴** > **고급** > **사용자 정의...**를 선택합니다.
- [그림 5-8-1-2]처럼 타입 정의를 선택하고 라벨을 수정합니다. 다운받은 Project ₩Controls 폴더에 ref_DAQ FP.ctl로 저장하고 창을 닫습니다.

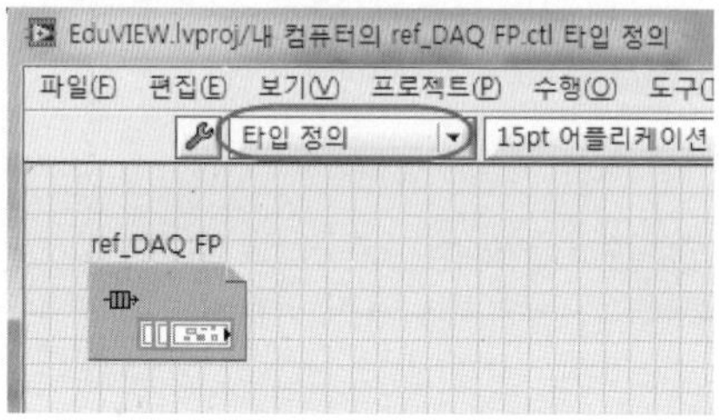

[그림 5-8-1-2]

- sub_Main DAQ.vi에 생성된 컨트롤은 지우고 원래 상태로 저장하고 닫습니다.

3. sub_DAQ Update FP.vi 의 프런트패널을 구현합니다.

- 프로젝트 탐색기에서 내 컴퓨터 > Controls > ref_DAQ FP.ctl과 Display Command .ctl을 드래그하여 가져옵니다.
- 배리언트, 시스템 열거형, 에러 입력 3D, 에러 출력 3D를 추가합니다.
- 배리언트의 **바로가기메뉴** > **컨트롤로 변경**을 선택합니다.
- 라벨을 [그림 5-8-1-3]과 같이 수정합니다.
- 시스템 열거형의 **바로가기메뉴** > **아이템 편집**...을 선택하여 [그림 5-8-1-3]과 같이 아이템을 추가합니다.
- Command의 값을 'Update'를 선택하고 **바로가기메뉴** > **데이터 처리** > **현재값을 기본값으로**를 선택합니다. 이것은 이 vi를 subVI로 만들었을 때 Command에 아무런 입력을 주지 않았을 때 'Update'가 디폴트로 설정되어 있도록 하기 위한 것입니다.

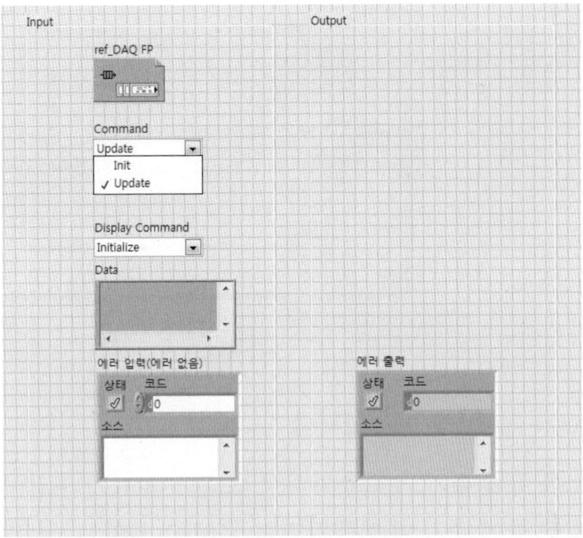

[그림 5-8-1-3]

- 아이콘 디자인과 커넥터를 연결합니다.

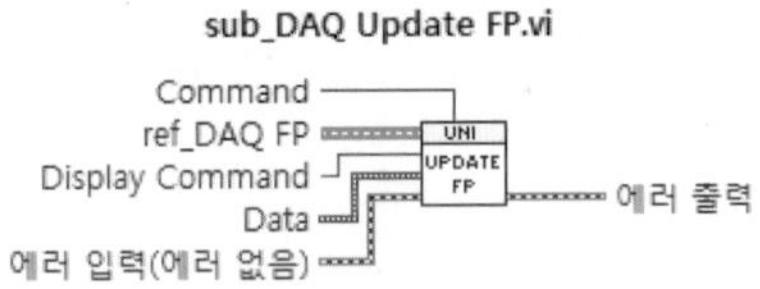

[그림 5-8-1-4]

4. sub_DAQ Update FP.vi는 기능적 글로벌 변수로 만들어 마지막 값을 시프트 레지스터에 저장할 수 있도록 하여 다음 실행 때 저장된 값을 이용할 수 있도록 구현합니다.

- **While 루프**, **케이스 구조**, **참 상수**를 추가합니다.

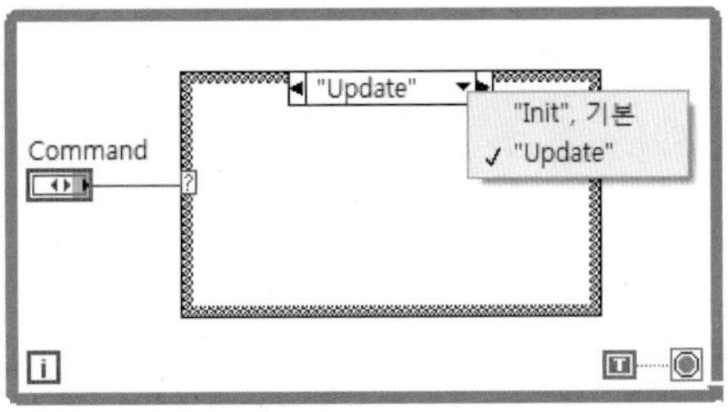

[그림 5-8-1-5]

5. Init 케이스를 [그림 5-8-1-6]과 같이 구현합니다. 2번에서 만든 ref_DAQ FP.ctl 즉, 큐 참조값을 시프트 레지스터에 저장합니다.

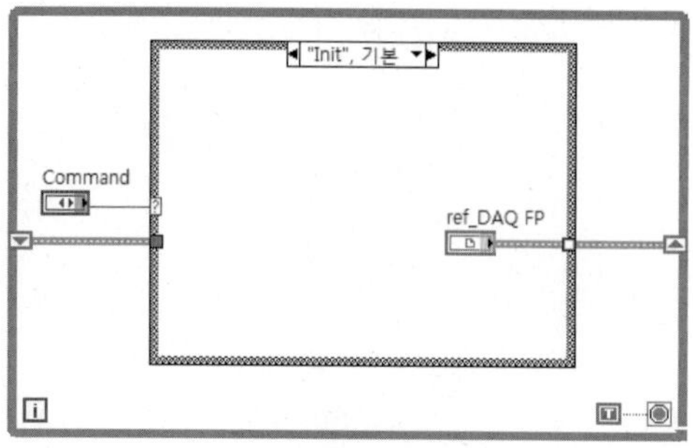

[그림 5-8-1-6]

6. Update 케이스를 구현합니다.

- **원소를 큐에 추가.vi**를 추가하여 [그림 5-8-1-7]과 같이 연결합니다. 여기에 추가된 **원소를 큐에 추가.vi** 실행되면 sub_Main DAQ.vi의 3rd(세 번째) **While 루프**에 있는 **원소를 큐에서 제거.vi**가 실행됩니다. 5번의 Init 케이스에서 시프트 레지스터에 2번에서 만든 ref_DAQ FP.ctl을 저장했고 Update 케이스에서 이를 가지고 와서 **원소를 큐에 추가.vi**의 큐 파라미터에 연결했기 때문입니다.

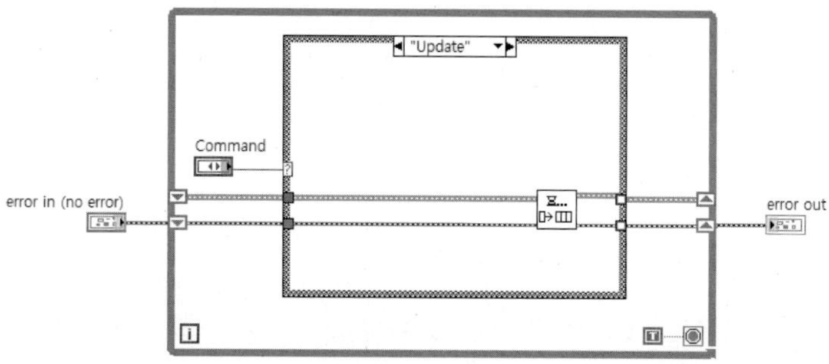

[그림 5-8-1-7]

- 프로젝트 탐색기에서 내 컴퓨터 > Controls > Display Q Data.ctl을 드래그하여 가져옵니다.
- **이름으로 묶기.vi**를 추가하고 [그림 5-8-1-8]과 같이 연결합니다.

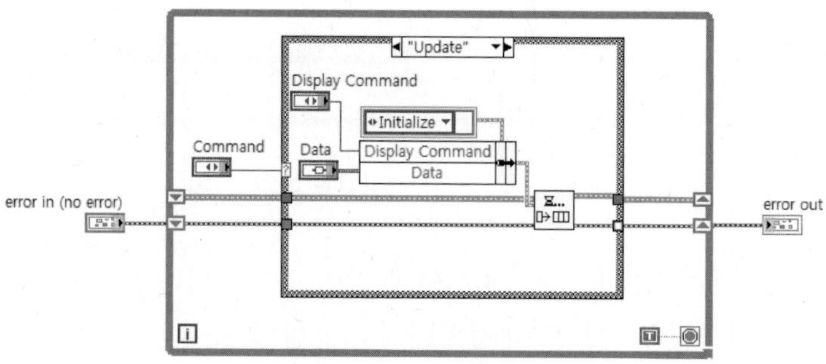

[그림 5-8-1-8]

7. subVI의 에러 핸들링을 위한 코드를 구현합니다.

- 가장 바깥쪽에 **케이스 구조**를 추가하고, error in(no error) 터미널을 케이스의 선택자 터미널에 연결합니다.
- 에러 케이스는 에러 입출력만 연결합니다.
- [그림 5-8-1-9]와 같이 와이어링을 합니다.
- 완성된 블록다이어그램에 주석을 추가합니다.

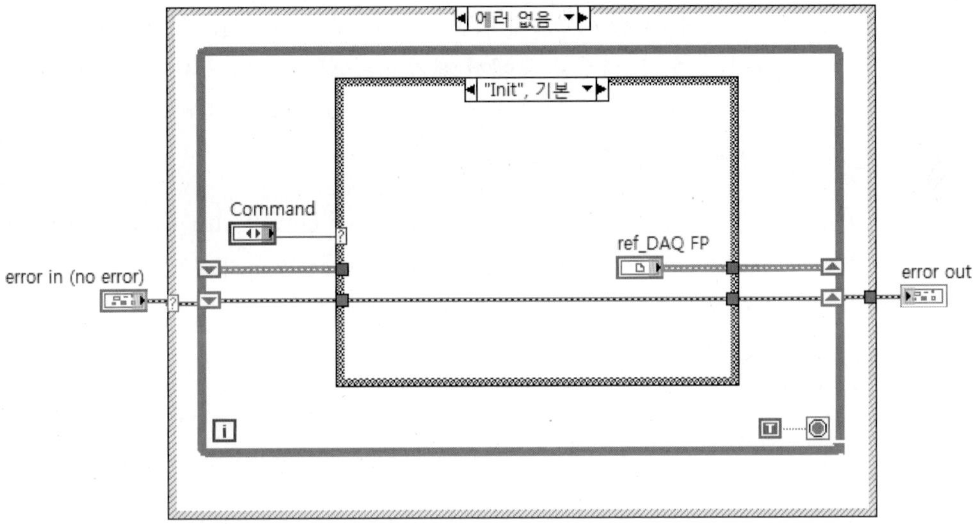

[그림 5-8-1-9]

8. sub_DAQ Update FP.vi를 저장하고 닫습니다.

5.9 Error subVI 구현

에러를 각 **While 루프**에 전달 및 처리하기 위한 subVI를 만듭니다. [그림 5-3-1]에서 역할이 다른 3개의 **While 루프**가 있습니다. 어떤 **While 루프**에서 에러가 발생하더라도 모든 **While 루프**에 에러 발생 사실을 전달하여 **While 루프**를 정지하고 프로그램을 종료시킬 것입니다.

[실습 5-9-1] sub_DAQ Error Check.vi 를 구현합니다.

2.7.15장을 먼저 읽고 다음 실습을 따라 만들고, 실습을 완성한 후 다시 한 번 2.7.15장을 읽어 보면 이해에 도움이 됩니다.

1. 다운받은 Project₩SubVIs₩General 폴더에 있는 sub_DAQ Error Check.vi를 엽니다.

2. 큐와 사용자 이벤트 참조에 대한 타입 정의를 합니다. 서로 다른 VI에 위치한 **원소를 큐에 추가.vi**, **원소를 큐에서 제거.vi**의 짝을 찾는데 사용되고, 사용자 이벤트 참조는 서로 다른 VI에 위치한 **사용자 이벤트 발생.vi**와 **이벤트 구조**에 등록된 사용자 이벤트의 짝을 찾는데 사용됩니다.

- 프로젝트 탐색기에서 내 컴퓨터 > SubVIs > DAQ > sub_Main DAQ.vi의 블록다이어그램을 열고, [그림 5-9-1-1]에서 화살표가 가리키고 있는 2곳의 와이어에서 각각 **바로가기메뉴** > **생성** > **컨트롤**을 선택합니다.

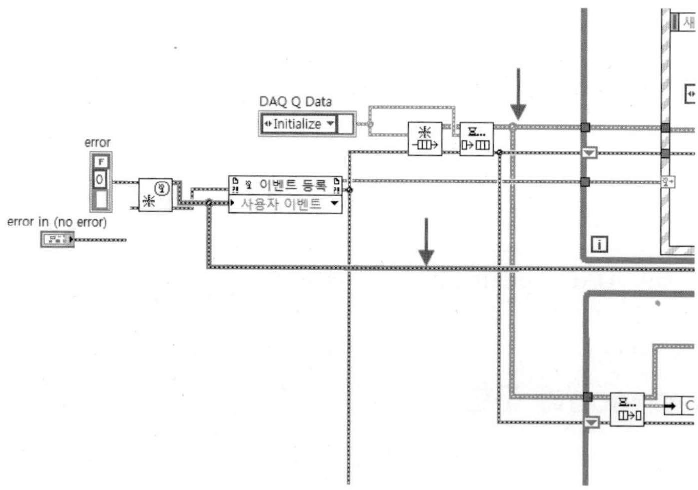

[그림 5-9-1-1]

- 생성된 컨트롤에서 **바로가기메뉴** > **고급** > **사용자 정의...**를 선택합니다.
- [그림 5-9-1-2]처럼 타입 정의를 선택하고 라벨을 수정합니다. 다운받은 Project ₩Controls 폴더에 ref_DAQ Consumer.ctl와 ref_DAQ Error UE.ctl로 저장하고 창을 닫습니다.

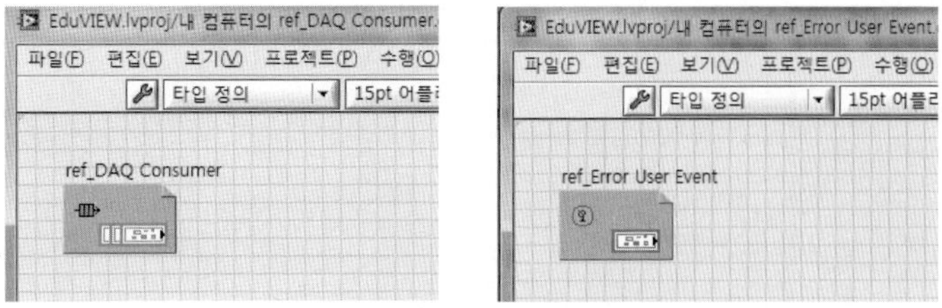

[그림 5-9-1-2]

- sub_Main DAQ.vi에 생성된 컨트롤은 지우고 원래 상태로 저장하고 닫습니다.

3. sub_DAQ Error Check.vi의 프런트패널을 완성합니다.

- 프로젝트 탐색기에서 내 컴퓨터 > Controls > ref_DAQ FP.ctl, ref_DAQ Consumer.ctl, ref_DAQ Error UE.ctl을 드래그하여 가져옵니다.
- [그림 5-9-1-3]과 같이 커넥터 연결을 완성합니다.

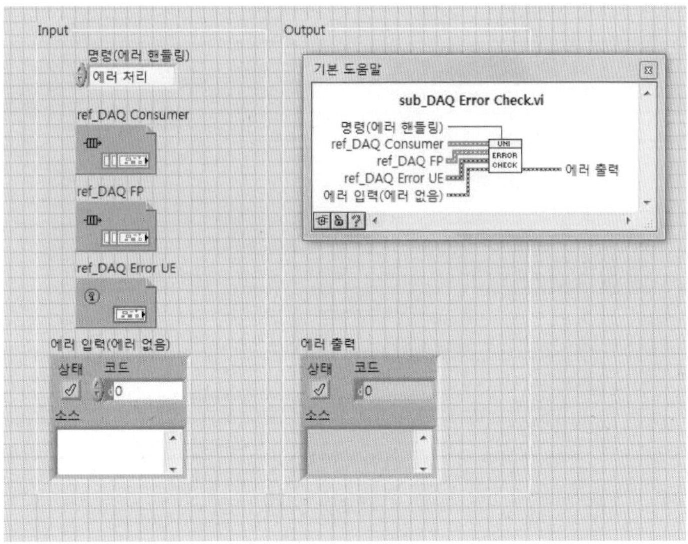

[그림 5-9-1-3]

4. sub_DAQ Error Check.vi의 블록다이어그램을 구현합니다.

- 초기화 케이스를 [그림 5-9-1-4]와 같이 구현합니다. 즉, 큐 참조와 사용자 이벤트 참조를 시프트 레지스터에 저장합니다.

[그림 5-9-1-4]

- [그림 5-9-1-5]에서 보이는 케이스에 2개의 **큐 비우기.vi**, 3개의 **원소를 큐에 추가.vi**, 1개의 **사용자 이벤트 발생.vi**, **에러 병합.vi**를 추가하고 다음과 같이 연결합니다.

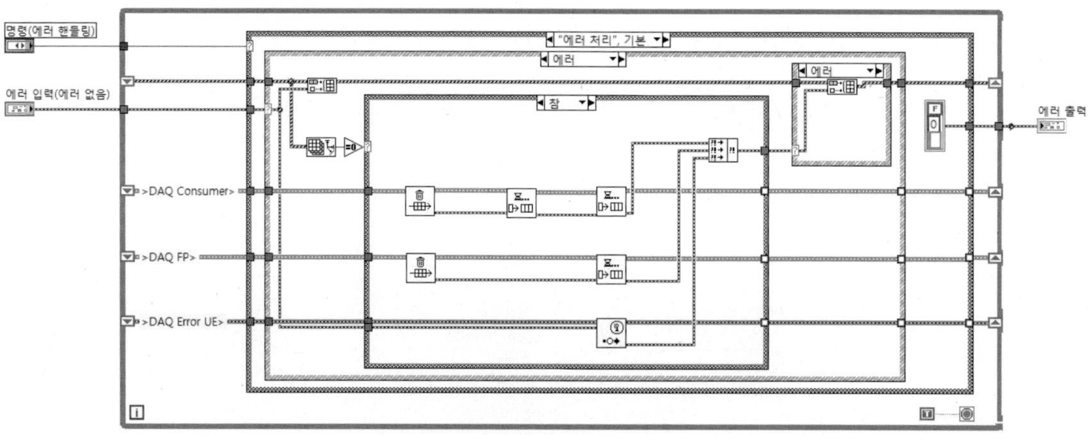

[그림 5-9-1-5]

- 각 위치에서 **바로가기메뉴 > 생성 > 상수**를 선택하여 [그림 5-9-1-6]과 같이 설정합니다. 그림에서 첫 번째 줄에 있는 2개의 **원소를 큐에 추가.vi**가 실행되면 sub_Main DAQ.vi의 2nd(두 번째) **While 루프**에 있는 **원소를 큐에서 제거.vi**가 실행됩니다. 두 번째 줄에 있는 **원소를 큐에 추가.vi**가 실행되면 sub_Main DAQ.vi의 3rd(세 번째) **While 루프**에 있는 **원소를 큐에서 제거.vi**가 실행됩니다. 세 번째 줄에 있는 **사용자 이벤트 발생.vi**가 실행되면 1st(첫 번째) **While 루프**에 정의한 <error> : 사용자 이벤트 안에 있는 코드가 실행됩니다. 즉, 이 코드는 sub_Main DAQ.vi에 있는 3개의 **While 루프**에서 에러가 발생하면 2개의 큐에 저장된 원소가 있으면 비

운 다음, 데이터 수집 중이면 이를 정지하고 2nd(두 번째), 3rd(세 번째) **While 루프**를 정지하고, error 사용자 이벤트를 발생시켜 1st(첫 번째) **While 루프**를 정지하여 프로젝트를 종료하기 위한 코드입니다.

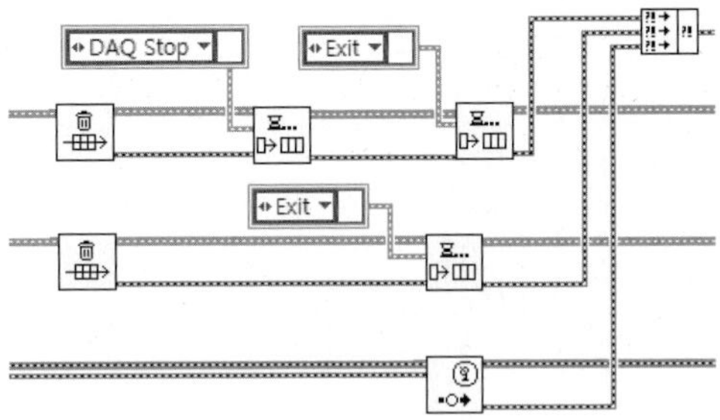

[그림 5-9-1-6]

- 나머지 케이스들은 에러 입출력과 참조선들만 연결하여 블록다이어그램을 완성합니다.
- [그림 5-9-1-7]과 같이 완성된 블록다이어그램에 주석을 추가합니다(p.192 참조).

5. sub_DAQ Error Check.vi를 저장하고 닫습니다.

5.10 LIFO(Last In First Out)

기본적으로 큐의 버퍼는 FIFO(First In First Out) 구조입니다. 즉, 먼저 버퍼로 들어온 데이터가 먼저 버퍼를 빠져나가는 구조로 되어 있습니다. 여기서는 LIFO(Last In First Out) 즉, 나중에 들어온 데이터가 먼저 빠져나가도록 만드는 subVI를 만듭니다.

[실습 5-10-1] sub_DAQ LIFO.vi 를 구현합니다.

2.7.14장을 먼저 읽고 다음 실습을 따라 만들고, 실습을 완성한 후 다시 한 번 2.7.14장을 읽어 보면 이해에 도움이 됩니다.

1. 프로젝트 탐색기에서 내 컴퓨터 > SubVIs > DAQ의 **바로가기메뉴 > 새로 만들기 > VI**을 선택합니다. 생성된 VI를 다운받은 Project₩SubVIs₩DAQ 폴더에 sub_DAQ LIFO.vi 로 저장합니다.
2. sub_DAQ LIFO.vi 의 프런트패널을 구현합니다.

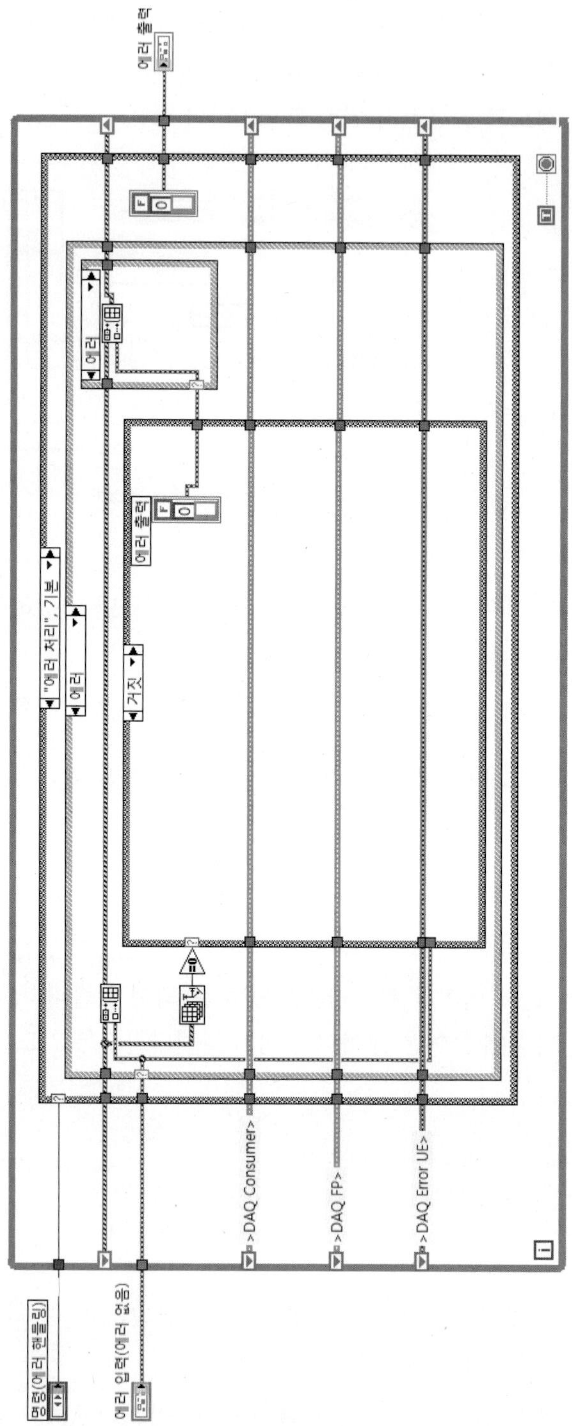
에러 출력
"에러 처리", 기본
에러
거짓
>DAQ Consumer>
>DAQ FP>
>DAQ Error UE>
명령(에러 핸들링)
에러 입력(에러 없음)

[그림 5-9-1-7]

- 프로젝트 탐색기에서 내 컴퓨터 > Controls>ref_DAQ Consumer.ctl 2개와 DAQ Q Data.ctl를 드래그하여 가져옵니다.
- ref_DAQ Consumer.ctl 2개 중 하나를 **바로가기메뉴** > **인디케이터로 변경**을 선택합니다.
- DAQ Q Data.ctl을 원소로 사용하여 1차원 배열로 만듭니다.
- 에러 입력 3D, 에러 출력 3D를 추가합니다.
- 라벨을 [그림 5-10-1-1]과 같이 수정합니다.

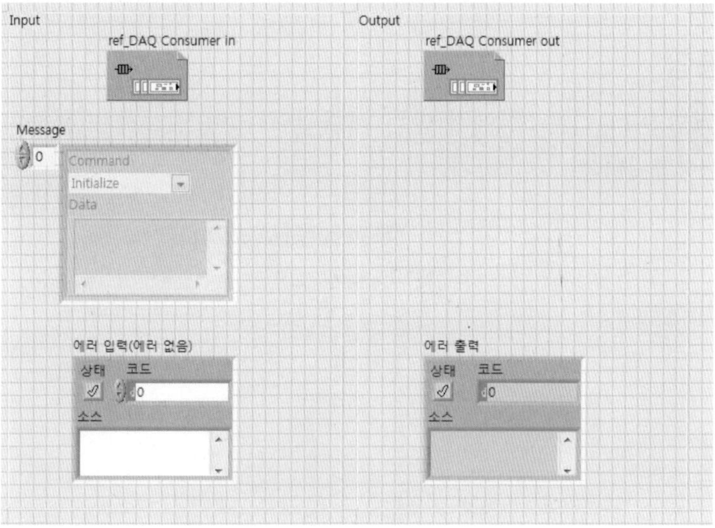

[그림 5-10-1-1]

- 아이콘 디자인과 커넥터를 연결합니다.

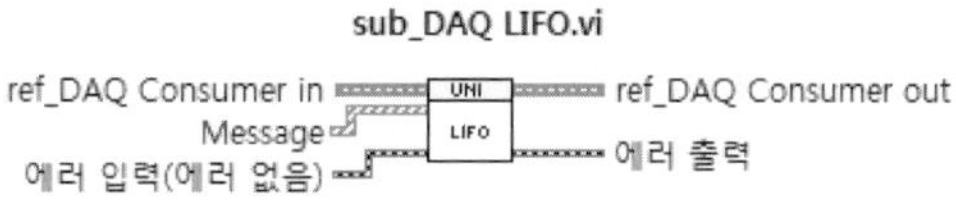

[그림 5-10-1-2]

5. sub_DAQ LIFO.vi의 블록다이어그램을 구현합니다.

- **For 루프, 1D 배열 뒤집기.vi, 원소를 반대쪽 큐에 추가.vi**를 추가합니다.
- [그림 5-10-1-3]과 같이 연결합니다.

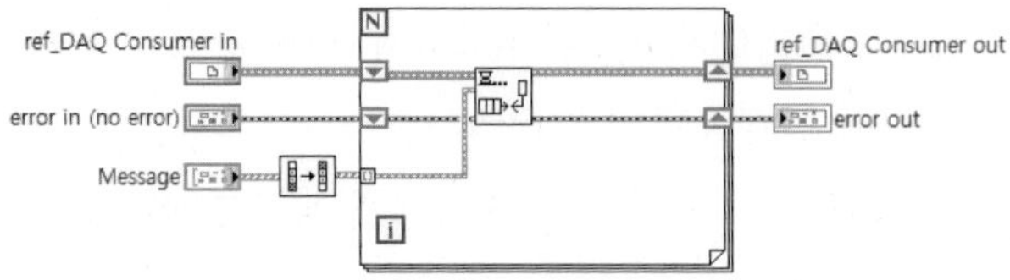

[그림 5-10-1-3]

- 완성된 블록다이어그램에 주석을 추가합니다.
- sub_DAQ LIFO.vi를 저장하고 닫습니다.

5.11 통합

[그림 5-11-1]은 5장에서 만든 VI들입니다. 이 VI들을 이용하여 sub_Main DAQ.vi를 완성합니다.

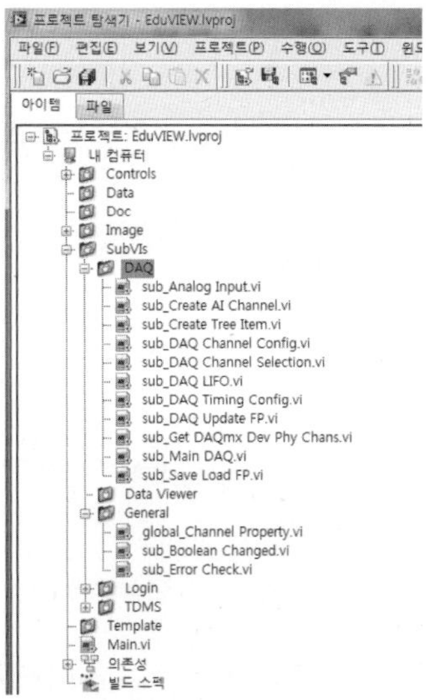

[그림 5-11-1]

[실습 5-11-1] [그림 5-3-1]에서 1^{st}(첫 번째) While 루프는 이벤트 발생을 감지하여 2^{nd}(두 번째) While 루프에 전달하는 역할을 합니다. 이를 완성해 봅니다.

2.7.16장을 먼저 읽고 [실습 5-11-1]에서 [실습 5-11-3]을 따라 만들고, 실습을 완성한 후 다시 한 번 2.7.16장을 읽어 보면 이해에 도움이 됩니다.

1. 프로젝트 탐색기에서 내 컴퓨터 > SubVIs > DAQ > sub_Main DAQ.vi의 블록다이어그램을 열어서 1st(첫 번째) **While 루프**의 <DAQ Start : 값 변경>이벤트 안에 **참 상수**를 추가합니다. **참 상수**의 **바로가기메뉴 > 생성 > 인디케이터**를 선택하고 라벨을 [그림 5-11-1-1]과 같이 구현합니다.

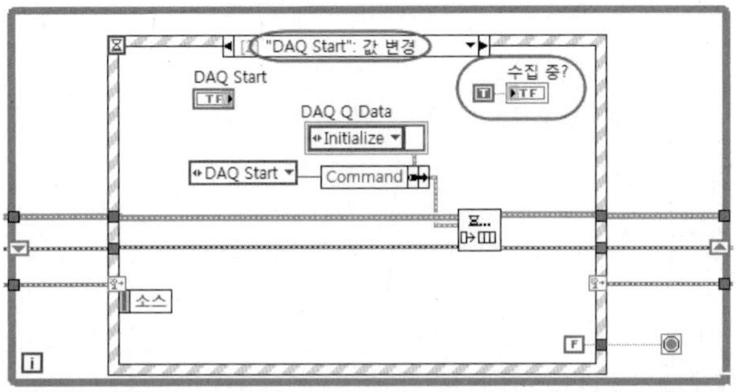

[그림 5-11-1-1]

2. 1st(첫 번째) **While 루프**의 <DAQ Stop: 값 변경>이벤트 안에 1번에서 생성한 '수집 중?' 인디케이터의 로컬 변수를 만들어서 아래와 같이 구현합니다.

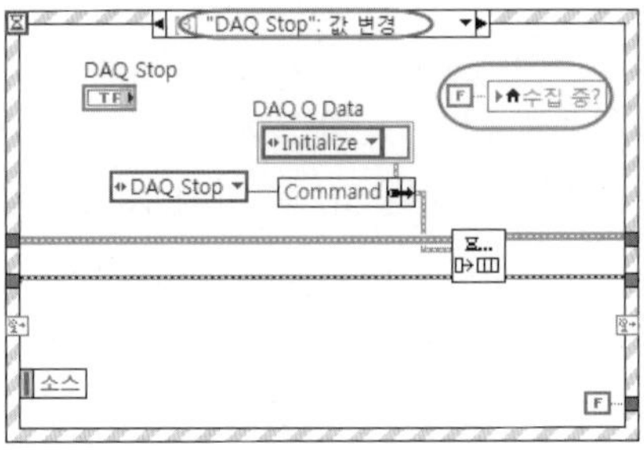

[그림 5-11-1-2]

3. 프로젝트 탐색기에서 내 컴퓨터 > SubVIs > General > sub_DAQ Error Check.vi를 드래그해서 [그림 5-11-1-3]과 같이 수정합니다.

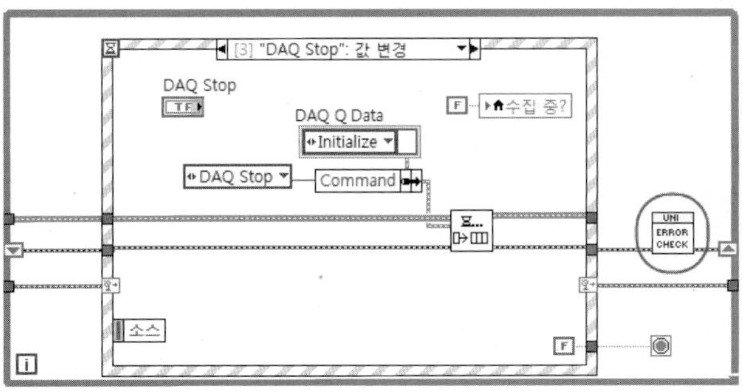

[그림 5-11-1-3]

4. 주석을 추가하고 sub_Main DAQ.vi를 저장합니다.

[실습 5-11-2] [그림 5-3-1]에서 2nd(두 번째) While 루프는 실제 기능 수행을 합니다. 이를 완성해 봅니다.

1. 2nd(두 번째) **While 루프**의 **케이스 구조** 안에 있는 **문자열로 포맷.vi**와 **단일 버튼 대화 상자.vi**를 모두 제거합니다.
2. 초기화를 위한 Initialize 케이스를 완성합니다.

- 프로젝트 탐색기에서 내 컴퓨터 > SubVIs > DAQ > sub_DAQ Update FP.vi, sub_DAQ LIFO.vi와 내 컴퓨터 > SubVIs > General > sub_DAQ Error Check.vi 두 개를 드래그하여 가져옵니다.
- [그림 5-11-2-1]과 같이 와이어링을 완성합니다. 기능적 글로벌 변수로 만들어진 sub_DAQ Update FP.vi와 sub_DAQ Error Check.vi는 참조들을 시프트 레지스터에 저장합니다. 이렇게 함으로써 상기 subVI들을 사용할 때마다 subVI에 참조를 입력으로 주지 않고 시프트 레지스터에 저장된 참조를 사용하게 됩니다.
- 초기화를 위한 Initialize 케이스에 데이터 측정 중에 데이터를 TDMS 파일로 저장하고자 할 때, 이 데이터 파일이 저장되는 위치는 이 프로그램의 최상위 vi인 Main.vi와 같은 위치에 Data 폴더에 저장하도록 만들 것입니다. 하지만 혹시 이 Data 폴더가 없는 경우에는 Data 폴더를 만들 수 있도록 코드를 추가합니다. 프로젝트 탐색기에서 내 컴퓨터 > SubVIs > TDMS > sub_TDMS File Path.vi와 **현재 VI의 경로 상수, 파일 또는 폴더가 존재하는지 확인.vi, 케이스 구조, 폴더 생성.vi**를 추가하여 [그림 5-11-2-2]와 같이 연결합니다. 참 케이스는 에러 입출력만 연결합니다.

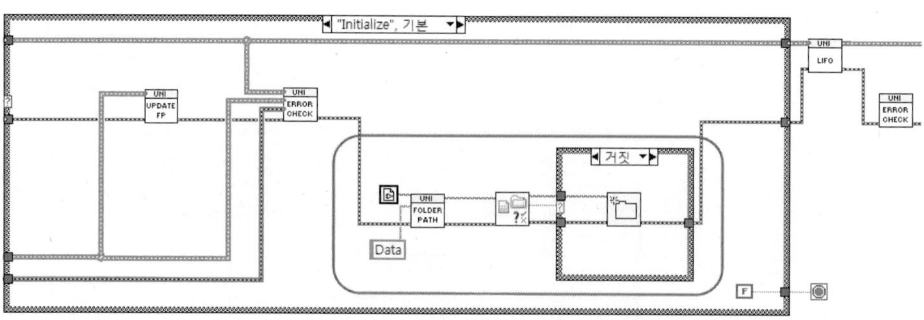

[그림 5-11-2-2]

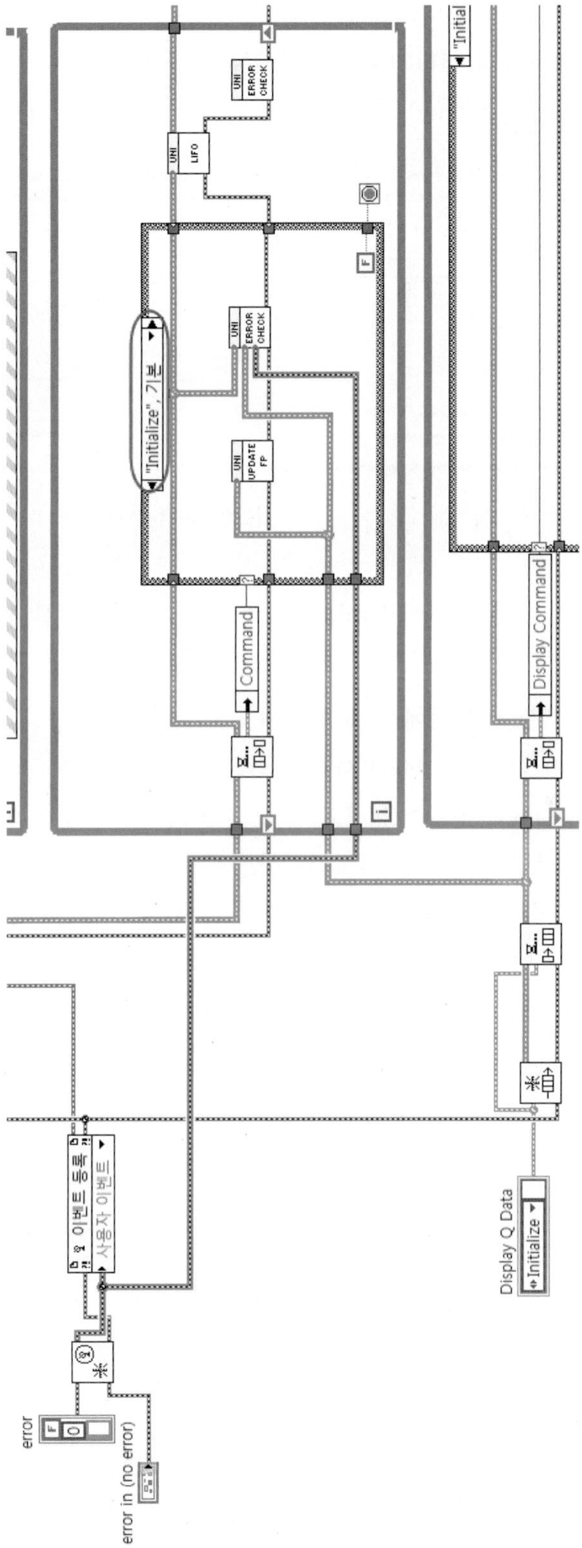
"Initialize", 기본
UNI LIFO
UNI ERROR CHECK
UNI UPDATE FP
Command
Display Command
"Initial
이벤트 등록
사용자 이벤트
Display Q Data
Initialize
error
error in (no error)

[그림 5-11-2-1]

- 노드들을 [그림 5-11-2-3]과 같이 설정합니다. 그리고 sub_DAQ LIFO.vi에서 Message 파라미터의 **바로가기메뉴** > **생성** > **상수**를 만들어서 **케이스 구조** 안으로 옮겨서 다음과 같이 연결합니다.

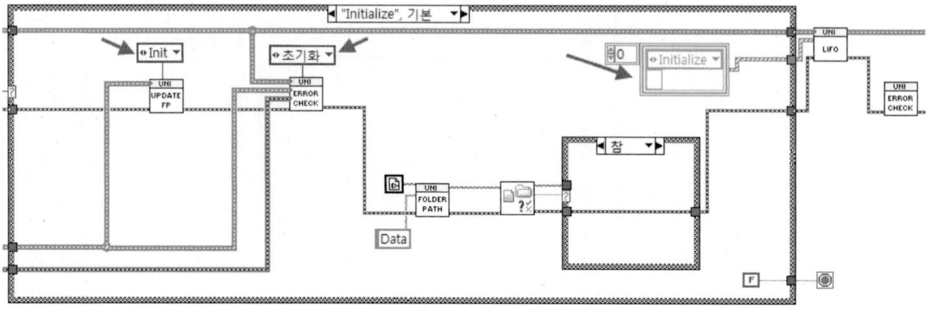

[그림 5-11-2-3]

3. 타이밍 설정을 위한 Timing Config 케이스를 완성합니다. 타이밍과 채널 설정이 완료되어야만 [그림5-2-1-2]의 DAQ Strat 버튼을 활성화하도록 합니다.

- 프로젝트 탐색기에서 내 컴퓨터 > SubVIs > DAQ > sub_ DAQ Timing Config.vi와 sub_DAQ Update FP.vi 를 드래그하여 가져옵니다.
- sub_ DAQ Timing Config.vi의 ok? 파라미터에서 인디케이터를 만들고 라벨을 [그림 5-11-2-4]와 같이 변경합니다.
- 이 과정은 다음 4번을 수행하고 진행합니다. Channel Config 케이스에서 Ch Config OK?의 로컬 변수를 만들어 읽기로 변경하여 가져옵니다.
- **AND.vi**와 **케이스 구조**를 추가하여 아래와 같이 구현합니다.
- 거짓 케이스는 에러 입출력만 연결합니다.
- 두 번째 출력 터널에서 **바로가기메뉴** > **생성** > **상수**를 만들어 다음과 같이 연결합니다.

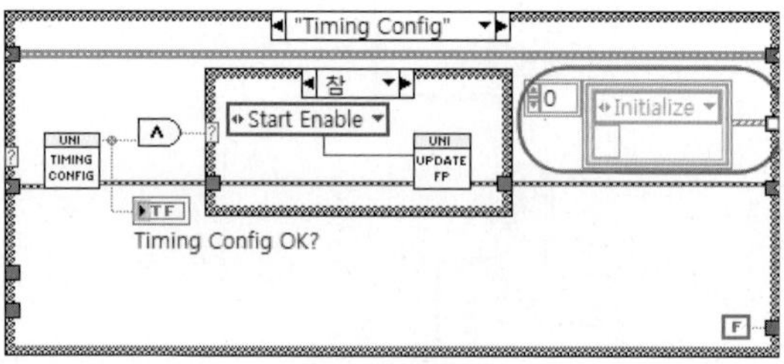

[그림 5-11-2-4]

4. 채널 설정을 위한 Channel Config 케이스를 완성합니다. 타이밍과 채널 설정이 완료되어야만 [그림 5-2-1-2]의 DAQ Strat 버튼을 활성화하도록 합니다.

- 프로젝트 탐색기에서 내 컴퓨터 > SubVIs > DAQ > sub_ DAQ Channel Config.vi와 sub_DAQ Update FP.vi 를 드래그하여 가져옵니다.
- sub_ DAQ Channel Config.vi의 ok? 파라미터에서 인디케이터를 만들고 라벨을 [그림 5-11-2-5]와 같이 변경합니다.
- Timing Config 케이스에서 Timing Config OK?의 로컬 변수를 만들고 읽기로 변경하여 가져옵니다.
- **AND.vi**와 **케이스 구조**를 추가하여 [그림 5-11-2-5]와 같이 구현합니다.
- 거짓 케이스는 에러 입출력만 연결합니다.
- 두 번째 출력 터널에서 **바로가기메뉴** > **생성** > **상수**를 만들어 다음과 같이 연결합니다.

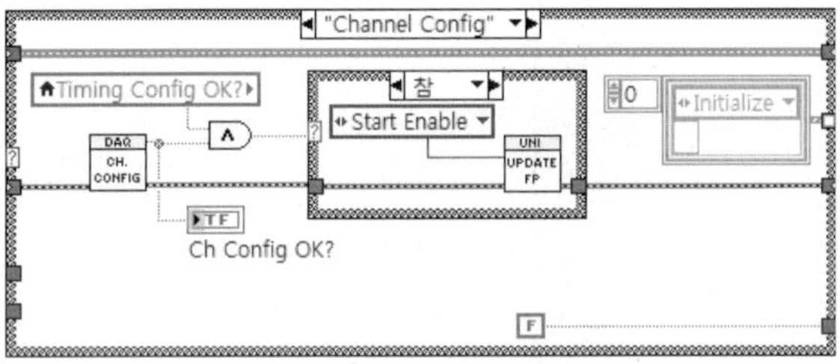

[그림 5-11-2-5]

5. 데이터 수집을 시작하기 위한 DAQ Start 케이스를 완성합니다. [그림 5-2-1-2]의 DAQ Start 버튼을 누르면 데이터 수집을 시작합니다. 데이터 수집을 시작하기 위해 다음 단계를 진행하게 됩니다.

첫 번째, 프런트패널은 실행 모드로, WF Display 탭 컨트롤은 DAQ 탭이 보이도록, 그래프의 범례가 선택한 물리적 채널 8개 이상이면 범례에 스크롤을 생성할 수 있도록 변경합니다. 두 번째, 데이터 수집 시작 전 초기화를 하고 데이터 수집을 시작합니다. 마지막으로, 수집한 데이터를 읽어 올 수 있도록 다음 케이스를 DAQ Read로 설정합니다.

- 프로젝트 탐색기에서 내 컴퓨터 > SubVIs > DAQ > sub_DAQ Update FP.vi 3개와 sub_Analog Input.vi 두 개를 드래그하여 가져옵니다.
- 각 노드들 파라미터의 **바로가기메뉴** > **생성** > **상수**를 선택하여 [그림 5-12-2-6]과 같이 설정하고 와이어링 합니다.

- 케이스 구조의 두 번째 출력 터널에서 **바로가기메뉴 > 생성 > 상수**를 만들어 [그림 5-11-2-6]과 같이 설정합니다.

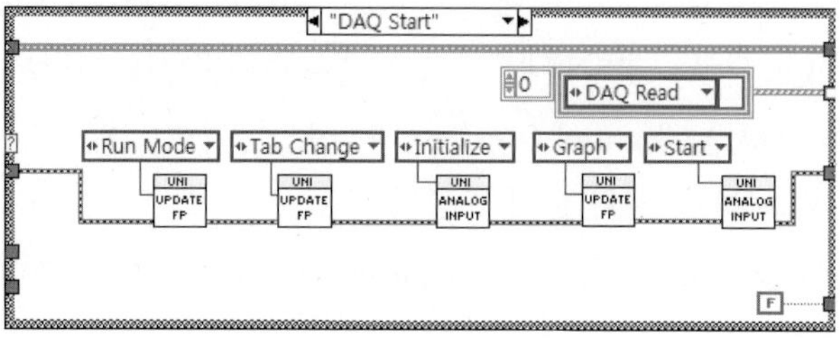

[그림 5-11-2-6]

- WF Display 터미널의 **바로가기메뉴 > 생성 > 상수**를 만들고, **배리언트로.vi**를 두 개 추가하여 [그림 5-11-2-7]과 같이 완성합니다.

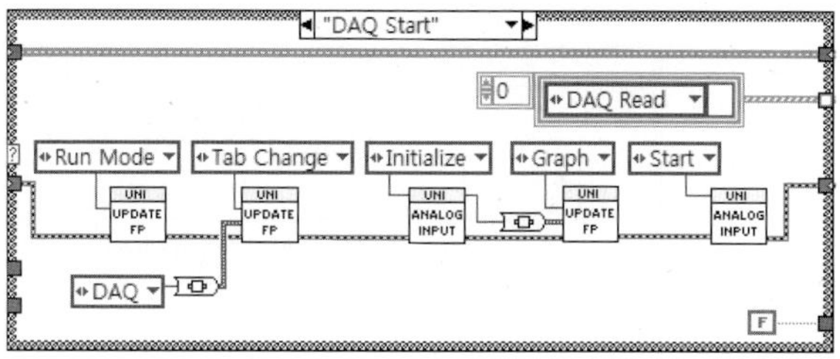

[그림 5-11-2-7]

6. 데이터를 읽어 오기 위한 DAQ Read 케이스를 구현합니다. 데이터 수집을 시작하기 위해 다음 단계를 진행하게 됩니다.

   첫 번째, 수집한 데이터을 읽어서 그래프에 디스플레이하고, 두 번째, [그림 5-2-1-2]의 Save 버튼 클릭 유무에 따라 파일에 저장할 것인지를 결정합니다. 세 번째 [그림 5-2-1-2]의 DAQ Stop 버튼 클릭 유무에 따라 계속 데이터를 읽어 올 것인지가 결정됩니다.

- 프로젝트 탐색기에서 내 컴퓨터 > SubVIs > DAQ > sub_Analog Input.vi 와 내 컴퓨터 > SubVIs > TDMS > sub_TDMS Save Data.vi 를 드래그하여 가져옵니다.
- 수집 중? 터미널에서 로컬 변수를 생성하여 읽기로 변경합니다. **선택.vi**를 추가하여 [그림 5-11-2-8]과 같이 구현합니다.

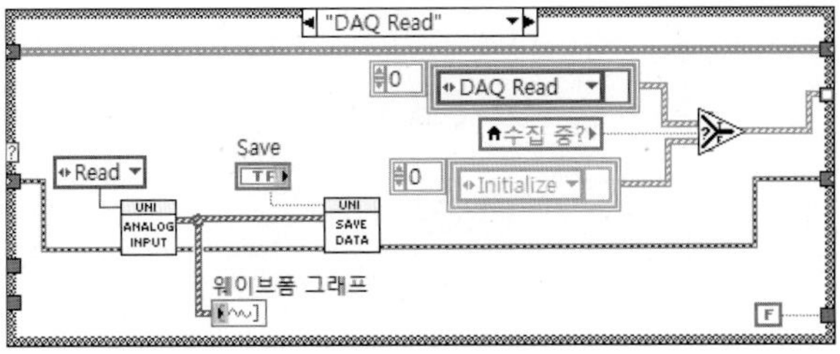

[그림 5-11-2-8]

- 프런트패널에서 웨이브폼 그래프의 **바로가기메뉴** > **타임 스탬프 무시**를 클릭하고 (체크 해제), **바로가기메뉴** > **X 스케일** > **스케일에 맞춤**을 클릭(체크 해제)합니다.

7. 데이터 수집을 정지하기 위한 DAQ Stop 케이스를 구현합니다. 데이터 수집을 정지하기 위해 다음 단계를 진행하게 됩니다.

첫 번째, 프런트 패널을 설정 모드로 변경하고 [그림5-2-1-2]의 Save 버튼을 비활성화합니다. 두 번째 데이터 수집을 정지합니다.

- 프로젝트 탐색기에서 내 컴퓨터 > SubVIs > DAQ > sub_DAQ Update FP.vi 두 개와 sub_Analog Input.vi를 드래그하여 가져옵니다.
- [그림 5-11-2-9]와 같이 설정하고 와이어링합니다.

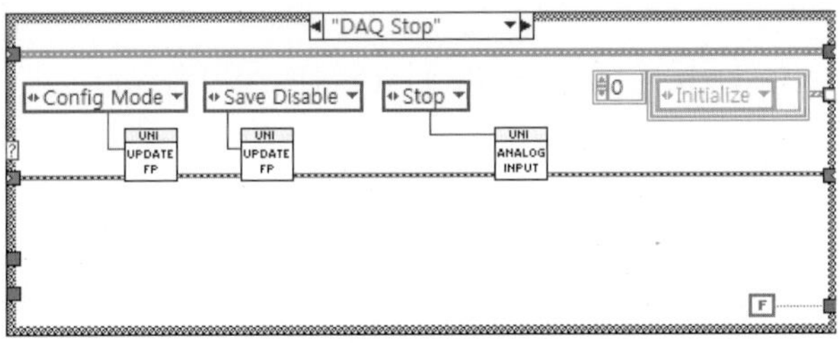

[그림 5-11-2-9]

8. 데이터 분석을 위한 Analysis 케이스를 구현합니다. 이 케이스는 추후 기능 확장을 배려해 미리 만들어 놓은 케이스입니다. 나름대로의 분석 코드를 추가해 보세요.

- 프로젝트 탐색기에서 내 컴퓨터 > SubVIs > DAQ > sub_DAQ Update FP.vi를 드래그하여 가져옵니다.
- WF Display 터미널의 **바로가기메뉴** > **생성** > **상수**를 선택하여 'Analysis'로 변경합니다. **배리언트로.vi**를 추가하여 [그림 5-11-2-10]과 같이 완성합니다. 이것은 프런트패널에서 WF Display 탭 컨트롤을 Analysis 탭이 보이도록 설정하기 위한 것입니다.

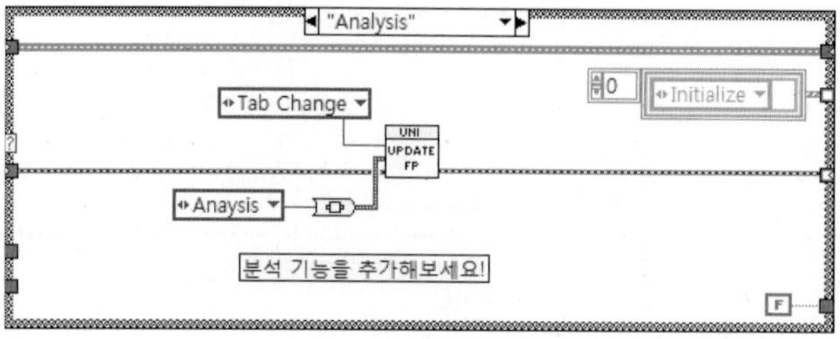

[그림 5-11-2-10]

09. 종료를 위한 Exit 케이스를 구현합니다.

- 프로젝트 탐색기에서 내 컴퓨터 > SubVIs > DAQ > sub_DAQ Update FP.vi와 sub_Analog input.vi를 드래그하여 가지고 온 [그림 5-11-2-11]과 같이 설정합니다.

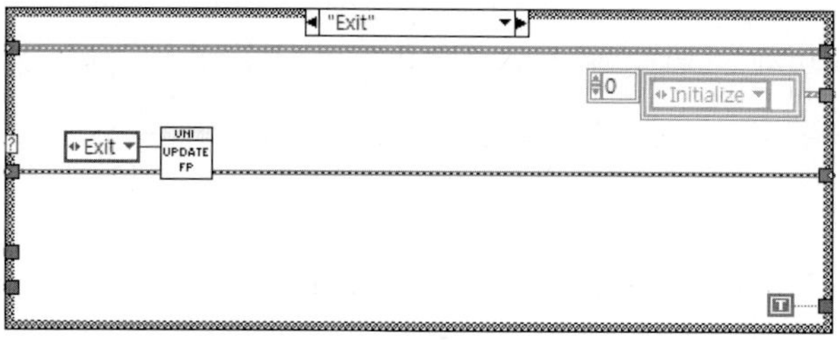

[그림 5-11-2-11]

10. 주석을 추가하고 sub_Main DAQ.vi를 저장합니다.

[실습 5-11-3] [그림 5-3-1] 3rd(세 번째) While 루프를 완성합니다.

[그림 5-3-1] 3rd(세 번째) **While 루프**는 프런트패널 업데이트 기능 수행을 합니다.

1. 초기화를 위한 Initialize 케이스를 완성합니다. Sub_Main DAQ.vi를 실행하면 [그림 5-11-3-1]과 같은 상태로 컨트롤들을 만듭니다. 즉, 채널과 타이밍 설정을 해야지만 데이터 수집 등이 가능하도록 만듭니다. 그리고 웨이브폼 그래프는 데이터가 없는 상태로 만들어 줍니다.

[그림 5-11-3-1]

- 각 해당 터미널에서 프로퍼티 노드를 생성 한 다음, 다음 페이지에 있는 [그림 5-11-3-2]와 같이 설정하여 와이어링합니다(p.204). 프로퍼티 노드에 대한 내용은 **LabVIEW의 정석(기본편) 7.2장**을 참조하세요.
- 프로젝트 탐색기에서 내 컴퓨터 > SubVIs > General > sub_DAQ Error Check.vi를 드래그해서 [그림 5-11-3-2]처럼 와이어링합니다.
- 선택한 프로퍼티명은 '비활성화' 와 '값' 입니다.
- 프로퍼티 노드들은 모두 쓰기로 변경하고 바로가기메뉴를 이용하여 상수를 생성하여 [그림 5-11-3-2]처럼 완성합니다.

2. Save 버튼을 비활성화하기 위한 Save Disable 케이스를 완성합니다. 이 케이스 사용 예를 보면 데이터 수집을 하지 않을 때 Save 버튼을 비활성화시킬 필요가 있습니다. 이 때 Save Disable 케이스를 실행하면 됩니다. [그림 5-11-3-3]과 같이 완성합니다. 선택한 프로퍼티명은 '비활성화' 입니다.

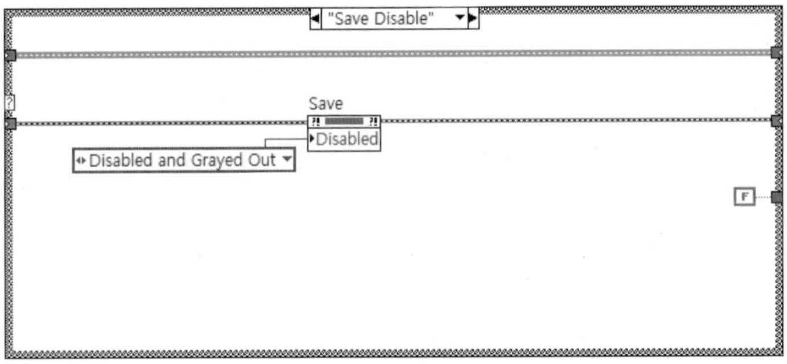

[그림 5-11-3-3]

3. DAQ Start 버튼을 활성화 하기 위한 Start Enable 케이스를 완성합니다. 이 케이스 사용 예를 보면, 채널 및 타이밍 설정이 완료되면 DAQ Start 버튼을 활성화시킬 필요가 있습니다. 이 때 Start Enable 케이스를 실행하면 됩니다. [그림 5-11-3-4]와 같이 완성합니다. 선택한 프로퍼티명은 '비활성화' 입니다.

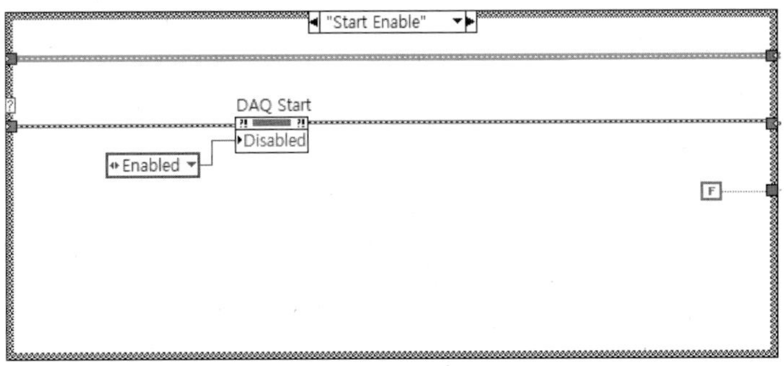

[그림 5-11-3-4]

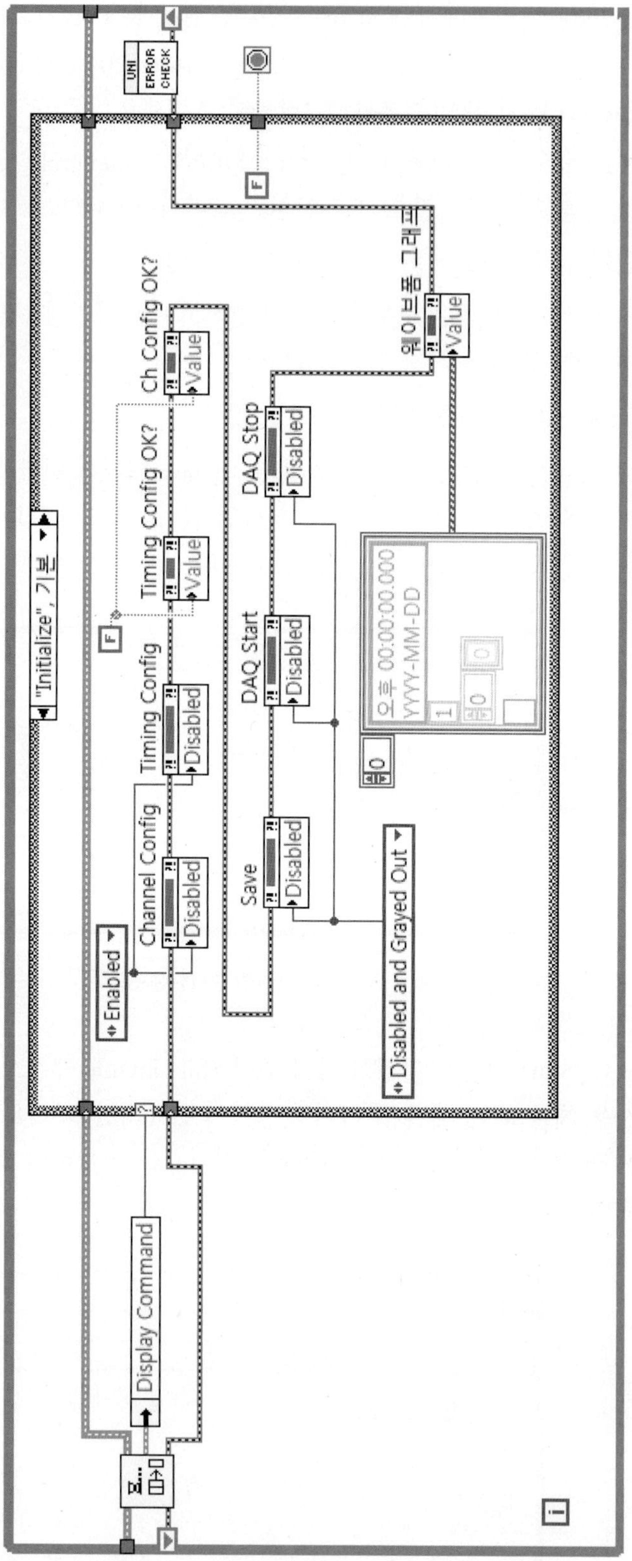
UNI
ERROR
CHECK
"Initialize", 기본
Enabled
Channel Config
Disabled
Timing Config
Disabled
Timing Config OK?
Value
Ch Config OK?
Value
Save
Disabled
DAQ Start
Disabled
DAQ Stop
Disabled
웨이브폼 그래프
Value
Disabled and Grayed Out
오후 00:00:00.000
YYYY-MM-DD
Display Command

[그림 5-11-3-2]

4. 보이는 탭 변경을 위한 Tab Change 케이스를 완성합니다. 이 케이스는 예를 들어 Analysis 버튼을 클릭하면 Analysis 탭에 보이도록 설정할 때 사용할 수 있습니다.

- **케이스 구조** 밖에 위치한 **이름으로 풀기.vi**를 Data도 보이도록 변경합니다.
- **배리언트를 데이터로.vi**를 추가하고 [그림 5-11-3-5]와 같이 큐를 통해 받은 배리언트 데이터를 원래 데이터로 복원하여 보이는 탭을 변경할 수 있도록 구현합니다.

  참고로 **배리언트를 데이터로.vi**의 타입 파라미터에 연결된 상수는 WF Display의 프로퍼티 노드를 '값' 으로 설정하고 쓰기로 변경하여 입력쪽에서 **바로가기메뉴** > **생성** > **상수**를 만들면 쉽게 생성 가능합니다.
- 다음과 같이 완성합니다.

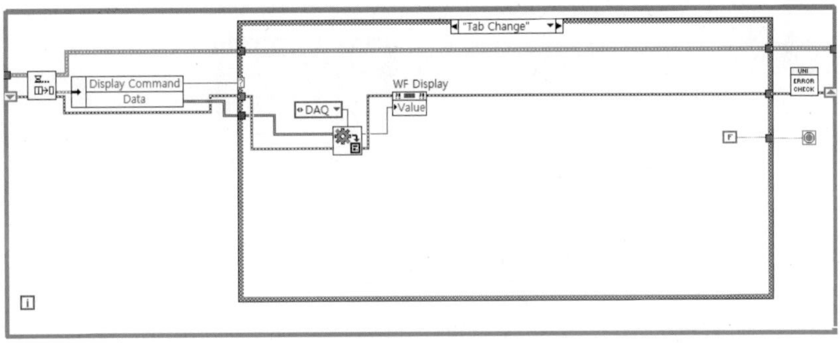

[그림 5-11-3-5]

5. 그래프의 범례가 8개 이상이 되면 범례에 스크롤을 생성하고 최대 8개까지만 프런트패널에서 보이도록 설정하기 위한 Graph 케이스를 완성합니다.

- **배리언트를 데이터로.vi**, **작거나 같음?.vi**, **케이스 구조**를 추가합니다.
- **숫자형 상수**는 형을 **U32**로 설정하여 아래와 같이 **배리언트를 데이터로.vi**에 연결합니다.
- 설정한 프로퍼티는 '범례 > 스크롤 막대 보이기', '범례 > 최소 플롯', '범례 > 행의 개수' 입니다.
- [그림 5-11-3-6]과 같이 완성합니다.

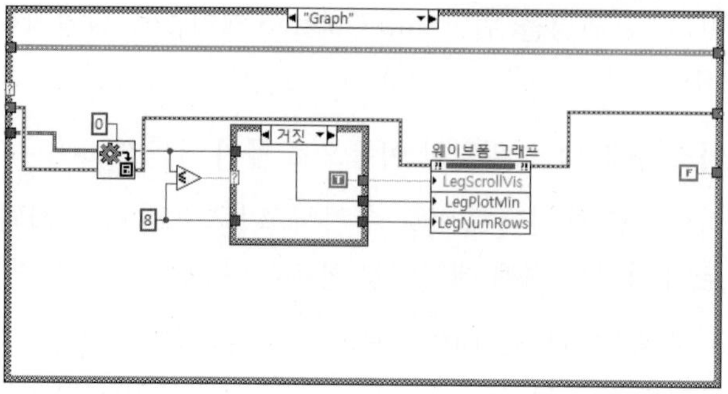

[그림 5-11-3-6]

- 참 케이스는 [그림 5-11-3-7]과 같이 구현합니다.

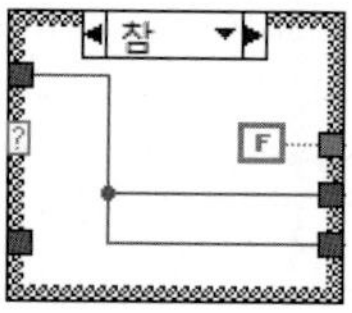

[그림 5-11-3-7]

6. 데이터 수집하는 중의 프런트패널 설정을 위한 Run Mode 케이스를 완성합니다. 데이터 수집을 하면 [그림 5-11-3-8]과 같은 버튼 상태로 만듭니다. 즉, 데이터 수집 중에는 DAQ Stop 버튼과 Save 버튼만 활성화시킵니다.

[그림 5-11-3-8]

- [그림 5-11-3-9]와 같이 설정하고 와이어링합니다. 선택한 프로퍼티명은 '비활성화' 입니다.

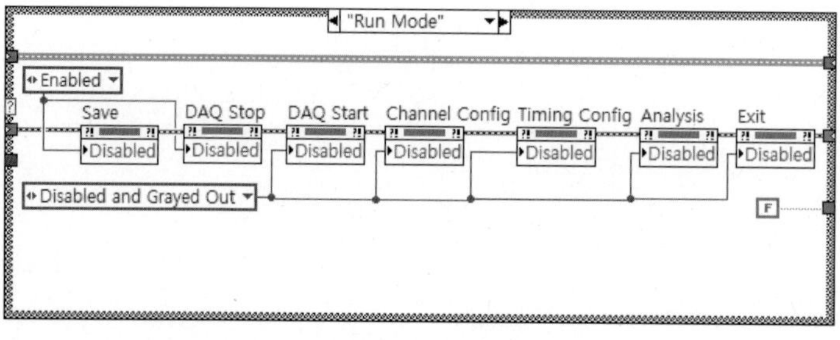

[그림 5-11-3-9]

7. 데이터 수집 정지한 프런프패널을 위한 Config Mode 케이스를 완성합니다. 데이터 수집을 정지하면 [그림 5-11-3-10]과 같은 버튼 상태로 만듭니다.

[그림 5-11-3-10]

- [그림 5-11-3-11]과 같이 설정하고 와이어링합니다. 선택한 프로퍼티명은 '비활성화' 와 '값' 입니다.

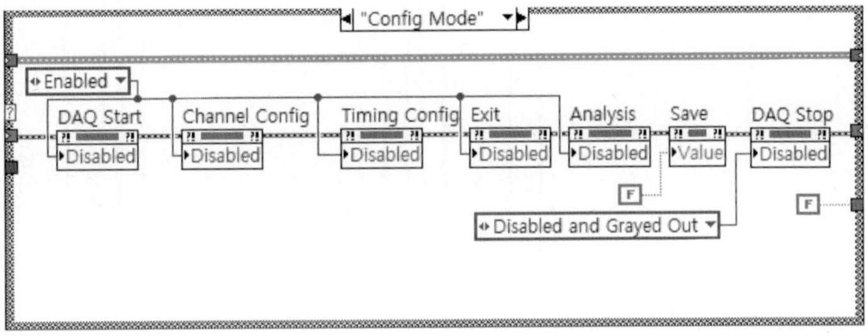

[그림 5-11-3-11]

8. <테스트> : [그림 5-11-3-12]와 같이 완성하였습니다. 프런트패널에서 프로그램을 시작하여 채널 및 타이밍 설정을 하고 측정을 시작하고 데이터 저장, 측정 정지, 분석 등의 각 기능이 잘 동작되는지 확인해 봅니다. 프로그램 실행이 끝나면 다운받은 Project₩Data 폴더에 TDMS 파일이 생성되어 있는지도 확인합니다.

9. 주석을 추가하고 sub_Main DAQ.vi를 저장한 후에 닫습니다.

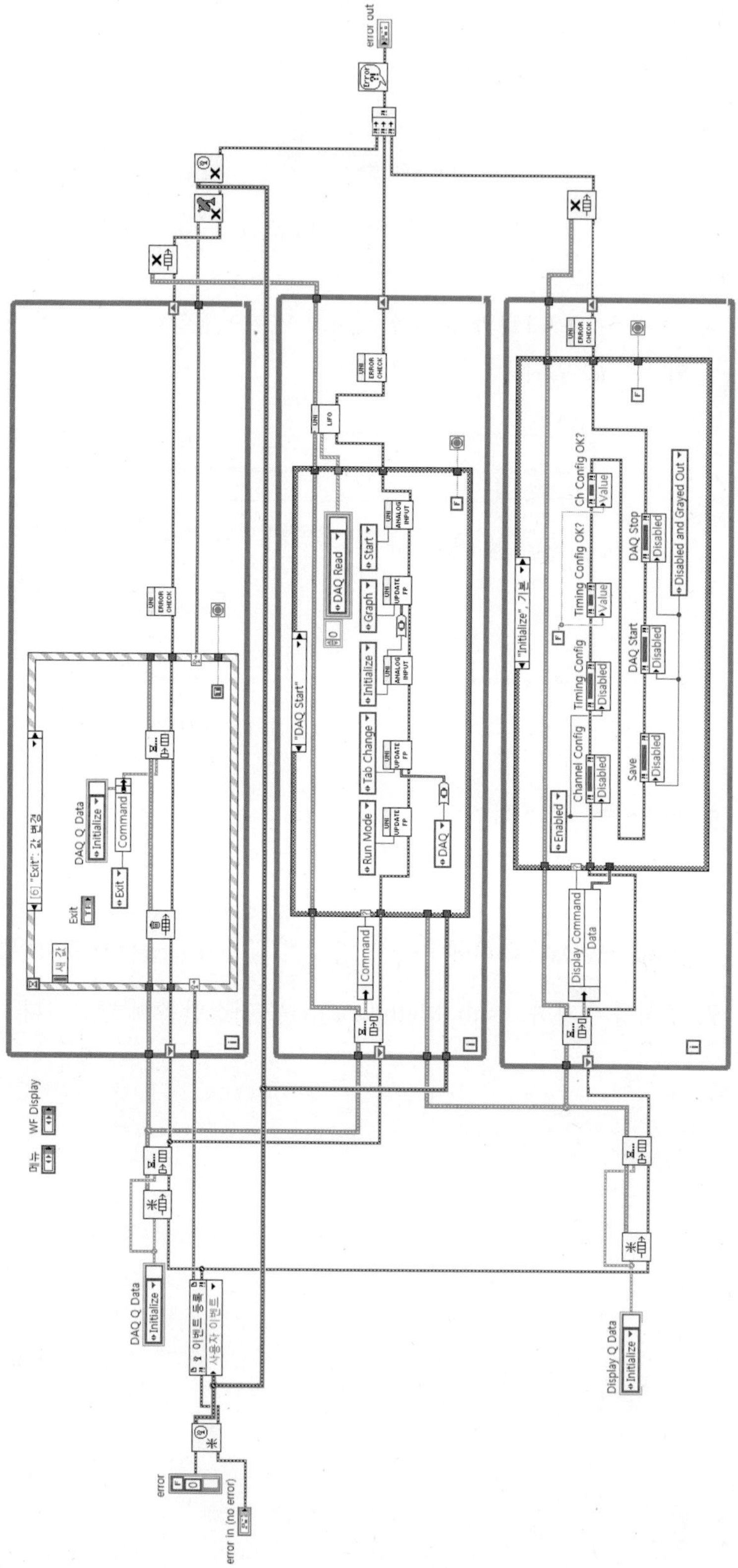
error out
DAQ Q Data
Initialize
Command
Exit
"DAQ Start"
DAQ Read
Start
Graph
Initialize
Tab Change
Run Mode
DAQ
Command
"Initialize", 기본
Enabled
Channel Config
Timing Config
Timing Config OK?
Ch Config OK?
DAQ Start
DAQ Stop
Save
Disabled and Grayed Out
Display Command Data
Display Q Data
메뉴
WF Display
사용자 이벤트
error
error in (no error)

[그림 5-11-3-12]

[도전 과제] 지금까지 구현한 코드를 개선해 봅시다.

1. 현재는 다음 그림에서 'Exit'을 클릭하면 프로그램이 종료되도록 구현되어 있습니다. 여기에 '패널 닫기'를 클릭해도 'Exit'을 클릭한 것과 같이 프로그램이 종료되도록 구현해 보세요.

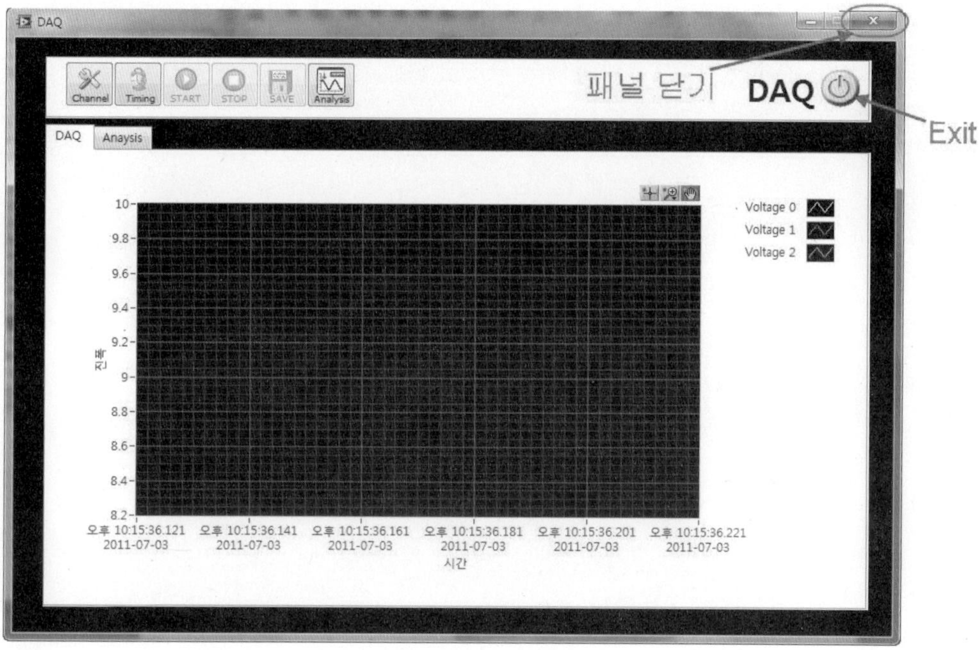

[도전과제 그림]

2. 현재는 전압만 측정하도록 되어 있지만 전압, 전류, 온도 등을 다양한 신호를 측정할 수 있도록 기능 확장을 해보세요.

3. 현재는 [그림 5-2-1-2]에서 Timing과 Channel버튼을 클릭하여 설정한 후에 STRAT 버튼을 사용할 수 있도록 했습니다. sub_Main DAQ.vi가 로딩되면 자동으로 이전 설정값을 불러와 Timing과 Channel을 매번 설정을 하지 않고도 예전 설정값을 그대로 이용하여 사용할 수 있도록 변경해 보세요.

4. FFT, Peak Search, RMS 계산 등이 포함된 분석 기능을 추가하세요.

5. 현재 디지털 에지(Digital Edge) 트리거만 지원하도록 구현했는데 다양한 트리거를 지원되도록 변경해 보세요.

6. 프로그램에서 사용된 글로벌 변수로 VI 간 데이터 공유를 하는 부분을 기능적 글로벌 변수로 구현해 보세요.

7. 프로그램에서 사용된 여러 개의 로컬 변수 대신 이를 묶어서 클러스터로 만들고 시프트 레지스터를 이용하여 데이터를 전달하도록 구현해 보세요.

CHAPTER 06

데이터 뷰어

CHAPTER 06 데이터 뷰어

5장에서 TDMS 포맷으로 생성한 데이터 파일 뷰어 기능을 구현합니다.

6.1 프로젝트에 sub_Main Viewer.vi 추가

[그림 6-1-1]과 같이 프로젝트 파일에 sub_Main Viewer.vi를 추가 생성합니다.

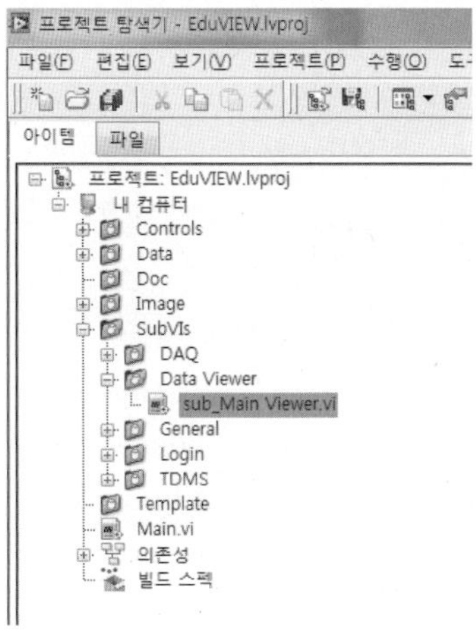

[그림 6-1-1] 프로젝트 파일

[실습 6-1-1] 프로젝트 파일에 sub_Main Viewer.vi를 추가 생성합니다.

sub_Main Viewer.vi는 이 책 2.6장에서 선정한 디자인 패턴인 생산자/소비자 이벤트 디자인 패턴을 사용합니다.

1. 다운받은 Project 폴더에서 EduVIEW.lvproj 파일을 엽니다.
2. **내 컴퓨터** > **새로 만들기** > **새로 만들기**...에서 '생산자/소비자 디자인 패턴(이벤트)' 를 선택하고 '확인' 버튼을 클릭합니다.

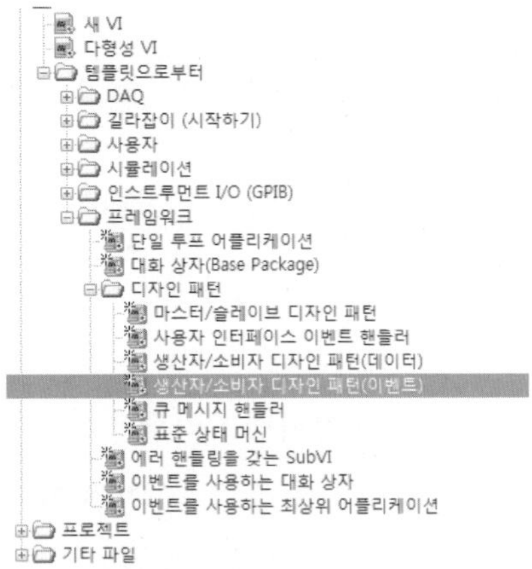

[그림 6-1-1-1]

3. 프런트패널에 있는 컨트롤들은 모두 지우고 다운받은 Project₩SubVIs₩Data Viewer 폴더에 sub_Main Viewer.vi로 저장합니다.

4. 프로젝트 파일이 [그림 6-1-1]과 같은지 확인하세요.

6.2 sub_Main Viewer.vi 프런트패널 디자인

[그림 6-2-1]과 같이 sub_Main Viewer.vi의 프런트패널 디자인을 완성합니다.

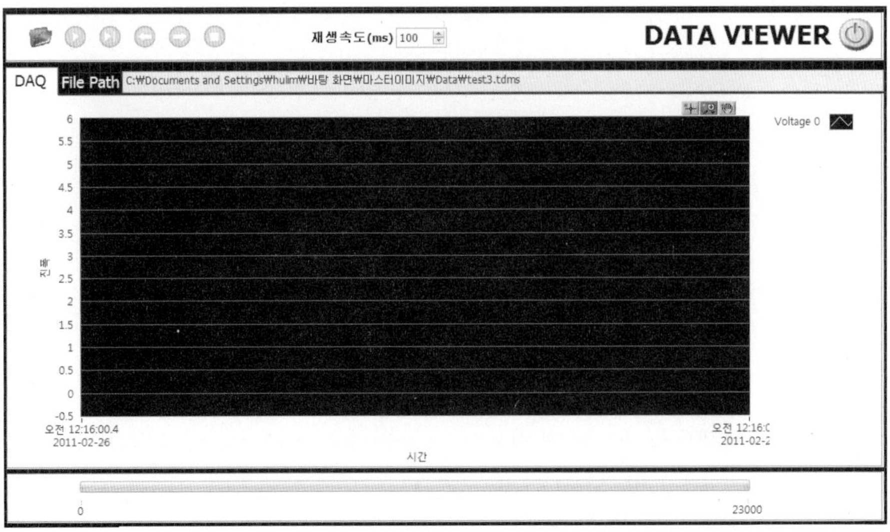

[그림 6-2-1] sub_Main Viewer.vi의 프런트패널

[실습 6-2-1] 프런트패널 디자인을 완성합니다.

1. 프런트패널에 탭 컨트롤 3개를 추가합니다.

- 프런트패널에 시스템 탭 컨트롤 3개를 가져다 놓습니다.
- 각각 라벨을 'Menu', 'Data', 'State'로 정합니다.
- **바로가기메뉴 > 보이는 아이템 > 라벨**을 숨깁니다.
- 'Menu', 'Data', 'State' 탭 컨트롤의 **바로가기메뉴 > 페이지 제거**를 선택합니다.
- 'Menu'와 'State' 탭 컨트롤의 **바로가기메뉴 > 보이는 아이템 > 탭**을 보이지 않도록 설정합니다.
- 'Data'는 첫 번째 탭을 'Data'로 수정합니다.

[그림 6-2-1-1]

2. 버튼들을 추가합니다.

- 프로젝트 탐색기의 내 컴퓨터 > Controls에서 Open.ctl, Run.ctl, Pause.ctl, Forward.ctl, Backward.ctl, Stop Viewer.ctl, Exit.ctl을 선택하여 프런트패널로 드래그합니다.
- 모두 라벨을 보이지 않게 설정합니다.
- Menu 탭 컨트롤 안에 [그림 6-2-1-2]와 같이 위치시킵니다.

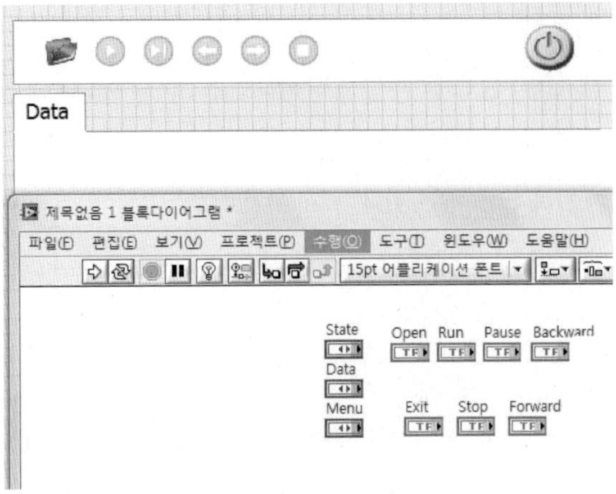

[그림 6-2-1-2]

3. 웨이브폼 그래프를 추가합니다.

- DAQ 탭에 웨이브폼 그래프을 추가합니다.
- 라벨은 '웨이브폼 그래프' 로 수정합니다.
- 웨이브폼 그래프의 **바로가기메뉴** > **보이는 아이템**에서 [그림 6-2-1-3]과 같이 설정합니다.

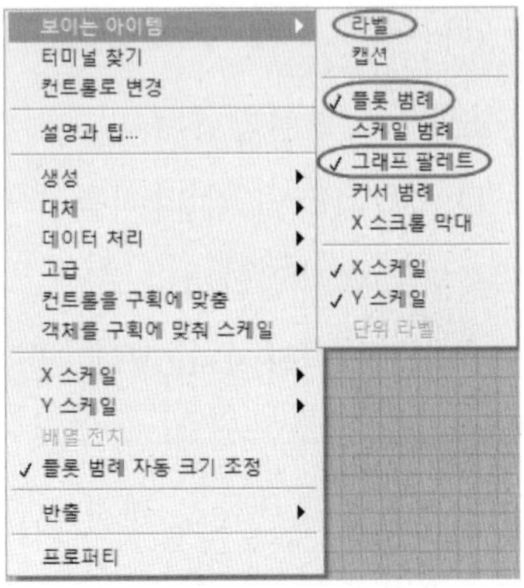

[그림 6-2-1-3]

- 일부 프레임을 **도구 팔레트에서 색 변경**하여 투명하게 설정합니다. 도구 팔레트 사용법은 **LabVIEW의 정석(기본편) 1.6장**을 참조하세요.

4. 경로 인디케이터 추가합니다.

- 시스템 경로 컨트롤을 추가하고 이를 인디케이터로 변경합니다.
- 라벨을 'File Path' 로 변경합니다.

5. 파일에서 데이터를 읽어 온 분량을 표시할 진행 막대를 추가합니다.

- 시스템 수평 진행 막대를 추가합니다.
- 라벨을 보이지 않도록 설정합니다.
- **바로가기메뉴** > **형** > **I64**를 선택합니다.
- **바로가기메뉴** > **스케일** > **스타일**을 [그림 6-2-1-4]와 같이 설정합니다.

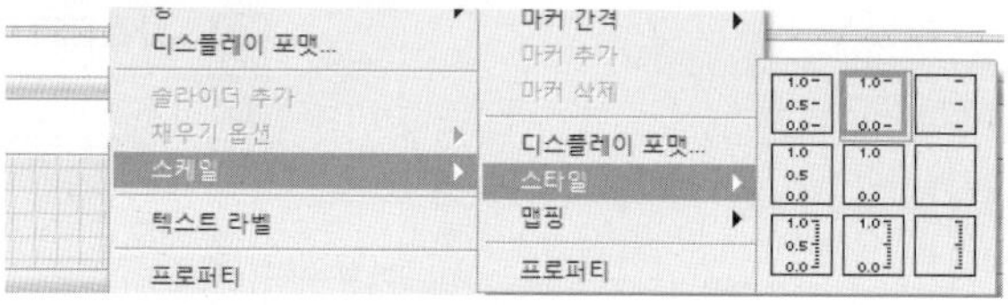

[그림 6-2-1-4]

6. 시스템 숫자형을 추가하고 **바로가기메뉴** > **형** > **U32**로 설정합니다. 라벨은 '재생속도(ms)' 로 변경합니다. 이것은 파일에서 읽어온 데이터를 그래프에 업데이트하는 속도를 결정합니다.

7. 에러 입력 3D, 에러 출력 3D을 프런트패널에 놓고 사용자에게 보이지 않도록 화면크기를 조정합니다.

8. 디자인 완성을 합니다.

- 바탕화면을 검정색으로 설정합니다.
- Exit버튼 옆에 'DATA VIEWER' 타이틀을 추가합니다.
- 아이콘은 원하는 대로 디자인합니다.
- 에러 입출력을 커넥터 연결하여 subVI로 만듭니다. subVI를 생성 방법은 **LabVIEW의 정석(기본편) 5장**을 참조하세요.
- 본 예제를 완성하여도 실행 버튼은 깨져 있습니다.

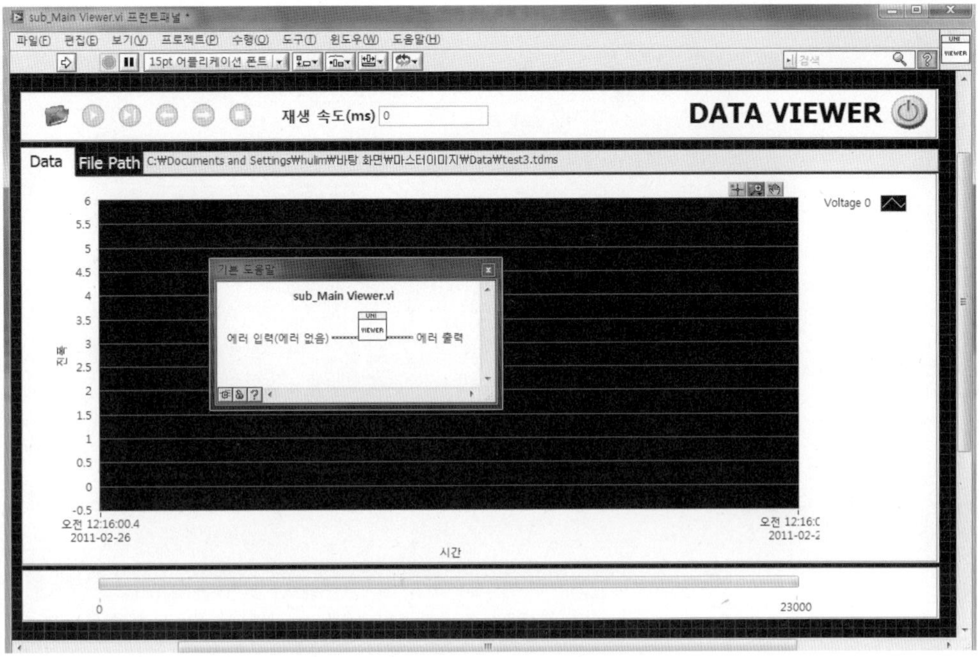

[그림 6-2-1-5]

9. **파일풀다운메뉴 > 파일 > VI 프로퍼티**에서 [그림 6-2-1-6]과 같이 윈도우 제목을 'Viewer' 로 변경합니다.

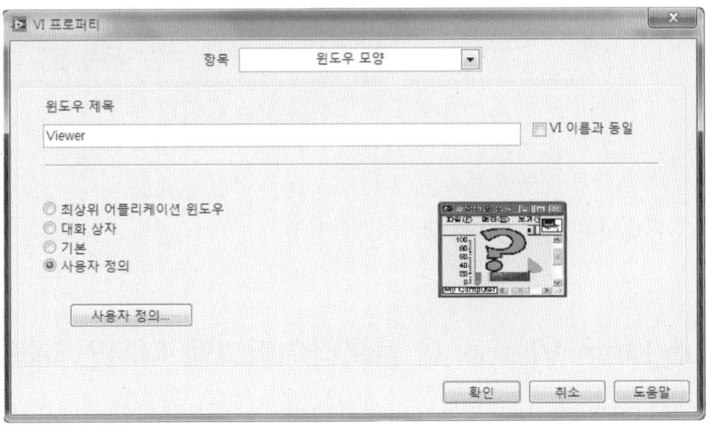

[그림 6-2-1-6]

10. [그림 6-2-1-6]에서 '사용자 정의...' 버튼을 클릭하여 다음과 같이 설정합니다. 실행 중 프런트패널 창 크기 조절 및 스크롤링할 수 없도록 차단하고, 도구 모음이나 메뉴 모음이 안보이도록 하기 위한 설정입니다.

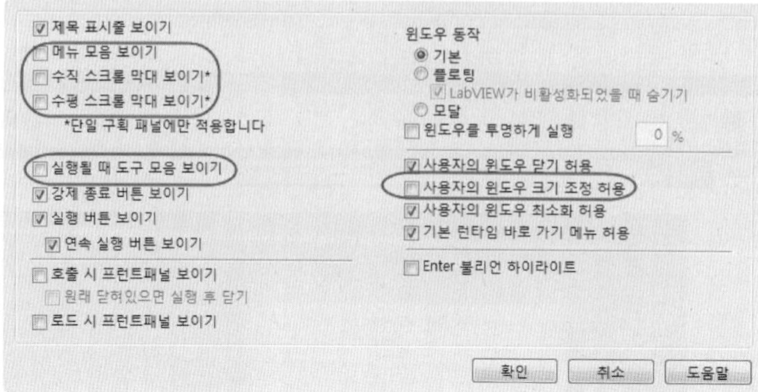

[그림 6-2-1-7]

11. 실행될 때 모니터의 중심에서 실행할 수 있도록 [그림 6-2-1-8]과 같이 설정합니다.

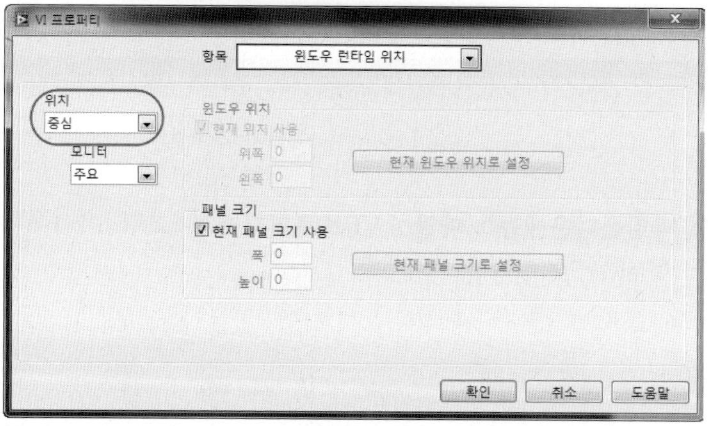

[그림 6-2-1-8]

12. sub_Main Viewer.vi를 저장합니다.

6.3 sub_Main Viewer.vi 블록다이어그램 디자인 패턴 구현

sub_Main Viewer.vi 블록다이어그램의 디자인 패턴을 완성합니다. 2.6장에서 선정한 디자인 패턴인 생산자/소비자 이벤트 디자인 패턴에 사용자(다이나믹) 이벤트를 추가하여 **While 루프**들 사이에 데이터를 양방향으로 전송합니다. 1st(첫 번째) **While 루프**는 프런트패널에서 사용자가 버튼을 클릭하면 이를 감지하여 큐를 이용해 2nd(두 번째) **While 루프**에 전달하고, 2nd(두 번째) **While 루프**는 해당 기능을 수행하면서 필요한 프런트패널 업데이트가 있으면 큐를 통해 3rd(세 번째) **While 루프**로 전달하고, 3rd(세 번째) 루프는 프런트패널 업데이트를 하게 될 것입니다.

예를 들어 사용자가 [그림 6-2-1-2]에서 Run 버튼을 클릭하게 되면 이를 1st(첫 번째) **While 루프**가 Run 버튼의 값이 변경됨을 감지하고 이를 큐를 통해 2nd(두 번째) **While 루프**에게 전달합니다. 2nd(두 번째) **While 루프**에서 데이터 파일로부터 데이터를 읽어 오는 기능을 수행하게 됩니다. 측정한 데이터를 그래프에 디스플레이하고자 할 때 2nd(두 번째) **While 루프**는 큐를 통해 3rd(세 번째) **While 루프**에 전달하고, 3rd(세 번째) **While 루프**에서 실제로 읽어 온 데이터를 그래프 업데이트를 하게 될 것입니다.

만약 프로젝트에서 에러가 발생하면 모든 **While 루프**를 정지시켜 프로젝트를 종료할 것입니다. 이때 사용자 이벤트는 2nd(두 번째) 또는 3rd(세 번째) **While 루프**에서 에러가 발생하면 1st(첫 번째) **While 루프**에 전달하여 전체 **While 루프**가 정지하여 프로젝트가 종료하도록 구현할 것입니다. 즉, 사용자 이벤트를 이용하여 쌍방향으로 데이터를 전달할 수 있도록 구현합니다.

예를 들어 2nd(두 번째) **While 루프**에서 에러가 발생하면 1st(첫 번째) **While 루프**와 3rd(세 번째) **While 루프**에 에러가 발생했다는 사실을 전달하여 **While 루프**를 정지시켜야 합니다. 2nd(두 번째) **While 루프**는 1st(첫 번째) **While 루프**에게는 사용자 이벤트를 통해 전달하고, 3rd(세 번째) **While 루프**에는 큐를 통해 에러 발생을 전달하면 3개의 **While 루프**가 모두 정지할 수 있습니다.

사용자 이벤트 및 큐에 대한 내용은 **LabVIEW의 정석(기본편) 8.8장**을 참조하세요.

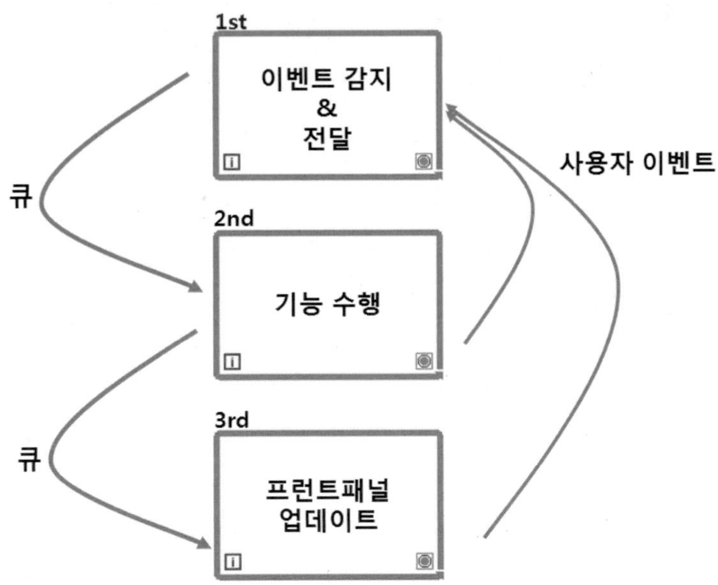

[그림 6-3-1] sub_Main Viewer.vi의 디자인 패턴

[실습 6-3-1] sub_Main Viewer.vi의 디자인 패턴을 구현합니다.

1. 프로젝트에 타입 정의한 컨트롤 Viewer Command.ctl을 추가합니다. 열거형과 타입 정의에 대한 자세한 정보는 **LabVIEW의 정석(기본편) 3.8장**과 **3.10장**을 참조하세요.

- 프로젝트 탐색기에서 내 컴퓨터 > Controls의 **바로가기메뉴** > **새로 만들기** > **컨트롤**을 선택합니다.
- 시스템 열거형을 프런트패널에 놓고 라벨을 'Command' 라고 합니다. Command의 **바로가기메뉴** > **아이템 편집**...을 선택하고 아래와 같이 9개의 아이템을 추가합니다. 각 아이템의 기능은 다음 표를 참조합니다.

Initialize	초기화
Open	[그림 6-2-1-2]의 Open 버튼의 값 변경 이벤트를 2nd(두 번째) While 루프로 전달하여 파일 열기 창 팝업
Run	[그림 6-2-1-2]의 Run 버튼의 값 변경 이벤트를 2nd(두 번째) While 루프로 전달하여 저장된 데이터 파일의 데이터를 읽어 옴
Continue	연속해서 데이터를 읽어 올지를 결정
Close	[그림 6-2-1-2]의 Stop 버튼의 값 변경 이벤트를 2nd(두 번째) While 루프로 전달하여 파일 읽기를 멈춤
Forward	[그림 6-2-1-2]의 Forward 버튼의 값 변경 이벤트를 2nd(두 번째) While 루프로 전달하여 앞의 데이터를 한 번 읽어 옴
Backward	[그림 6-2-1-2]의 Backward 버튼의 값 변경 이벤트를 2nd(두 번째) While 루프로 전달하여 뒤의 데이터를 한 번 읽어 옴
Pause	[그림 6-2-1-2]의 Pause 버튼의 값 변경 이벤트를 2nd(두 번째) While 루프로 전달하여 데이터 읽기를 일시 정지함
Exit	[그림 6-2-1-2]의 Exit 버튼의 값 변경 이벤트를 2nd(두 번째) While 루프로 전달하여 프로그램 종료

- '타입 정의' 를 설정합니다.
- 다운받은 Project₩Controls 폴더에 Viewer Command.ctl로 저장하고 닫습니다.

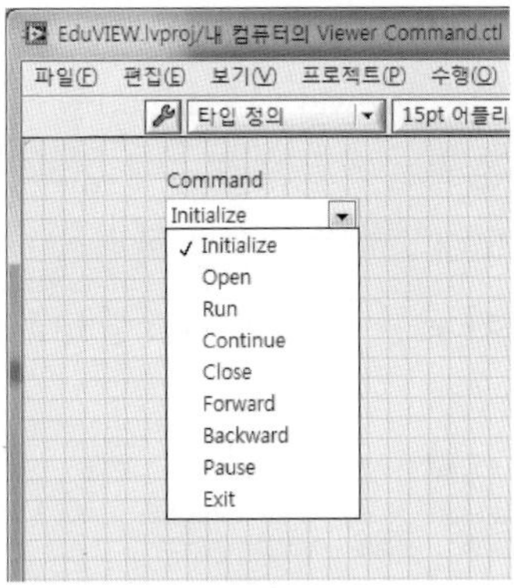

[그림 6-3-1-1]

2. 프로젝트에 1st(첫 번째) **While 루프**에서 2nd(두 번째) **While 루프**로 이벤트 전달할 때 사용할 타입을 정의한 컨트롤 Viewer Q Data.ctl을 추가합니다. 클러스터와 배리언트에 대한 자세한 정보는 **LabVIEW의 정석(기본편) 3.5장**과 **3.9장**을 참조하세요.

- 프로젝트 탐색기에서 내 컴퓨터 > Controls의 **바로가기메뉴** > **새로 만들기** > **컨트롤**을 선택합니다.
- 프런트패널에 **클러스터**를 놓고 라벨을 'Viewer Q Data' 라고 합니다.
- 클러스터 안에 1번에서 만든 Viewer Command.ctl과 배리언트를 차례로 넣어줍니다.
- 배리언트의 라벨은 'Data' 로 합니다. 배리언트를 통해 다양한 데이터 타입의 데이터들을 큐를 통해 전달할 수 있도록 합니다.
- '타입 정의' 로 설정합니다.
- 다운받은 Project₩Controls 폴더에 Viewer Q Data.ctl로 저장하고 닫습니다.

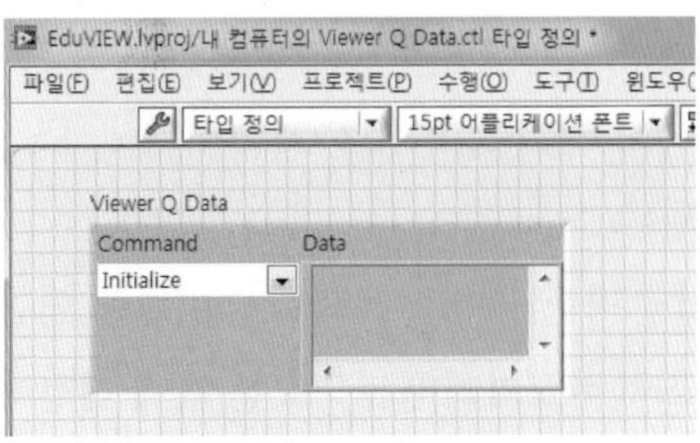

[그림 6-3-1-2]

3. 큐를 통해 전달할 데이터 타입을 선언하고 큐에 초기화를 위한 데이터를 추가합니다.

- sub_Main Viewer.vi의 블록다이어그램에서 **큐 얻기.vi**의 원소 데이터 타입 파라미터에 2번에서 만든 Viewer Q Data.ctl을 연결합니다. 참고로, Viewer Q Data.ctl을 사용하는 방법은 프로젝트 탐색기에 등록된 Viewer Q Data.ctl을 선택하여 블록다이어그램으로 드래그하면 상수로 불러올 수 있습니다.
- **원소를 큐에 추가.vi**를 추가하여 [그림 6-3-1-3]과 같이 구현합니다.

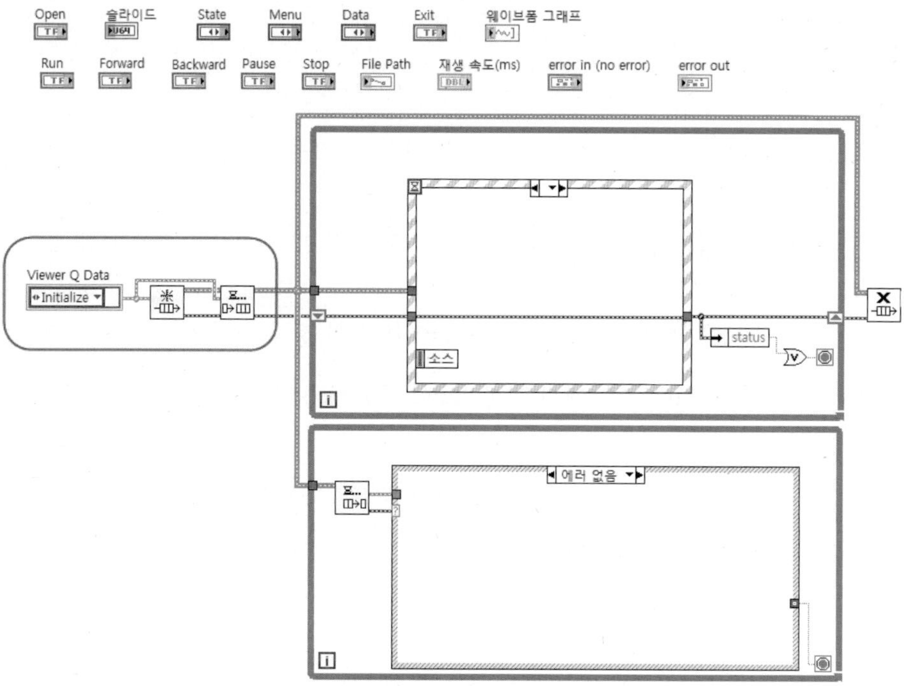

[그림 6-3-1-3]

4. 2nd(두 번째) **While 루프**에 **케이스 구조**를 수정합니다.

- **케이스 구조**의 선택자 터미널에 연결된 에러 클러스터 라인을 지웁니다.
- **원소를 큐에서 제거.vi**의 원소 파라미터에서 나오는 클러스터를 **이름으로 풀기.vi**에 연결합니다.
- Command 출력을 케이스 선택자 터미널에 연결합니다.
- **케이스 구조**의 **바로가기메뉴** > **모든 값에 대한 케이스 추가**를 선택합니다.
- 1번에서 정의한 9개의 아이템에 대한 케이스가 모두 추가되었는지 확인합니다.
- Exit 케이스에만 **참 상수**를 **While 루프**의 조건 터미널에 연결하고 나머지 케이스들은 **거짓 상수**를 연결합니다.
- [그림 6-3-1-4]과 같이 연결을 완성합니다.

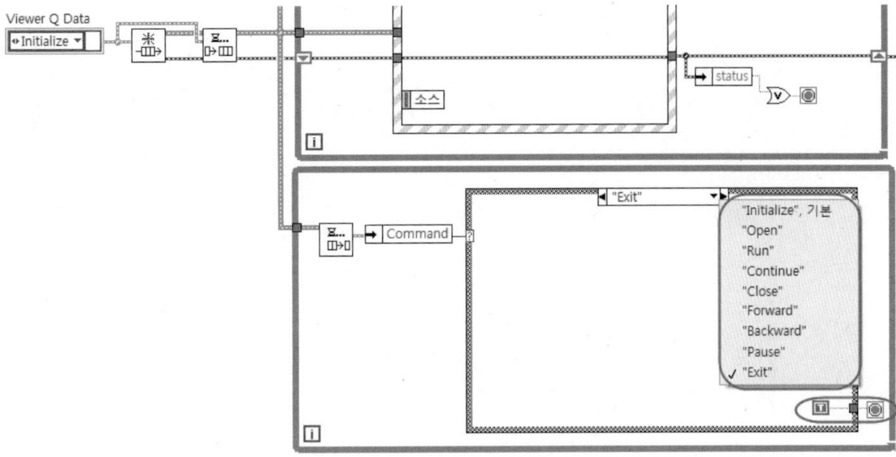

[그림 6-3-1-4]

5. 사용자(다이나믹) 이벤트를 추가합니다.

- **사용자 이벤트 생성.vi**와 **이벤트 등록.vi**를 추가합니다.
- 에러 클러스터 상수를 생성하고 라벨을 'error' 로 합니다.
- **이벤트 구조**의 **바로가기메뉴** > **다이나믹 이벤트 터미널 보이기**를 선택합니다.
- [그림 6-3-1-5]와 같이 연결을 완성합니다.

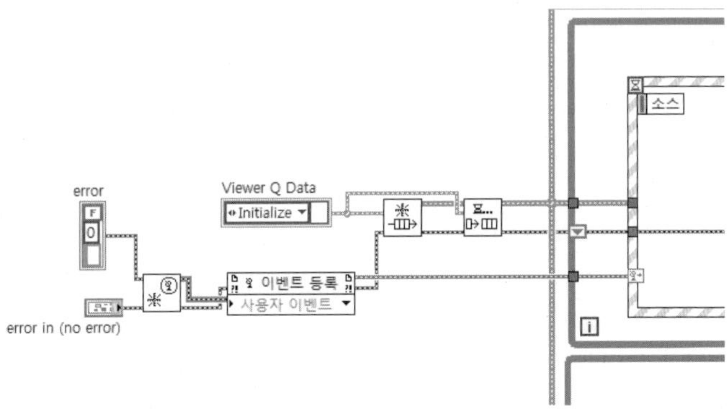

[그림 6-3-1-5]

6. 1st(첫 번째) **While 루프** 안에 있는 **이벤트 구조**의 케이스를 정의합니다.

- 기존 **이벤트 구조** 안에 있는 코드들은 모두 제거합니다.
- **이벤트 구조**의 **바로가기메뉴** > **이 케이스에 의해 핸들되는 이벤트 편집...**을 선택합니다.

- [그림 6-3-1-6]과 같이 이벤트 소스와 이벤트를 선택하고 확인 버튼을 클릭합니다.

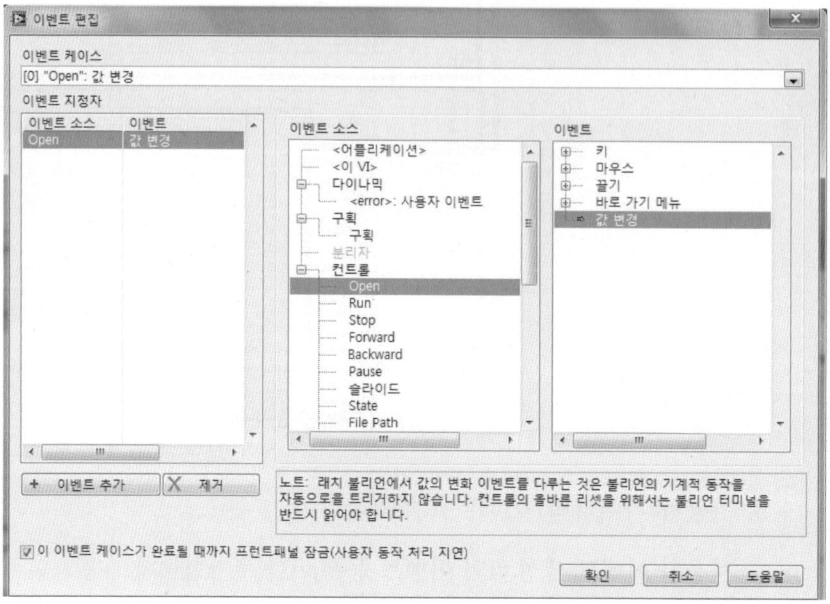

[그림 6-3-1-6]

- [그림 6-3-1-7]과 같이 이벤트가 생성되었는지 확인합니다.

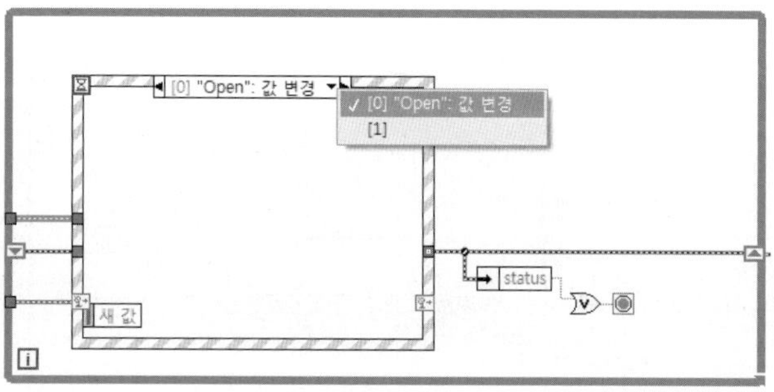

[그림 6-3-1-7]

- Open 터미널을 이벤트 케이스 안에 놓습니다.

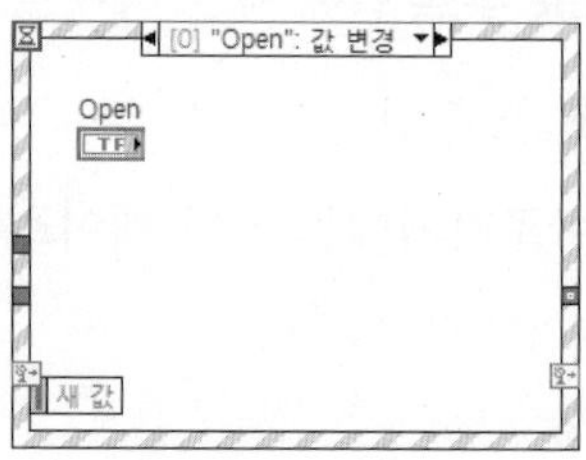

[그림 6-3-1-8]

- 다음 표와 같이 이벤트를 추가 또는 편집하고 해당 터미널들을 각 이벤트 케이스 안으로 이동시킵니다.

Run	값 변경
Forward	값 변경
Backward	값 변경
Pause	값 변경
Stop	값 변경
Error	사용자 이벤트
Exit	값 변경; 패널 닫기

- 완성된 이벤트가 [그림 6-3-1-9]와 같은지 확인합니다. 순서는 변경되어도 상관 없습니다.

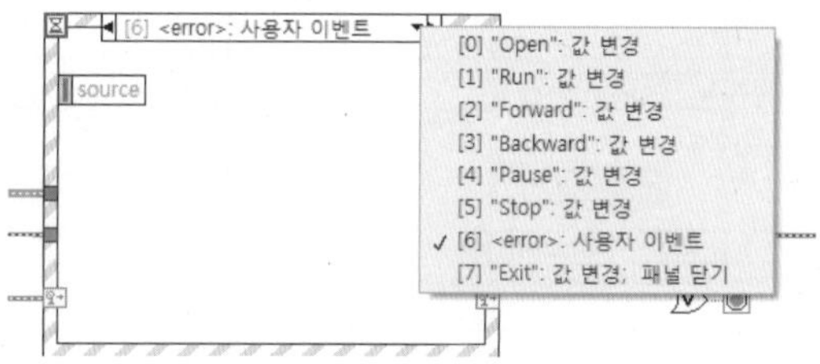

[그림 6-3-1-9]

7. Open 이벤트 케이스를 구현합니다.

- **원소를 큐에 추가.vi**를 추가합니다.
- **이름으로 묶기.vi**를 추가합니다.
- 프로젝트 탐색기에서 Controls > Viewer Q Data.ctl을 드래그하여 가져옵니다.
- **이름으로 묶기.vi**의 입력 클러스터 파라미터에 Viewer Q Data.ctl을 연결합니다.
- Command의 **바로가기메뉴 > 생성 > 상수**를 선택하여 아이템을 'Open'으로 설정합니다.
- **While 루프**의 조건 터미널에 **거짓 상수**를 연결합니다.
- [그림 6-3-1-10]과 같이 수정하여 완성합니다.

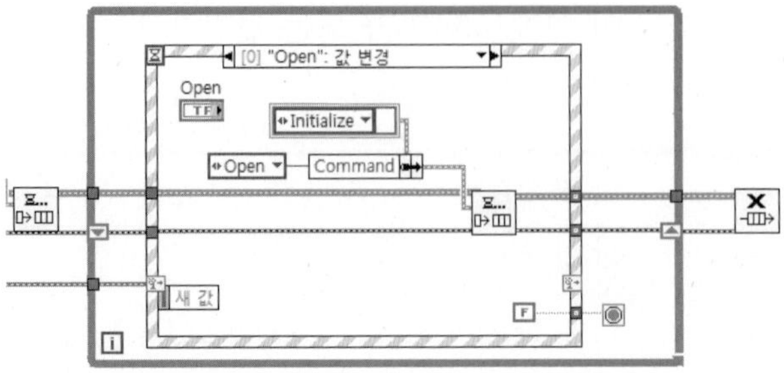

[그림 6-3-1-10]

8. 이벤트 케이스들도 7번과 같은 순서로 [그림 6-3-1-11]을 참조하여 완성합니다.

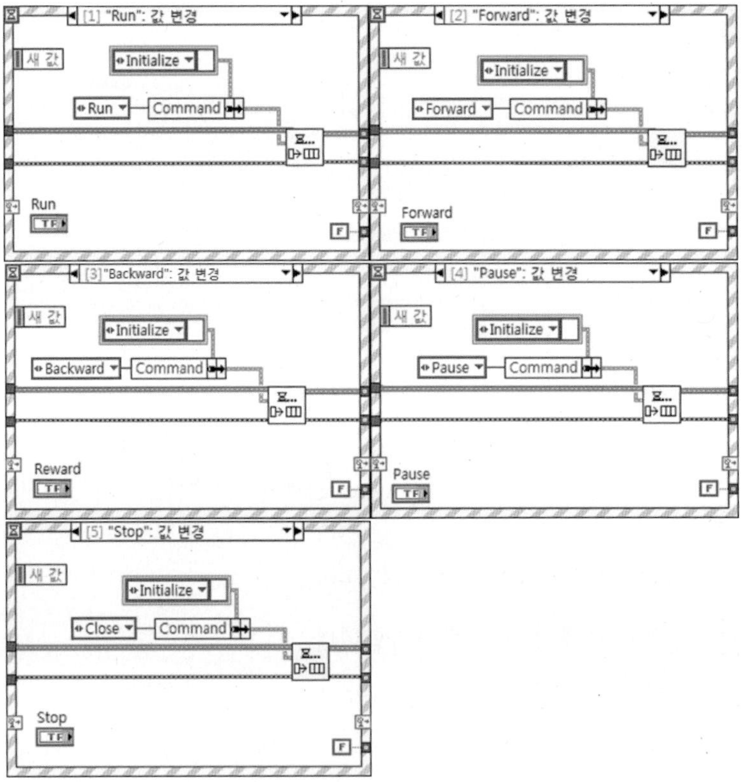

[그림 6-3-1-11]

9. <error> 사용자 이벤트 케이스를 구현합니다. 즉, 2nd(두 번째) 혹은 3rd(세 번째) **While 루프**에서 발생한 에러를 1st(첫 번째) **While 루프**에 전달하여 **While 루프**를 정지시키기 위한 목적입니다.

- 이벤트 데이터 노드를 'status' 로 설정합니다.
- 'status' 를 **While 루프**의 조건 터미널에 연결합니다.

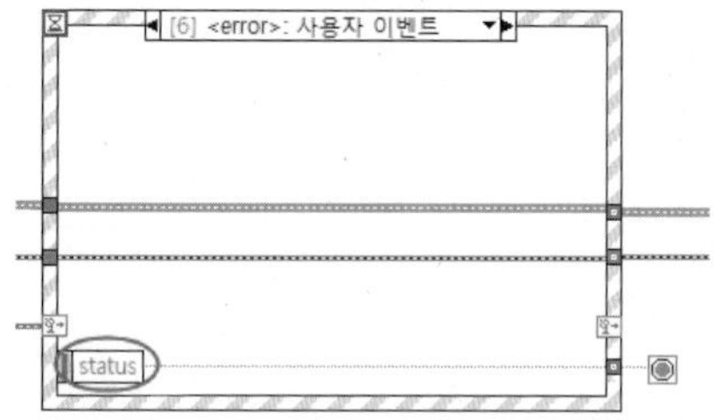

[그림 6-3-1-12]

10. Exit 이벤트 케이스를 구현합니다.
    - 프로그램을 종료하기 위해 Exit버튼을 클릭하면 남아 있는 큐를 처리할 필요 없이 바로 프로그램을 종료하기 위한 목적으로 **큐 비우기.vi**를 추가합니다.
    - **원소를 큐에 추가.vi**를 추가합니다.
    - **이름으로 묶기.vi**를 추가합니다.
    - 프로젝트 탐색기에서 Controls > Viewer Q Data.ctl을 드래그하여 가져옵니다.
    - **이름으로 묶기.vi**의 입력 클러스터 파라미터에 Viewer Q Data.ctl를 연결합니다.
    - Command의 **바로가기메뉴 > 생성 > 상수**를 선택하여 아이템을 'Exit' 로 설정합니다.
    - **While 루프**의 조건 터미널에 **참 상수**를 연결합니다.
    - [그림 6-3-1-13]과 같이 나머지 와이어를 연결하여 완성합니다.

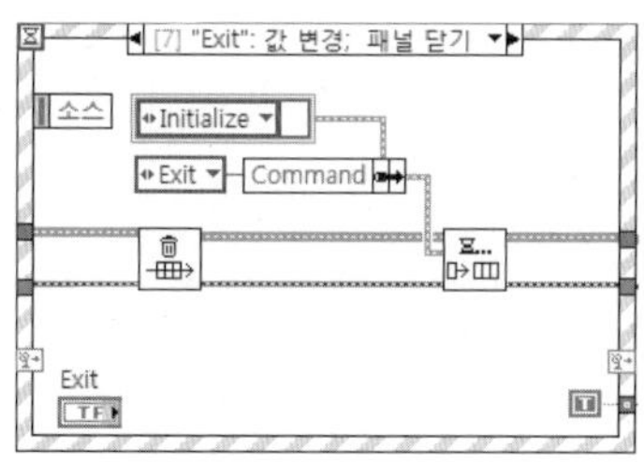

[그림 6-3-1-13]

11. <테스트> : 지금까지 만든 디자인 패턴이 문제 없는지 확인합니다.
    - 2nd(두 번째) **While 루프**에 있는 각 케이스에 **문자열로 포맷.vi**과 **단일 버튼 대화 상자.vi**를 추가하여 [그림 6-3-1-14]와 같이 연결합니다.

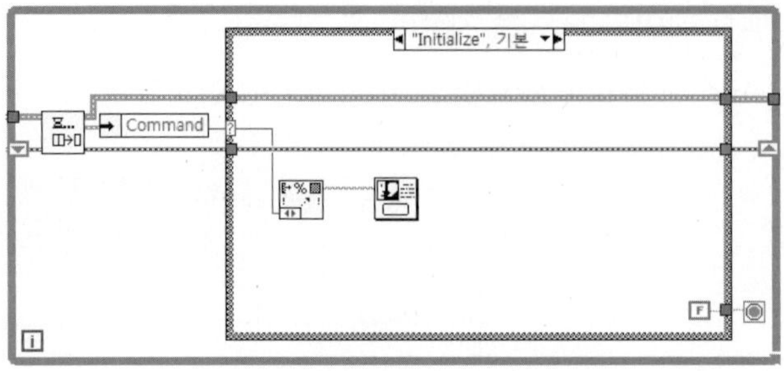

[그림 6-3-1-14]

- 프로그램을 실행시켜 봅니다. Initilize라는 단일 버튼 대화 상자가 뜨는지 확인합니다.
- Save 버튼을 제외하고 모든 버튼을 눌렀을 때 각각 단일 버튼 대화 상자가 뜨는지 확인합니다.
- Exit 버튼을 누르면 단일 버튼 대화 상자가 뜨고 프로그램이 정지하는지 확인합니다.

12. 프로젝트에 프런트패널 업데이트할 때 사용할 타입 정의한 컨트롤 FP Q Data.ctl을 추가합니다.

- 프로젝트 탐색기에서 내 컴퓨터 > Controls의 **바로가기메뉴** > **새로 만들기** > **컨트롤**을 선택합니다.
- 시스템 열거형을 프런트패널에 놓고 라벨을 'FP Command' 라고 합니다. FP Command의 **바로가기메뉴** > **아이템 편집...**을 선택하고 [그림 6-3-1-15]와 같이 11개의 아이템을 추가합니다. 각 아이템의 기능은 다음 표를 참조합니다.

Initialize	초기화
Open Mode	파일을 불러 올 때의 프런트패널 모습 설정
Run Mode	Run 버튼을 클릭할 때의 프런트패널 모습 설정
Run Enable	Run 버튼을 활성화/비활성화 설정
Pause Mode	Pause 버튼을 클릭할 때의 프런트패널 모습 설정
Close Mode	Stop 버튼을 클릭할 때의 프런트패널 모습 설정
WG Init	웨이브폼 그래프 초기화
WG Plot	웨이브폼 그래프의 범례 개수 설정
Slide Range	슬라이드 최대값과 증가값 설정
Slide Value	슬라이드 값 설정
Exit	프로그램 종료

- '타입 정의' 를 설정합니다.
- 다운받은 Project₩Controls 폴더에 FP Command.ctl로 저장하고 닫습니다.

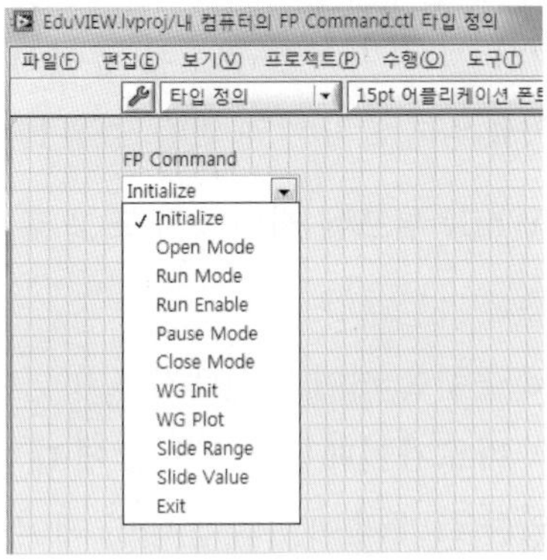

[그림 6-3-1-15]

- 프로젝트 탐색기에서 내 컴퓨터 > Controls의 **바로가기메뉴** > **새로 만들기** > **컨트롤**을 선택합니다.
- 프런트패널에 **클러스터**를 놓고 라벨을 'FP Q Data' 라고 합니다.
- 클러스터 안에 13번에서 만든 FP Command.ctl과 배리언트를 차례로 넣어줍니다.
- 배리언트의 라벨은 'Data' 로 합니다. 배리언트를 통해 다양한 데이터 타입의 데이터들을 큐를 통해 전달할 수 있도록 합니다.
- '타입 정의' 를 설정합니다.
- 다운받은 Project₩Controls 폴더에 FP Q Data.ctl로 저장하고 닫습니다.

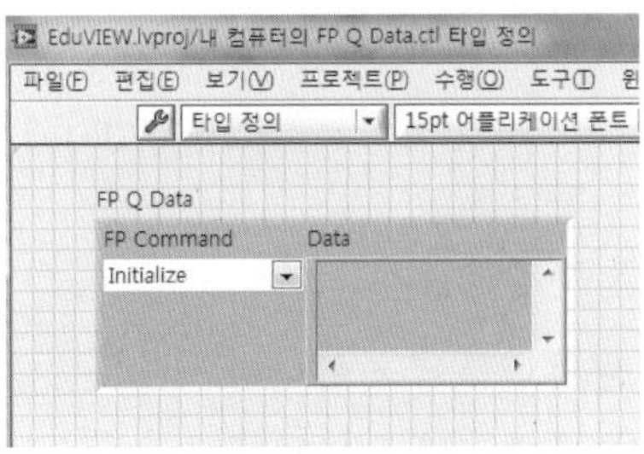

[그림 6-3-1-16]

13. 프런트패널 업데이트를 담당할 3rd(세 번째) **While 루프**를 추가하고 2nd(두 번째) **While 루프**에서 3rd(세 번째) **While 루프**로 데이터를 전달할 큐 추가합니다.

- sub_Main Viewer.vi의 블록다이어그램에서 **큐 얻기.vi**를 추가하고 원소 데이터 타입 파라미터에 12번에서 만든 FP Q Data.ctl을 연결합니다.

- **원소를 큐에 추가.vi**를 추가합니다.
- 3rd(세 번째) **While 루프**를 추가 합니다.
- **원소를 큐에서 제거.vi**를 추가합니다.
- **이름으로 풀기.vi**를 추가하고 **원소를 큐에서 제거.vi**의 원소 파라미터에서 나오는 클러스터를 **이름으로 풀기.vi**에 연결합니다.

14. 3rd(세 번째) **While 루프**에 **케이스 구조**를 추가하여 완성합니다.
- **케이스 구조**를 추가합니다.
- FP Command 출력을 케이스 선택자 터미널에 연결합니다.
- **케이스 구조**의 **바로가기메뉴** > **모든 값에 대한 케이스 추가**를 선택합니다.
- 13번에서 정의한 11개의 아이템에 대한 케이스가 모두 추가되었는지 확인합니다.
- Exit 케이스에만 **참 상수**를 **While 루프**의 조건터미널에 연결하고 나머지 케이스들은 **거짓 상수**를 연결합니다.
- [그림 6-3-1-17]과 같이 연결을 완성합니다.

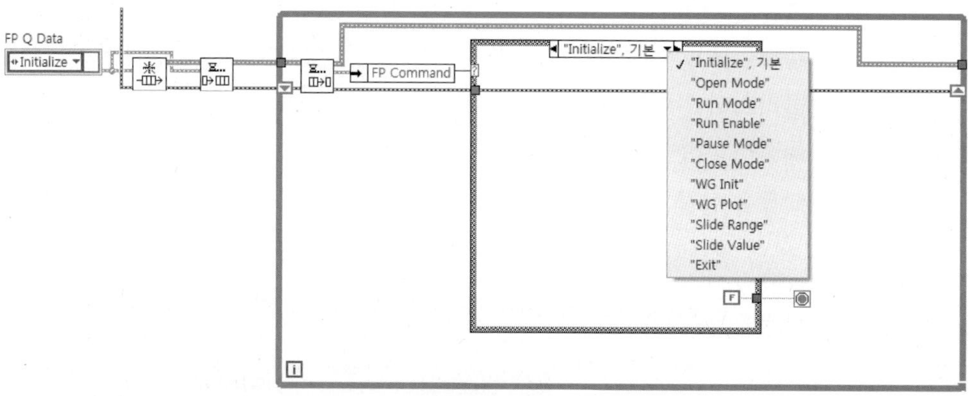

[그림 6-3-1-17]

15. 에러 핸들러를 추가합니다.
- **이벤트 등록 해제.vi**를 추가합니다.
- **사용자 이벤트 삭제.vi**를 추가합니다.
- **큐 해제.vi**를 추가합니다.
- **에러 병합.vi**를 추가합니다.
- **단순 에러 핸들러.vi**를 추가합니다.
- [그림 6-3-1-18]과 같이 연결을 완성합니다.
- <테스트> : 프로그램을 실행시키고 Exit 버튼을 클릭해도 3rd(세 번째) **While 루프**를 정지시킬 수 없어 프로그램이 종료되지 않습니다. LabVIEW의 도구 모음에 있는 강제 종료 버튼을 클릭하여 종료합니다.

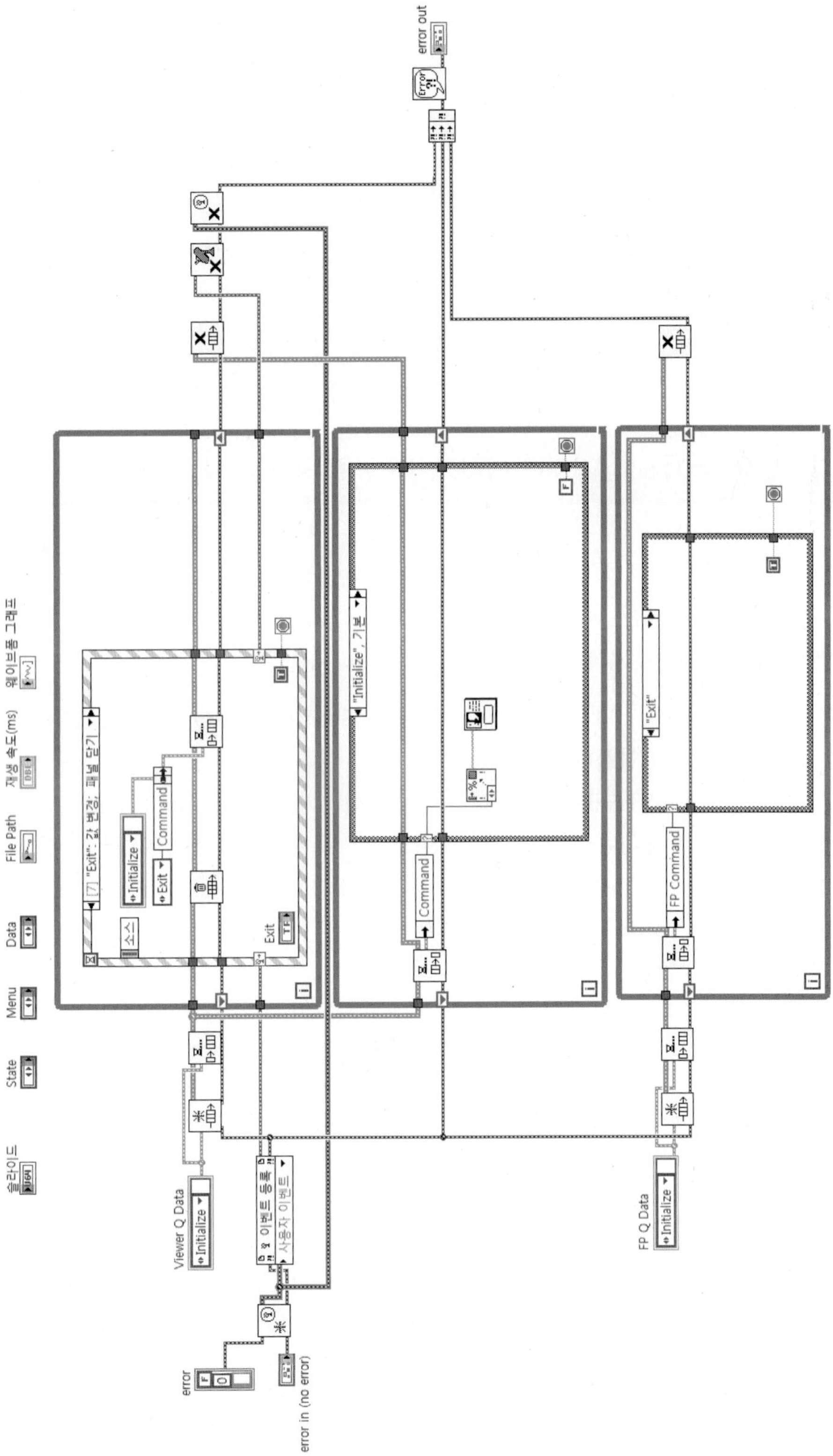
error out
슬라이드
State
Menu
Data
File Path
재생 속도(ms)
웨이브폼 그래프
Viewer Q Data
FP Q Data
error
error in (no error)
Command
FP Command
"Exit"
Exit

[그림 6-3-1-18]

16. 완성된 블록다이어그램에 주석을 추가합니다.

17. sub_Main Viewer.vi를 저장하고 닫습니다.

6.4 프런트패널 업데이트 subVI 구현

[그림 6-3-1]에서 프런트패널을 업데이트하기 위한 **While 루프**[3rd(세 번째) **While 루프**]가 있습니다. 이번 장에서 만들 subVI는 다른 **While 루프**에서 3rd(세 번째) **While 루프**에 프런트패널을 업데이트할 데이터를 전달하는 기능을 합니다.

[실습 6-4-1] sub_Viewer Update FP.vi 를 구현합니다.

2.7.20장을 먼저 읽고 아래 실습을 따라 만들고, 실습을 완성한 후 다시 한 번 2.7.20장을 읽어 보면 코드 이해에 도움이 됩니다. 이 subVI는 [실습 5-8-1]과 유사합니다. 따라서 [실습 5-8-1]에서 만든 sub_DAQ Update FP.vi를 다른 이름으로 저장하여 수정합니다.

1. 프로젝트 탐색기에서 내 컴퓨터 > SubVIs > DAQ > sub_DAQ Update FP.vi를 열어서 **파일풀다운메뉴** > **파일** > **다른 이름으로 저장...**을 선택하고 다운받은 Project ₩SubVIs₩Data Viewer폴더에 sub_Viewer Update FP.vi로 저장합니다. 그리고 [그림 6-4-1-1]과 같은 화면이 나오면 반드시 '저장 안함' 을 선택합니다. 이것은 sub_Main DAQ.vi에서 사용된 sub_DAQ Update FP.vi를 sub_Viewer Update FP.vi로 바꾸지 않겠다는 의미입니다.

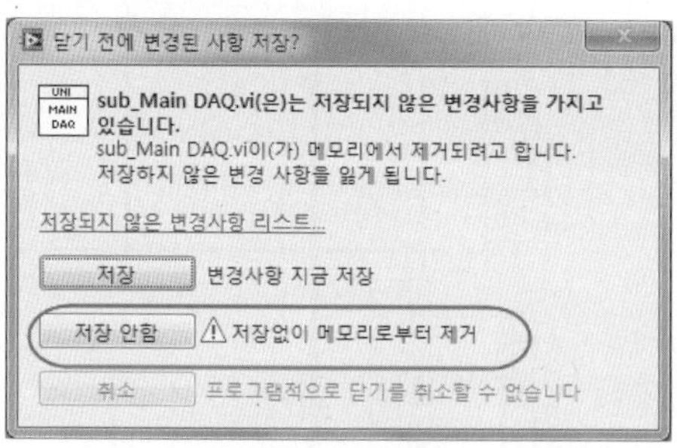

[그림 6-4-1-1]

2. 큐 참조에 대한 타입 정의를 합니다. 큐 참조는 서로 다른 VI에 위치한 **원소를 큐에 추가.vi**, **원소를 큐에서 제거.vi**의 짝을 찾는데 사용됩니다.

- 프로젝트 탐색기에서 내 컴퓨터 > SubVIs > Data Viewer > sub_Main Viewer.vi의 블록다이어그램을 열고, [그림 6-4-1-2]에서 화살표가 가리키고 있는 와이어에서 **바로가기메뉴** > **생성** > **컨트롤**을 선택합니다.

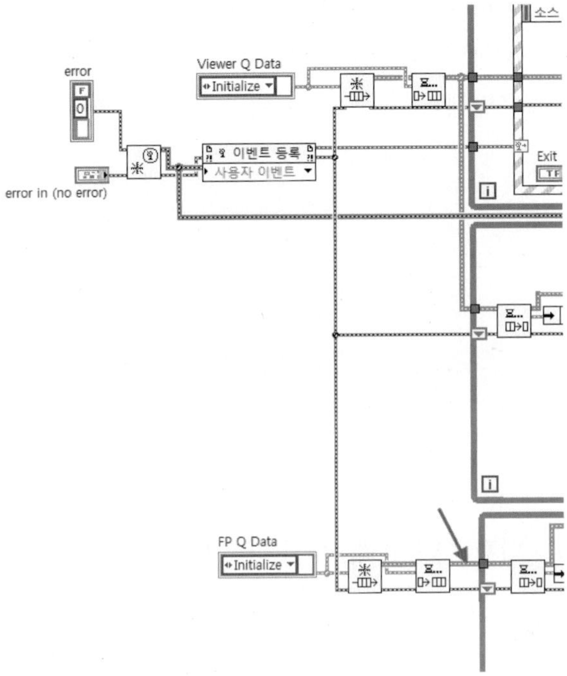

[그림 6-4-1-2]

- 생성된 컨트롤에서 **바로가기메뉴** > **고급** > **사용자 정의...**를 선택합니다.
- [그림 6-4-1-3]처럼 타입 정의를 선택하고 라벨을 수정합니다. 다운받은 Project ₩Controls 폴더에 ref_Viewer FP.ctl로 저장하고 창을 닫습니다.

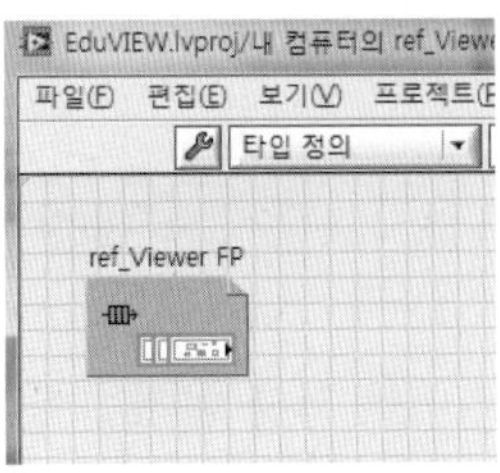

[그림 6-4-1-3]

- sub_Main Viewer.vi에 생성된 컨트롤은 지우고 원래 상태로 저장하고 닫습니다.

3. sub_ Viewer Update FP.vi 의 프런트패널를 수정합니다.

- ref_DAQ FP에서 **바로가기메뉴 > 대체 > 컨트롤 선택...**을 선택하여 다운받은 Project₩Controls 폴더에 ref_Viewer FP.ctl로 대체합니다.
- Display Command에서 **바로가기메뉴 > 대체 > 컨트롤 선택...**을 선택하여 다운받은 Project₩Controls 폴더에 FP Command.ctl로 대체합니다.
- 기본 도움말에서 [그림 6-4-1-4]와 같이 파라미터가 되어 있는지 확인합니다.

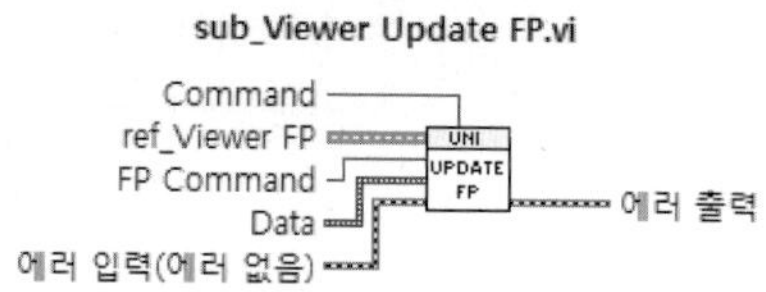

[그림 6-4-1-4]

4. sub_ Viewer Update FP.vi 의 블록다이어그램을 수정합니다.

- 깨진 와이어가 있는 상태에서 [그림 6-4-1-5]의 화살표 위치의 상수에서 **바로가기메뉴 > 대체 > VI 선택...**에서 다운받은 Project₩Controls 폴더에 FP Q Data.ctl로 대체합니다.

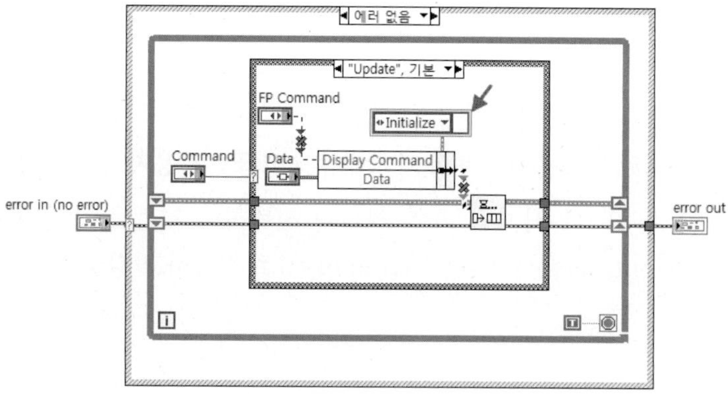

[그림 6-4-1-5]

- 깨진 와이어가 자동으로 정상 연결이 됩니다.
- 주석을 추가하고 sub_Viewer Update FP.vi를 저장하고 닫습니다.

6.5 Error subVI 구현

에러를 각 **While 루프**에 전달 및 처리하기 위한 subVI를 만듭니다. [그림 6-3-1]에서 기능이 다른 3개의 **While 루프**가 있습니다. 어떤 **While 루프**에서 에러가 발생하더라도 모든 **While 루프**에 에러 발생 사실을 전달하여 **While 루프**를 정지하고 사용자에게 에러 발생에 대한 정보를 보여주고 프로그램을 종료시킬 것입니다.

[실습 6-5-1] sub_Viewer Error Check.vi 를 구현합니다.

2.7.22장을 먼저 읽고 다음 실습을 따라 만들고, 실습을 완성한 후 다시 한 번 2.7.22장을 읽어 보면 코드 이해에 도움이 됩니다. 이 subVI는 [실습 5-9-1]과 유사합니다. 따라서 [실습 5-9-1]에서 만든 sub_DAQ Error Check.vi를 다른 이름으로 저장하여 수정합니다.

1. 프로젝트 탐색기에서 내 컴퓨터 > SubVIs > General > sub_DAQ Error Check.vi 를 열어서 **파일풀다운메뉴** > **파일** > **다른 이름으로 저장...**을 선택하고 다운받은 Project₩SubVIs₩General 폴더에 sub_Viewer Error Check.vi로 저장합니다. 그리고 [그림 6-5-1-1]과 같은 화면이 나오면 반드시 '저장 안함' 을 선택합니다.

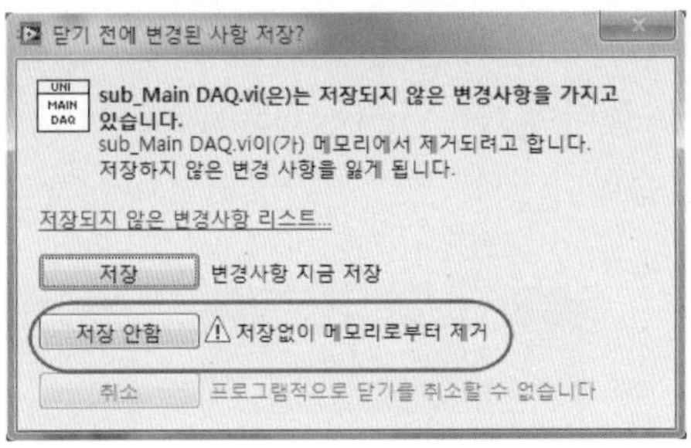

[그림 6-5-1-1]

2. 큐와 사용자 이벤트 참조에 대한 타입 정의를 합니다. 서로 다른 VI에 위치한 **원소를 큐에 추가.vi**, **원소를 큐에서 제거.vi**의 짝을 찾는데 사용되고, 사용자 이벤트 참조는 서로 다른 VI에 위치한 **사용자 이벤트 발생.vi**와 **이벤트 구조**에 등록된 사용자 이벤트의 짝을 찾는데 사용됩니다.

- 프로젝트 탐색기에서 내 컴퓨터 > SubVIs > DAQ > sub_Main Viewer.vi의 블록다이어그램을 열고, 아래 그림에서 화살표가 가리키고 있는 2곳의 와이어에서 각각 **바로가기메뉴** > **생성** > **컨트롤**을 선택합니다.

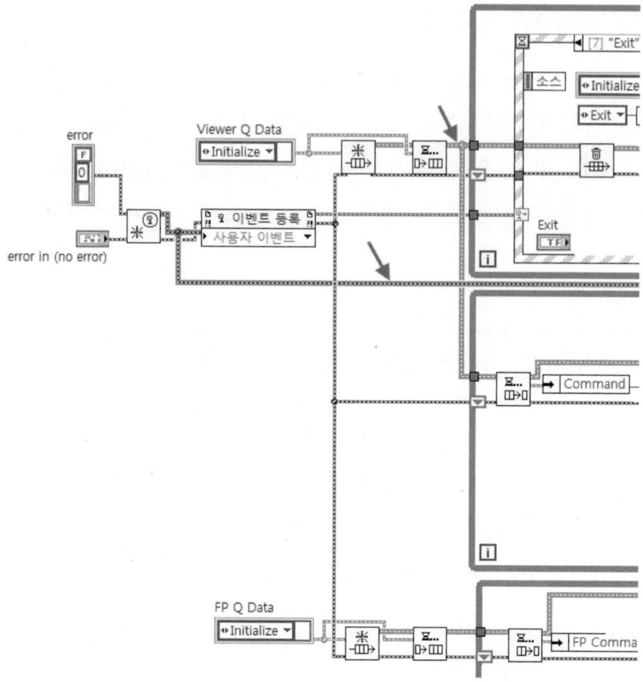

[그림 6-5-1-2]

- 생성된 컨트롤에서 **바로가기메뉴 > 고급 > 사용자 정의**...를 선택합니다.
- [그림 6-5-1-3]처럼 타입 정의를 선택하고 각 라벨을 수정합니다. 다운받은 Project ₩Controls 폴더에 ref_Viewer Consumer.ctl과 ref_Viewer Error UE.ctl로 저장하고 창을 닫습니다.

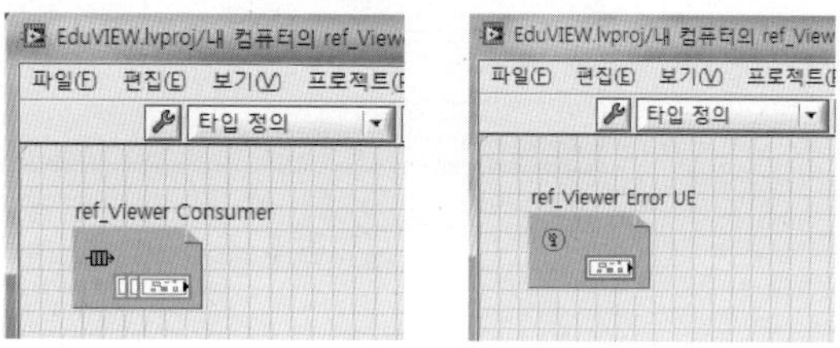

[그림 6-5-1-3]

- sub_Main Viewer.vi에 생성된 컨트롤은 지우고 원래 상태로 저장하고 닫습니다.

3. sub_Viewer Error Check.vi의 프런트패널을 수정합니다.

- ref_DAQ Consumer에서 **바로가기메뉴 > 대체 > 컨트롤 선택**…을 선택하여 다운받은 Project₩Controls 폴더에 ref_Viewer Consumer.ctl로 대체합니다.
- ref_DAQ FP에서 **바로가기메뉴 > 대체 > 컨트롤 선택...**을 선택하여 다운받은 Project₩Controls 폴더에 ref_Viewer FP.ctl로 대체합니다.

- ref_DAQ Error UE에서 **바로가기메뉴 > 대체 > 컨트롤 선택**...을 선택하여 다운받은 Project₩Controls 폴더에 ref_Viewer Error UE.ctl로 대체합니다.
- 기본 도움말에서 [그림 6-5-1-4]와 같이 파라미터가 되어있는지 확인합니다.

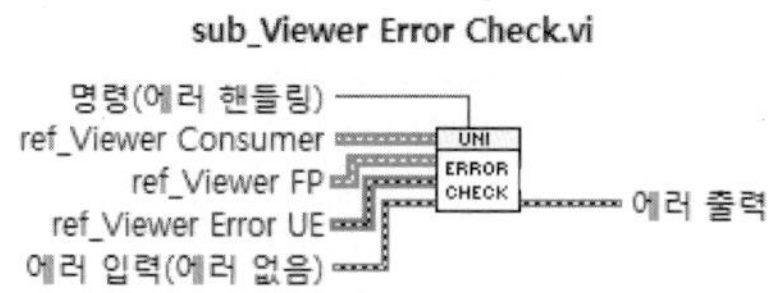

[그림 6-5-1-4]

4. sub_Viewer Error Check.vi의 블록다이어그램을 수정합니다.

- 깨진 와이어가 있는 상태에서 [그림 6-5-1-5]의 화살표 위치의 상수에서 **바로가기메뉴 > 대체 > VI 선택...**에서 다운받은 Project₩Controls 폴더에 Viewer Q Data.ctl로 대체합니다.

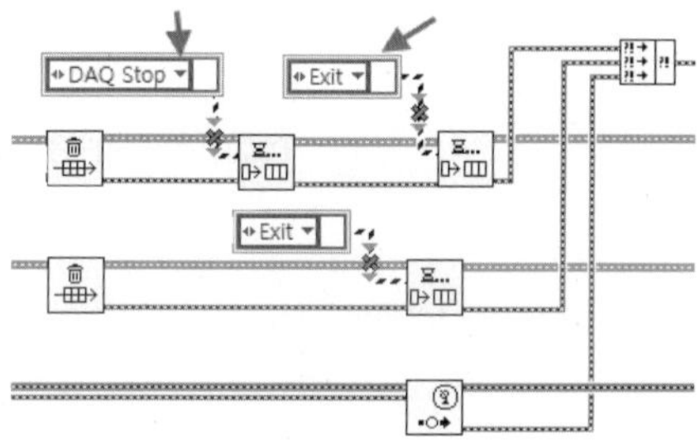

[그림 6-5-1-5]

- [그림 6-5-1-6]과 같이 상수를 설정합니다. 깨진 와이어가 자동으로 정상 연결이 됩니다.

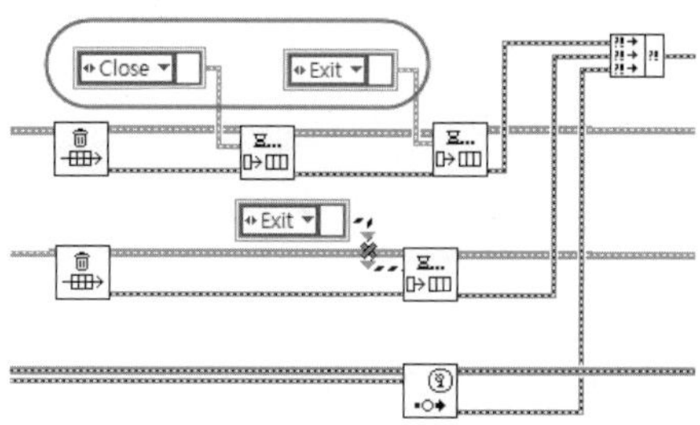

[그림 6-5-1-6]

- 깨진 와이어가 있는 상태에서 [그림 6-5-1-7]의 화살표 위치의 상수에서 **바로가기메뉴 > 대체 > VI 선택...**에서 다운받은 Project₩Controls 폴더에 FP Q Data.ctl로 대체합니다.

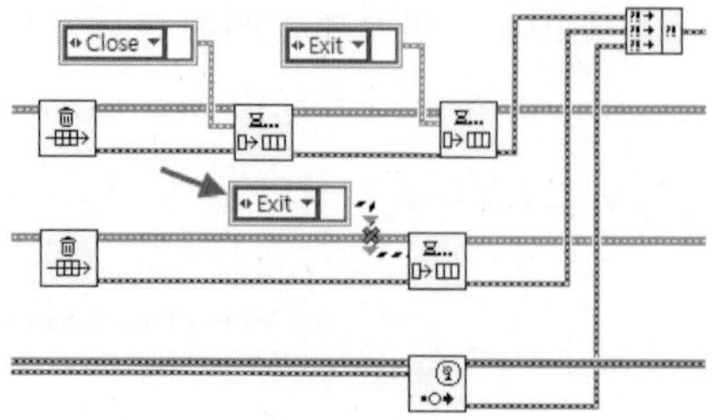

[그림 6-5-1-7]

- [그림 6-5-1-8]과 같이 상수를 설정합니다. 깨진 와이어가 자동으로 정상 연결이 됩니다.

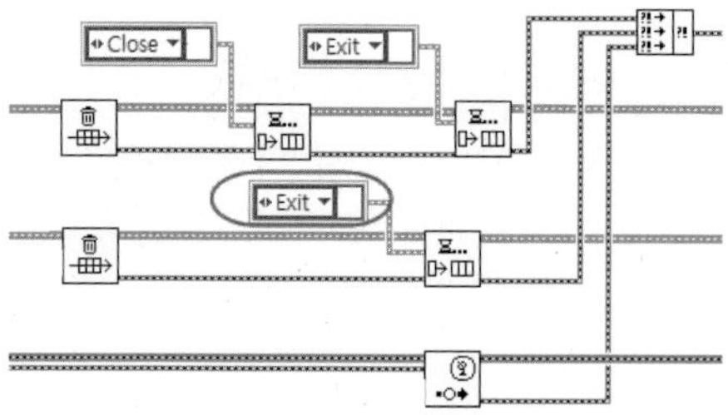

[그림 6-5-1-8]

- 주석을 추가하고 sub_Viewer Error Check.vi를 저장하고 닫습니다.

6.6 LIFO(Last In First Out)

기본적으로 큐의 버퍼는 FIFO(First In First Out) 구조입니다. 즉, 먼저 버퍼로 들어온 데이터가 먼저 버퍼를 빠져나가는 구조로 되어 있습니다. 여기서는 LIFO(Last In First Out) 즉, 나중에 들어온 데이터가 먼저 빠져나가도록 만드는 subVI를 만듭니다.

[실습 6-6-1] sub_Viewer LIFO.vi를 구현합니다.

2.7.21장을 먼저 읽고 다음 실습을 따라 만들고, 실습을 완성한 후 다시 한 번 2.7.21장을 읽어 보면 코드 이해에 도움이 됩니다. 이 subVI는 [실습 5-10-1]과 유사합니다. 따라서 [실습 5-10-1]에서 만든 sub_DAQ LIFO.vi 를 다른 이름으로 저장하여 수정합니다.

1. 프로젝트 탐색기에서 내 컴퓨터 > SubVIs > DAQ > sub_DAQ LIFO.vi를 열어서 **파일풀다운메뉴** > **파일** > **다른 이름으로 저장**...을 선택하고 다운받은 Project₩SubVIs

₩Data Viewer 폴더에 sub_Viewer LIFO.vi로 저장합니다. 그리고 [그림 6-6-1-1]과 같은 화면이 나오면 반드시 '저장 안함' 을 선택합니다.

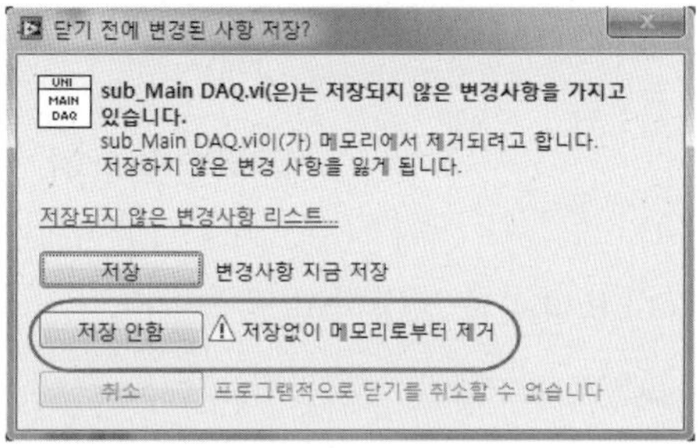

[그림 6-6-1-1]

2. sub_Viewer LIFO.vi 의 프런트패널을 수정합니다.

- ref_DAQ Consumer in과 ref_DAQ Consumer out 에서 각각 **바로가기메뉴** > **대체** > **컨트롤 선택...**을 선택하여 다운받은 Project₩Controls 폴더에 ref_Viewer Consumer.ctl로 대체합니다 .
- 라벨은 [그림 6-6-1-2]와 같이 수정합니다.

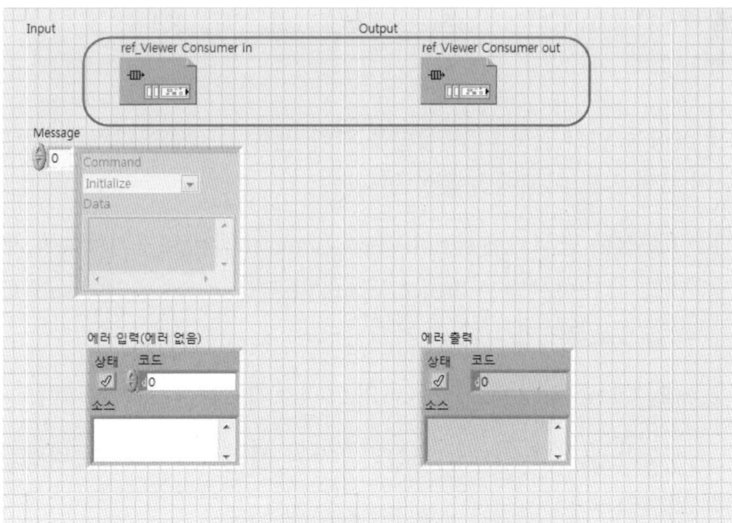

[그림 6-6-1-2]

- Message의 원소에서 **바로가기메뉴** > **대체** > **컨트롤 선택**...을 선택하여 다운받은 Project₩Controls 폴더에 Viewer Q Data.ctl로 대체합니다 .

- 기본 도움말에서 [그림 6-6-1-3]과 같이 파라미터가 되어 있는지 확인합니다.

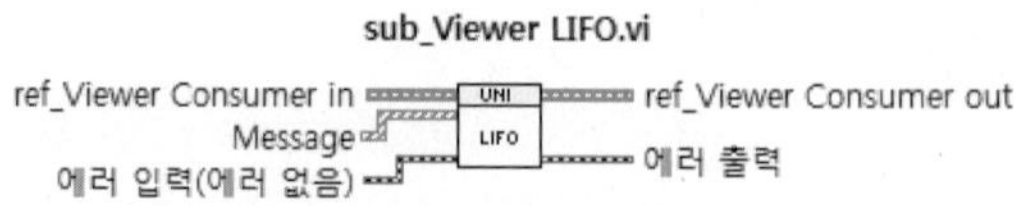

[그림 6-6-1-3]

- sub_Viewer LIFO.vi를 저장하고 닫습니다.

6.7 특정 에러 제거 기능 구현

프로그램에서 에러 핸들링은 반드시 들어가야 하는 기능입니다. 에러가 발생했을 때 사용자에게 알리고 프로그램을 종료하도록 만들기도 하고, 프로그램에서 에러가 발생하면 무시하여 에러가 발생하지 않은 것처럼 처리하기도 합니다. 여기서 만들 subVI는 후자의 방법을 채택할 때 사용할 수 있는 것으로써 특정 에러가 발생했을 때 에러를 제거하기 위한 subVI를 만듭니다.

[실습 6-7-1] sub_Clear Specific Error .vi를 만듭니다.

2.7.19장을 먼저 읽고 다음 실습을 따라 만들고, 실습을 완성한 후 다시 한 번 2.7.19장을 읽어 보면 코드 이해에 도움이 됩니다.

1. 프로젝트 탐색기에서 SubVIs > General의 **바로가기메뉴** > **새로 만들기** > **VI**를 선택합니다. 다운받은 Project₩SubVIs₩General 폴더에 sub_Clear Specific Error.vi 이름으로 저장합니다.

2. sub_Clear Specific Error .vi의 프런트패널을 디자인합니다.

- 원소가 숫자형 컨트롤(I32)인 1차원 배열을 만듭니다. 라벨은 'Error Number' 로 변경합니다.
- 에러 입력 3D, 에러 출력 3D를 추가합니다.
- 아이콘을 디자인하고 아래와 같이 커넥터를 연결합니다.

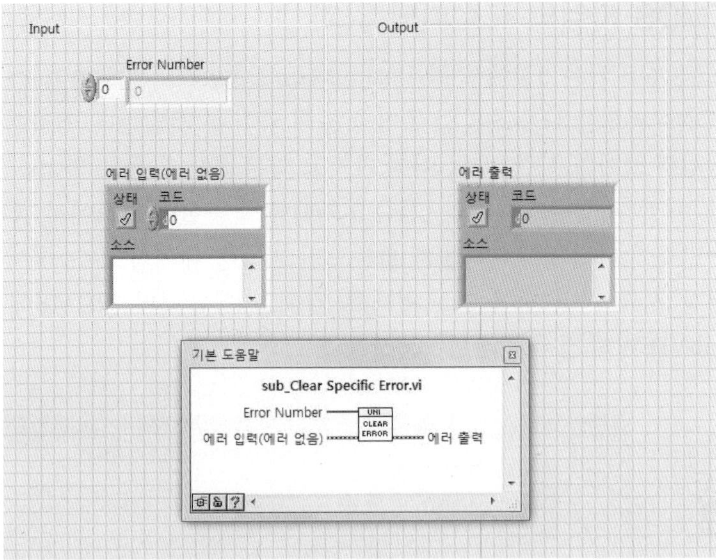

[그림 6-7-1-1]

3. sub_Clear Specific Error .vi의 블록다이어그램을 구현합니다.

- **이름으로 풀기.vi**, **For 루프**, **같음?.vi**, **배열 원소 OR.vi**, **AND.vi**, **이름으로 묶기.vi**, **케이스 구조**, **거짓 상수**를 추가하여 [그림 6-7-1-2]와 같이 구현합니다. 즉, 입력한 에러 번호가 에러 클러스터에서 감지되고, 에러 클러스터 입력에서 에러가 들어오면 에러 클러스터의 state(상태)를 거짓(False)로 변경하여 에러가 발생한 사실을 제거하도록 구현한 것입니다.

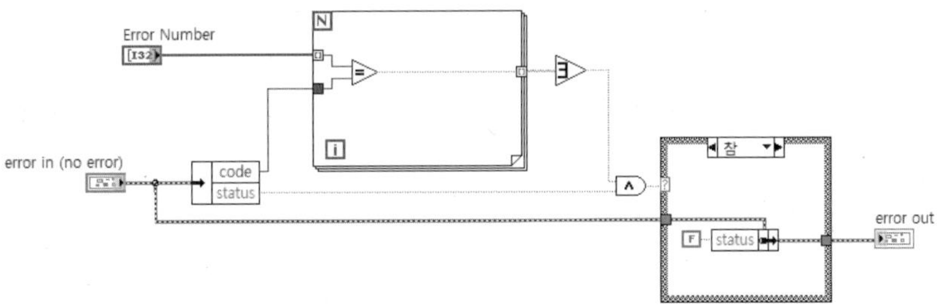

[그림 6-7-1-2]

- 거짓 케이스는 에러 입출력만 연결합니다.
- 주석을 추가하고 sub_Clear Specific Error .vi를 저장하고 닫습니다.

6.8 TMDS 파일의 프로퍼티 읽기

[그림 6-8-1]은 5장에서 만든 sub_Main DAQ.vi를 실행하여 측정된 데이터를 저장한 TDMS 파일을 TDMS 파일 뷰어를 통해 읽어 본 것입니다. 저장된 파일명은 '헤더_파일 생성된 날짜와 시간.tdms' 이며 가지고 있는 채널 그룹은 'Data' 로 지정이 되어 있습니다. 이것은 [실습 5-7-2]와 [실습 5-7-4]에서 구현한 코드에서 지정한 것입니다. 그리고 채널들이 가진 프로퍼티들을 살펴보면 저장된 데이터 개수, 데이터 간 시간 간격, 파일 저장 시작 시간 등을 프로퍼티로 가지고 있습니다. TDMS에 대한 자세한 정보는 **LabVIEW의 정석(기본편) 6.6장**을 참조하세요.

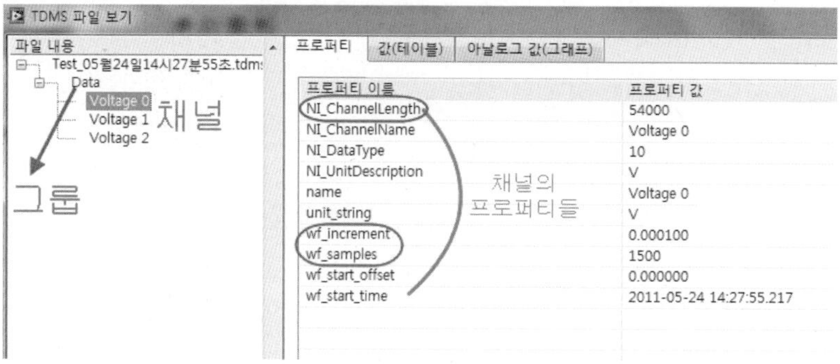

[그림 6-8-1]

이번 장에서는 저장된 TDMS 파일을 읽어 올 때, 기본적으로 저장된 채널 프로퍼티 중 일부 프로퍼티를 읽어 오는 subVI를 만듭니다.

[실습 6-8-1] sub_TDMS Get Properties.vi를 구현합니다.

2.7.17장을 먼저 읽고 다음 실습을 따라 만들고, 실습을 완성한 후 다시 한 번 2.7.17장을 읽어 보면 코드 이해에 도움이 됩니다.

1. 프로젝트 탐색기에서 내 컴퓨터 > SubVIs > TDMS의 **바로가기메뉴** > **새로 만들기** > **VI**를 선택합니다. 다운받은 Project₩SubVIs₩TDMS 폴더에 sub_TDMS Get Properties.vi 이름으로 저장합니다.

2. sub_TDMS Get Properties.vi의 프런트패널을 일부 디자인합니다.

- 에러 입력 3D, 에러 출력 3D를 추가합니다.

3. sub_TDMS Get Properties.vi의 블록다이어그램을 완성합니다.

- **케이스 구조**, **TDMS 내용 리스트.vi**, **배열 인덱스.vi**, **이름으로 묶기.vi**, **TDMS 프로퍼티 얻기.vi** 3개를 추가합니다.
- [그림 6-8-1-1]과 같이 상수를 만들고 와이어링합니다. 참고로 문자열 상수들은 대소문자를 주의하시기 바랍니다. 숫자형 상수의 형은 차례로 I64, DBL, I64입니다.

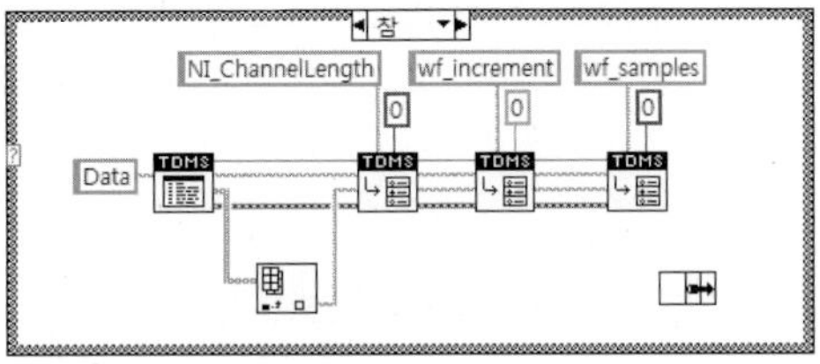

[그림 6-8-1-1]

- **클러스터 상수**를 만듭니다. 원소는 [그림 6-8-1-2]와 같이 1차원 문자열 배열 상수, I64인 숫자형 상수, DBL인 숫자형 상수, I64인 숫자형 상수들을 원소로 사용합니다. 라벨은 다음과 같이 각각 'Ch Name', 'Length', 'dt', 'Samples' 입니다. 배열 상수와 클러스터 상수 만드는 방법은 **LabVIEW의 정석(기본편) 3.4장**과 **3.5장**을 참조하세요. 참고로 여기서는 문자열 배열 상수는 활성화하지 않고 사용합니다.

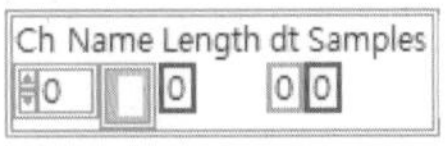

[그림 6-8-1-2]

- [그림 6-8-1-3]들의 화살표 위치에서 **바로가기메뉴 > 생성 > 컨트롤** 또는 **인디케이터**를 생성합니다. 생성된 컨트롤 또는 인디케이터들의 라벨을 다음과 같이 수정합니다.

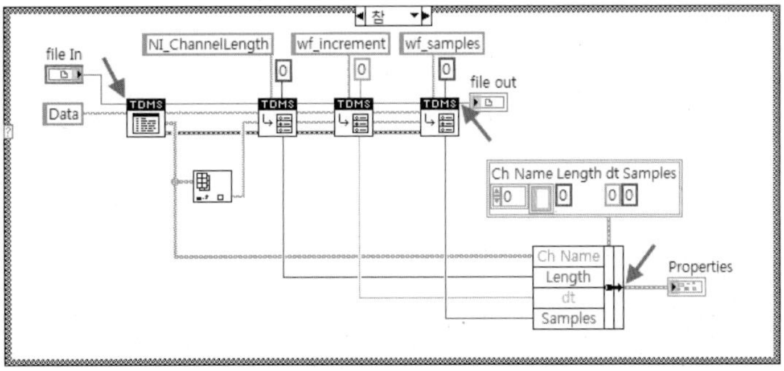

[그림 6-8-1-3]

- [그림 6-8-1-4]처럼 수정합니다. 에러 케이스는 file in과 file out을 연결하고 에러 입출력은 연결합니다.

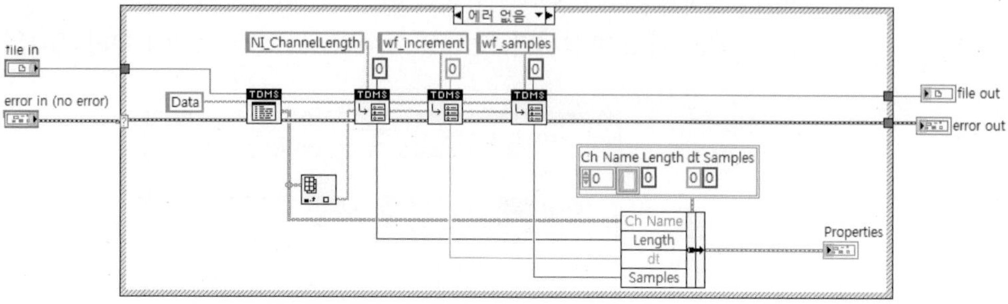

[그림 6-8-1-4]

- 주석을 추가합니다.

4. sub_TDMS Get Properties.vi의 프런트패널을 완성합니다.

- 프런트패널을 정리합니다.

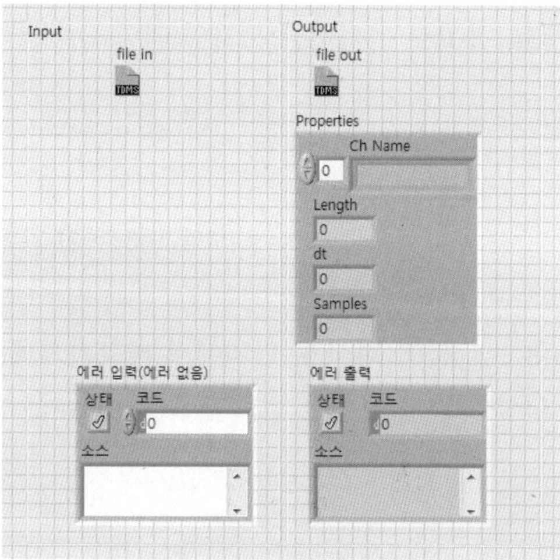

[그림 6-8-1-5]

- 아이콘 디자인과 커넥터 연결합니다.

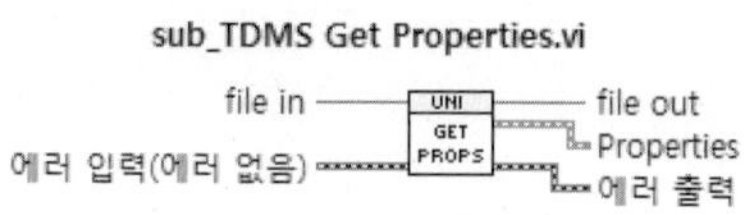

[그림 6-8-1-6]

5. sub_TDMS Get Properties.vi를 저장하고 닫습니다.

6.9 컨트롤 프로퍼티 변경

[그림 6-3-1]에서 3rd(세 번째) **While 루프**는 프런트패널에 있는 컨트롤과 인디케이터들의 업데이트를 담당합니다. 주로 컨트롤들의 활성화/비활성화 프로퍼티 변경하는데 이를 subVI로 구현합니다. [실습 5-11-3]에 구현한 기능과 유사하지만 이번엔 subVI에서 프로퍼티를 변경하고 메인 프로그램(sub_Main Viewer.vi)에 있는 컨트롤 또는 인디케이터에 적용하도록 '참조'를 이용하여 좀더 간편하게 VI를 구현합니다. 참조에 대한 자세한 정보는 **LabVIEW의 정석(기본편) 7.3장**을 참조하세요.

[실습 6-9-1] 컨트롤 또는 인디케이터들의 프로퍼티 변경하는 기능인 sub_Property Change.vi를 구현합니다.

2.7.18장을 먼저 읽고 다음 실습을 따라 만들고, 실습을 완성한 후 다시 한 번 2.7.18장을 읽어 보면 코드 이해에 도움이 됩니다.

1. 프로젝트 탐색기에서 내 컴퓨터 > SubVIs > General의 **바로가기메뉴** > **새로 만들기** > **VI**를 선택합니다. 다운받은 Project₩SubVIs₩General 폴더에 sub_Property Change.vi 이름으로 저장합니다.
2. sub_Property Change.vi의 프런트패널을 일부 디자인합니다.

- 배열쉘에 '컨트롤 참조 번호'를 원소로 사용하여 참조 1차원 배열을 만들고 라벨을 '참조'로 변경합니다. 참고로 '컨트롤 참조 번호'에 대한 정보는 **LabVIEW의 정석(기본편) 7.3장 [실습 7-3-1]**을 참조하세요.
- '컨트롤 참조 번호'의 **바로가기메뉴** > **VI 서버 클래스 선택** > **일반** > **G객체** > **컨트롤** > **불리언**을 선택합니다.
- 에러 입력 3D, 에러 출력 3D를 추가합니다.

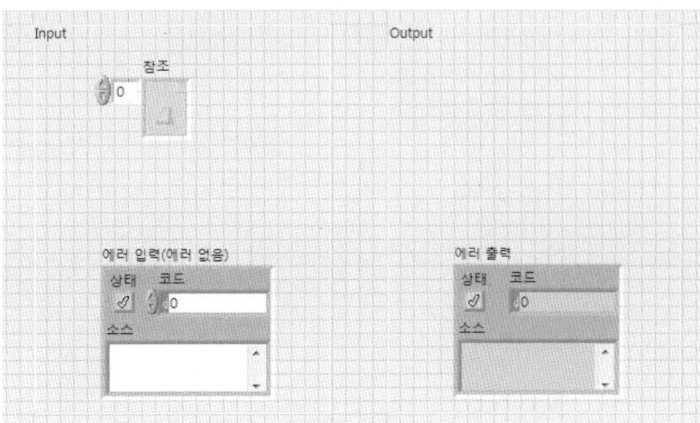

[그림 6-9-1-1]

3. sub_Property Change.vi의 블록다이어그램을 완성합니다.

- **For 루프**, **프로퍼티 노드**를 추가하고 [그림 6-9-1-2]와 같이 연결합니다. 참고로 배열과 **For 루프**의 관계에 대한 정보는 **LabVIEW의 정석(기본편) 4.6장**을 참조하세요.

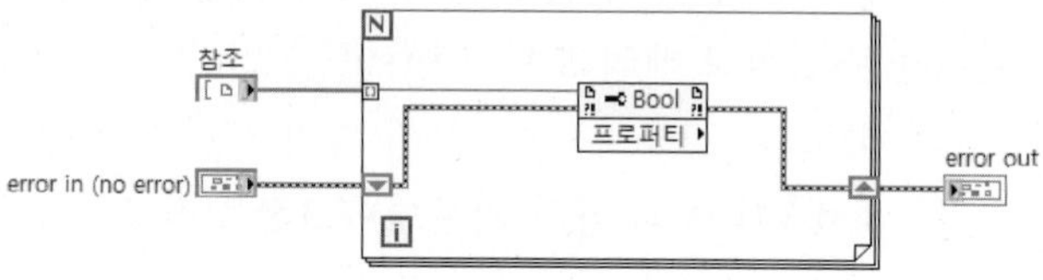

[그림 6-9-1-2]

- **프로퍼티 노드**의 **바로가기메뉴** > **프로퍼티 선택** > **비활성화**을 선택하고 **바로가기메뉴** > **쓰기로 변경**을 선택합니다. 그리고 **바로가기메뉴** > **생성** > **컨트롤**을 선택하고 [그림 6-9-1-3]과 같이 연결합니다.

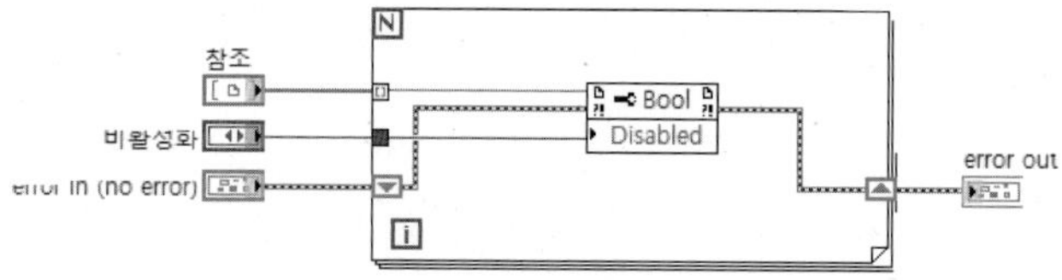

[그림 6-9-1-3]

- 아이콘 디자인을 하고 [그림 6-9-1-4]와 같이 커넥터 연결을 합니다.

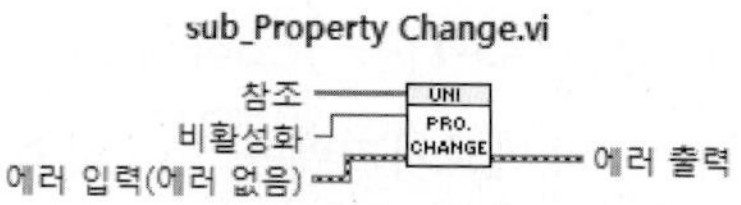

[그림 6-9-1-4]

4. 주석을 추가하고, sub_Property Change.vi를 저장하고 닫습니다.

6.10 통합

[그림 6-10-1]은 6장에서 만든 VI들입니다. 이 VI들을 이용하여 sub_Main Viewer.vi를 완성합니다.

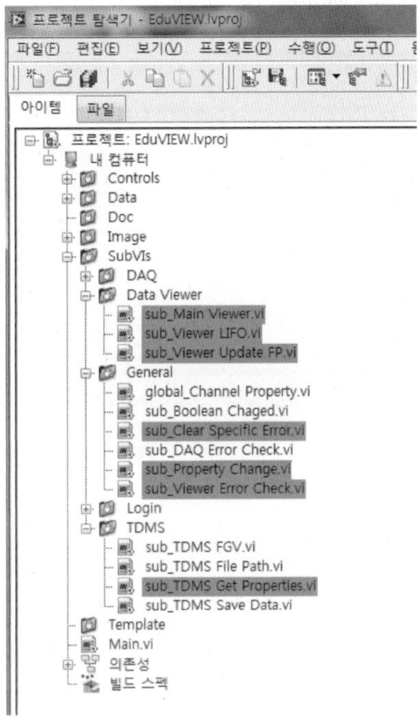

[그림 6-10-1] 프로젝트 파일

[실습 6-10-1] [그림 6-3-1]에서 2nd(두 번째) While 루프는 실제 기능 수행을 합니다. 이를 완성해 봅니다.

2.7.23장을 먼저 읽고 [실습 6-10-1]에서 [실습 6-10-3]을 따라 만들고, 실습을 완성한 후 다시 한 번 2.7.23장을 읽어 보면 코드 이해에 도움이 됩니다.

1. 프로젝트 탐색기에서 내 컴퓨터 > SubVIs > Data Viewer > sub_Main Viewer.vi의 블록다이어그램을 엽니다.
2. 2nd(두 번째) **While 루프**의 케이스 구조 안에 있는 **문자열로 포맷.vi**와 **단일 버튼 대화 상자.vi**를 모두 제거합니다.
3. 초기화를 위한 Initialize 케이스를 완성합니다.

- 프로젝트 탐색기에서 내 컴퓨터 > SubVIs > Data Viewer > sub_Viewer LIFO.vi와 sub_ Viewer Update FP.vi 3개와 내 컴퓨터 > subVIs > General > sub_Viewer

Error Check.vi 두 개를 드래그하여 가져옵니다. 각 위치에서 **바로가기메뉴** > **생성** > **상수**를 선택하여 아래와 같이 설정합니다. sub_Viewer LIFO.vi에서 Message 파라미터의 **바로가기메뉴** > **생성** > **상수**를 만들어서 케이스 구조 안으로 옮겨서 [그림 6-10-1-1]과 같이 와이어를 연결합니다.

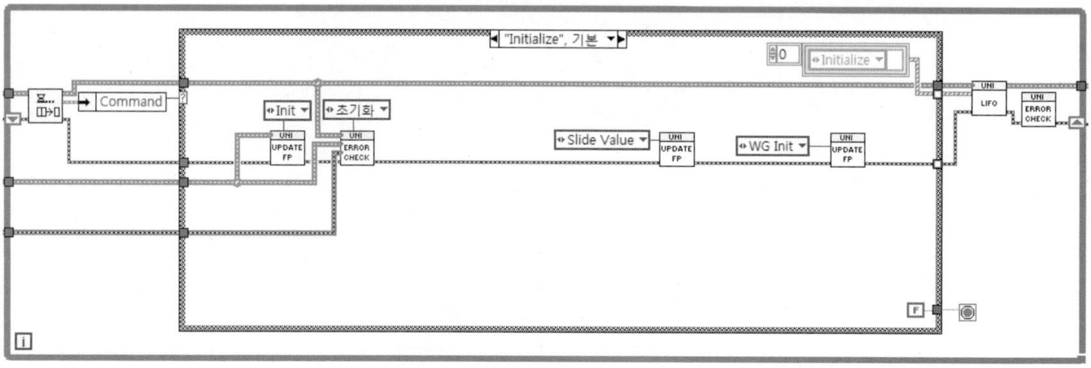

[그림 6-10-1-1]

- Initialize 케이스 내부를 [그림 6-10-1-2]와 같이 와이어링을 완성합니다.

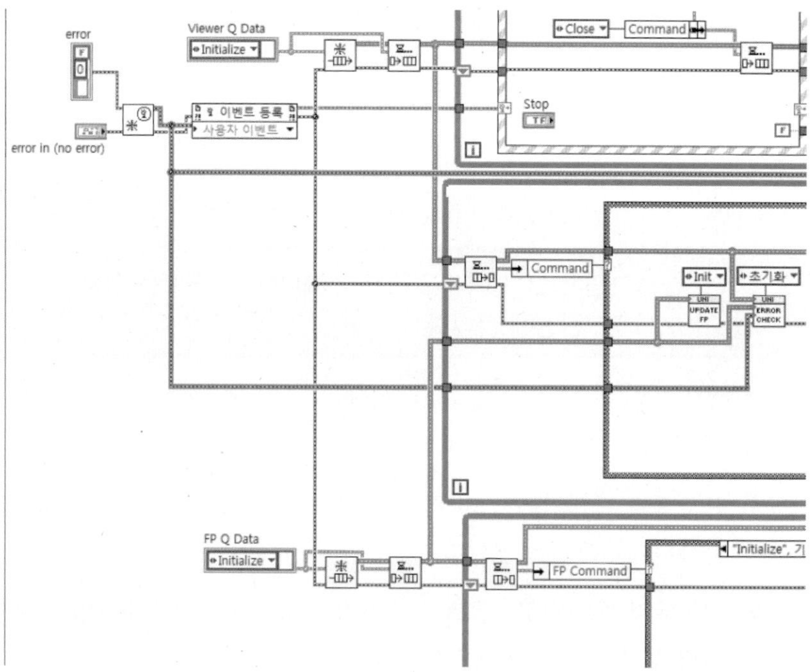

[그림 6-10-1-2]

- **거짓 상수**를 추가하고 **거짓 상수**의 **바로가기메뉴 > 생성 > 인디케이터**를 선택하여 라벨을 [그림 6-10-1-3]과 같이 변경합니다. 이 인디케이터는 TDMS 파일로부터 데이터를 계속해서 읽어 올지를 결정하는 것으로, 다른 **While 루프** 및 다른 케이스에서 사용될 것입니다.
- 숫자형 상수(I64)와 **배리언트로.vi**를 추가하여 [그림 6-10-1-3]과 같이 연결합니다.

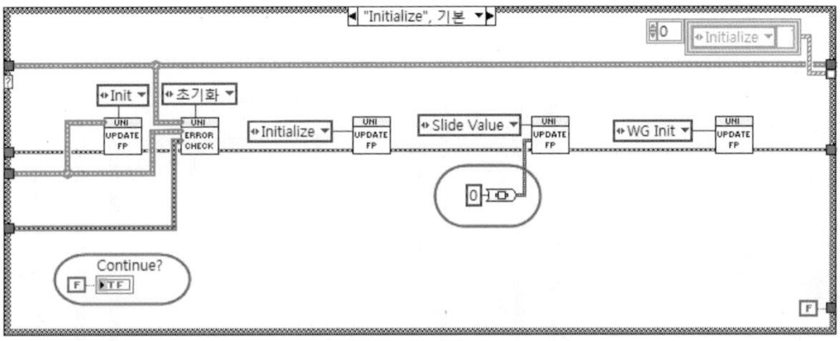

[그림 6-10-1-3]

4. [그림 6-2-1-2]에서 Open 버튼을 클릭하면 TDMS 파일을 불러옵니다. 이 기능을 위한 Opne 케이스를 완성합니다.

- 프로젝트 탐색기에서 내 컴퓨터 > SubVIs > General > sub_Clear Specific Error.vi, 내 컴퓨터 > SubVIs > Data Viewer > sub_Viewer Update FP.vi 다섯 개, 내 컴퓨터 > SubVIs > TDMS > sub_TDMS Get Properties.vi를 드래그하여 가져옵니다.
- **파일 대화 상자.vi, 파일 또는 폴더가 존재하는지 확인.vi, TDMS 열기.vi, 배리언트로.vi, 이름으로 풀기.vi, 케이스 구조**를 추가합니다.
- **파일 대화 상자.vi**는 [그림 6-10-1-4]와 같이 설정합니다.

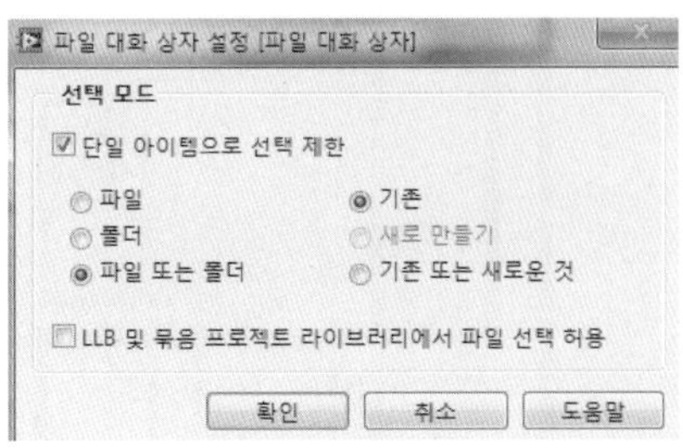

[그림 6-10-1-4]

- **이름으로 풀기.vi**는 Samples과 Length를 선택합니다. Sample은 한 번 읽을 때마다 읽어 올 데이터 개수이고, Length는 파일에 저장된 전체 데이터 개수입니다.

- **While 루프**에 2개의 시프트 레지스터를 추가하고 [그림 6-10-1-5]와 같이 연결합니다.

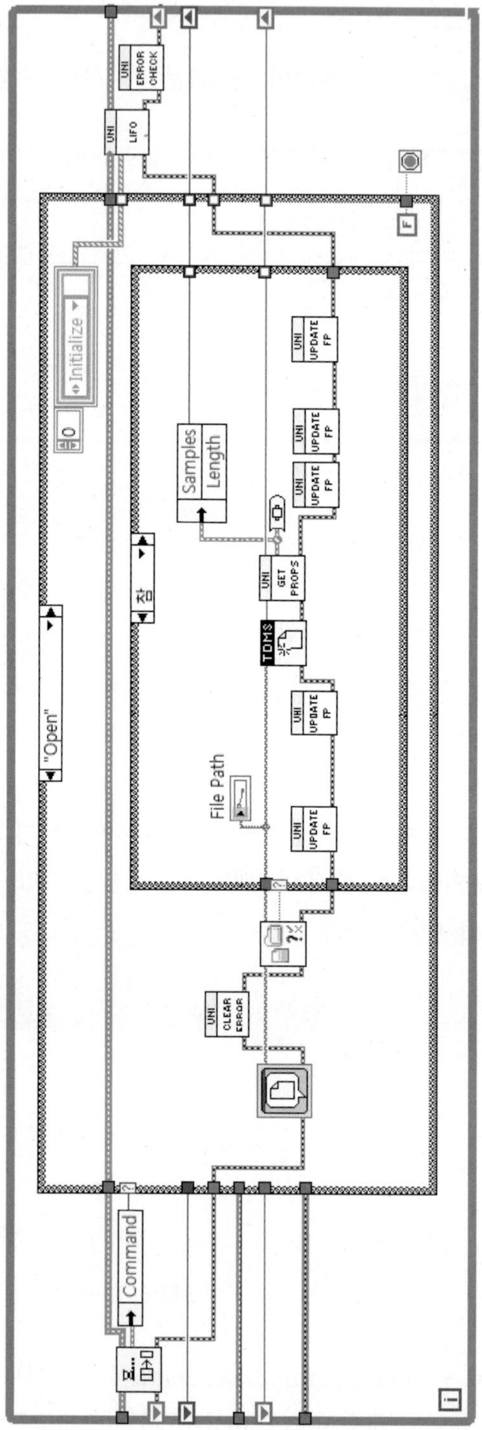

[그림 6-10-1-5]

• 각 위치에서 **바로가기메뉴 > 생성 > 상수**를 선택하여 [그림 6-10-1-6]과 같이 설정 및 연결합니다.

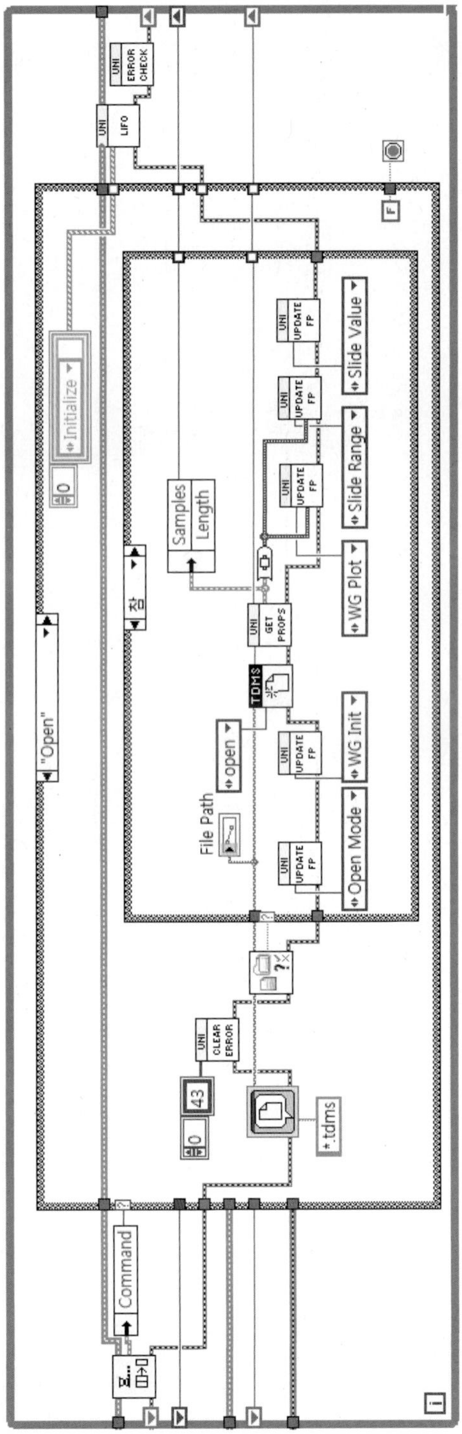

[그림 6-10-1-6]

- sub_Clear Specific Error.vi을 이용해 43번 에러가 발생하면 이를 제거하도록 설정했습니다. 이 에러는 [그림 6-10-1-7]과 같이 파일을 불러오지 않고 취소 등을 하게 되면 발생하는 에러입니다.

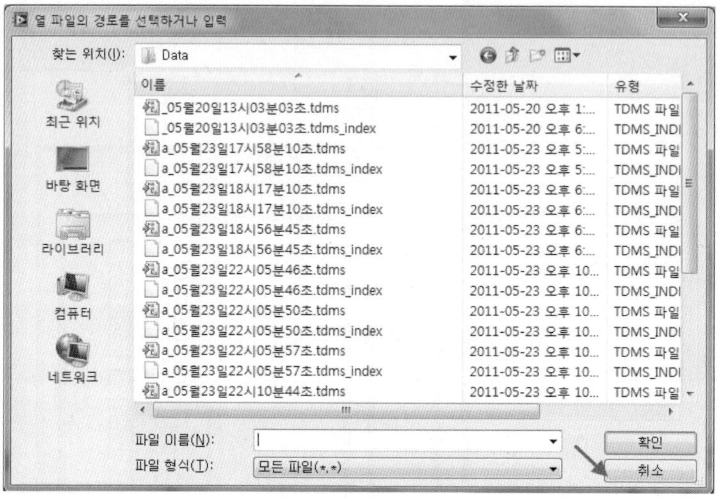

[그림 6-10-1-7]

- 숫자형 상수(I64)를 2개 추가하고 '0' 를 입력한 후, **배리언트로.vi**를 추가합니다.
- [그림 6-10-1-8]과 같이 인디케이터를 생성하여 라벨을 수정합니다.
- [그림 6-10-1-8]과 같이 연결을 완성합니다.

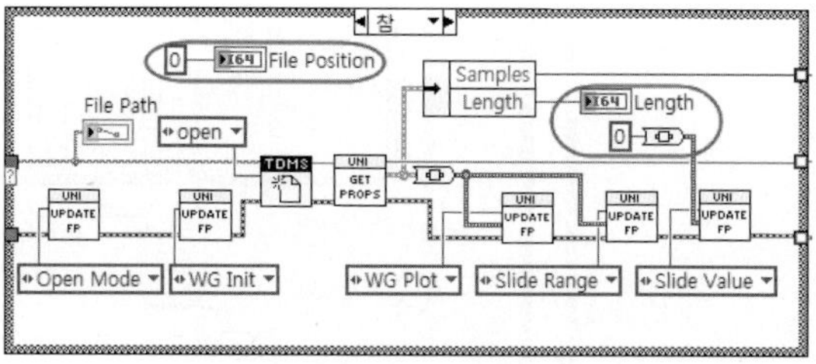

[그림 6-10-1-8]

- 거짓 케이스는 출력 터널에서 상수를 생성하여 [그림 6-10-1-9]과 같이 구현합니다.

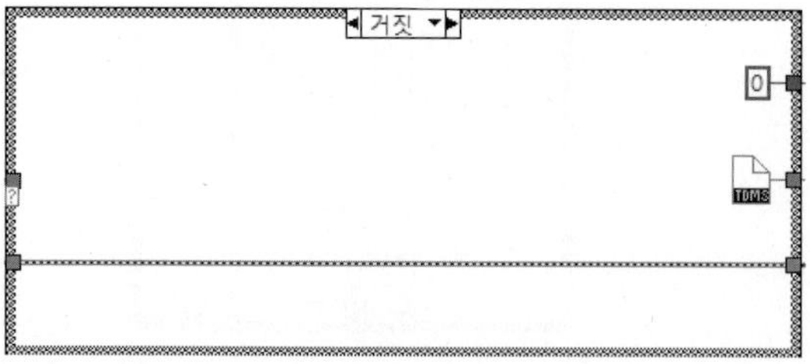

[그림 6-10-1-9]

5. [그림 6-2-1-2]에서 Run버튼을 클릭하면 TDMS 파일을 읽어 웨이브폼 그래프에 디스플레이하기 시작합니다. 이 기능을 위한 Run 케이스를 완성합니다.

- 프로젝트 탐색기에서 내 컴퓨터 > SubVIs > Data Viewer > sub_Viewer Update FP.vi 를 드래그하여 가져옵니다
- **배리언트를 데이터로.vi**, **배리언트로.vi**, **TDMS 읽기.vi**, **다음 ms 배수까지 기다림.vi**, **더하기.vi**, **선택.vi**를 추가합니다.
- [그림 6-10-1-10]에 화살표가 가리키는 **이름으로 풀기.vi**의 원소를 추가하여 'Data' 도 보이게 합니다.
- **배리언트를 데이터로.vi**의 타입 파라미터에 숫자형 상수(I64)를 연결합니다.
- File Position 터미널에서 로컬 변수를 생성하여 아래와 같이 연결합니다.
- **TDMS 읽기.vi**의 eof? 파라미터(파일의 끝이 되면 참 값 출력)의 값을 **선택.vi**에 입력하여 파라미터에서 참 값이 입력되면 다음 상태로 파일을 닫기를 실행하고 그렇지 않으면 계속 읽을 수 있도록 설정합니다.
- [그림 6-10-1-10]과 같이 연결을 완성하세요.

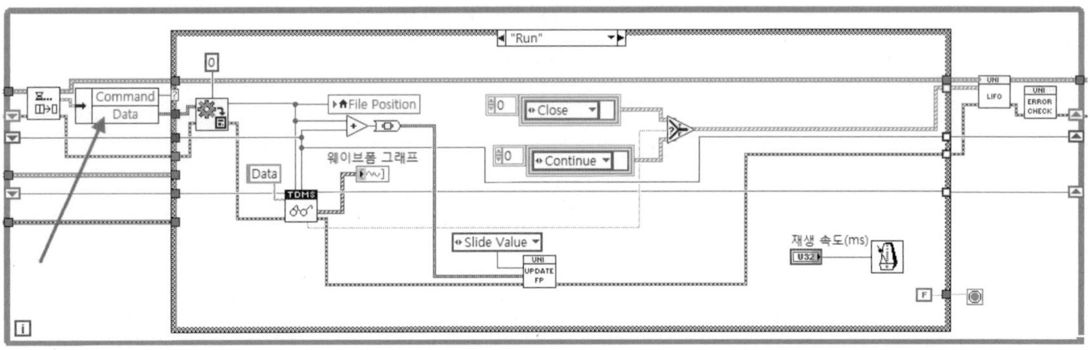

[그림 6-10-1-10]

6. 파일에서 데이터를 계속 읽을지 말지를 결정하는 Continue 케이스를 완성합니다.

- Continue? 터미널에서 로컬 변수를 생성한 다음, **바로가기메뉴** > **읽기로 변경**을 선택하고 **케이스 구조**를 추가합니다. 그 값에 따라 Run 케이스로 가서 데이터를 계속 읽어 올지 말지를 결정합니다.
- 프로젝트 탐색기에서 내 컴퓨터 > Controls > Viewer Q Data.ctl을 블록다이어램에 가져다 놓습니다.
- File Position의 로컬 변수(읽기로 변경), **더하기.vi**, **배리언트로.vi**, **이름으로 묶기.vi**, **배열 만들기.vi**를 추가하여 [그림 6-10-1-11]과 같이 구현합니다.

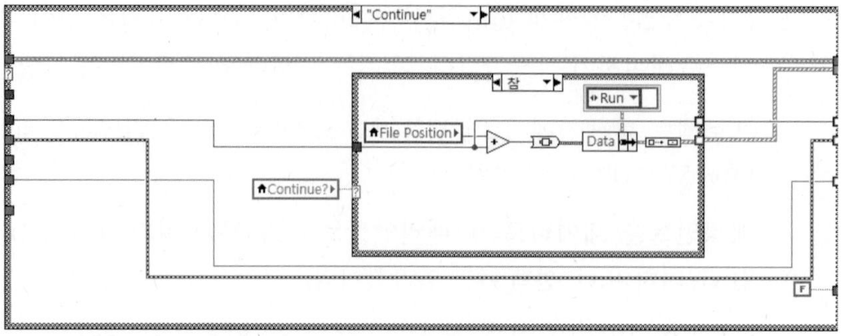

[그림 6-10-1-11]

- 거짓 케이스는 [그림 6-10-1-12]와 같이 구현합니다.

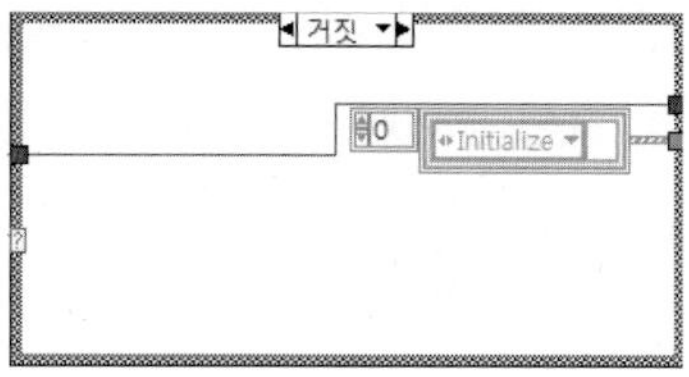

[그림 6-10-1-12]

7. [그림 6-2-1-2]에서 Stop 버튼을 클릭하면 TDMS 파일을 닫습니다. 이 기능을 위한 Close 케이스를 완성합니다.

- 프로젝트 탐색기에서 내 컴퓨터 > SubVIs > Data Viewer > sub_Viewer Update FP.vi 를 드래그하여 가져옵니다.
- **TDMS 닫기.vi**를 추가합니다.
- Continue? 로컬 변수에 **거짓 상수**를 연결합니다.
- [그림 6-10-1-13]과 같이 설정하고 연결을 합니다.

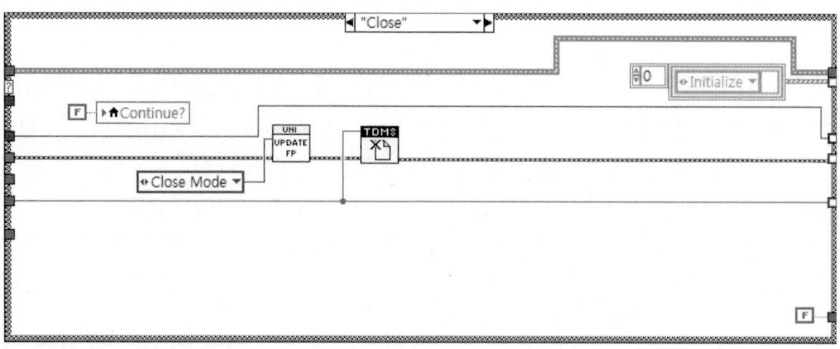

[그림 6-10-1-13]

8. [그림 6-2-1-2]에서 Forward 버튼을 클릭하면 클릭할 때마다 일정량의 데이터를 앞으로 진행하면서 보여줍니다. 이 기능을 위한 Forward 케이스를 완성합니다.

- 프로젝트 탐색기에서 내 컴퓨터 > SubVIs > Data Viewer > sub_Viewer Update FP.vi 를 드래그하여 가져옵니다.
- **더하기.vi**, **보다 큼?.vi**, **배리언트로.vi**, **이름으로 묶기.vi**, **배열 만들기.vi**, **케이스 구조**를 추가합니다.
- 프로젝트 탐색기에서 내 컴퓨터 > Controls > Viewer Q Data.ctl을 블록다이어램에 가져다 놓습니다.
- [그림 6-10-1-14]와 같이 로컬 변수들을 추가하고 연결을 완성합니다.

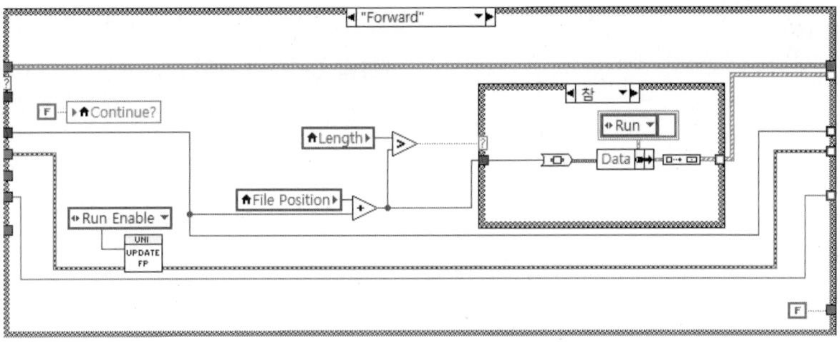

[그림 6-10-1-14]

- 거짓 케이스는 [그림 6-10-1-15]와 같이 출력 터널에서 **바로가기메뉴** > **생성** > **상수**를 만듭니다.

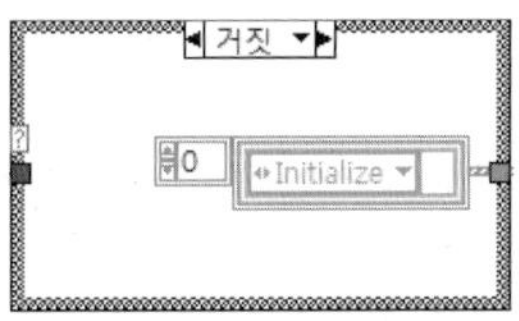

[그림 6-10-1-15]

9. [그림 6-2-1-2]에서 Backward 버튼을 클릭하면 클릭할 때마다 일정량의 지나간 데이터를 보여줍니다. 이 기능을 위한 Backward 케이스를 완성합니다.

- 프로젝트 탐색기에서 내 컴퓨터 > SubVIs > Data Viewer > sub_Viewer Update FP.vi 를 드래그하여 가져옵니다.
- **빼기.vi**, **0보다 크거나 같음?.vi**, **배리언트로.vi**, **이름으로 묶기.vi**, **배열 만들기.vi**, **케이스 구조**를 추가합니다.

- 프로젝트 탐색기에서 내 컴퓨터 > Controls > Viewer Q Data.ctl을 블록다이어램에 가져다 놓습니다.
- [그림 6-10-1-16]과 같이 로컬 변수들을 추가하고 연결을 완성합니다.

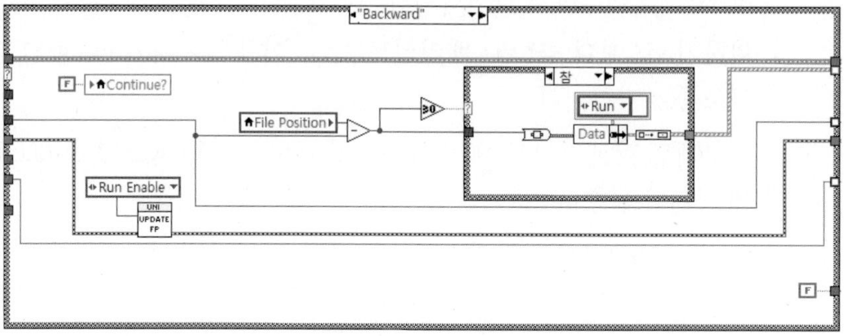

[그림 6-10-1-16]

- 거짓 케이스는 아래 그림과 같이 출력 터널에서 **바로가기메뉴** > **생성** > **상수**를 만듭니다.

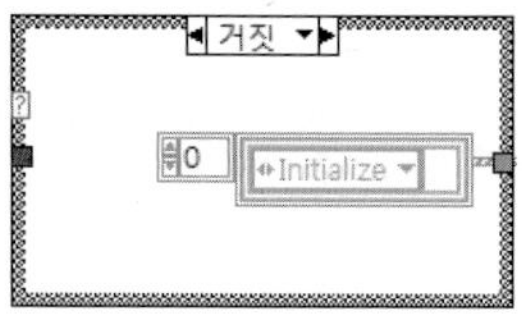

[그림 6-10-1-17]

10. [그림 6-2-1-2]에서 Pause 버튼을 클릭하면 일시 정지합니다. 이 기능을 위한 Pause 케이스를 완성합니다.

- 프로젝트 탐색기에서 내 컴퓨터 > SubVIs > Data Viewer > sub_Viewer Update FP.vi 를 드래그하여 가져옵니다.
- [그림 6-10-1-18]과 같이 설정하고 연결합니다.

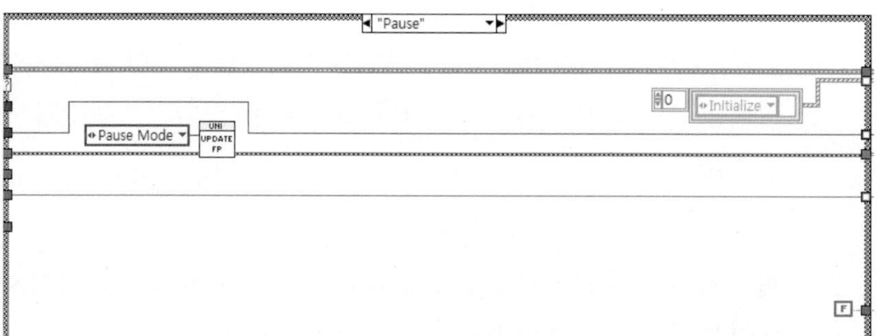

[그림 6-10-1-18]

11. [그림 6-2-1-2]에서 Exit 버튼을 클릭하면 프로그램이 종료됩니다. 이 기능을 위한 Exit케이스를 완성합니다.

- 프로젝트 탐색기에서 내 컴퓨터 > SubVIs > Data Viewer > sub_Viewer Update FP.vi 를 드래그하여 가져옵니다.
- [그림 6-10-1-19]와 같이 설정하고 연결합니다.

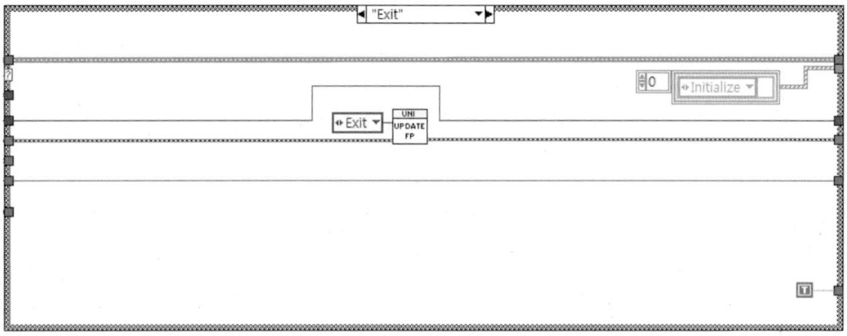

[그림 6-10-1-19]

12. 출력 터널에 출력값이 연결되지 않아 막혀 있지 않은 경우는 해당 케이스(ex : Intitialize 케이스)에서 입력 터널과 출력 터널을 연결해 줍니다.

13. 주석을 추가하고 sub_Main Viewer.vi를 저장합니다.

[실습 6-10-2] [그림 6-3-1]에서 1^{st}(첫 번째) While 루프는 이벤트 발생을 감지하여 2^{nd}(두 번째) While 루프에 전달하는 역할을 합니다. 이를 완성해 봅니다.

1. sub_Main Viewer.vi의 블록다이어그램에서 <**Run : 값 변경**>이벤트를 수정합니다.

- 프로젝트 탐색기에서 내 컴퓨터 > SubVIs > Data Viewer > sub_Viewer Update FP.vi 와 내 컴퓨터 > SubVIs > General > sub_Viewer Error Check.vi를 드래그하여 가져옵니다.
- **시퀀스 구조**, **배리언트로.vi**와 로컬 변수들을 추가하여 [그림 6-10-2-1]과 같이 수정합니다.

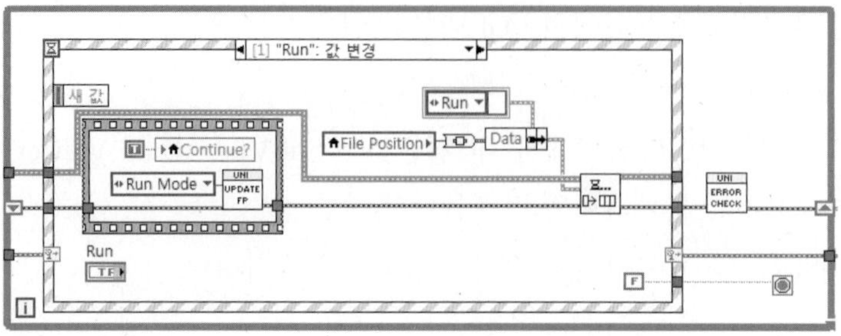

[그림 6-10-2-1]

2. <**Pause : 값 변경**>이벤트에 **시퀀스 구조**와 로컬 변수를 추가하고 [그림 6-10-2-2]와 같이 수정합니다.

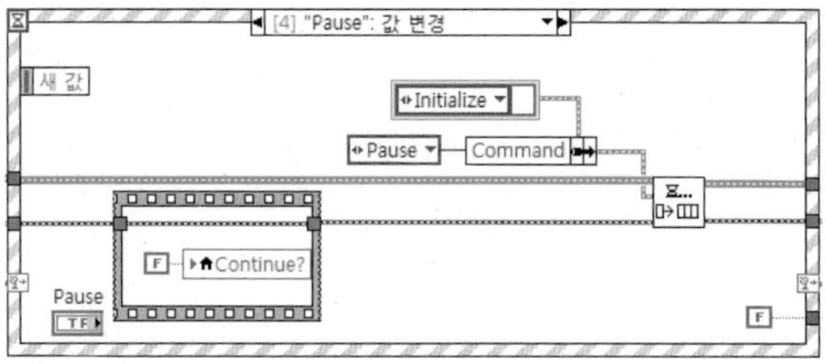

[그림 6-10-2-2]

3. <**Stop: 값 변경**>이벤트에 **시퀀스 구조**를 추가하고 [그림 6-10-2-3]과 같이 수정합니다.

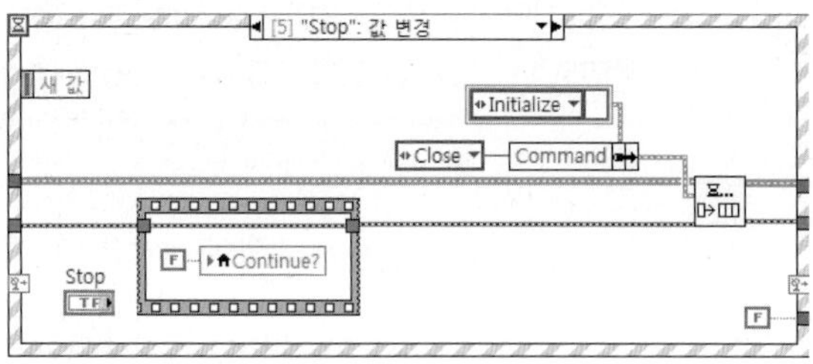

[그림 6-10-2-3]

4. 주석을 추가하고 sub_Main Viewer.vi를 저장합니다.

[실습 6-10-3] [그림 6-3-1]에서 3rd(세 번째) While 루프는 프런트패널 업데이트 기능 수행을 합니다. 이를 완성해 봅니다.

1. sub_Main Viewer.vi의 블록다이어그램에서 초기화를 위한 Initialize 케이스를 완성합니다. [그림 6-2-1-2]에서 Open 버튼과 Exit 버튼만 활성화하고, File Path인디케이터는 공백을 만듭니다.

- 프로젝트 탐색기에서 내 컴퓨터 > SubVIs > General > sub_Property Change.vi 두 개를 드래그합니다.
- File Path터미널의 **바로가기메뉴** > **생성** > **프로퍼티 노드** > **값**을 선택하고 쓰기로 변경한 다음 **빈 경로 상수**를 연결합니다.
- 해당 터미널에서 **바로가기메뉴** > **생성** > **참조**를 생성하고, **배열 만들기.vi**를 추가하여 아래와 같이 연결 및 설정합니다. **배열 만들기.vi**에 연결된 참조의 순서는 [그림 6-10-3-1]과 달라도 괜찮습니다. 참조에 대한 자세한 정보는 **LabVIEW의 정석(기본편) 7.3장**을 참조하세요.

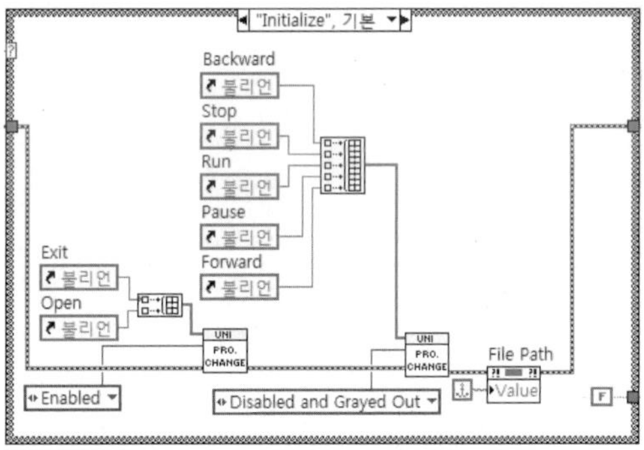

[그림 6-10-3-1]

2. 측정한 데이터를 저장한 TDMS 파일을 불러오면 [그림 6-2-1-2]에서 Run 버튼과 Stop 버튼만 활성화합니다. 이를 위한 Open Mode 케이스를 완성합니다.

- 프로젝트 탐색기에서 내 컴퓨터 > SubVIs > General > sub_Property Change.vi 두 개를 드래그합니다.
- 해당 터미널에서 **바로가기메뉴** > **생성** > **참조**를 생성하고, **배열 만들기.vi**를 추가하여 [그림 6-10-3-2]와 같이 연결 및 설정합니다.

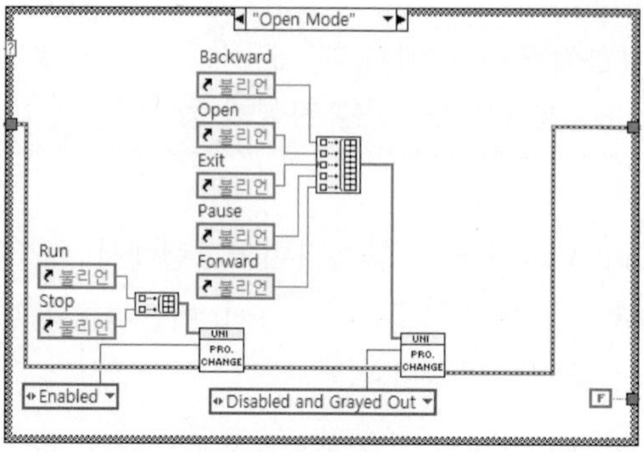

[그림 6-10-3-2]

3. [그림 6-2-1-2]에서 Run 버튼을 클릭하면 Pause 버튼과 Stop 버튼만 활성화합니다. 이를 위한 Run Mode 케이스를 완성합니다.

- 프로젝트 탐색기에서 내 컴퓨터 > SubVIs > General > sub_Property Change.vi 두 개를 드래그합니다.
- 해당 터미널에서 **바로가기메뉴 > 생성 > 참조**를 생성하고, **배열 만들기.vi**를 추가하여 [그림 6-10-3-3]과 같이 연결 및 설정합니다.

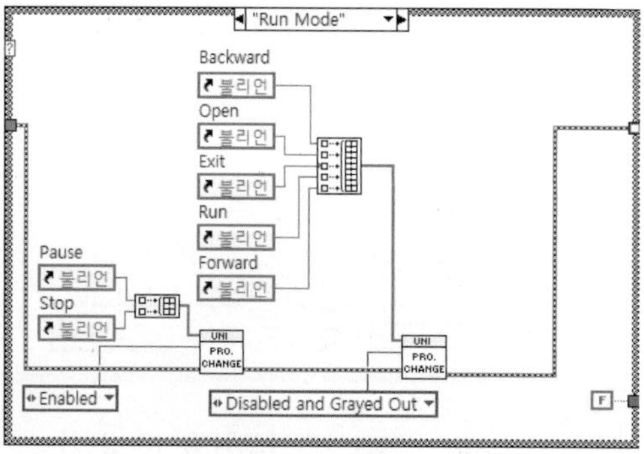

[그림 6-10-3-3]

4. [그림 6-2-1-2]에서 Run 버튼만 활성화하는 Run Enable 케이스를 완성합니다.

- 프로젝트 탐색기에서 내 컴퓨터 > SubVIs > General > sub_Property Change.vi를 드래그합니다.
- 해당 터미널에서 **바로가기메뉴 > 생성 > 참조**를 생성하고, **배열 만들기.vi**를 추가하여 [그림 6-10-3-4]와 같이 연결 및 설정합니다.

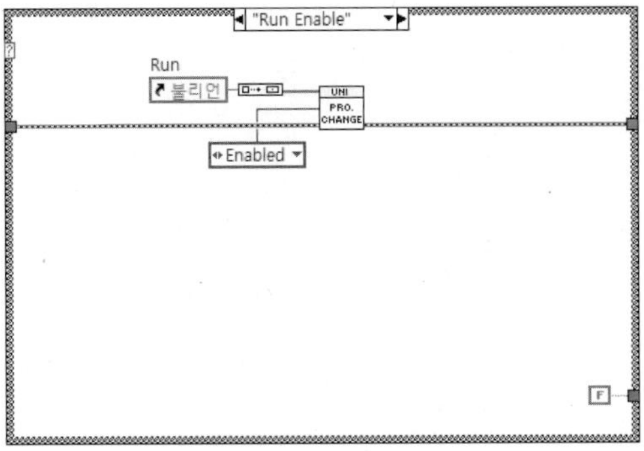

[그림 6-10-3-4]

5. [그림 6-2-1-2]에서 Pause 버튼을 클릭하면 Open 버튼, Pause 버튼, Exit 버튼만 비활성화합니다. 이를 위한 Pause Mode 케이스를 완성합니다.

- 프로젝트 탐색기에서 내 컴퓨터 > SubVIs > General > sub_Property Change.vi 두 개를 드래그합니다.
- 해당 터미널에서 **바로가기메뉴** > **생성** > **참조**를 생성하고, **배열 만들기.vi**를 추가하여 [그림 6-10-3-5]와 같이 연결 및 설정합니다.

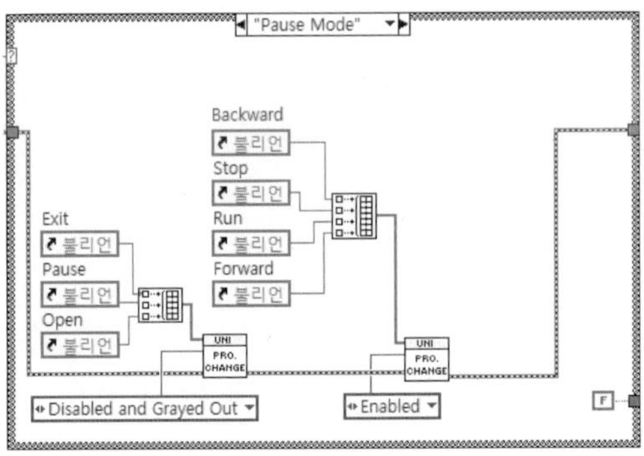

[그림 6-10-3-5]

6. [그림 6-2-1-2]에서 Stop 버튼을 클릭하면 Exit 버튼과 Open 버튼만 활성화합니다. 이를 위한 Close Mode 케이스를 완성합니다.

- 프로젝트 탐색기에서 내 컴퓨터 > SubVIs > General > sub_Property Change.vi 두 개를 드래그합니다.
- 해당 터미널에서 **바로가기메뉴** > **생성** > **참조**를 생성하고, **배열 만들기.vi**를 추가하여 [그림 6-10-3-6]과 같이 연결 및 설정합니다.

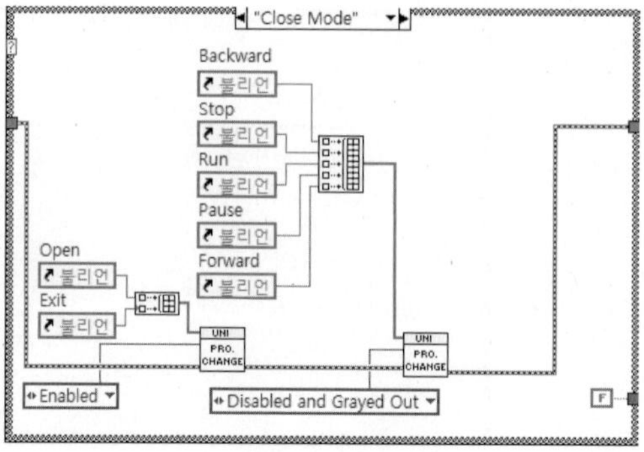

[그림 6-10-3-6]

7. 웨이브폼 그래프 초기화를 위한 WG Init 케이스를 완성합니다.

- 웨이브폼 그래프 터미널의 **바로가기메뉴** > **생성** > **프로퍼티 노드** > **값**을 선택하고, 쓰기로 변경한 다음 **바로가기메뉴** > **생성** > **상수**를 선택합니다.
- [그림 6-10-3-7]과 같이 완성합니다.

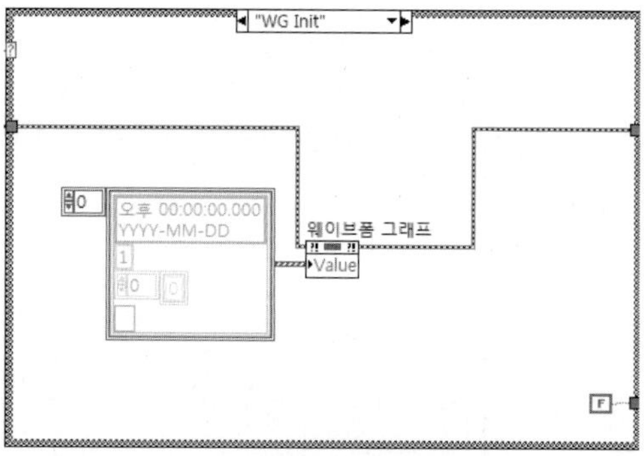

[그림 6-10-3-7]

8. 그래프의 범례가 8개 이상이 되면 범례에 스크롤을 생성하고 최대 8개까지만 프런트패널에서 보이도록 설정하기 위한 WG Plot 케이스를 완성합니다.

- **배리언트를 데이터로.vi**, **이름으로 풀기.vi**, **배열 크기.vi**, **작거나 같음?.vi**, **케이스 구조**를 추가합니다.
- [그림 6-10-3-9]의 화살표가 가르키는 **이름으로 풀기.vi**는 'Data' 까지 보이도록 합니다.
- [그림 6-10-3-9]에서 **배리언트를 데이터로.vi**의 타입 파라미터에 연결된 상수는 2nd(두 번째) **While 루프**의 Open 케이스에 있는 [그림 6-10-3-8]의 화살표 위치의 와이어에서 **바로가기메뉴** > **생성** > **상수**를 이용해서 만든 것입니다.

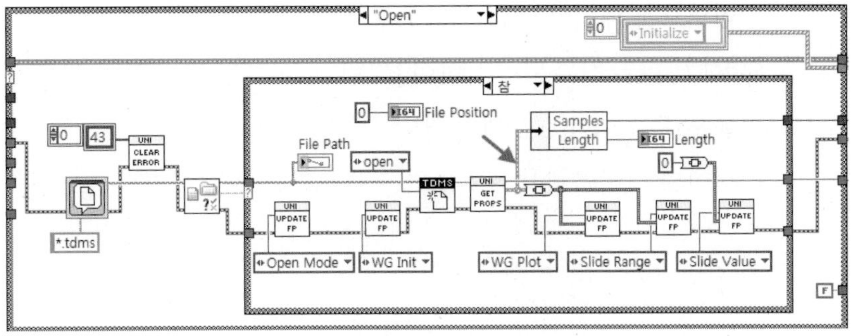

[그림 6-10-3-8]

- 웨이브폼 그래프 터미널에서 프로퍼티를 생성하고, 프로퍼티는 '범례 > 스크롤 막대 보이기', '범례 > 최소 플롯', '범례 > 행의 개수' 로 설정하고 모든 프로퍼티를 쓰기로 변경합니다.
- [그림 6-10-3-9]과 같이 완성합니다.

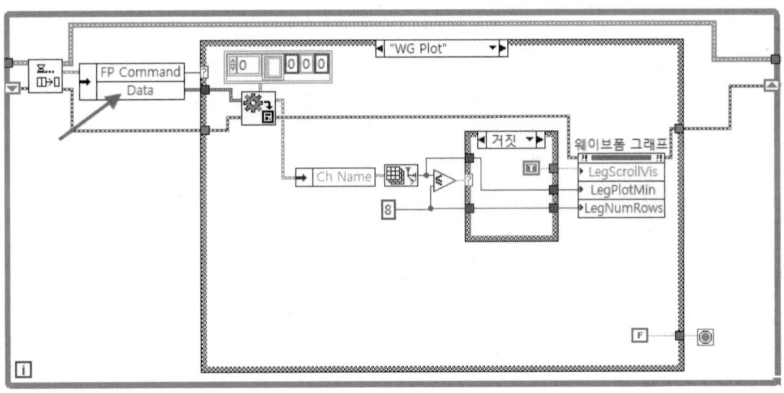

[그림 6-10-3-9]

- 참 케이스는 [그림 6-10-3-10]과 같이 구현합니다.

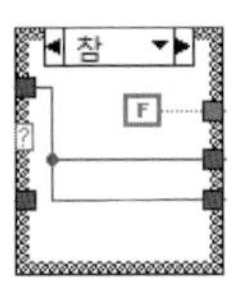

[그림 6-10-3-10]

9. 슬라이드의 최소값, 최대값과 증가분을 설정하기 위한 Slide Range 케이스를 완성합니다.

- **배리언트를 데이터로.vi**, **이름으로 풀기.vi**를 추가합니다.
- 8번에서 만든 상수를 복사하여 [그림 6-10-3-11]과 같이 연결합니다.
- **이름으로 풀기.vi**를 아래와 같이 설정합니다.
- 슬라이드 터미널에서 프로퍼티를 생성하고, 프로퍼티는 '스케일 > 범위 > 최소값', '스케일 > 범위 > 최대값', '스케일 > 범위 > 증가' 로 설정하고 모든 프로퍼티를 쓰기로 변경합니다.
- [그림 6-10-3-11]과 같이 완성합니다.

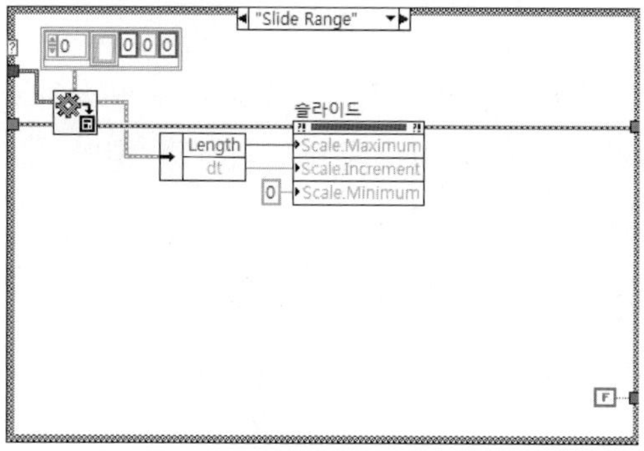

[그림 6-10-3-11]

10. 슬라이드에 TDMS 파일 읽기 진행 상태를 업데이트하기 위한 Slide Value 케이스를 완성합니다.

- **배리언트를 데이터로.vi**를 추가하고 타입 파라미터에 **숫자형 상수**(I64)를 연결하고 [그림 6-10-3-12]와 같이 완성합니다.

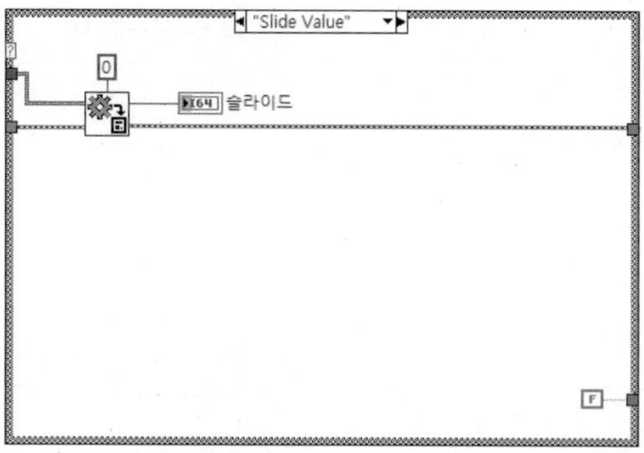

[그림 6-10-3-12]

11. 프로젝트 탐색기에서 내 컴퓨터 > SubVIs > General > sub_Viewer Error Check.vi를 드래그하고 [그림 6-10-3-13]과 같이 완성합니다.

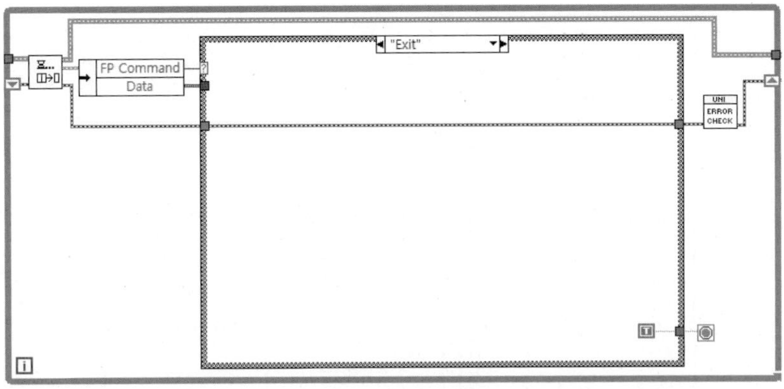

[그림 6-10-3-13]

12. <테스트> : [그림 6-10-3-14]과 같이 완성하였습니다. 프런트패널에서 프로그램을 시작하여 다운받은 Project₩Data폴더에 저장된 TDMS 파일 중 하나를 열어서 재생 속도를 설정한 뒤 플레이, 일시 정지, 앞으로, 뒤로 등 각 기능이 잘 동작되는지 확인해 봅니다.

13. 주석을 추가하고 sub_Main Viewer.vi를 저장하고 닫습니다.

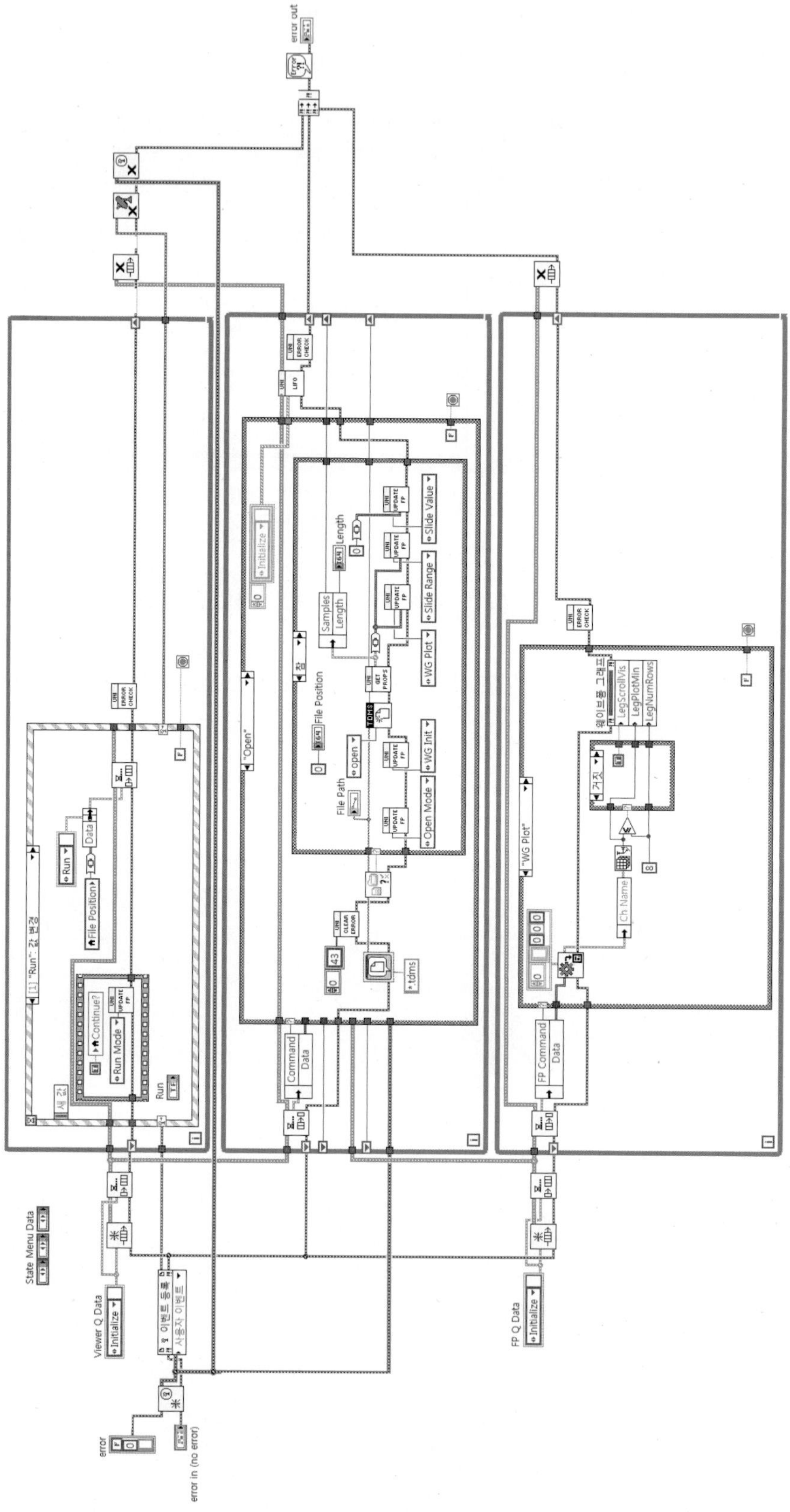

[그림 6-10-3-14]

[도전 과제] 지금까지 구현한 코드를 개선해 봅니다.

1. [그림 6-2-1]에서 시스템 수평 진행 막대가 현재는 인디케이터로 되어있는데, 이를 컨트롤로 변경하여 원하는 위치에 클릭하면 그 위치의 데이터 값이 웨이브폼 그래프에 업데이트 되도록 기능을 추가해 보세요.
2. 프로그램에서 사용된 글로벌 변수로 VI 간 데이터 공유를 하는 부분을 기능적 글로벌 변수로 구현해 보세요.
3. 프로그램에서 사용된 여러 개의 로컬 변수 대신 이를 묶어서 클러스터로 만들고 시프트 레지스터를 이용하여 데이터를 전달하도록 구현해 보세요.

CHAPTER 07

통합 및 테스트

CHAPTER 07

통합 및 테스트

4장, 5장, 6장에서 만든 sub_Main Login.vi, sub_Main DAQ.vi, sub_Main Viewer.vi를 3장에서 만든 Main.vi에 통합하여 프로젝트를 완성합니다.

7.1 Main.vi 완성

Main.vi에 단일 버튼 대화 상자 대신 실제 기능을 수행하는 subVI들을 추가하여 프로젝트를 완성합니다. [그림 7-1-1]은 프로젝트에 추가된 subVI들입니다.

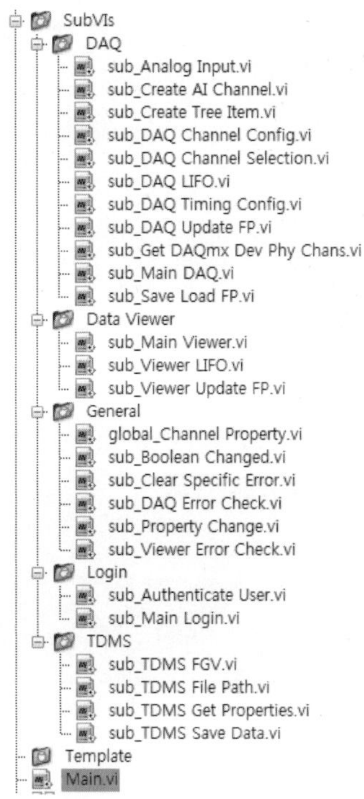

[그림 7-1-1] 프로젝트 파일

[실습 7-1-1] Main.vi를 완성합니다.

1. 프로젝트 탐색기에서 Main.vi를 엽니다.
2. 블록다이어그램의 이벤트 케이스 안에 있는 **단일 버튼 대화 상자.vi**와 **문자열 상수**를 모두 제거합니다.
3. <측정 : 값 변경> 이벤트를 수정합니다.

- 프로젝트 탐색기에서 내 컴퓨터 > SubVIs > DAQ > sub_Main DAQ.vi를 드래그하여 가져옵니다.
- sub_Main DAQ.vi의 **바로가기메뉴** > **SubVI 노드 설정...**을 선택하고 [그림 7-1-1-1]과 같이 설정합니다. 이것은 subVI의 프런트패널이 팝업되도록 설정하는 것입니다.

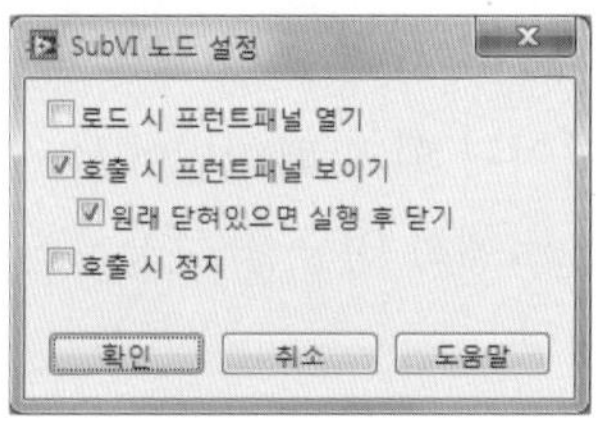

[그림 7-1-1-1]

- [그림 7-1-1-2]와 같이 연결합니다.

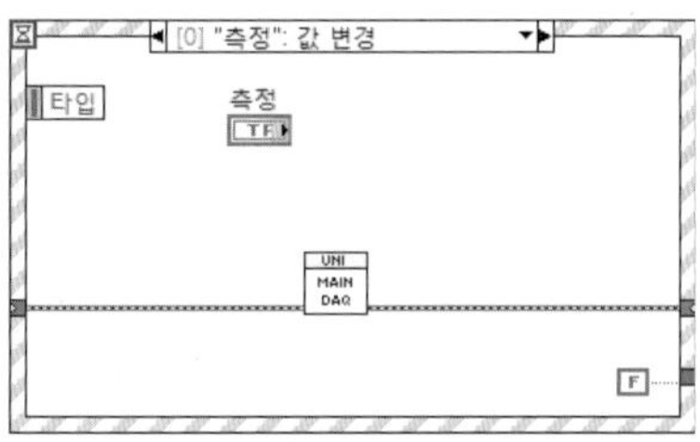

[그림 7-1-1-2]

4. <데이터 읽기: 값 변경> 이벤트를 수정합니다.

- 프로젝트 탐색기에서 내 컴퓨터 > SubVIs > Data Viewer > sub_Main Viewer.vi를 드래그하여 가져옵니다.
- sub_Main DAQ.vi의 **바로가기메뉴** > **SubVI 노드 설정...**을 선택하고 [그림 7-1-1-1]과 같이 설정합니다.

- [그림 7-1-1-3]과 같이 연결합니다.

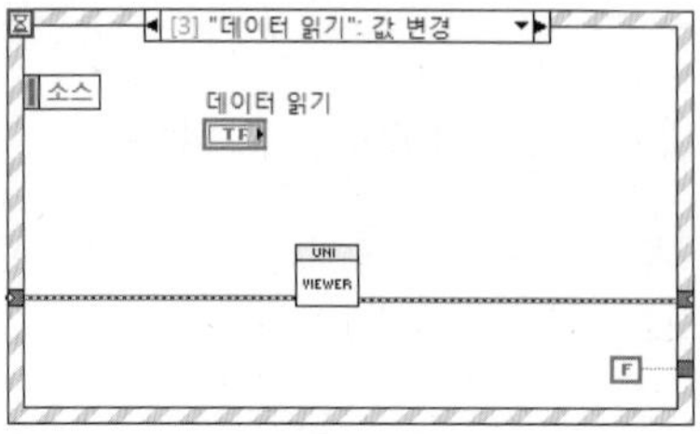

[그림 7-1-1-3]

5. <로그인 : 값 변경> 이벤트를 수정합니다.

- 프로젝트 탐색기에서 내 컴퓨터 > SubVIs > General > sub_Property Change.vi와 내 컴퓨터 > SubVIs > Login > sub_Main Login.vi를 드래그하여 가져옵니다.
- **배열 만들기.vi**, **케이스 구조**를 추가합니다.
- 측정 터미널과 데이터 읽기 터미널에서 참조를 생성하고 [그림 7-1-1-4]와 같이 구현합니다. 즉, Login에서 인증을 성공하면 측정과 데이터 읽기 기능을 사용할 수 있도록 하는 것입니다.

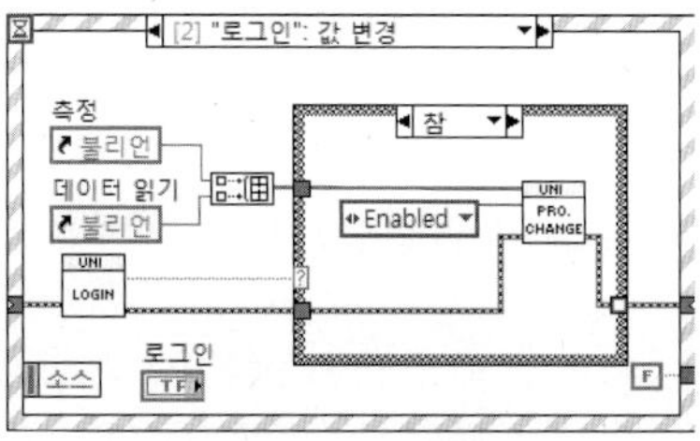

[그림 7-1-1-4]

- 거짓 케이스는 [그림 7-1-1-5]와 같이 구현합니다.

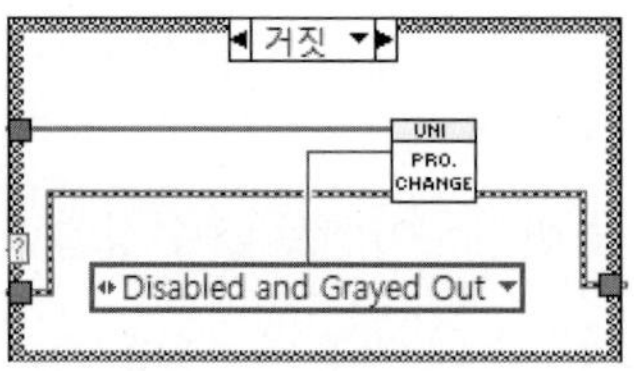

[그림 7-1-1-5]

6. 초기화 부분을 [그림 7-1-1-6]과 같이 수정할 수도 있습니다.

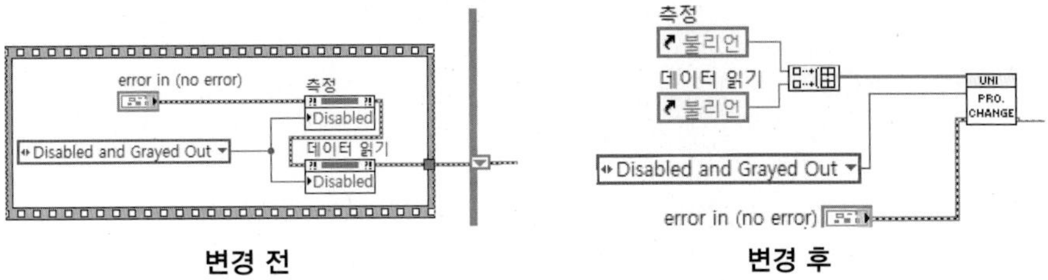

[그림 7-1-1-6]

7. <테스트 : >프로그램이 완성되었습니다. 프로그램을 실행해서 로그인 ID는 'admin', Password는 'test'를 입력하고 기능에 이상이 없는지 확인합니다.

8. 주석을 추가하고 Main.vi를 저장하고 닫습니다.

7.2 테스트

프로그램을 완성하고 고객에게 전달하기 전에 다양한 테스트를 거쳐 문제가 없는지 검증해 봐야 합니다. 각 테스트에 대한 설명은 이 책의 1.9장에 언급하였습니다.

- 기능 테스트
- 에러 테스트
- 설정 테스트
- 스트레스 테스트 등...

CHAPTER 08

성능 평가

CHAPTER 08 성능 평가

개발한 프로젝트의 성능을 평가합니다.

8.1 성능 평가

프로젝트를 완성하고 프로젝트의 성능 평가 작업을 합니다. 주로 프로그램에서 성능을 평가할 때 속도와 메모리를 살펴봅니다. 속도는 되도록 빠르고 메모리는 작게 사용하는 것이 좋은 프로그램일 것입니다. 아래에 효율적인 프로그램을 만드는 몇 가지 팁을 정리했습니다.

속도를 향상 시키는 방법

1. 프런트패널을 업데이트하는데 시간이 많이 소요되므로 프런트패널에는 꼭 필요한 컨트롤, 인디케이터만 만듭니다.
2. 데이터는 와이어를 통해서 직접 전달하는 것을 원칙으로 합니다. 속도를 비교해보면 '와이어를 통해 전달 → 변수 → 프로퍼티 노드' 순서입니다.

메모리 효율적을 사용하는 방법

1. 강제 변환점을 만들지 않습니다. 강제 변환점은 데이터 타입을 LabVIEW가 자체적으로 최적화된 데이터로 변경하는 과정에서 메모리를 차지하게 됩니다.
2. **배열 만들기.vi**와 **문자열 연결.vi** 등처럼 메모리 블랙홀과 같은 노드들은 **While 루프** 안에서 사용을 자제합니다.

VI 메트릭스나 성능과 메모리 등의 기능을 사용하여 성능 평가할 때 참조할 수 있는 자료를 만들어 봅니다.

8.2 VI 메트릭스

프로젝트를 만들면서 사용된 노드, 변수, 프로퍼티 등에 대한 통계를 VI 메트릭스를 사용하여 산출합니다. VI 메트릭스에 대한 정보는 **LabVIEW의 정석(기본편) 11.2장**을 참조하세요.

[실습 8-2-1] VI 메트릭스를 실행합니다.

1. 프로젝트 탐색기에서 Main.vi를 엽니다.
2. **파일풀다운메뉴** > **도구** > **프로파일** > **VI 메트릭스(V)...**을 선택합니다.
3. [그림 8-2-1-1]과 같이 보고자 하는 항목을 선택하여 통계 데이터를 확인합니다.

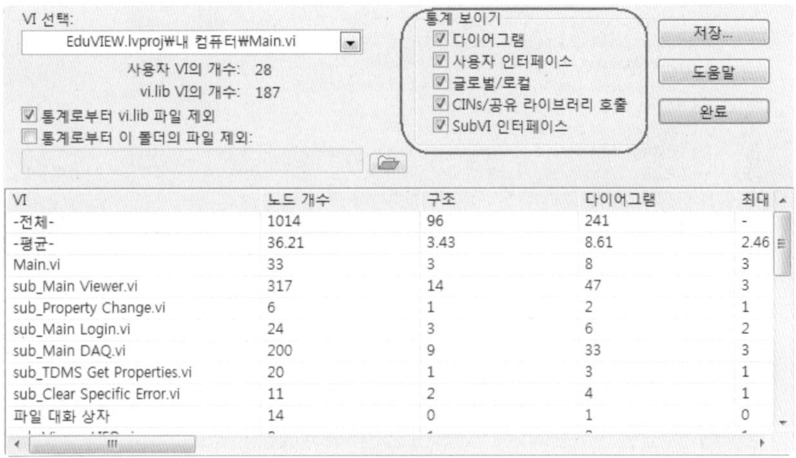

[그림 8-2-1-1]

4. 통계 데이터를 보고 불필요한 변수 등이 사용된 것이 없는지 확인해 보고 프로젝트의 성능을 평가할 때 참고 자료로 사용할 수 있습니다.

8.3 성능과 메모리

VI 실행할 때 소요되는 시간 또는 사용되는 메모리 등을 확인해 봅니다. 성능과 메모리에 대한 정보는 **LabVIEW의 정석(기본편) 11.1장**을 참조하세요.

[실습 8-3-1] VI 성능과 메모리를 실행합니다.

1. 프로젝트 탐색기에서 Main.vi를 엽니다.
2. **파일풀다운메뉴** > **도구** > **프로파일** > **성능과 메모리(P)...**을 선택합니다.

3. [그림 8-3-1-1]과 같이 보고자 하는 항목을 선택하여 통계 데이터를 확인합니다.

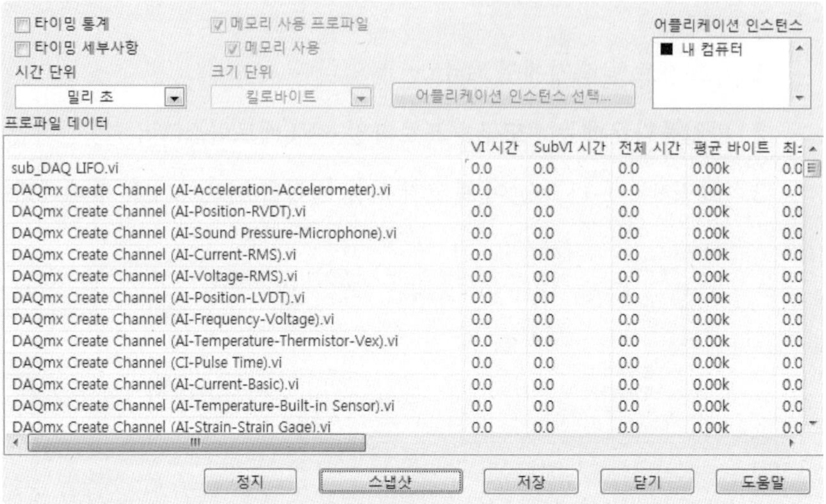

[그림 8-3-1-1]

4. 통계 데이터를 보고 메모리 사용량, 시간 등의 데이터를 확인하여 프로젝트의 성능을 평가할 때 참고 자료로 사용할 수 있습니다.

CHAPTER 09

사용자 매뉴얼

CHAPTER 09 사용자 매뉴얼

사용자 매뉴얼을 작성하여 고객에게 프로그램과 함께 전달합니다.

9.1 사용자 매뉴얼 만들기

사용자 매뉴얼을 만들어 봅니다. 프로그램을 할 때, 주석(설명)을 잘 추가하면 손쉽게 사용자 매뉴얼을 만들 수 있습니다. 다음 예제에서 사용자 매뉴얼을 만들어 보도록 합니다. 사용자 매뉴얼을 만드는 방법에 대한 자세한 정보는 **LabVIEW의 정석(기본편) 11.6장**을 참조하세요.

[실습 9-1-1] 사용자 매뉴얼을 만듭니다.

1. 컨트롤 또는 인디케이터에 설명을 추가합니다.

- 각 컨트롤 또는 인디케이터의 **바로가기메뉴** > **설명과 팁...**을 선택하여 설명을 추가합니다.

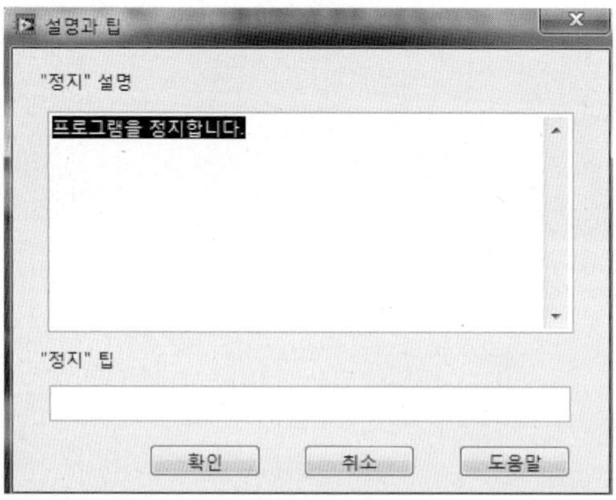

[그림 9-1-1-1]

- 마우스를 컨트롤 또는 인디케이터에 위치시켰을 때 기본 도움말 창에서 입력한 설명이 보이는지 확인합니다.

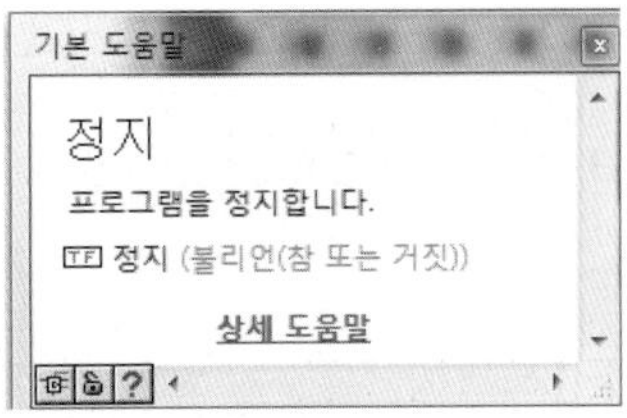

[그림 9-1-1-2]

2. 만든 subVI에 설명을 추가합니다.

- 만든 subVI의 프런트패널에서 **파일풀다운메뉴** > **파일** > **VI프로퍼티**를 선택하여 [그림 9-1-1-3]과 같이 VI에 대한 설명을 추가합니다.

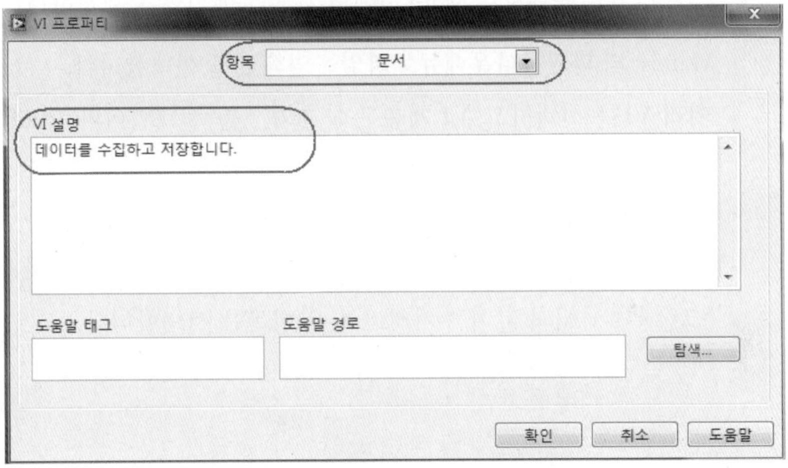

[그림 9-1-1-3]

- 마우스를 subVI의 아이콘에 위치시켰을 때 기본 도움말 창에서 입력한 설명이 보이는지 확인합니다.

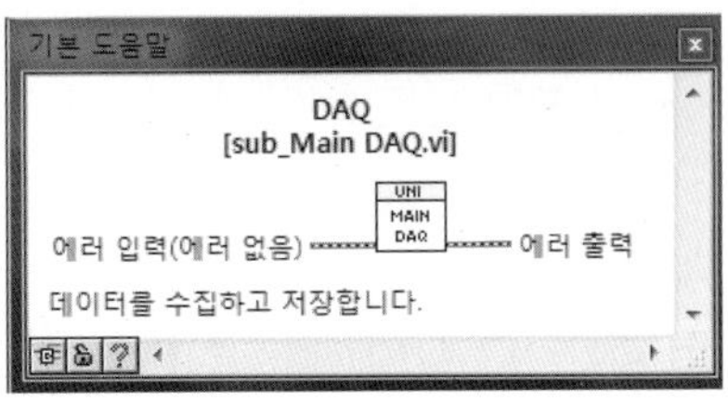

[그림 9-1-1-4]

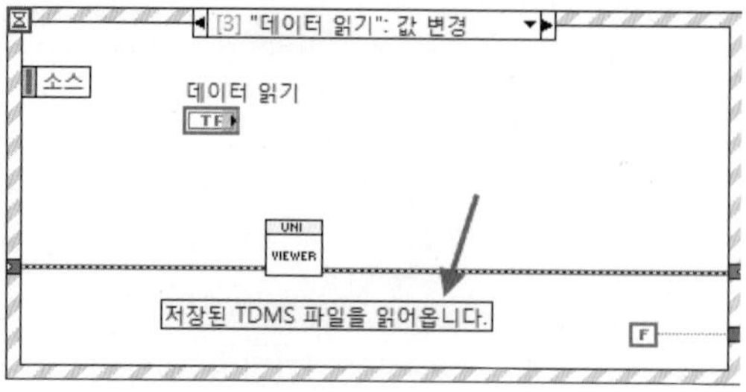

[그림 9-1-1-5]

3. 블록다이어그램에 코드에서 대한 설명을 추가합니다.

- 블록다이어그램의 원하는 위치에 더블클릭하여 주석을 추가합니다.

4. 주석 추가가 끝났으면 Main.vi에서 사용자 매뉴얼을 생성합니다.

- Main.vi의 **파일풀다운메뉴** > **파일** > **인쇄...**를 선택합니다.
- **여러 VI**를 선택하고, **VI 계층구조 추가...**를 선택합니다. **vi.lib VI 제외**를 체크합니다.
- 매뉴얼을 생성할 VI들을 선택합니다.
- **VI 문서**를 선택합니다.
- [그림 9-1-1-6]과 같이 추가하고 싶은 항목을 선택합니다.

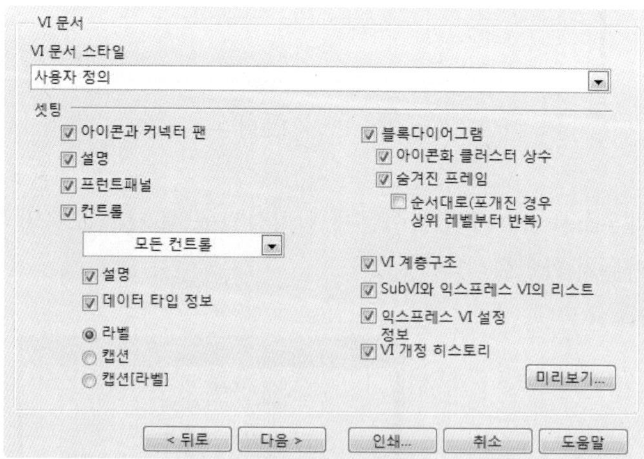

[그림 9-1-1-6]

- **리치 텍스트 포맷(RTF) 파일**을 선택하고 다음 단계로 이동합니다.
- 저장을 하면 *.rtf 파일로 생성됩니다. 다운받은 Project₩Doc 폴더에 저장하세요.

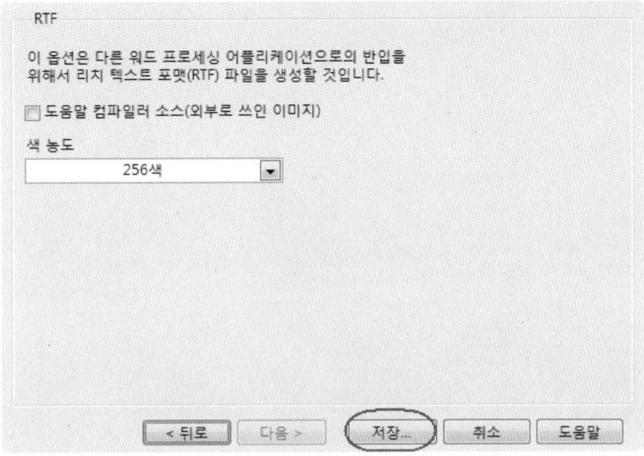

[그림 9-1-1-7]

- 생성된 rtf 파일을 살펴보고 추가할 설명이 있으면 추가한 후 사용자 매뉴얼을 완성하여 저장합니다.

CHAPTER 10

배포

CHAPTER 10
배포

실행 파일과 설치 파일을 만들어 배포합니다.

10.1 실행 파일 만들기 전 준비 사항

실행 파일로 만들기 전에 프로그램에 절대 경로로 구현한 코드가 없는지 확인합니다. [그림 10-1-1]처럼 a.vi를 실행 파일로 만들면 경로가 변경됩니다. 따라서 절대 경로를 사용하시기 보다는 상대 경로를 사용합니다.

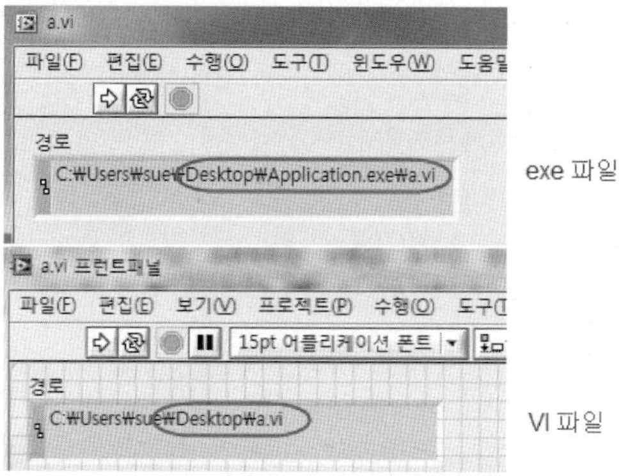

[그림 10-1-1]

OS마다 위치가 다른 경우가 있습니다. 따라서 시스템 경로를 사용하는 것도 하나의 방법입니다. [그림 10-1-2]는 경우 OS로 윈도우7을 사용한 경우입니다. 만약 아래 프로그램을 윈도우XP에서 실행했다면 'C:₩Documents and Settings₩<user>₩My Documents' 이 될 것입니다. [그림 10-1-2]에서 사용한 **시스템 디렉토리 얻기.vi**는 경로가 OS 따라 다른 경로를 보여줄 것입니다.

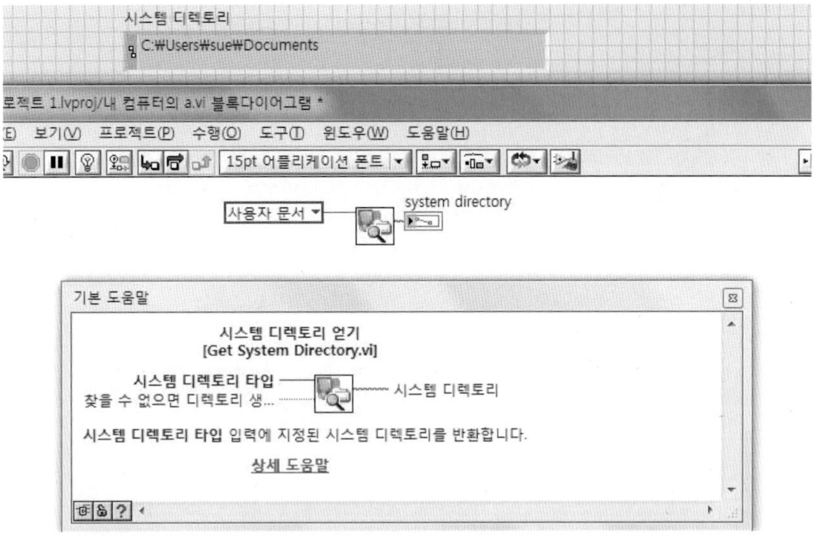

[그림 10-1-2]

본 프로젝트는 위의 사항을 다 고려해서 만들었기 때문에 프로그램을 수정할 필요는 없습니다.

10.2 실행 파일 생성

LabVIEW로 프로그램을 완성한 후 **실행 파일(.exe)**로 만들어 배포합니다. 실행 파일을 만들면 블록다이어그램이 보이지 않아 코드 보안하기에 좋습니다. 실행 파일 만드는 방법에 대한 정보는 **LabVIEW의 정석(기본편) 11.8장**을 참조하세요.

[실습 10-2-1] 실행 파일을 만듭니다.

1. 프로젝트 탐색기의 빌드 스펙에서 **바로가기메뉴** > **새로 만들기** > **어플리케이션(EXE)**을 선택합니다.
2. [그림 10-2-1-1]처럼 exe 파일의 이름과 저장할 폴더를 선택합니다.

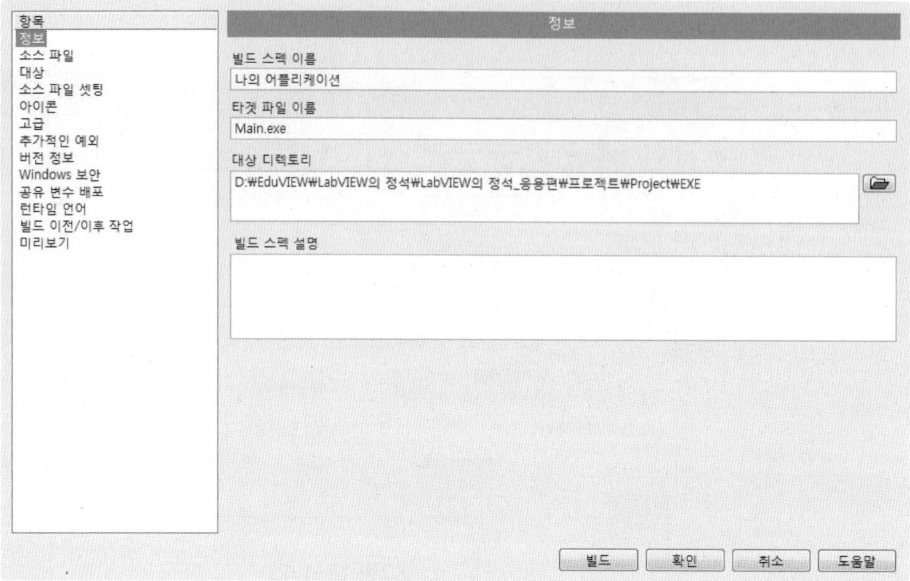

[그림 10-2-1-1]

3. 항목을 '소스 파일'을 선택하고, Main.vi를 시작 VI로 이동합니다. 항상 포함에는 동적으로 불러오는 파일이 있다면 항상 포함에 추가해 줍니다. 여기서 만든 프로그램에서는 동적으로 불러오는 파일은 없습니다.

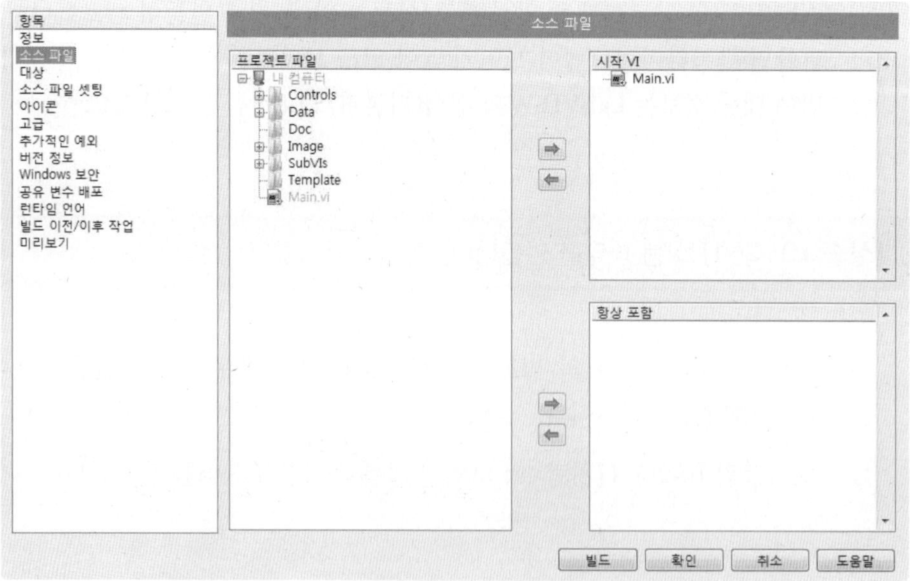

[그림 10-2-1-2]

4. 항목을 '소스 파일 세팅'을 선택한 후 Main.vi를 선택하고 **VI 프로퍼티 사용자 정의...** 버튼을 클릭하여 '열릴 때 실행'을 체크 해제합니다. 이것이 선택이 되어 있으면 exe 파일이 열릴 때 바로 실행됩니다.

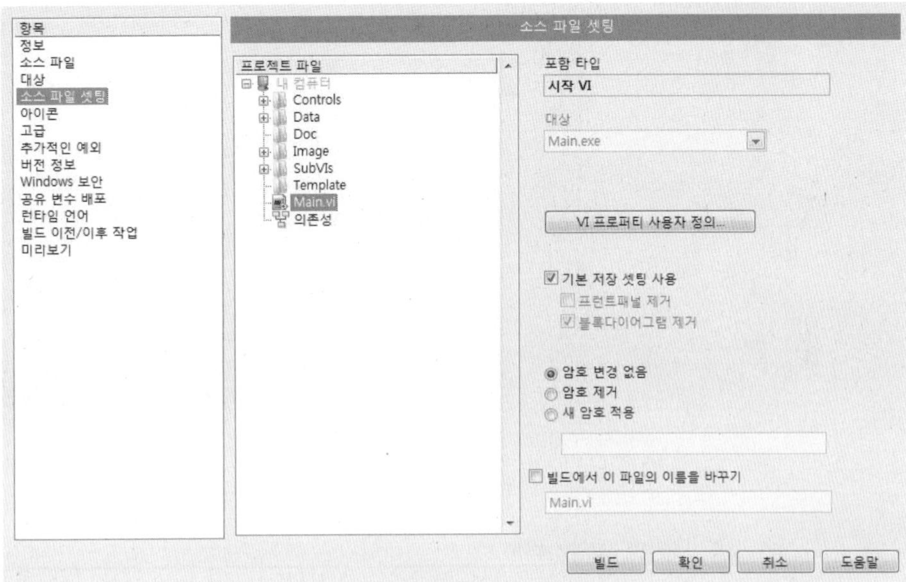

[그림 10-2-1-3]

5. 항목을 '아이콘'을 선택한 후 아이콘 편집기를 이용하여 아이콘 사용자 디자인합니다.

- [그림 10-2-1-4]에서 '아이콘 편집기...' 버튼을 클릭하면 [그림 10-2-1-5]와 같은 아이콘 편집기가 나타납니다. 원하는 아이콘을 생성하여 저장한 다음 [그림 10-2-1-4]와 같이 '기본 LabVIEW 아이콘 파일 사용'을 체크 해제한 후 디자인한 아이콘을 선택해 줍니다.

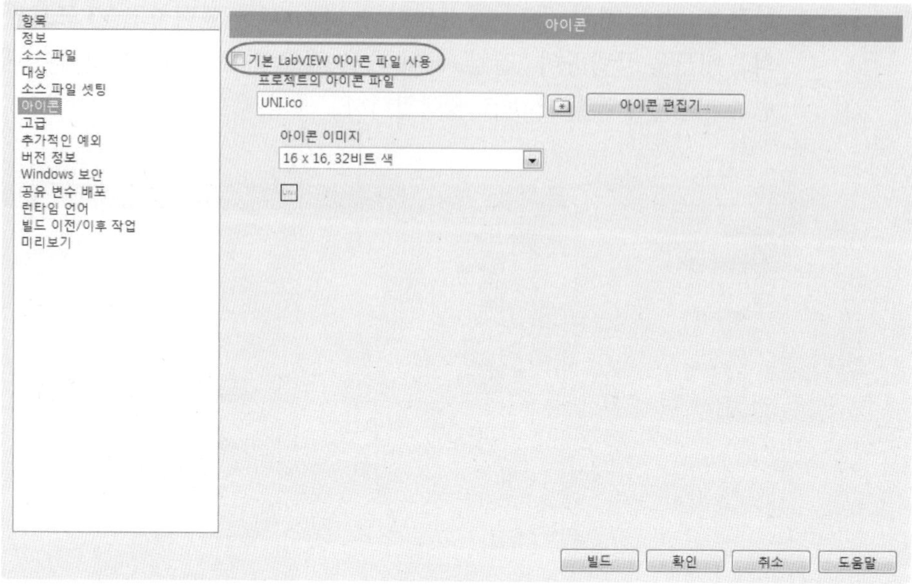

[그림 10-2-1-4]

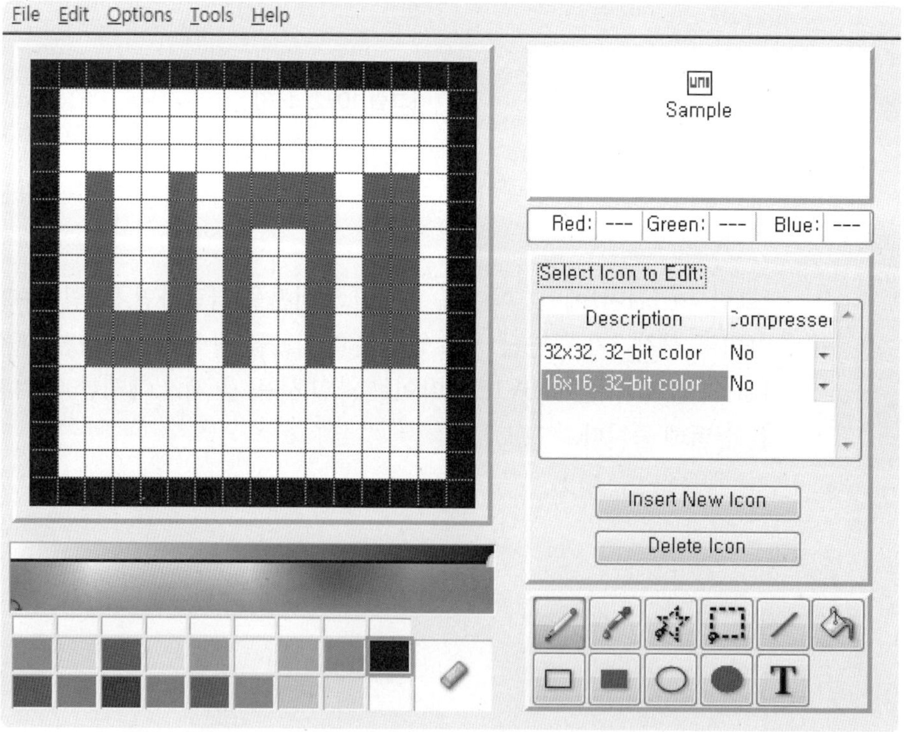

[그림 10-2-1-5]

6. [그림 10-2-1-4]의 빌드 버튼을 클릭하여 exe 파일을 생성합니다.

7. 만들어진 exe 파일을 실행하여 정상적으로 기능이 동작하는지 확인합니다. [그림 10-2-1-6]에서 Main 프로그램 창을 보면 5번에서 디자인한 아이콘이 보입니다.

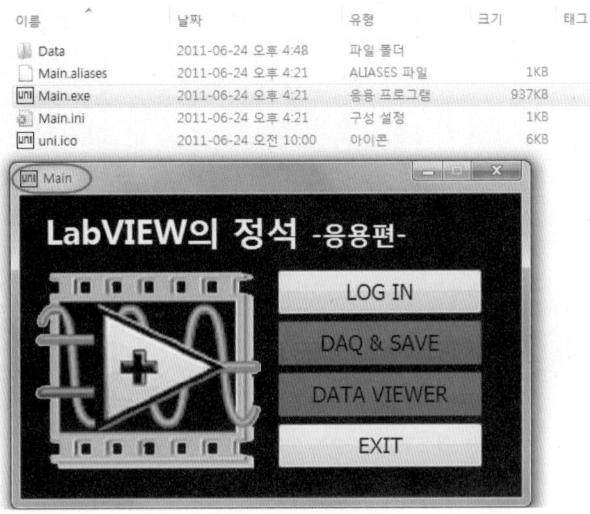

[그림 10-2-1-6]

8. exe 파일을 닫습니다.

10.3 설치 파일 생성

설치 파일(인스톨러)를 만듭니다. 항상 실행 파일을 만든 후에 설치 파일을 만들어야 합니다. 설치 파일은 런타임 엔진과 NI 하드웨어 드라이버를 포함하여 만들게 됩니다. 설치 파일 만드는 방법에 대한 정보는 **LabVIEW의 정석(기본편) 11.9장**을 참조하세요.

[실습 10-3-1] 설치 파일을 만듭니다.

1. 프로젝트 탐색기의 빌드 스펙에서 **바로가기메뉴** > **새로 만들기** > **설치 프로그램**을 선택합니다.

2. [그림 10-3-1-1]처럼 제품 이름과 인스톨러 파일 저장할 폴더를 선택합니다.

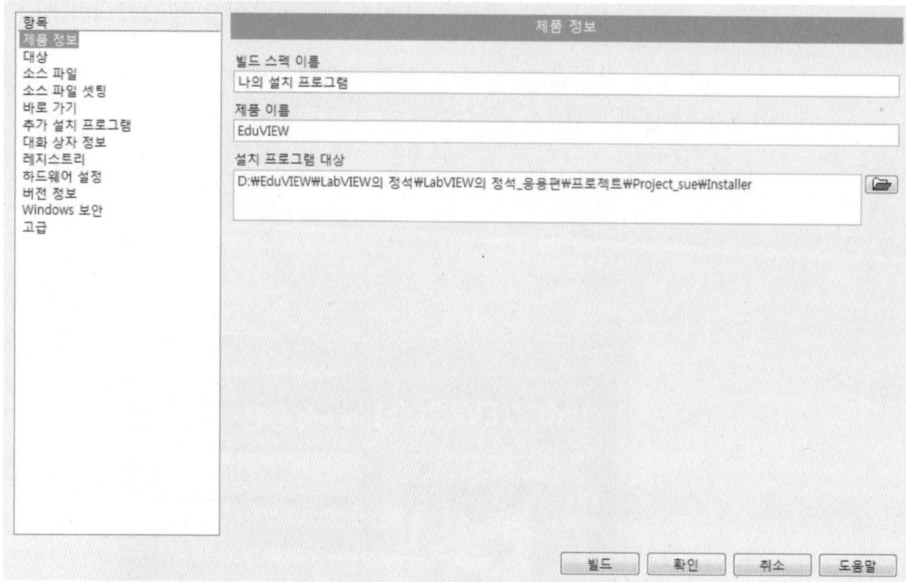

[그림 10-3-1-1]

3. 인스톨러를 만들 때 필요한 exe를 선택하여 옮겨 줍니다. 아래 그림에 나타난 '나의 어플리케이션' 은 [그림 10-2-1-1]에서 설정된 '빌드 스펙 이름' 이 보이는 것입니다. 이것을 선택하여 화살표를 클릭하면 Program Files 폴더 아래 EduVIEW라는 폴더 아래로 들어갑니다. 이는 인스톨러가 완성되고 이를 설치하면 Program Files ₩EduVIEW 폴더에 exe 파일이 설치됨을 의미합니다.

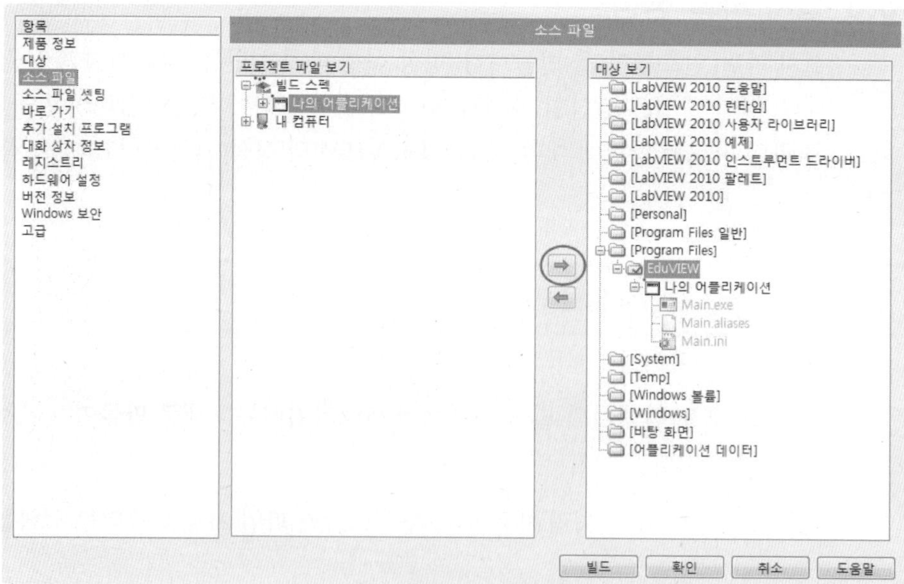

[그림 10-3-1-2]

4. 윈도우의 시작 버튼을 클릭하여 프로그램 목록에서 볼 수 있도록 설정된 것입니다.

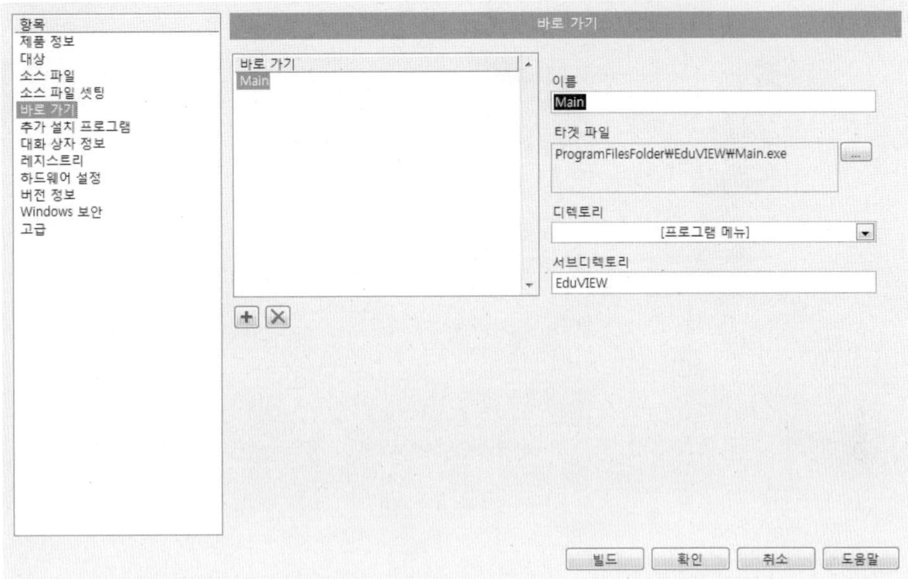

[그림 10-3-1-3]

5. LabVIEW 런타임 엔진은 기본적으로 선택이 되어 있고, 여기서 만든 프로그램은 NI DAQ 하드웨어를 사용하기 때문에 DAQ 드라이버도 추가로 선택해 줍니다. 참고로 NI 하드웨어의 드라이버를 추가할 때 그 드라이버가 PC에 복사되어 있지 않으면 원본 드라이버 CD를 찾습니다.

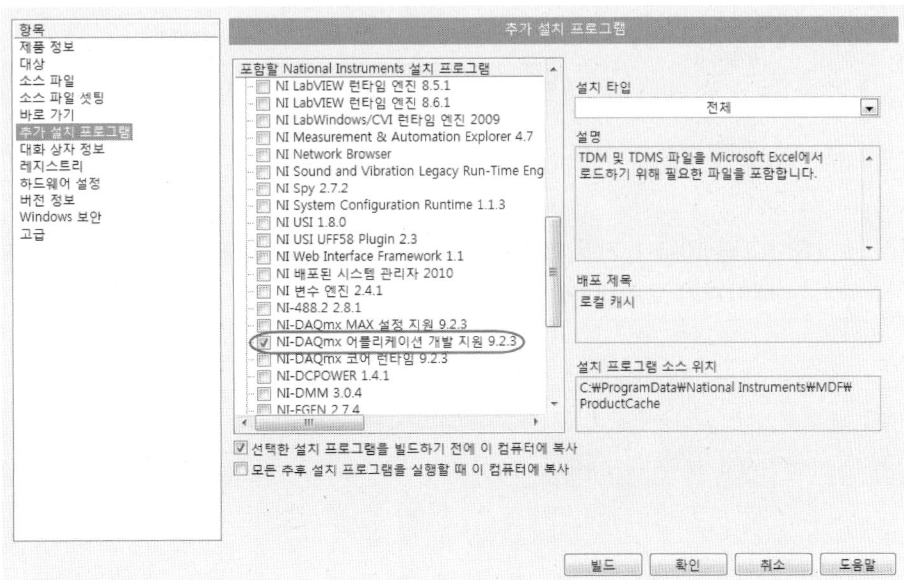

[그림 10-3-1-4]

6. 설치 중에 나오는 메시지나 그림도 수정할 수 있습니다. [그림 10-3-1-5]에서는 메시지만 변경하였습니다. 그리고 빌드 버튼을 클릭하면 인스톨러가 만들어 집니다.

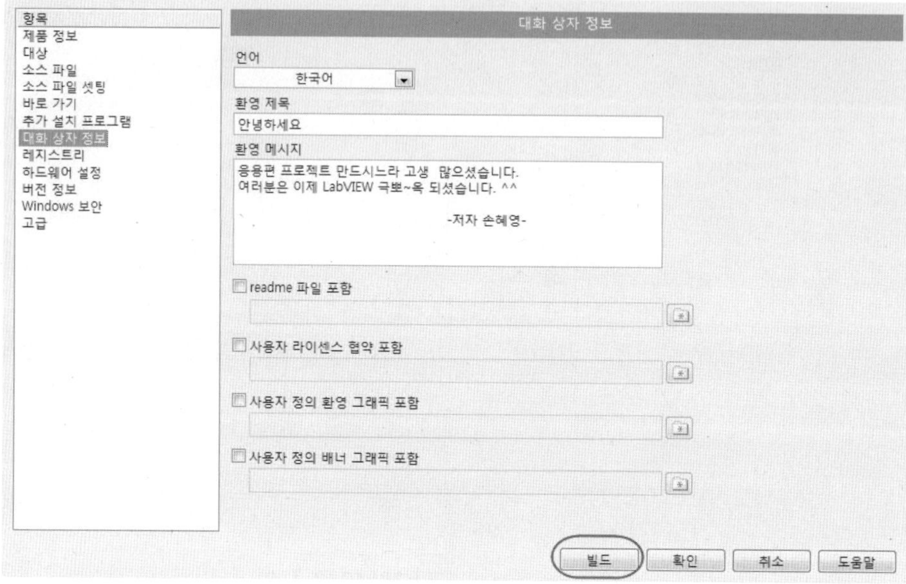

[그림 10-3-1-5]

7. [그림 10-3-1-1]에서 설정한 폴더 위치에 [그림 10-3-1-6]과 같이 인스톨러가 만들어져 있습니다. setup.exe를 더블클릭하면 설치됩니다.

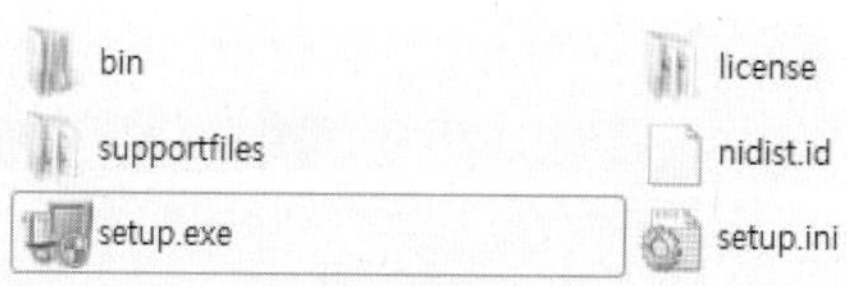

[그림 10-3-1-6]

8. [그림 10-3-1-7]은 설치 중 나타나는 창의 모습으로, [그림 10-3-1-5]에서 입력한 메시지가 보입니다.

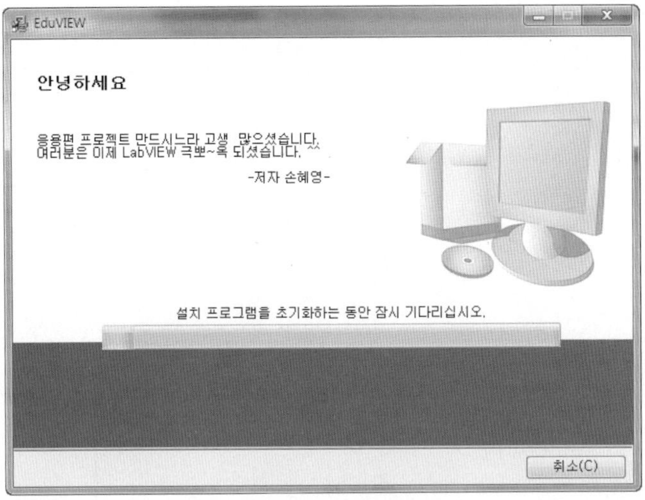

[그림 10-3-1-7]

9. 설치가 완료되면 [그림 10-3-1-2]의 위치에 설치가 되었는지 확인해 봅니다. [그림 10-3-1-8]에서 보이는 Data 폴더는 Main.exe를 실행하고 DAQ & SAVE 버튼을 클릭하여 기능을 실행하면 자동으로 생성됩니다. 측정된 데이터가 여기에 TDMS 파일로 저장됩니다. 처음 설치하면 보이지 않습니다.

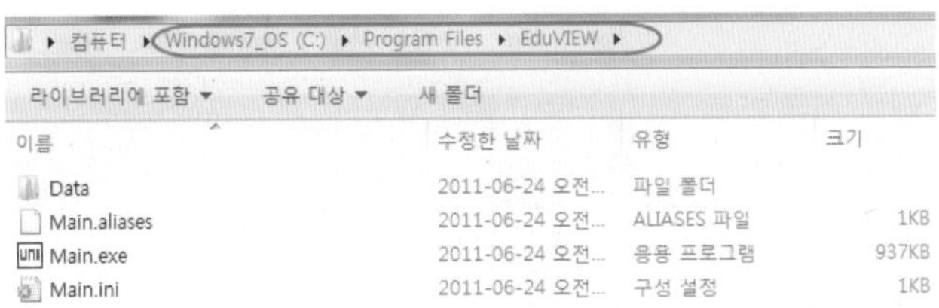

[그림 10-3-1-8]

10. 윈도우의 시작 버튼을 클릭하면 [그림 10-3-1-9]와 같이 설치된 Main.exe를 확인해볼 수 있습니다. 참고로 Vista 이후의 OS를 쓸 경우 Main.exe를 실행했을 때 에러가 발생하면 [그림 10-3-1-9]와 같이 Main.exe 에서 오른쪽 클릭을 하여 '관리자 권한으로 실행(A)' 를 선택하세요.

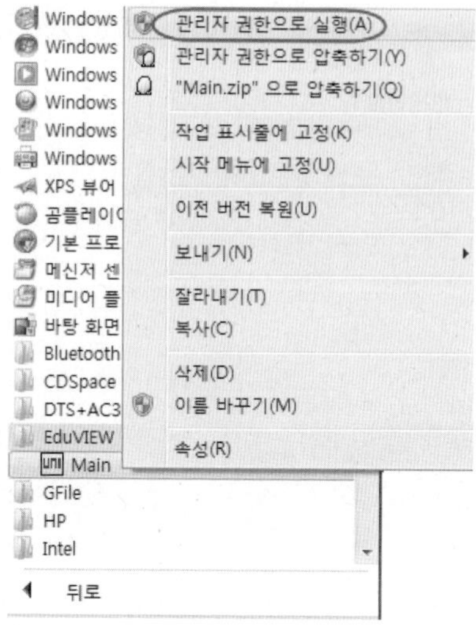

[그림 10-3-1-9]

11. 설치된 프로그램을 제거할 때는 제어판의 프로그램 추가/제거에서 제거합니다.

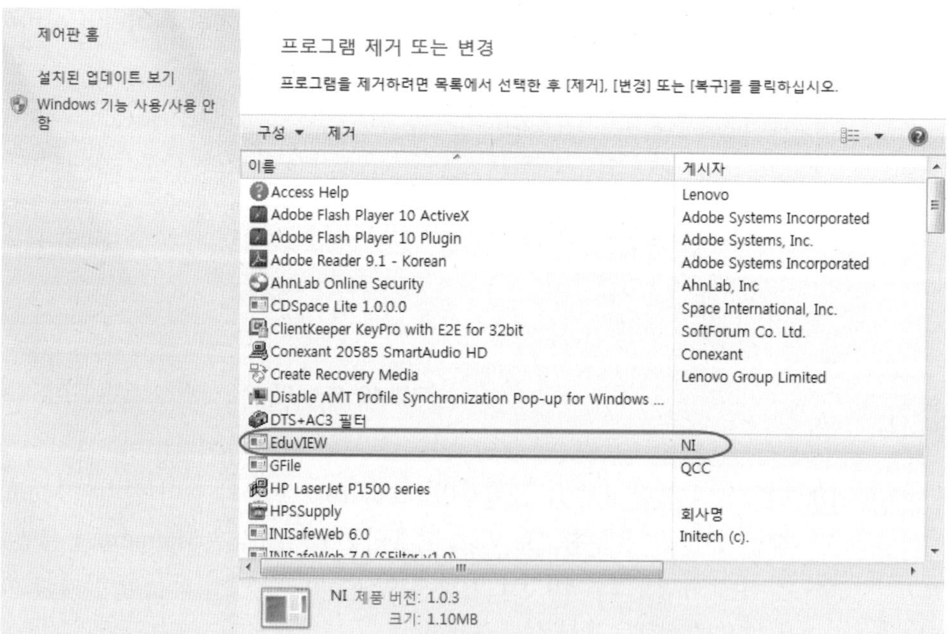

[그림 10-3-1-10]

APPENDIX A

CLD 시험 준비 가이드

Appendix A는 www.niedu.co.kr에서 전문 발췌했습니다.

국제인증 개요

National Instruments LabVIEW 국제인증 자격 프로그램은 3 단계로 구성되어 있습니다. 단계별로 취득할 수 있는 자격시험의 종류는 다음과 같습니다:

- Certified LabVIEW Associate Developer (CLAD)
- Certified LabVIEW Developer (CLD)
- Certified LabVIEW Architect (CLA)

이전 단계의 자격증이 있어야 상위 단계의 자격시험에 응시할 자격이 주어집니다.

CLAD 단계에서는 LabVIEW Full Development System의 주요 기능을 완전히 이해하고 LabVIEW 모듈을 개발, 디버깅, 관리하는 데 필요한 지식과 능력을 갖추어야 합니다. 일반적으로 LabVIEW Full Development System을 대략 6 ~ 9 개월간 사용하면 CLAD 수준의 경험을 쌓을 수 있습니다.

CLD 단계에서는 중대형 LabVIEW 어플리케이션을 개발, 디버깅, 배포, 관리할 수 있는 능력을 갖추어야 합니다. LabVIEW를 통해 중대형 어플리케이션을 총 12~18 개월 정도 개발한 경험이 있으면 CLD 수준의 전문성을 쌓을 수 있습니다.

CLA 단계에서는 여러 명의 개발자가 참여하는 환경에서 LabVIEW 어플리케이션을 설계할 수 있는 수준의 숙달된 전문성을 갖추어야 합니다. CLA 단계에서는 프로젝트 설계에서 요구하는 사항들을 관리 가능한 LabVIEW 구성요소로 구분할 수 있는 전문 기술 및 소프트웨어 개발 경험뿐만 아니라, 프로젝트 및 설정 관리 도구를 효과적으로 활용하여 전반적인 프로젝트를 파악할 수 있는 경험이 있어야 합니다. LabVIEW를 통해 중대형 어플리케이션을 총 24 개월 정도 개발한 전문 경험이 있으면 CLA 수준에 이를 수 있습니다.

> **노트**
>
> CLAD 자격증이 있어야 CLD 자격시험을 응시할 수 있습니다. CLD 자격증이 있어야 CLA 자격시험을 응시할 수 있습니다. 이 응시 자격에 대해 예외 사항은 없습니다.

자격시험 개요

시험 도구

응시자용 컴퓨터에는 LabVIEW Full Development System 2009 또는 그 이후의 버전이 설치되어 있어서, 어플리케이션을 개발하는 데 사용할 수 있습니다. 2010년 10월 1일 이후에는 LabVIEW 2010이 설치될 수도 있습니다. 사전에 시험장 또는 시험 감독관에게 연락하여 어플리케이션을 개발할 때 사용할 LabVIEW 버전에 대한 상세한 정보를 확인하고 시험을 준비하십시오.

익숙하지 않은 LabVIEW 버전을 사용하여 시험을 보는 경우가 발생해도 추가 시간이 주어지지 않는다는 점을 유의하십시오.

LabVIEW Full Development System에서 사용 가능한 기능에 대한 상세설명은 기능별로 옵션 비교하기를 참조하십시오.

시험 시간

4 시간

시험 방식

실제 어플리케이션 개발

합격 기준

정답률 75% 이상

본 시험은 LabVIEW를 사용하여 문제를 해결할 수 있는 능력, 측정 및 자동화 어플리케이션을 개발하는 데 필요한 지식과 경험을 검증하는 데 목표를 두고 있습니다. 시험 과정에서는 오직 소프트웨어 개발만 이루어지고, 하드웨어는 사용하지 않습니다.

LabVIEW에서 제공되는 LabVIEW 도움말, 예제, 템플릿 등의 리소스를 시험장에서 사용할 수 있습니다. 하지만 외부에서 개발한 VI 또는 리소스의 사용은 금지되어 있습니다.

상세한 어플리케이션 스펙 정보가 제공될 것입니다. 스펙에는 어플리케이션에 대한 일반적인 요구조건과 기술적인 요구조건이 담겨 있습니다. 다운로드할 수 있는 견본 시험의 리스트는 이 문서의 끝부분에 있는 CLD 자격 시험 준비를 위한 참조문헌을 참조하십시오.

시험을 마친 이후에 시험 풀이 결과는 디스크에 저장하여 시험 감독관에게 제출해야 합니다.

공정한 시험을 위해 시험의 일부 또는 풀이 결과를 분리, 복사, 재생하는 것을 금지하고 있습니다. 이를 어기면 불합격 처리됩니다.

응시 방법

1. 신청 동의서를 작성합니다.
2. 미국에서 응시하는 경우: 신청 동의서를 팩스로 제출하고, National Instruments에 전화(888-484-4436)하거나 ni.com/training에서 온라인으로 시험을 신청합니다.
3. 한국에서 응시하는 경우: niedu.co.kr 에서 온라인으로 시험 일정을 확인하고 신청합니다. 또는 한국 NI 교육센터로 전화(02-3451-3400) 및 이메일(Training.Korea@ni.com)로 연락하여 시험 일정을 확인하고 신청합니다.
4. 자격시험 응시료를 지불합니다.

일반 문의사항 또는 건의사항이 있는 경우 이메일(Training.Korea@ni.com)로 연락하십시오.

시험 주제

1. 디자인 개념
2. 사용자 인터페이스 디자인
3. 블록다이어그램 레이아웃 및 스타일
4. 프로그래밍 실습
5. SubVI 디자인 실습
6. 아키텍처 선택
7. 타이밍
8. 에러 핸들링하기
9. 문서
10. 테스트

시험 주제(개요)

주제	소주제
1. 디자인 개념	a. 모듈화(Modularity), 확장성(Scalability), 가독성(Readability), 유지보수성(Maintainability) b. 응집성 및 의존성 c. 계층구조 디자인 d. 파일 구조
2. 사용자 인터페이스 (프런트패널 윈도우) 디자인 실습	a. 색상 체계 b. 객체 그룹화 및 정렬하기 c. 프로퍼티 설정하기 d. 객체 사용자 정의하기 e. 상태 관리 i. 정적 및 다이나믹 ii. 초기화 및 어플리케이션 정지 f. 아이콘 디자인
3. 블록다이어그램 디자인 실습	a. 데이터 흐름 b. 가독성 높이기
4. 프로그래밍 실습	a. 데이터 원소 b. 함수 및 subVI c. 프로그래밍 구조 d. 데이터 구조 e. 참조, 프로퍼티 노드
5. SubVI 디자인 실습	a. 모듈화 및 응집성 b. 프런트패널 레이아웃 c. 커넥터 팬 및 아이콘
6. 디자인 패턴 선택	a. 확장성 및 유지보수성 b. 빠른 응답성 및 비독점성 c. 디자인 패턴: i. 간단한 상태 머신 ii. 사용자 인터페이스 이벤트 핸들러 iii. 큐 메시지 핸들러 iv. 생산자/소비자(데이터) v. 생산자/소비자(이벤트) vi. 기능적인 글로벌 변수

7. 타이밍	a. 타이밍 함수 b. 타이밍 매커니즘 i. 이벤트 구조 타임아웃 ii. 동기화 함수 타임아웃 iii. Timed 구조 c. 타이밍 익스프레스 VI 및 기능적인 글로벌 변수
8. 에러	a. 에러 핸들링 b. 에러 리포트
9. 문서	a. 프런트패널 윈도우 b. 블록다이어그램 c. VI 프로퍼티
10. 테스트	a. 코드 및 문서 리뷰 b. 기능 c. 에러

CLD 주제 상세설명

1. 디자인 개념:

a. 모듈화(Modularity), 확장성(Scalability), 가독성(Readability), 유지보수성(Maintainability)

1. 다음과 같은 특성의 LabVIEW 어플리케이션(VI) 개발하기:

a) 모듈화: VI 기능이 모듈 또는 subVI로 세분화되어 있음
b) 확장성: 대규모 데이터 세트를 처리하거나 프로그램 상태를 추가할 때 VI에서 사용자 인터페이스 및 블록다이어그램을 거의 변경하지 않아도 됨
c) 가독성: VI 자체의 효과적인 문서 및 프로그래밍 스타일을 통해 이해하기 쉬움
d) 유지보수성: 모듈 또는 어플리케이션의 원래 목적을 변경하지 않고 VI를 손쉽게 수정할 수 있음

b. 응집성 및 의존성

1. 다음과 같은 특성의 LabVIEW 모듈 개발하기:

a) 강한 응집성: 모듈의 목표가 명확하게 정의되고 공개되어 있음
b) 낮은 의존성: 모듈의 기능을 수행 및 보완하는 데 있어서 다른 모듈에 대한

의존성을 최소화함

c. 계층구조 디자인

1. 위에 열거된 특성을 갖춘 LabVIEW VI를 개발하여 논리적인 계층구조 디자인 생성하기

d. 파일 구조

1. 소프트웨어의 계층구조적인 특성을 반영할 수 있도록 파일 시스템의 VI 구성하기
2. 어플리케이션을 위한 폴더를 생성하고 함축적인 이름 붙이기
3. 어플리케이션 폴더에서 main(최상위) VI에 접근할 수 있도록 만들기
4. SubVI 및 컨트롤에 대해 별도의 폴더 생성하기

2. 사용자 인터페이스(프런트패널 윈도우) 디자인 실습:

a. 색상 체계

1. 통일성 있는 시스템 색상 체계를 사용하여 VI의 사용자 인터페이스 디자인하기
2. 필요에 따라 파스텔 계통의 색상을 사용하고, 밝은 색상은 가급적 피하기
3. LabVIEW 도움말의 LabVIEW Style Checklist 토픽에서 배경색 및 사용자 인터페이스 객체의 색상에 대한 지침 사용하기

b. 객체 그룹화 및 정렬하기

1. 배열, 클러스터, 장식을 사용하여 논리적으로 연관된 사용자 인터페이스 객체 그룹화하기
2. 통일성 및 일관성 있는 레이아웃을 위해 객체 및 객체 라벨 정렬하기

c. 프로퍼티 설정하기

1. 유용성 및 성능을 향상시킬 수 있도록 적절하게 프런트패널 객체 설정하기

d. 객체 사용자 정의하기

1. 프런트패널 윈도우 객체의 모양 변경하기
2. 타입 정의 또는 엄격한 타입 정의의 사용자 정의 컨트롤을 생성하여 어플리케이션의 확장성 높이기

e. 상태 관리

1. 프로퍼티 대화 상자를 사용하여 정적(statically)으로 객체의 컨트롤 값 또는 속성을 설정하거나, 프로퍼티 노드를 사용하여 다이나믹하게(dynamically) 객체의 컨트롤 값 또는 속성 설정하기
2. 어플리케이션을 로드, 시작, 정지할 때 컨트롤 값 초기화 또는 설정하기

f. 아이콘 디자인

1. 어플리케이션 또는 모듈의 기능을 반영할 수 있도록 main(최상위) VI 및 subVI의 아이콘 디자인하기
2. Main VI와 subVI의 아이콘 디자인이 서로 연계되고 일관성 있도록 만들기

3. 블록다이어그램 디자인 실습

a. 데이터 흐름

1. VI 및 프로퍼티 노드에 에러 터미널을 사용하여 데이터 흐름 설정하기
2. 시퀀스 구조를 사용하여 에러 터미널이 없는 VI 및 함수의 데이터 흐름 설정하기

b. 가독성 높이기

1. 1024 × 768 해상도에 맞는 블록다이어그램 개발하기
2. 사용자가 한 방향으로만 스크롤해도 되도록 블록다이어그램의 크기 제한하기
3. 좁은 공간에 모여있지 않도록 주의하면서 균일한 간격으로 VI 및 함수 놓기
4. 일관성 있는 설계를 통해 균일하게 VI 및 함수 정렬하기
5. 굽은 와이어를 피하고 가급적 직선으로 와이어 사용하기
6. 올바른 터미널에 연결된 것으로 나타나도록 와이어 연결하기
7. 왼쪽에서 오른쪽 방향(left-to-right) 및 위에서 아래 방향의 데이터 흐름(top-to-bottom)을 따르도록 VI 및 함수에서 와이어 연결하기
8. 와이어를 연결할 때 구조 아래 또는 구조 경계선 아래에 겹치지 않도록 주의하기
9. 구조 경계선에 있는 여러 터널이 서로 겹쳐서 덮어쓰지 않도록 주의하기
10. 블록다이어그램의 섹션을 구분하기 위해 다양한 색 사용하지 않기(필요한 경우에만 시스템 색 사용하기)

4. 프로그래밍 실습

a. 데이터 원소

1. 컨트롤, 인디케이터, 상수에 대해 적절한 데이터 타입 사용하기
2. 컨트롤로부터 직접 읽어오기(가급적 로컬 변수, 글로벌 변수, 프로퍼티 노드 사용하지 않기)
3. 인디케이터 직접 업데이트하기(가급적 로컬 변수, 글로벌 변수, 프로퍼티 노드 사용하지 않기)
4. 로컬 변수를 사용하여 컨트롤 업데이트하기
5. 프로퍼티 노드를 사용하여 컨트롤 및 인디케이터의 속성 설정하기
6. 프런트패널 컨트롤 또는 인디케이터가 subVI의 영향을 받는 경우에만 참조 사용하기
7. 경합 조건(race conditions)을 방지하기 위해 로컬 변수 및 글로벌 변수에 대한 접근 보호하기
8. 데이터 원소를 타입 정의하여 모든 인스턴스에서 동일한 데이터 타입을 유지하고 확장성 높이기
9. 사용자 인터페이스를 사용할 필요가 없는 데이터 원소에 대해 상수 사용하기

b. 함수 및 subVI

1. 함수의 사용 빈도 최적화하기(최소한의 함수를 사용하여 태스크 수행하기)
2. 입력에서 데이터 강제 변환 피하기
3. 사용 가능한 경우 에러 터미널 활용하기
4. 명시적(explicitly)으로 열린 참조 닫기

c. 프로그래밍 구조

1. VI에 적합한 프로그래밍 구조 선택하기
2. 필요한 경우 시프트 레지스터 초기화하기 및 초기화되지 않은 시프트 레지스터의 의미 이해하기
3. 과도하게 중첩된 구조 피하기(2 단계 이상 중첩되지 않도록 주의하기)
4. 와이어를 사용할 수 없을 때 단일 프레임 플랫 시퀀스 구조를 사용하여 데이터 흐름 설정하기

5. 데이터 또는 상태 정보를 전달할 때 시퀀스 로컬의 사용 피하기
6. 가능한 경우 되도록 케이스 구조를 시퀀스 구조로 대체하여 확장성 향상시키기
7. 구조 경계선에서 가급적 기본 터널 사용하지 않기
8. 이벤트 구조를 사용하여 사용자 인터페이스 이벤트 처리하기
9. Timed 구조를 사용하여 정확하게 타이밍 이벤트 처리하기

d. 데이터 구조

1. 논리적으로 연계된 데이터 원소를 적절한 데이터 구조로 그룹화하기
2. 사용자 인터페이스로부터의 입력이 필요하지 않은 데이터 및 상태 정보를 그룹화하고 처리하기 위해, 블록다이어그램에 올바른 데이터 구조 생성하기

e. 참조, 프로퍼티 노드(참조 가져오기, 닫기)

1. 내부적으로 연결된 프로퍼티 노드를 사용하여 같은 VI 안에 있는 여러 객체의 속성 변경하기
2. SubVI 안에서부터 속성이 변경되어야 하는 경우에만 프런트패널 객체에 대한 참조 사용하기
3. 프로퍼티 노드 동작의 의미 이해하고 적절하게 사용하기
4. 명시적으로 열린 경우에 참조 닫기

5. SubVI 디자인 실습

a. 응집성 및 모듈화

1. 명확하게 정의된 하나의 기능을 수행하도록 subVI 디자인하기
2. 함수 및 subVI를 호출하여 subVI의 태스크 수행 지원하기

b. 프런트패널 윈도우 및 블록다이어그램

1. 입력, 출력, 데이터 섹션이 명확하게 정의되도록 subVI의 사용자 인터페이스 디자인하기
2. 에러 입력 클러스터 및 에러 출력 클러스터를 포함시키고 커넥터 팬에 연결하기
3. 에러/에러 없음 케이스 구조의 선택자 터미널에 에러 입력 터미널 연결하기
4. 에러 케이스가 이전 프로세스에서 발생한 에러 정보를 전달하도록 만들기

5. 에러 없음 케이스에 모든 subVI 코드를 놓고 에러 와이어가 함수, subVI, 프로퍼티 노드의 에러 터미널을 연결하도록 만들기
6. 서로 다른 소스의 에러를 통합하고, 에러 출력 터미널을 통해 호출 VI에 에러 전달하기
7. 섹션 4 *프로그래밍 실습*의 프로그래밍 적용하기

c. 커넥터 팬 및 아이콘

1. *LabVIEW 도움말*의 *LabVIEW Style Checklist* 토픽에 있는 기법을 사용하여 커넥터 팬 만들기
2. 필수, 권장, 옵션 터미널 구분하기
3. Main VI 및 subVI의 기능을 나타내는 아이콘 디자인하기
4. Main VI와 subVI의 아이콘 스타일에서 일관성 유지하기

6. 디자인 패턴 선택

a. 확장성 및 유지보수성

1. 프로젝트 스펙을 분석하여 가장 적합한 main VI 디자인 패턴 결정하기
2. 원하는 기능을 구현할 수 있도록 가장 적합한 subVI 디자인 패턴 결정하기
3. 확장성 및 유지보수성을 저해하지 않는 아키텍처 활용하기
4. 상태 및 데이터 관리를 위해 타입 정의된 데이터 구조 사용하기

b. 빠른 응답성 및 비독점성

1. 사용자 인터페이스 동작에 100 ms 내로 응답하고, 합리적인 빈도로 인디케이터를 업데이트하는 디자인 패턴 활용하기
2. CPU를 100% 사용하지 않는 디자인 패턴 및 기법 활용하기

c. 디자인 패턴

1. 사용자 인터페이스를 폴링(polling)하는 최상위 VI에 대해 간단한 상태 머신 디자인 패턴 선택하기
2. 입력 상태에 따라 하나 또는 그 이상의 함수 및 subVI를 실행하는 subVI에 대해 간단한 상태 머신 디자인 패턴 선택하기
3. 사용자 인터페이스 동작에 대한 신속한 응답이 요구되는 사용자 인터페이스

이벤트 핸들러 디자인 패턴 선택하기

4. 하나 또는 그 이상의 상태를 저장하기 위해 큐 메시지 핸들러 디자인 패턴 선택하기
5. 데이터 소비자 루프와 병렬 구조를 이루는 생산자 루프에서 데이터/상태를 생성하고 저장하기 위해 생산자/소비자(데이터) 디자인 패턴 선택하기
6. 생산자 루프에서 사용자 인터페이스에 응답하고, 하나 또는 그 이상의 소비자 루프에게 이벤트 처리를 맡기는 생산자/소비자(이벤트) 디자인 패턴 선택하기
7. 성능 및 접근 컨트롤의 개선을 위해 글로벌 변수 대신에 subVI 안에 기능적인 글로벌 변수 디자인 패턴 선택하기

7. 타이밍

a. 실행 및 소프트웨어 타이밍

1. 시스템에서 VI가 실행되는 속도를 제어하고 프로세서가 외부 이벤트 및 시스템 태스크에 응답하도록 허용하는 데 가장 적합한 타이밍 함수 결정하기
2. 지정된 시간이 지난 후에 소프트웨어 동작 또는 태스크를 실행하는 데 가장 적합한 매커니즘 결정하기

b. 타이밍 함수

1. [기다림] 함수를 사용하여 루프 실행 속도를 제어하고 프로세서가 외부 이벤트 및 시스템 태스크에 응답하도록 허용하기
2. [다음 ms 배수까지 기다림] 함수를 사용하여 루프 실행 속도를 제어하고 여러 루프를 동기화하기
3. 소프트웨어 동작의 타이밍을 제어하기 위해 [기다림] 함수 사용하지 않기
4. 소프트웨어 동작의 타이밍을 제어하기 위해 [틱 카운트(ms)] 함수 및 [날짜/시간을 초로 얻기] 함수 사용하기
5. [틱 카운트(ms)] 함수를 사용할 때 시간 상한값(time wrap) 고려하기
6. [날짜/시간을 초로 얻기] 함수를 사용하는 경우 시스템 시간의 변경으로 인해 발생하는 에러에 대해 사용자에게 경고하기

c. 타이밍 매커니즘

1. 이벤트 구조에서 타임아웃을 사용하여 소프트웨어 동작의 타이밍 제어하기

2. 큐 및 알림자 관련 함수에서 타임아웃 입력을 사용하여 소프트웨어 동작의 타이밍 제어하기
3. 정확한(Deterministic) 소프트웨어 타이밍 동작을 수행하기 위해 타이밍 구조 사용하기

d. 타이밍 익스프레스 VI 및 기능적인 글로벌 변수

1. [경과 시간] 익스프레스 VI를 사용하여 소프트웨어 동작의 타이밍 제어하기
2. 기능적인 글로벌 변수 패턴을 사용하고, [틱 카운트(ms)] 함수 또는 [날짜/시간을 초로 얻기] 함수를 활용하여 타이밍 subVI 개발하기

8. 에러

a. 에러 핸들링

1. 어플리케이션이 시작할 때 에러 클러스터 초기화하기
2. 함수, subVI, 프로퍼티 노드에서 에러 터미널을 와이어로 연결하기
3. 필요한 경우, 여러 소스로부터 에러 통합하기
4. [일반 에러 핸들러] VI를 사용하여 사용자 에러 코드 정의하기
5. 에러가 발생할 때 취할 동작 결정하기
6. 가능한 경우 교정하는 에러 핸들링(corrective error handling) 사용하기
7. 에러 와이어를 직접 연결하거나 에러 핸들링 케이스를 사용하여, 치명적인 에러가 발생할 때 동작 중인 모든 루프가 종료하도록 만들기

b. 에러 리포트

1. 에러 핸들러 또는 대화 상자 관련 VI를 사용하여 에러 또는 경고 보고하기

9. 문서

a. 사용자 인터페이스(프런트패널 윈도우)

1. 사용자 인터페이스 객체의 라벨에 기능을 나타내는 이름 사용하기
2. 사용자 인터페이스 컨트롤에 대해 간결한 팁 상자 제공하기
3. 필요한 경우, 특수한 사용법 제공하기
4. 클러스터 또는 장식으로 그룹화된 컨트롤에 대해 적절한 그룹 이름 제공하기

b. 블록다이어그램

1. Main VI 및 subVI에서 전반적인 알고리즘에 대한 간결한 문서 제공하기
2. 각각의 프로그래밍 구조에서 기능에 대한 간단한 설명 문서화하기
3. 와이어 상에서 데이터를 보여주고 데이터의 흐름을 나타내도록 와이어에 라벨 붙이기
4. 상수에 그 기능을 함축하는 이름의 라벨 붙이기
5. 자체 문서화(Self-documenting) 프로그래밍 기법 사용하기

c. VI 프로퍼티

1. Main VI의 VI 프로퍼티에서 VI의 전반적인 목적을 포함하는 간결한 문서 제공하기
2. SubVI의 VI 프로퍼티에서 subVI의 전반적인 목적과 터미널의 데이터 타입 및 관련 설명을 포함하는 간결한 문서 제공하기

10. 테스트

a. 코드 및 문서 리뷰

1. 앞서 열거된 요구사항 및 *LabVIEW 도움말*의 *LabVIEW Style Checklist* 토픽의 요구사항에 부합하는지를 검토하기 위해 사용자 인터페이스, 블록다이어그램, 프로그램 디자인 리뷰하기
2. 앞서 열거된 요구사항 및 *LabVIEW 도움말*의 *LabVIEW Style Checklist* 토픽의 요구사항에 부합하는지를 검토하기 위해 문서 리뷰하기

b. 기능

1. 모든 subVI가 main VI에 연결되어 있고, 깨진 실행 버튼이 나타나지 않도록 점검하기
2. 어플리케이션 데이터 파일에 접근하는 데 상대 경로를 사용하고 있는지 점검하기
3. 테스트 데이터를 사용하여 VI를 실행할 때 각각의 subVI가 의도한 출력값을 생성하는지 점검하기
4. 통합된 어플리케이션이 지정된 기능을 수행하는지 테스트하기
5. 어플리케이션의 시스템 CPU 사용량이 100%가 아니고, 어플리케이션이 100 ms 내로 사용자 인터페이스에 응답하는지 점검하기

6. 어플리케이션을 시작하고 종료할 때 프런트패널 컨트롤 및 인디케이터가 올바르게 설정되는지 테스트하기

c. 에러

1. 사용자 인터페이스 컨트롤에 의도하지 않은 데이터 입력이 들어올 때 어플리케이션에 에러가 발생하는지 테스트하기
2. SubVI에서 에러가 올바르게 처리되고 있고 관련 호출자에게 에러를 전달하는지 테스트하기
3. 에러를 적절하게 처리하고 사용자에게 보고하는지 테스트하기

CLD 시험 평가 기준

CLD 시험은 총 40 점 만점이며, 다음과 같이 배점됩니다:

- 프로그래밍 스타일: **15 점**
- 기능: **15 점**
- 문서: **10 점**
  합격 기준: **30 점**(정답률 75%)

다음의 시험 평가 기준이 적용됩니다:

스타일:

- LabVIEW development guidelines에 부합하는 어플리케이션입니까?
- VI 관련 평가 기준:
  – 판독하기 쉽습니까?
  – 확장성을 고려하여 만들어졌습니까?
  – 손쉽게 유지보수할 수 있습니까?
  – 지나치게 복잡하지는 않습니까?
- 전문적인 방법으로 VI가 만들어졌습니까?
  – VI가 LabVIEW 프레임워크 또는 디자인 패턴을 사용하고 있습니까?
  – 상태 머신을 사용해야 합니다(최소 요구조건).
  – VI가 계층구조를 가지고 있습니까?
  – 반복적으로 사용되는 코드는 subVI에 있어야 합니다.

– 상태를 정의할 때 타입 정의된 열거형 컨트롤을 사용하고 있습니까?

- VI가 불필요한 임시 변수를 사용하고 있습니까?
- 프런트패널 컨트롤에서 적절한 데이터 타입, 범위, 포맷/정밀도를 사용하고 있습니까?
- 데이터를 그룹화할 때 적절한 데이터 구조(배열 또는 클러스터)를 사용하고 있습니까?
- VI가 과도하게 중첩된 구조(2개 이상)를 사용하고 있습니까?
- VI에서 초기화 또는 클린업이 아닌 다른 목적을 위해 시퀀스 구조를 사용하고 있습니까?
- VI가 로컬 변수 및 글로벌 변수를 사용하고 있습니까?

  – 컨트롤 업데이트를 위해 로컬 변수를 사용할 수 있습니다.

  – 경합 조건을 방지하기 위해 글로벌 변수로의 접근이 보호되고 있습니까?

- 인디케이터를 업데이트할 때 프로퍼티 노드(값)를 사용하고 있습니까?
- 프런트패널과 블록다이어그램 레이아웃이 적절하게 구상되었습니까?

  – 블록다이어그램이 너무 조밀하게 구성되어 있습니까?

- 와이어에 불필요한 꺾임이 있습니까?
- 객체/와이어가 겹쳐져 있습니까?
- 와이어가 구조 또는 구조 경계선 밑을 지나고 있습니까?
- VI에 에러 터미널이 와이어로 연결되어 있습니까?
- 참조가 올바르게 닫혀있습니까?
- VI의 메모리 및 성능이 최적화되어 있습니까?

기능:

- 실행 화살표가 깨져있습니까?
- 스펙에 나열된 요구사항을 VI가 올바르게 수행하고 있습니까?
- 불리언 입력과 출력이 올바른 로직을 사용하고 있습니까?
- 지정된 제한 시간(100 ms)내로 VI가 사용자 입력에 응답합니까?
- VI/SubVI가 CPU 리소스를 100% 사용하고 있습니까?
- 파일 I/O가 올바르게 구현되었습니까?
- 에러가 발생하면 어플리케이션이 정지합니까?

문서:

- 파일≫VI 프로퍼티를 통해 VI가 문서화되어 있습니까?
- SubVI가 문서화되어 있습니까?
- 적절한 라벨을 사용하여 와이어를 문서화했습니까?
- 기능에 대한 문서화를 했습니까?
  - 블록다이어그램 상에서
  - 주요 구조 및 중첩된 구조 상에서
- 프런트패널 컨트롤 및 인디케이터가 기능을 설명하는 이름을 갖고 있습니까?
- VI가 기능을 설명하는 아이콘을 갖고 있습니까?
- 상수가 문서화되어 있습니까?
- 프런트패널 컨트롤에 대한 팁 상자가 제공됩니까?
- 최상위 VI가 사용자 정의된 아이콘을 갖고 있습니까?
  - 모든 SubVI가 일관성 있는 디자인의 아이콘을 갖고 있습니까?

APPENDIX **B**

CLD 기출 문제

Appendix B는 www.niedu.co.kr에서 전문 발췌했습니다.

아래 4가지 기출 문제를 실었습니다. 각 예제를 읽어보시고 4시간 안에 개방을 해보시기 바랍니다. 완성된 프로젝트는 www.niedu.co.kr에서 확인해볼 수 있습니다.

Certified LabVIEW Developer Examination

응시자: ______________________ 일시: ______________

감독관: ______________________ 일시: ______________

시험 유의사항

"NI Certification" 도장이 찍힌 봉투 안에 봉인된 채로 시험지를 받지 않은 경우 이 시험은 무효입니다. 이 경우 감독관에게 즉시 시험지를 반납하고 새 시험지를 교부받으십시오.

- 시험지의 일부를 손상시키거나 첨부 내용을 분리하지 마십시오. 시험지의 일부가 분실, 분리, 또는 손상된 상태로 National Instruments에 제출하면 불합격 처리됩니다.
- 본 시험지를 고사장 밖으로 유출하거나 어떤 형태로든 복사 또는 재생하면 안됩니다. 시험을 마친 이후에는 본 시험지는 일체 개인이 소장할 수 없습니다.
- 시험 감독관에게 도움을 요청하지 마십시오. 질문의 요점 또는 내용 일부분이 명확하지 않은 경우 응시자의 가정 또는 판단을 기준으로 문제를 풀어도 됩니다. 개인적인 가정, 판단, 질문 등은 질문지 또는 LabVIEW 블록다이어그램에 기록하십시오.
- 본 시험에서는 지정된 스펙을 기반으로 LabVIEW 어플리케이션을 개발해야 합니다.
- 시험을 보는 동안 응시자용 컴퓨터에 기본적으로 설치된 LabVIEW만 참고할 수 있습니다. 외부에서 개발된 코드 및 타사 제품은 허용되지 않습니다.
- 고사장의 개발 환경에서 허용되는 LabVIEW 디자인 패턴, 템플릿, 예시를 활용하여 어플리케이션을 개발할 수 있습니다.

- 시험 제출용 기준에 맞게 어플리케이션을 개발해야 합니다.
- 시험장에서 제공되는 디스크에 완성된 어플리케이션을 저장하여 제출하십시오.
- 총 시험 시간: 4 시간
- 합격 기준: 정답률 75% 이상

채점 기준

어플리케이션 개발 시험은 40점 만점을 기준으로 다음과 같이 배점됩니다:

- 프로그래밍 스타일 (15 점)
- 기능 (15 점)
- 문서 (10 점)

주의사항

- 시험을 마치면 시험지 및 관련 문서, 어플리케이션을 저장한 디스크, 기타 제출할 문서 등을 제공된 봉투에 넣으십시오.
- 반드시 봉투를 봉인하십시오.
- 시험 감독관에게 봉인된 봉투를 제출하십시오.

어플리케이션 개발

섹션 I: 일반 요구조건

Certified LabVIEW Developer 시험에서는 응시자의 LabVIEW 어플리케이션 개발 능력을 테스트합니다.

어플리케이션은:

- 이 문서의 *섹션 II: 어플리케이션 요구조건*에 지정된 기능을 수행해야 합니다.
- LabVIEW의 코드 개발 스타일 및 문서화 기준을 따라야 합니다.(*LabVIEW 도움말*의 *Development Guidelines 섹션* 참조)
- LabVIEW의 VI와 함수를 사용하여 본 시험 제출용 기준에 맞게 만들어야 합니다. 본 시험의 범위 밖에서 개발된 템플릿, 예제 또는 코드는 본 어플리케이션에서 사용할 수 없습니다.

- 기본적으로 계층구조로 되어있습니다. 모든 주요 기능이 subVI에서 실행되어야 합니다.
- 타입 정의된 열거형 타입 컨트롤, 큐 또는 이벤트 구조 중 하나를 사용하여 상태를 관리하는 상태 머신을 사용합니다.
- 계층구조를 수동으로 업데이트하지 않고도 쉽게 더 많은 상태 및/또는 기능을 추가할 수 있도록 확장 가능해야 합니다.
- 구조, 로컬 및/또는 글로벌 변수 그리고 프로퍼티 노드의 사용을 최소화해야 합니다.
- 100 ms 이내에 프런트패널 컨트롤에 응답하고 CPU 시간을 100% 사용하지 않아야 합니다.
- 열려 있는 참조와 핸들을 모두 닫습니다.
- 명료하게 문서화하고 다음 내용을 포함시킵니다.
  - Main VI와 subVI 내의 적합한 와이어에 라벨 부착.
  - 각 알고리즘에 대한 설명.
  - Main VI와 subVI에 대해 **VI 프로퍼티≫문서**에 설명 포함.
  - 프런트패널 컨트롤과 인디케이터에 대한 팁 상자와 설명 추가.
  - 상수에 라벨 부착.

섹션 II: 어플리케이션 요구조건

EX1. 보일러 컨트롤러

태스크

LabVIEW를 사용하여 보일러 시작 컨트롤러를 디자인합니다. 컨트롤러의 프런트패널은 다음의 프런트패널과 비슷해야 합니다.

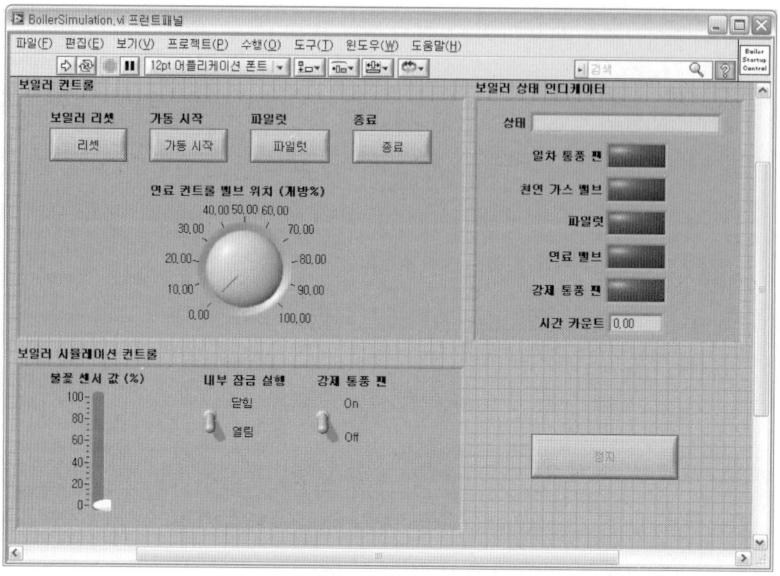

일반적인 동작

보일러 시작 컨트롤러를 사용하여 보일러를 시작하고 종료합니다. 사용자는 프런트패널의 컨트롤을 사용하여 보일러를 켜고 끄며, 시스템에서 여러 가지 상황을 시뮬레이션합니다. 프런트패널의 인디케이터는 시작과 종료 과정의 상태와 현재 단계를 나타냅니다. 컨트롤러는 또한 시작 후 종료까지 과정에서 발생하는 모든 이벤트를 기록합니다.

작동 순서

> **노트**
>
> 파일 포맷 및 업데이트 방침은 이 문서의 후반에 있는 Event Log 파일 스펙을 참조하십시오.

■ 시작(어플리케이션 실행)

어플리케이션이 시작할 때 상태 문자열은 잠금을 표시하며 모든 인디케이터 LED는 꺼져있어야 합니다. 모든 컨트롤은 앞의 프런트패널에서 보이는 상태와 같이 초기화되어야 합니다.

Event Log 파일에는 다음의 데이터가 기록되어야 합니다.

- 시간 문자열: 이벤트가 발생한 절대 날짜 및 시간
- 이벤트 문자열: **보일러가 초기화되었습니다**

– 이벤트 데이터 문자열: **0**

■ 잠금 리셋

내부 잠금 실행 스위치를 닫힘 위치로 놓고 **보일러 리셋** 버튼을 클릭합니다. 이렇게하면 **상태** 문자열은 **준비 완료**를 표시합니다.

> **노트**
>
> **내부 잠금 실행** 스위치의 목적은 보일러 가동 시작 이전에 충족시켜야 하는 외부 조건을 시뮬레이션하는 것입니다.

Event Log 파일에는 다음의 데이터가 기록되어야 합니다.

– 시간 문자열: 이벤트가 발생한 날짜 및 시간

– 이벤트 문자열: **보일러 준비 완료**

– 이벤트 데이터 문자열: **0**

■ 점화 전 노내 환기

가동 시작 버튼을 클릭합니다. 버튼을 클릭하면 **점화 전 노내 환기**를 위해 일차 통풍 팬이 실행됩니다. 이 과정은 10초 간 지속되며, 그 동안 아래의 상태가 완료되어야 합니다.

- **일차 통풍 팬** LED가 켜집니다.
- **시간 카운트** 인디케이터가 경과된 시간을 초 단위로 카운트합니다.
- **상태** 문자열이 **점화 전 노내 환기**를 표시합니다.

Event Log 파일에는 다음의 데이터가 기록되어야 합니다.

– 시간 문자열: 이벤트가 발생한 날짜 및 시간

– 이벤트 문자열: **점화 전 노내 환기 시작**

– 이벤트 데이터 문자열: 점화 전 노내 환기 경과 시간

이 과정을 마치면 프런트패널의 인디케이터와 컨트롤은 다음과 같은 상태가 됩니다.

- **상태** 문자열이 **점화 전 노내 환기 완료**를 나타냅니다.
- **일차 통풍 팬** LED가 꺼집니다.
- **시간 카운트** 인디케이터는 0으로 리셋됩니다.

- **파일럿** 버튼이 깜빡거려 파일럿을 안전하게 점화할 수 있다는 것을 알립니다.

Event Log 파일에는 다음의 데이터가 기록되어야 합니다.

– 시간 문자열: 이벤트가 발생한 날짜 및 시간

– 이벤트 문자열: **점화 전 노내 환기 완료**

– 이벤트 데이터 문자열: 점화 전 노내 환기 경과 시간

■ 점화(파일럿 점화)

파일럿 버튼을 클릭합니다. 이 버튼을 클릭하면 천연 가스가 연료를 공급하는 동시에 스파크를 발생시켜 파일럿을 점화합니다. 이 작업에서는 다음과 같은 상황이 발생해야 합니다.

- 이전 단계에서 시작된 **파일럿** 버튼의 깜박거림이 멈춥니다.
- **천연 가스 밸브** LED 및 **파일럿** LED가 켜집니다.
- **상태** 문자열에 **파일럿 켜짐**을 나타냅니다.

> **노트**
>
> 파일럿은 보일러가 점화 전 노내 환기 단계를 완료한 후에만 점화되어야 합니다.

Event Log 파일에는 다음의 데이터가 기록되어야 합니다.

– 시간 문자열: 이벤트가 발생한 날짜 및 시간

– 이벤트 문자열: **파일럿 켜짐**

– 이벤트 데이터 문자열: 참

■ 파일럿 점검

이 단계에서는 파일럿의 불꽃이 보일러를 가열하기에 적당한지 확인하며, **불꽃 센서 값** 슬라이더를 수동으로 증가시켜서 시뮬레이션합니다. **불꽃 센서 값**이 30%보다 클 때 **상태** 문자열은 **보일러 준비 완료**를 나타냅니다.

Event Log 파일에는 다음의 데이터가 기록되어야 합니다.

– 시간 문자열: 이벤트가 발생한 날짜 및 시간

– 이벤트 문자열: **파일럿 점검 완료**

– 이벤트 데이터 문자열: **불꽃 센서 값** 슬라이더의 값

■ 시작 및 실행

- **1 단계: 강제 통풍 팬** 스위치를 ON 위치에 놓습니다. 이 때 **강제 통풍 팬** LED가 켜져야 합니다.

  Event Log 파일에는 다음의 데이터가 기록되어야 합니다.

  – 시간 문자열: 이벤트가 발생한 날짜 및 시간
  – 이벤트 문자열: **강제 통풍 팬 ON**
  – 이벤트 데이터 문자열: 참

- **2단계: 연료 컨트롤 밸브 위치** 노브를 움직입니다. 보일러는 **연료 컨트롤 밸브 위치** 노브가 0 ~ 10 % 사이에 있을 때는 작동을 시작하면 안됩니다. 보일러는 **연료 컨트롤 밸브 위치** 노브가 10 %보다 높을 때만 작동을 시작해야 합니다. 이 때 프런트패널은 다음과 같은 상태가 되어야 합니다.

  – **연료 밸브** 인디케이터가 켜짐
  – **천연 가스 밸브** LED 및 **파일럿** LED 인디케이터는 꺼짐
  – **상태** 문자열은 **보일러 가동 중**을 표시

  Event Log 파일에는 다음의 데이터가 기록되어야 합니다.

  – 시간 문자열: 이벤트가 발생한 날짜 및 시간
  – 이벤트 문자열: **보일러 가동 중**
  – 이벤트 데이터 문자열: 연료 컨트롤 밸브 위치의 값

  보일러는 **연료 컨트롤 밸브 위치** 노브가 10 ~ 75 % 사이에 있을 때, 정상적으로 작동합니다.

■ 종료 및 환기

시작 및 실행 단계 후에 아래의 사항 중 하나가 발생하면 보일러의 작동이 종료될 수 있습니다.

- 보일러 종료 스위치를 클릭했을 경우
- 연료 컨트롤 밸브 위치가 10%보다 낮거나 75%보다 클 경우
- 내부 잠금 실행 스위치가 열림일 때
- 강제 통풍 팬 스위치가 OFF일 때

종료 과정은 환기 사이클을 시작합니다. 환기 사이클은 10초 간 지속되어야 하며, 아래와 같이 시작됩니다.

- **연료 밸브** 인디케이터가 꺼집니다.
- **일차 통풍 팬** 인디케이터가 켜집니다.
- **상태**가 **환기**로 바뀝니다.

Event Log 파일에는 다음의 데이터가 기록되어야 합니다.

– 시간 문자열: 이벤트가 발생한 날짜 및 시간

– 이벤트 문자열: **종료 환기 시작**

– 이벤트 데이터 문자열: 환기 경과 시간

시간 카운트 인디케이터가 경과된 시간을 초 단위로 카운트합니다. 환기 사이클이 끝나면 **상태** 문자열은 **잠금**을 표시하고, 모든 인디케이터 LED는 꺼져야 합니다.

Event Log 파일에는 다음의 데이터가 기록되어야 합니다.

– 시간 문자열: 이벤트가 발생한 절대적 날짜 및 시간

– 이벤트 문자열: 종료 환기 완료

– 이벤트 데이터 문자열: 환기 경과 시간

컨트롤 및 인디케이터 설명

컨트롤 이름	컨트롤 설명 – 기능
보일러 리셋	버튼 – 보일러를 리셋
가동 시작	버튼 – 점화 전 노내 환기 단계 시작
파일럿	버튼 – 점화 단계 시작
연료 컨트롤 밸브 위치(개방 %)	노브 – 보일러에 유입되는 연료의 양을 컨트롤
종료	버튼 – 보일러 종료를 시작
내부 잠금 실행	스위치 – 보일러 가동 시작 이전에 충족시켜야 하는 외부 조건을 시뮬레이션
불꽃 센서 값(%)	슬라이더 – 파일럿 불꽃을 퍼센트로 시뮬레이션
강제 통풍 팬	스위치 – 강제 통풍 팬을 컨트롤
정지	버튼 – 지정된 가동 시간 내에 어플리케이션을 종료할 때 사용

인디케이터 이름	인디케이터 설명 – 기능
상태	문자열 – 보일러 상태(현재 단계) 표시
일차 통풍 팬	LED – 일차 통풍 팬이 켜져 있는지, 꺼져 있는지 표시
천연 가스 밸브	LED – 천연 가스 밸브가 켜져 있는지, 꺼져 있는지 표시
파일럿	LED – 파일럿이 켜져 있는지, 꺼져 있는지 표시
연료 밸브	LED – 연료 밸브가 정상적인 작동 조건인지 표시
강제 통풍 팬	LED – 강제 통풍 팬이 켜져 있는지, 꺼져 있는지 표시
시간 카운트	숫자형 – 경과 시간 표시

Event Log 파일 스펙

- **파일 이름: Boiler Log.txt**
- **파일 위치:** 상대적 – Main VI와 같은 위치
- **포맷:** 콤마로 분리된 값(.csv)
- **파일 헤더:** 타임스탬프, 이벤트, 이벤트 데이터
- **이벤트 데이터 문자열 포맷:** 절대적 날짜 및 시간 문자열, 이벤트 문자열, 이벤트 데이터 문자열
- **파일 데이터:** 위의 작동 순서 섹션을 참조하십시오.
- **파일 생성 및 수정:** 파일이 존재하지 않을 경우에는 새 파일을 생성한 후, 헤더를 쓰고 이벤트 데이터를 기록하십시오. 파일이 이미 존재할 경우에는 이벤트 데이터를 추가하십시오.

섹션 II: 어플리케이션 요구조건

EX2. 스프링클러 컨트롤러

태스크

LabVIEW를 사용하여 4개 구역의 스프링클러 컨트롤러를 디자인합니다. 컨트롤러의 프런트패널은 다음의 프런트패널과 비슷해야 합니다.

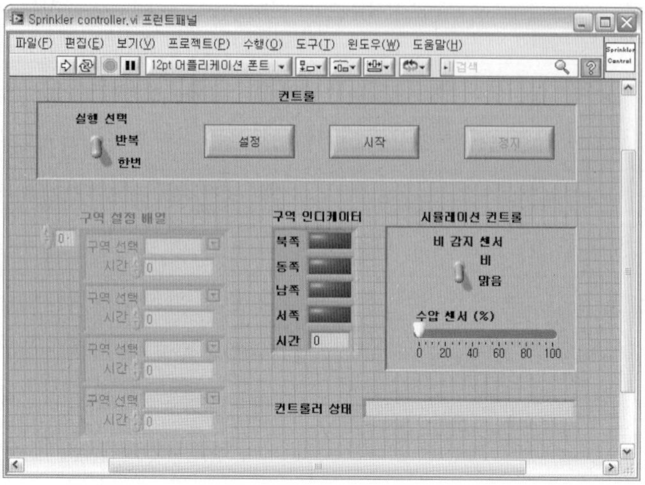

일반적인 동작

스프링클러 컨트롤러는 동쪽, 서쪽, 남쪽, 북쪽의 4개의 구역을 관리하는 잔디 스프링클러 컨트롤 시스템을 시뮬레이션 합니다. 프런트패널의 컨트롤은 구역 선택을 컨트롤하고 외부 조건을 시뮬레이션합니다. 프런트패널의 인디케이터는 현재 동작 중인 구역을 표시하고, 그 구역에 대하여 경과 시간을 표시합니다.

컨트롤러는 VI를 실행하면 콤마로 분리된 값 형식의 파일(.csv)로부터 **구역 설정 배열** 데이터를 로드해야 합니다. 컨트롤러는 사용자가 **시작** 버튼을 누르면 실행됩니다. **실행 선택** 스위치가 **한번** 실행 위치에 있을 경우, 컨트롤러는 각 구역마다 설정된 **시간**에 작동하고 사용자의 입력을 기다립니다. **실행 선택** 스위치가 **반복** 실행 위치에 있을 경우, 컨트롤러는 마지막 구역을 작동한 후에 첫 번째 구역의 작동을 다시 시작하도록 하여 **구역 설정** 배열을 지속적으로 순환 작동해야 합니다. 컨트롤러(어플리케이션)는 사용자가 **정지** 버튼을 누르면 종료되어야 합니다.

> **노트**
>
> 어플리케이션은 프로그램을 수정하지 않고도 구역 설정 배열에 구역 요소를 추가할 수 있도록 확장 가능해야 합니다.

작동 순서

■ VI 로드

어플리케이션을 로드할 때, 모든 컨트롤은 앞의 프런트패널과 같이 기본 상태로 초기화되어 있어야 합니다.

■ 시작(어플리케이션 실행)

어플리케이션이 시작될 때, 스프링클러 컨트롤러는 Sprinkler Configuration 파일(포맷은 Sprinkler Configuration 파일 섹션 참조)을 읽고, 이 파일에 있는 데이터로 구역 설정 배열을 로드해야 합니다.

- **구역 설정 배열**은 비활성화 상태입니다.
- 모든 LED 인디케이너는 OFF 상태입니다.
- **시간** 인디케이터는 0을 표시합니다.
- **컨트롤러 상태**는 "컨트롤러가 초기화되었습니다"를 디스플레이합니다.

■ 설정

설정 버튼을 클릭하여 **구역 설정 배열** 컨트롤을 활성화하고, 사용자가 각 구역에 대해 **구역 선택** 및 **시간**을 선택하도록 합니다.

구역 선택을 사용하여 사용자가 동, 서, 남, 북의 구역 중에서 구역을 선택하거나 바꿀 수 있습니다. 컨트롤러는 임의의 순서로 구역을 처리할 수 있어야 하며, **구역 설정 배열**의 구역을 한번 이상 설정할 수 있어야 합니다.

시간 설정은 초 단위(소수점 없음)입니다. **시간**이 0일 경우 컨트롤러가 작동할 때 이 구역에는 작동하지 않습니다.

이 모드에서 **컨트롤러 상태**는 "설정 모드"를 디스플레이합니다.

실행 중에 **설정** 버튼을 누르면 컨트롤러가 즉시 정지되고 **구역 설정 배열**이 활성화되어야 합니다.

■ 반복 또는 한 번 실행 선택

원하는 **실행 선택** 모드를 선택합니다.

한번을 선택하면 컨트롤러는 **구역 설정 배열**에 설정된 대로 구역을 작동해야 합니다.

반복이 선택된 경우 컨트롤러는 사용자가 **정지** 버튼을 누를 때까지 **구역 설정 배열**에 설정된 구역을 계속해서 반복하여 순환 작동해야 합니다.

■ 시작

시작 버튼을 눌러 컨트롤러를 시작합니다. 시작 버튼을 누르면 아래의 사항이 완료되어야 합니다:

- **구역 설정 배열** 컨트롤이 비활성화됩니다.
- **수압 센서** 시뮬레이션 컨트롤을 확인합니다. 수압이 50%보다 낮을 경우 **컨트롤러 상태**는 "수압이 낮습니다"를 표시합니다. 수압이 50%이거나 더 높을 경우 컨트롤러는 작동을 시작합니다.

- **실행 선택** 스위치에 선택된 모드로 컨트롤러를 실행합니다.
- **컨트롤러 상태** 인디케이터에 "실행 중"을 표시합니다.

실행 선택 스위치가 **한번** 위치에 있을 경우, **구역 설정 배열**에 있는 구역을 순서대로 진행하도록 합니다. 컨트롤러는 첫 번째 구역에서 시작하여 한 번에 한 개의 구역을 작동합니다. 한번 실행되면, 컨트롤러는 사용자의 입력을 기다립니다. 한번의 실행이 완료된 후에도 **컨트롤러 상태** 인디케이터는 지속적으로 "실행 중" 메시지를 나타냅니다.

실행 선택 스위치가 **반복** 위치에 있을 경우, 컨트롤러는 마지막 구역을 작동한 후에 첫 번째 구역을 계속하여 실행해야 합니다.

만약 반복 실행 도중에 **실행 선택** 스위치가 **반복**에서 **한번**으로 바뀔 경우, 컨트롤러는 마지막 구역을 작동한 후에 사용자의 입력을 기다립니다.

컨트롤러가 한 구역에서 작동될 때, 다음과 같이 실행되어야 합니다:

- 해당 구역의 인디케이터만 ON
- 다른 모든 인디케이터는 OFF
- **시간** 인디케이터는 경과 시간을 초로 표시
- **컨트롤러 상태**는 실행 중을 디스플레이

노트

구역의 **시간**이 0으로 설정된 경우 이 구역은 생략하고 다음 순서의 구역이 작동되어야 합니다.

컨트롤러 실행 중에 비가 오기 시작하면(비가 오는 상황은 **비 감지 센서** 스위치로 시뮬레이션), 컨트롤러는 구역에 설정된 시간을 완료하지 않았더라도 작동을 멈추고, **컨트롤러 상태** 인디케이터에 "비가 옵니다"를 표시해야 합니다.

비가 멈추고 **실행 선택** 스위치가 **한번**에 있을 경우, 컨트롤러는 실행을 한번 완료한 후, 사용자의 입력을 기다려야 합니다. 만약 **실행 선택** 스위치가 **반복**에 있을 경우, 컨트롤러는 첫번째 구역부터 시작하여 계속해서 작동해야 합니다.

만약 수압 센서가 컨트롤러가 실행되는 도중에 수압이 낮아진 것을 감지하면 (**수압 센서** 슬라이더로 시뮬레이션) 컨트롤러는 작동을 멈추고, **컨트롤러 상태** 인디케이터에 "수압이 낮습니다" 메시지를 디스플레이해야 합니다. 수압이 회복되면, 컨트롤러는 첫 번째 구역부터 다시 작동을 시작합니다.

■ 정지

정지 버튼을 눌러 컨트롤러를 종료합니다. 이 버튼을 누르면 아래의 사항이 완료되어야 합니다:

- 구역 작동 정지
- **컨트롤러 상태** 인디케이터에 "정지되었습니다" 메시지를 표시
- 어플리케이션 정지

컨트롤 및 인디케이터 설명

컨트롤 이름	컨트롤 설명 – 기능
실행 선택	스위치 – 한번과 반복 실행 모드 중에 선택
설정	버튼 – 설정 작업 실행
시작	버튼 – 스프링클러 컨트롤러 작동 시작
정지	버튼 – 어플리케이션 정지
구역 설정 배열	구역 설정 클러스터의 배열
구역 설정 클러스터	다음 두 원소를 가진 클러스터 • 콤보 박스 – 구역 선택 • 숫자형(DBL) – 구역 시간(초)
비 감지 센서	스위치 – 비가 오는 상황 시뮬레이션
수압 센서	슬라이더 –수압 상태 시뮬레이션

인디케이터 이름	인디케이터 설명 – 기능
북쪽	LED – 북쪽 구역에서 컨트롤러가 작동될 때 ON
동쪽	LED – 동쪽 구역에서 컨트롤러가 작동될 때 ON
남쪽	LED – 남쪽 구역에서 컨트롤러가 작동될 때 ON
서쪽	LED – 서쪽 구역에서 컨트롤러가 작동될 때 ON
시간	숫자형 – 경과 시간을 초로 표시
컨트롤러 상태	문자열 – 컨트롤러의 상태를 표시 • 컨트롤러가 초기화되었습니다 – 실행 버튼이 클릭되었음을 표시 • 설정 모드 – 설정 버튼이 클릭되었음을 표시 • 실행 중 – 컨트롤러가 작동 중임을 표시 • 수압이 낮습니다 – 수압 센서 슬라이더가 50%보다 낮음을 표시 • 비가 옵니다 – 비 감지 센서 스위치가 비 위치에 있음을 표시

Sprinkler Configuration 파일

- **포맷:** 콤마로 분리된 값(.csv). 초기 데이터는 다음 스크린샷을 참조하십시오.

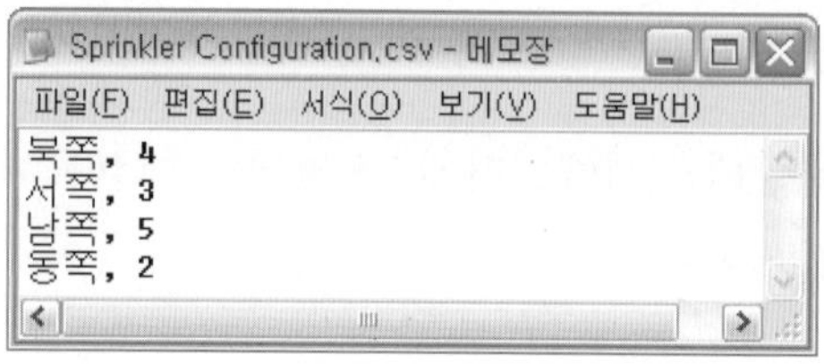

섹션 II: 어플리케이션 요구조건

EX3. 자동 금전 출납기(ATM: Automated Teller Machine)

태스크

LabVIEW를 사용하여 자동 금전 출납기(ATM)를 디자인합니다. 컨트롤러의 프런트패널은 다음의 프런트패널과 비슷해야 합니다.

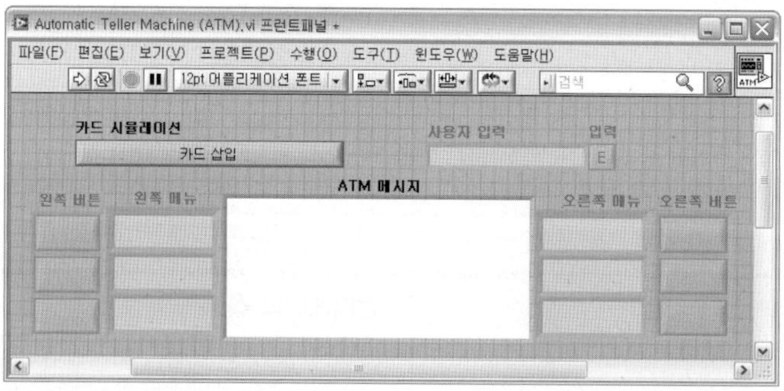

일반적인 동작

ATM 컨트롤러는 자동 금전 출납기의 컨트롤 시스템을 시뮬레이션합니다. 사용자는 프런트패널의 컨트롤 및 인디케이터를 사용하여 입금, 출금, 잔액 조회등과 같은 ATM의 일반적인 기능을 수행합니다.

ATM 컨트롤러는 Accounts.txt 파일에 저장되어 있는 사용자 계좌 정보에 접근할 수 있습니다. 개발자는 Accounts.txt 파일을 만들어야 하며, ATM 컨트롤러는 사용자가 원하는 업무에 따라 이 파일을 읽고, 씁니다. Accounts.txt 파일의 초기 정보 및 데이터 포맷에 대한 더 자세한 정보는 ATM Account 파일 상세정보 섹션을 참조하십시오.

컨트롤러가 수행할 일반적인 작업은 다음과 같습니다:

- **사용자 입력**, **왼쪽 버튼** 및 **오른쪽 버튼**을 통해 입력을 받습니다.
- **왼쪽 메뉴**와 **오른쪽 메뉴** 문자열을 관리하고, **왼쪽 버튼**과 **오른쪽 버튼**에 반응하여 적절한 동작을 수행합니다.
- **ATM 메시지** 인디케이터에 적절한 메시지를 출력하여 사용자가 업무를 선택하도록 하고, 선택한 업무를 확인합니다.
- 사용자가 일정 시간 동안 아무 조작을 하지 않는지 모니터하고, 지정한 시간이 만료하면 현재 사용자 세션을 종료합니다.

작동 순서

시작(어플리케이션 실행)

어플리케이션이 시작되면, **사용자 입력**, **입력**(E), **왼쪽 메뉴**, **오른쪽 메뉴**, **왼쪽 버튼** 및 **오른쪽 버튼**이 비활성화되어 있어야 합니다.

카드 시뮬레이션 버튼은 활성화되어 있어야 하며, **ATM 메시지** 인디케이터에는 환영 메시지가 디스플레이되어 있어야 합니다.

메시지 타입 및 폰트에 대한 정보는 ATM 메시지 타입 섹션을 참조하십시오.

ATM 카드 삽입

카드 시뮬레이션 버튼을 클릭합니다. 카드가 삽입되어 있는 동안에는 버튼이 눌러져 있어야 하며, 불리언 텍스트는 **카드가 삽입되어 있음**을 디스플레이해야 합니다. 이렇게 하면 **입력** (E) 버튼 및 **사용자 입력** 문자열 컨트롤이 활성화되어 커서가 **사용자 입력** 컨트롤을 가리키며, 사용자가 컨트롤에 계좌번호를 입력하기를 기다립니다. **카드 시뮬레이션** 버튼은 사용자가 입력을 끝날 때까지 또는 타임아웃(10초)이 될 때까지 눌러져 있어야 합니다.

사용자가 계좌번호를 입력하고 **입력**(E) 버튼을 클릭하면, ATM 컨트롤러는 ATM Account 파일에 접근하여 입력된 계좌가 실제로 있는지 확인합니다.

존재하지 않는 계좌번호일 경우에, **ATM 메시지**는 계좌 확인 실패를 표시하고 사용자에게 다시 계좌번호를 입력하도록 요청해야 합니다.

계좌가 존재할 경우, ATM 컨트롤러는 **왼쪽 메뉴**, **오른쪽 메뉴**, **왼쪽 버튼** 및 **오른쪽 버튼**을 활성화하고, **ATM 메시지** 인디케이터에 메인 메뉴 메시지를 디스플레이합니다. 또한 메인 메뉴에 따라서 **왼쪽 메뉴**와 **오른쪽 메뉴**를 표시한 후 사용자 선택을 기다립니다.

메뉴에 나타나는 문자열에 대한 더 자세한 정보는 ATM 메뉴 섹션을 참조하십시오.

> **노트**
>
> ATM 카드를 삽입한 후 프런트패널 컨트롤에 10초 간 아무것도 입력되지 않을 경우에는 눌러져 있던 **카드 시뮬레이션** 버튼이 풀리고 어플리케이션을 종료하여 사용자 세션을 끝냅니다. 또한 **ATM 메시지**에는 세션 종료 메시지가 표시되어야 합니다.

■ 입금

오른쪽 메뉴 옆에 있는 해당 버튼을 클릭합니다. 입금 메시지가 디스플레이되고, 커서가 **사용자 입력**을 가리켜 사용자가 입금할 금액을 입력하도록 합니다. **사용자 입력**에 입금액을 입력하고 **입력**(E) 버튼을 클릭하면, 입금 완료 메시지를 **ATM 메시지** 인디케이터에 표시하고 ATM Account 파일을 새로운 잔고로 업데이트합니다.

■ 출금

오른쪽 메뉴 옆의 출금 버튼을 클릭하면 출금 메시지가 디스플레이되고, 커서가 **사용자 입력**을 가리켜 사용자가 출금할 금액을 입력하도록 합니다. 사용자가 **사용자 입력** 컨트롤에 출금액을 입력하고 **입력**(E) 버튼을 누르면, ATM 컨트롤러는 사용자 계좌에 출금할 충분한 잔고가 있는지 확인해야 합니다.

잔고가 충분할 경우에는 ATM Account 파일에서 입력된 금액을 빼고 새로운 잔고로 업데이트해야 합니다. 또한 **ATM 메시지** 인디케이터에 출금 완료 메시지를 디스플레이합니다.

잔고가 충분하지 않은 경우 **ATM 메시지** 인디케이터에 출금 실패 메시지를 표시해야 합니다.

■ $50 즉시 지급

오른쪽 메뉴 아이템 옆에 있는 해당 버튼을 클릭합니다. ATM 컨트롤러는 사용자 계좌에 충분한 잔고가 있는지 확인해야 합니다. $50 이상이 있으면 ATM 컨트롤러는 현재 잔고에서 $50을 빼고 ATM Account 파일을 새로운 잔고로 업데이트해야 합니다. **ATM 메시지** 인디케이터에는 출금 완료 메시지를 표시해야 합니다.

잔고가 충분하지 않은 경우에는 **ATM 메시지** 인디케이터에 출금 실패 메시지를 표시해야 합니다.

■ 없음

이 버튼은 나중에 사용하기 위하여 예비로 있는 것입니다. 이 **왼쪽 메뉴** 옆에 있는 버튼을 눌러도 아무런 변화가 없어야 합니다. **ATM 메시지** 인디케이터에는 현재 메시지를 유지해야 합니다.

■ 잔고 확인

왼쪽 메뉴 옆에 있는 버튼을 클릭하여 ATM Account 파일에 있는 잔고를 확인합니다. **ATM 메시지**에는 잔고 확인 메시지를 표시합니다.

■ 카드 반환 및 종료

왼쪽 메뉴 옆에 있는 버튼을 클릭하여 사용자 세션을 종료합니다. 또한 **ATM 메시지**에는 세션 종료 메시지를 표시합니다. ATM 컨트롤러의 **카드 시뮬레이션** 버튼이 풀려서 ATM 카드가 반환되는 것을 알리고, **사용자 입력** 컨트롤을 비활성화하며 어플리케이션을 종료합니다.

컨트롤 및 인디케이터 설명

컨트롤 이름	컨트롤 설명 – 기능
카드 시뮬레이션	버튼 – ATM 카드 삽입을 시뮬레이션합니다. OFF 텍스트: 카드를 삽입 ON 텍스트: 카드가 삽입됨
왼쪽 버튼	버튼 클러스터 – 사용자가 ATM 동작을 선택합니다.
오른쪽 버튼	버튼 클러스터 – 사용자가 ATM 동작을 선택합니다.
사용자 입력	문자열 – 사용자가 계좌번호, 입금, 출금 금액을 입력합니다.
입력 버튼	버튼 – 사용자 입력의 내용을 실행합니다.

인디케이터 이름	인디케이터 설명 – 기능
ATM 메시지	문자열 – 사용자를 안내하고 결과를 알려주는 메시지를 디스플레이합니다. 메시지의 리스트는 ATM 메시지 타입 섹션을 참조하십시오.
왼쪽 메뉴	문자열의 클러스터 – 메뉴를 디스플레이합니다. 메시지의 리스트는 ATM 메뉴 섹션을 참조하십시오.
오른쪽 메뉴	문자열의 클러스터 – 메뉴를 디스플레이합니다. 메시지의 리스트는 ATM 메뉴 섹션을 참조하십시오.

ATM 메시지 타입

ATM 메시지 인디케이터의 폰트는 14, 굵은체입니다. 또한 다음 그림과 같이 메시지는 가운데 정렬이 되어야 합니다.

메시지 타입	메시지	메시지(한국어 번역)
환영 메시지	Welcome to Acme Bank. Please insert your card and enter your account number in the User Input. Press Enter (E) when done.	Acme 은행에 오신 것을 환영합니다. 고객님의 은행 카드를 삽입하시고 계좌번호를 사용자 입력에 입력해 주십시오. 완료 후, 입력(E) 버튼을 누르십시오.
메인 메뉴 메시지	Welcome to Acme Bank First Name, Last Name (from file) Please select transaction by using the buttons.	성이름(ATM Account 파일에서 가져옴) 고객님, Acme 은행에 오신 것을 환영합니다. 버튼을 사용하여 원하시는 업무를 선택해 주십시오.
계좌 확인 실패 메시지	Account Information Incorrect Please Re-Enter Account Number. Press Enter (E) when done	계좌번호가 틀렸습니다. 계좌번호를 다시 입력하시고, 입력(E) 버튼을 누르십시오.
세션 종료 메시지	Your session has been terminated due to inactivity or menu selection. Please take your card Goodbye!	거래 대기 시간을 초과했거나, 종료 메뉴가 선택되어 세션을 종료합니다. 카드를 받으십시오. 안녕히 가십시오.
입금 메시지	Please enter amount to deposit and press Enter (E) when done	입금할 금액을 입력한 후, 입력(E) 버튼을 누르십시오.
입금 완료 메시지	$ (Amount) Deposited	$ (금액)이 입금되었습니다.
출금 메시지	Please enter amount to withdraw and press Enter (E) when done	출금할 금액을 입력한 후, 입력(E) 버튼을 누르십시오.
출금 완료 메시지	$ (Amount) Withdrawn	$ (금액)이 출금되었습니다.
출금 실패 메시지	Insufficient funds in account Please check your balance and try again	잔고가 부족합니다. 잔고를 확인하시고, 다시 시도해주십시오.
잔고 확인 메시지	Your Balance Is: $ (Balance Amount from file)	고객님의 잔고는 $ (파일의 잔고 금액) 입니다.

ATM 메시지 스크린샷 예

ATM 메뉴(메인 메뉴)

왼쪽 메뉴(문자열)	오른쪽 메뉴(문자열)
없음	입금
잔고 확인	출금
카드 반환 및 종료	$50 즉시 지급

노트

전체 어플리케이션을 크게 바꾸지 않고 다른 메뉴를 추가할 수 있도록 어플리케이션이 확장 가능해야 합니다.

메인 메뉴 디스플레이 스크린샷 예

ATM Account 파일 상세정보

이 파일은 콤마로 구분된 값(.csv) 포맷이며, ATM 계좌 정보를 가진 텍스트 파일이어야 합니다. 파일은 main VI와 같은 폴더에 위치해야 합니다. ATM 컨트롤러는 사용자에게 파일 이름 또는 파일을 업데이트하도록 요구하면 안됩니다.

계좌 정보는 다음과 같은 형태여야 합니다:

계좌번호(5 자리), 성, 명, 잔고

모든 계좌는 중복되지 않는 계좌번호를 가져야 합니다.

ATM 컨트롤러를 테스트하려면 다음 4개의 정보가 미리 있어야 합니다:

```
12345,John,Doe,550
23456,Jennifer,Rodriguez,1000
34567,Bryan,Smith,750
45678,Julie,Ramirez,900
```

섹션 II: 어플리케이션 요구조건

EX4. 자동차 세차기

태스크

LabVIEW를 사용하여 자동차 세차 컨트롤을 설계합니다. 컨트롤러의 프런트패널은 다음 프런트패널과 비슷해야 합니다.

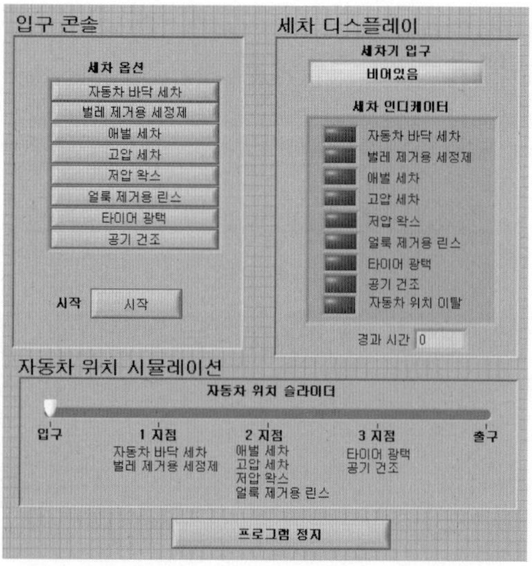

일반적인 동작

세차 컨트롤러는 자동화된 세차 컨트롤 시스템을 시뮬레이션합니다. 사용자는 프런트 패널의 컨트롤과 인디케이터를 사용하여 세차 옵션을 선택하고, 세차기 안에서 자동차가 이동하는 것을 시뮬레이션합니다.

컨트롤러가 수행할 일반적인 작업은 다음과 같습니다:

- 세차기 입구 LED에 세차기 안이 비어있는지 또는 세차가 진행 중인지를 표시합니다.
- 사용자가 세차 옵션을 선택합니다.
- 사용자가 시작 버튼을 클릭하면 세차 작업을 시작합니다.
- 세차 인디케이터 LED에 현재 진행 중인 세차 단계를 표시하고, 경과 시간을 표시합니다.
- 자동차 위치 이탈 LED를 켜고 자동차가 세차 단계 중 지정된 지점을 이탈한 경우에는 해당 세차 단계의 경과 시간을 일시 정지합니다.

작동 순서

■ 시작 (어플리케이션 실행)

어플리케이션이 시작될 때 프런트패널 컨트롤과 인디케이터는 다음 상태에 있습니다:

- **입구 콘솔:** 모든 컨트롤이 활성화되어 있습니다.
- **세차 디스플레이: 세차기 입구** LED는 녹색이며 비어있음을 표시합니다. 모든 **세차 인디케이터**는 꺼져있으며, **경과 시간** 인디케이터는 0.00을 나타냅니다.
- **자동차 위치 시뮬레이션: 자동차 위치 슬라이더**는 **입구** 위치에 있습니다.

■ 세차 옵션 선택

세차 옵션 버튼을 클릭하여 세차 단계를 선택합니다. 모든 버튼은 세차 싸이클이 완료될 때까지 클릭된 상태로 있습니다.

■ 시작

시작 버튼을 클릭하여 자동차 세차 과정을 시작합니다. 이렇게 하면 컨트롤러가 **세차 옵션** 버튼을 눌러 선택한 세차 단계를 실행하도록 설정할 수 있습니다.

> **노트**
>
> 고압 세차는 기본 세차 옵션입니다. 사용자가 고압 세차를 선택하지 않거나 또는 아무 옵션도 선택하지 않은 경우에도, 사용자가 **시작** 버튼을 클릭한 후 고압 세차가 프로그램적으로 옵션에 추가되어야 합니다.

컨트롤러는 **세차 옵션** 버튼을 비활성화합니다.

컨트롤러는 **세차기 입구** LED 색을 빨간색으로 바꾸고, "세차 진행 중" 문구가 표시되어 세차가 시작되었음을 알립니다.

컨트롤러는 **자동차 위치 슬라이더**를 모니터하여 자동차가 선택한 세차 타입의 첫단계에서 적절한 위치에 있는지 확인합니다.

> **노트**
>
> 세차 단계에 대응하는 정차 지점의 리스트는 **세차 단계 타이밍 및 정차 지점**을 참조하십시오.

자동차가 올바른 정차 지점에 있지 않은 경우, **자동차 위치 이탈** LED가 켜지고, 타이밍을 시작하지 말아야 합니다.

자동차가 올바른 정차 지점에 있는 경우, 적절한 세차 단계 LED가 표시되고 경과 시간 인디케이터는 해당 단계의 **경과 시간**을 0부터 카운트합니다.

한 세차 단계가 완료될 때, **경과 시간** 인디케이터는 0으로 재설정 됩니다.

각 세차 단계는 스펙 끝에 나와있는 세차 단계 타이밍 및 정차 지점 테이블에 표시된 시간을 초과하면 안됩니다.

한 세차 단계가 완료될 때, 자동차가 올바른 정차 지점에 있는 경우에는 컨트롤러가 경과 시간 타이머를 0으로 재설정하고 다시 시작하여 다음 세차 단계를 계속 진행해야 합니다.

한 세차 단계가 완료될 때, 자동차가 올바른 정차 지점에 있지 않은 경우에는 컨트롤러가 **자동차 위치 이탈** LED를 켜고, 타이머를 시작하지 않습니다.

세차 진행 도중에 자동차가 해당 단계의 정차 지점을 벗어난 경우, 경과 시간 타이머는 일시 정지하고 **자동차 위치 이탈** LED가 켜집니다. 이때 해당 세차 단계 LED는 꺼져야 합니다. 자동차 위치 슬라이더를 사용하여 자동차의 위치를 올바른 정차 지점으로 다시 되돌리면 디스플레이에는 **자동차 위치 이탈** LED가 꺼집니다. 그리고 해당 세차 단계 LED가 다시 켜지고, 경과 시간 타이머는 일시 정지했던 시점에서부터 이 단계를 완료할 때까지 다시 작동하기 시작합니다.

모든 세차 단계가 끝나면 **자동차 위치 이탈** LED가 켜져 사용자가 세차기에서 나올 것을 지시합니다. 사용자가 **자동차 위치 슬라이더**를 **출구** 지점으로 이동하면 모든 **세차 인디케이터**가 꺼지고, **자동차 위치 슬라이더**의 위치는 **입구** 지점으로 리셋됩니다. **세차기 입구** 인디케이터는 녹색이 되며 비어있음을 나타내고, **세차기 입구 콘솔**은 사용자가 다음 자동차의 세차 과정을 선택하고 시작할 수 있는 상태가 됩니다.

■ 프로그램 정지

프로그램 정지를 클릭하여 언제든지 세차 작업을 강제 종료하고 어플리케이션을 정지시킬 수 있습니다. 어플리케이션이 정지할 때 프런트패널 컨트롤과 인디케이터는 다음 상태에 있습니다:

- **입구 콘솔:** 모든 컨트롤이 활성화되어 있습니다.
- **세차 디스플레이: 세차기 입구** LED는 녹색이고, "비어있음"으로 나타나고, 모든 **세차 인디케이터**는 꺼져있습니다. **경과 시간** 인디케이터는 0으로 리셋됩니다.
- **자동차 위치 시뮬레이션: 자동차 위치 슬라이더**는 **입구** 위치로 리셋됩니다.

컨트롤 및 인디케이터 설명

<table>
<tr><th>컨트롤 이름</th><th>컨트롤 설명 – 기능</th></tr>
<tr><td>세차 옵션</td><td>버튼 클러스터 – 사용자가 세차 옵션을 설정할 수 있습니다.</td></tr>
<tr><td>시작</td><td>버튼 – 이 버튼을 사용하여 세차를 시작합니다.</td></tr>
<tr><td>자동차 위치 슬라이더</td><td>수평 포인터 슬라이드 – 사용자가 세차 과정 중 자동차의 이동을 시뮬레이션할 수 있습니다.

노트 텍스트 라벨을 사용하여 스케일 지점을 표시합니다.

<table>
<tr><th>라벨</th><th>값</th></tr>
<tr><td>입구</td><td>0</td></tr>
<tr><td>1 지점</td><td>1</td></tr>
<tr><td>2 지점</td><td>2</td></tr>
<tr><td>3 지점</td><td>3</td></tr>
<tr><td>출구</td><td>4</td></tr>
</table>

노트: 각 지점에 상응하는 세차 단계는 프런트패널의 자동차 위치 슬라이더를 참조하십시오.</td></tr>
</table>

프로그램 정지	버튼 – 프로그램을 정지합니다.
세차기 입구	사각 LED – 세차기가 현재 이용 중인지 나타냅니다. OFF 색깔: 녹색 OFF 텍스트: 비어 있음 ON 색깔: 빨간색 ON 텍스트: 세차 진행 중
세차 인디케이터	사각 LED 클러스터 – **현재 세차 단계를 표시합니다.**
경과 시간	숫자형 형: 배정도(DBL), 소수점 자릿수:2

클러스터 순서	사각 LED 라벨
0	자동차 바닥 세차
1	벌레 제거용 세정제
2	애벌 세차
3	고압 세차
4	저압 왁스
5	얼룩 제거용 린스
6	타이어 광택
7	공기 건조
8	자동차 위치 이탈

세차 단계 타이밍 및 정차 지점

세차 단계	단계별 소요 시간	정차 지점
자동차 바닥 세차	5 초	1 지점
벌레 제거용 세정제	5 초	1 지점
애벌 세차	5 초	2 지점
고압 세차	5 초	2 지점
저압 왁스	5 초	2 지점
얼룩 제거용 린스	5 초	2 지점
타이어 광택	5 초	3 지점
공기 건조	5 초	3 지점

[저자소개]

손 혜 영

- National Instruments Korea 교육센터 LabVIEW 전문 강사(2008년~현재)
- 한국 NI 교육센터에서 가장 많은 강의 진행
- NI 국제인증 CLA(Certified LabVIEW Architect) 취득(2010년)
- NI 국제인증 CLD(Certified LabVIEW Developer) 취득(2007년)
- 국내 최초 NI 국제인증 CPI(Certified Professional Instructor) 취득(2007년)
- 한국 NI 기술지원팀 Senior 엔지니어(2007년)
- 경북지역 Field Sales Engineer(2005년)
- 한국 NI 삼성전자 / LG전자 기술지원 엔지니어(2004년)
- 한국 NI 기술지원팀 엔지니어(2003년)
- 삼성전자 소프트웨어센터 프로그래머(2002년)
- 삼성전자 반도체 사업부 테스트 엔지니어(2000년)

LabVIEW

LabVIEW의 정석 응용편

인 쇄	2019년 2월 11일
발 행	2019년 2월 18일
저 자	손혜영
발 행 인	채희만
출판기획	안성일
마 케 팅	한석범, 최상도
편 집	이문영
관 리	이승희
북디자인	가인커뮤니케이션
발 행 처	**INFINITYBOOKS**
주 소	경기도 고양시 일산동구 하늘마을로 158 대방트리플라온 C동 209호
대표전화	02)302-8441
팩 스	02)6085-0777

도서 문의 및 A/S 지원

Homepage	www.infinitybooks.co.kr
E-mail	helloworld@infinitybooks.co.kr
I S B N	978-89-92649-66-7
등록번호	제25100-2013-152호
판매정가	**24,000원**